KB268087

대형교회의 선교 책무

Megachurch Accountability
in Missions

Megachurch Accountability in Missions:
Critical Assessment through Global Case Studies

Korean Edition published by Duranno Press, Seoul 2016.
Translated and published by permission.
Printed in Korea.

대형교회의 선교 책무

지은이 | 김진봉, 드와이트 P. 베이커, J. 넬슨 제닝스,
　　　　이재훈, 문상철 외 36인 지음
초판 발행 | 2016. 6. 30
등록번호 | 제1988-000080호
등록된 곳 | 서울특별시 용산구 서빙고로65길 38
발행처 | 사단법인 두란노서원
영업부 | 2078-3352　　FAX | 080-749-3705
출판부 | 2078-3331

책 값은 뒤표지에 있습니다.
ISBN 978-89-531-2579-7　03230

독자의 의견을 기다립니다.
tpress@duranno.com　　www.duranno.com

· 성경은 개역개정판을 사용했으며 다른 역본은 별도로 명시했습니다.

두란노서원은 바울 사도가 3차 전도여행 때 에베소에서 성령 받은 제자들을 따로 세워 하나님의 말씀으로 양육하던 장소입니다. 사도행전 19장 8-20절의 정신에 따라 첫째 목회자를 돕는 사역과 평신도를 훈련시키는 사역, 둘째 세계선교(TIM)와 문서선교(단행본잡지) 사역, 셋째 예수문화 및 경배와 찬양 사역, 그리고 가정·상담 사역 등을 감당하고 있습니다. 1980년 12월 22일에 창립된 두란노서원은 주님 오실 때까지 이 사역들을 계속할 것입니다.

대형교회의 선교 책무

MEGACHURCH ACCOUNTABILITY

IN Missions

글로벌 사례 연구를 통한 비판적 평가

Critical Assessment through Global Case Studies

김진봉, 드와이트 P. 베이커, J. 넬슨 제닝스,

이재훈, 문상철 외 36인 지음

두란노

한규삼
뉴저지 초대교회 담임목사

필자는 두 가지 측면에서 코네티컷 주 뉴헤이븐에 소재한 해외선교연구센터(Overseas Ministries Study Center, OMSC)의 사역에 대해 특별한 감동을 받았다.

첫째는 한국 교회들과 대조되는 OMSC의 접근 방식이다. 한국 교회는 지난 수십 년 동안 엄청난 숫자의 선교사들을 파송했지만, 선교사들의 은퇴와 안식년에 대한 준비가 부재했다. 그러나 OMSC는 선교사들을 초청해 의미 있는 안식 기간을 보낼 수 있는 분위기를 제공해 준다. 본질적으로 OMSC는 한국 교회가 선교사들을 위해 스스로 해야 할 사역을 대신 떠맡고 있는 셈이다. 그 사역에 대해 필자는 부끄럽지만 깊이 감사하고 있다.

둘째는 선교에 대해 보다 학구적인 접근을 장려하는 OMSC의 노력이다. 그런 노력은 한국 교회의 선교 사역에 모색 가능한 새로운 방법을 제시한다. OMSC는 연합 콘퍼런스를 주최해 한국 교회와 직접 관계를 맺고, 정보 보급에 큰 역할을 하고 있다. 필자도 이 노력에 참여해 많은 역할을 감당하기 원한다.

《대형교회의 선교 책무》는 이 노력의 결실이다. 이 책은 예수님의

"한 무리"(요 10:16)인 모든 지체는 말할 것도 없고, 한국 교회뿐 아니라 전 세계 한인 디아스포라 교회에도 소중한 참고서가 될 것이다.

최근 사반세기가 지나는 동안 교회들은 훨씬 더 커졌고, 대형교회가 선교 자원을 독점하는 추세가 계속되고 있다. 이런 현상은 시간이 갈수록 점점 더 심해질 것으로 예상된다. 이 시점에서 대형교회의 선교 책무와 그들이 더 큰 선교 공동체를 위해 감당해야 할 역할을 분명하게 정의하는 것이 필요하다. 게다가 대형교회는 부여받은 책무를 감당해야 할 뿐만 아니라, 본서에서 강권하듯이 맡은 자원을 신실하게 관리했는지에 대해 외부자들에게서 객관적인 평가를 받아야 한다.

필자는 미국 내 한인 이민자 교회에서 선교적 지향성을 구축하려는 꿈을 가진 목회자로서, 이 책을 읽으면서 그 주제에 대해 깊이 성찰할 기회를 가졌다. 우리 교회가 비록 대형교회의 기준에 간신히 합격하기는 했지만, 선교 책무라는 주제를 주의 깊고 철저하게 연구해야 한다고 확신한다. 왜냐하면 디아스포라 교회 자체가 특별히 선교 사역의 결실이기 때문이다.

독자들은 분명히 본서에 담긴 선교 책무에 대한 자료가 유익하다는 것을 깨닫게 될 것이다. 특히 네 가지 면에서 가치가 있다고 생각한다.

첫째, 선교 자원을 가진 다양한 교회들이 선교 책무를 감당하는 구체적인 방법을 제시하고 있다.

둘째, 온누리교회나 사랑의교회 같은 한국의 대형교회들이 취한 선교 프로그램을 소개하는 내용을 비롯, 지구촌을 망라하는 초대형교회들이 어떻게 선교 책무를 감당하고 있는지를 다루고 있다. 특히 17장 "힐송 교회 네트워크"에서 독자들은 큰 도전을 받을 것이다. 누구든 단일 교회가 선교 소명을 역동적으로 감당하는 모습을 보면서 부담과 흥미와 거룩한 흥분을 경험하게 될 것이다.

셋째, 대형교회를 넘어서 독자들은 홍콩과 한국과 미국에 있는 중형교회의 선교 모델에 대해서도 접할 수 있다. 이 정보는 특히 한인 디아스포라 교회 목회자들에게 가치가 크다. 사실 목회자들과 리더들로 하여금 세계 선교에 더 효과적으로 참여하도록 헌신을 고취시킬 수 있는 자료라면 어떤 것이든 그 진가를 인정해야 한다.

넷째, 어떤 장들은 브라질, 아프리카, 일본 및 세계 다른 지역의 대형교회가 선교 사역을 감당하면서 취하는 태도와 책임에 대해 중요한 정보를 제공하고 있다.

본서는 선교 책무를 다양하게 감당하고 있는 교회들을 균형 있게 소개한다. 목회자들과 선교 지도자들은 이 책을 통해 잘 정리된 세계 선교의 다양한 경향을 볼 수 있는 특권을 누리게 될 것이다.

크리스토퍼 라이트
랭햄파트너십 인터내셔널 국제 디렉터

책무는 성경에 깊이 뿌리를 내리고 있다. 요셉은 자신의 고용주뿐만 아니라 하나님께도 책임감 있는 태도를 보였다(창 39:8-10). 사무엘은 하나님과 백성을 증인으로 삼아 공적인 직무를 정직하게 수행하는 책임을 졌다(삼상 12:1-5). 다윗은 자기 백성의 헌물을 정직하게 관리하는 책임을 짊어졌다(대상 29:14-17). 바울은 다른 신자들이 자신에게 맡긴 교회 재정을 다룰 때 하나님과 사람의 눈앞에서 책임을 졌다(고후 8:16-21).

슬프게도, 많은 성공적인 기독교 지도자들은 이와 다르게 행동한다. 요셉과 달리, 그들은 하나님이 보시지 않을 거라고 생각하고 성적인 호의가 일의 특권이라고 상상한다. 사무엘과 달리, 그들은 자신들의 부정직한 행동을 보는 자가 없다고 생각한다. 다윗과 달리, 그들은 하나님의 백성의 헌물을 자신의 개인 통장 잔고로 치부한다. 바울과 달리, 그들은 교회 재정을 처리할 때 다른 사람들이 참석하거나 참여하는 것을 거부한다.

비극적인 것은 이러한 책무의 결핍으로 그들이 스스로를 위해 오류, 거짓, 은폐의 함정을 파고는 거기에 빠져 공개적인 수치를 당한다는 것이다. 그런 일이 일어나게 되면 사역의 신임도가 파괴되는 손실을 겪을 뿐만 아니라 교회와 선교도 피해를 입게 되며, 예수 그리스도의 이름과 그분의 복음이 시궁창에 처박히게 된다.

책무는 겸손의 문제다. 그것은 죄와 유혹의 현실을 심각하게 받아들인다는 것을 뜻한다. 그것은 기독교 사역에서 책무의 은사가 수반된 상호 간의 확인과 도전이 없다면 우리 각자가 얼마나 취약할 수 있는지를 안다는 것을 의미한다. 책무는 또한 정직성의 문제다. 그것은 우리가 그리스도에 의해 구속받았으며, 부르심에 합당하게 행하도록 부름 받은 남녀가 되었다는 것을 의미한다. 그것은 우리 주변의 타락한 문화와 다른 기준으로 산다는 뜻이다.

책무, 겸손, 정직성에 대한 이와 같은 소명은 제3회 로잔세계복음화대회(2010)에서 나온 성명서인 '케이프타운 서약'(The Cape Town Commitment)

의 주요 강조점 중 하나였다. 다음 인용문은 서약서의 제2부 5번 조항(IIE부) "그리스도의 교회를 다시 겸손과 정직성과 단순함으로 초청함"(Calling the Church of Christ back to humility, integrity and simplicity)에서 가져온 것이다(www.lausanne.org/content/ctc/ctcommitment).

"그리스도인과 비그리스도인 사이에 행동의 차이가 없다면, 예를 들어 타락과 탐욕, 성적 방종, 이혼, 회심 전의 종교 관행으로 되돌아가는 것, 또는 타 인종에 대한 태도에 있어서 전혀 다를 바가 없다면 우리 기독교가 무엇이 다른지 의아해하는 것이 정당하다. 우리의 메시지는 우리를 바라보는 세상에게 어떤 진정성도 전달해 주지 못한다.

… 성경적 삶이 없다면 어떤 성경적 선교도 없다. 따라서 우리는 세상의 방식과 근본적으로 구별된 삶을 살도록, 즉 '참된 의로움과 거룩함 가운데 하나님처럼 되도록 창조된 새로운 인간성을 옷 입도록' 우리 자신을 절박하게 재헌신하고, 그리스도의 이름을 고백하는 모든 이들도 그렇게 하도록 도전한다.

우리는 우리의 타락과 죄악 가운데 종종 타인을 학대하고 착취하는 데 권력을 남용한다. 우리는 자신을 드높이면서 성별과 인종, 사회적 신분에서 자신의 우월성을 주장한다. 바울은 하나님의 성령으로 충만한 사람들은 그리스도를 위해 서로에게 복종해야 한다고 직접 요구함으로써 교만과 권력의 우상 숭배에서 비롯한 이 모든 표지들을 대적했다.

우리는 모든 교회와 선교 지도자들에게 우리 사역을 소개할 때

대형교회의 선교 책무

진실을 다 밝히지 않으려는 유혹에 대항하라고 요청한다. 근거 없는 통계로 보고서를 과장하거나 이익을 위해 진실을 왜곡하면 우리는 부정직한 사람들이다. 우리는 하나님이 정결케 하는 정직의 물결로써 그러한 왜곡과 조종과 과장을 끝내 주시기를 기도한다.

우리는 영적인 사역에 자금을 대는 모든 후원자들이 적절한 책무에 필요 이상으로, 비현실적이고 측량 가능한 가시적 결과를 요구하지 않도록 요청한다. 정직성과 투명성이 가득한 문화를 이루어 내자. 우리는 하나님의 빛과 진리 가운데 걷기를 선택할 것이다. 주님이 마음을 시험하시고, 정직성을 기뻐하시기 때문이다."

폭넓은 내용을 다룬 이번 한국글로벌선교지도자포럼(Korean Global Mission Leadership Forum, KGMLF)의 책자는 이러한 도전과 헌신에 반응하는 매우 칭찬할 만한 시도다. 다양한 사례들과 도출된 교훈들이 많은 글로벌 교회들을 일깨우는 데 기여하길 바란다. 특별히 다양하게 표현된 대형교회의 선교 책무 문제를 그에 걸맞은 성경적, 선교적 진지함을 가지고 받아들일 수 있기를 바란다.

박기호
풀러 신학교 아시아 선교학 교수

지상의 모든 교회는 어떤 대가를 치르더라도 "모든 민족을 제자로 삼으라!"고 하신 그리스도의 대위임령(마 28:19)을 수행할 사명을 가지고 있다. 수백 년이 지나도록 크든 작든 지역 교회와 선교단체는 이 사명을 책임감 있게 수행하기 위해 수고해 왔다. 그리고 바야흐로 우리는 최근 대형교회의 세계적인 출현을 목격했다. 이들 중 많은 교회가 선교 사역에 깊이 참여하고 있지만, 대부분은 다른 교회나 독립된 선교단체와의 긴밀한 유대 없이 그 사역을 진행하고 있다.

전형적인 대형교회들은 무슨 사역이든 하고자 마음만 먹으면 곧바로 수행할 수 있는 엄청난 인적 자원과 물적 자원을 보유하고 있다. 그리고 그들은 다른 단체들과 긴밀하게 동역할 필요가 별로 없다는 판단을 쉽게 내릴 수 있다.

그러나 우리는 고린도전서 12장 12-26절에서, 그리스도의 한 몸 안에서 동료끼리 서로를 어떻게 바라보고 대우해야 하는지를 가르친 바울의 교훈을 망각해선 안 된다. 몸의 어떤 지체도 자신의 역할이 다른 지체들의 역할보다 더 중요하다고 여겨선 안 된다(15-20절). 반대로 몸의 어떤 지체도 다른 지체들에게 "난 네가 필요 없어"라고 말해서도 안 된다(21절). 하나님의 한 가족 안에서 모든 구성원들은 서로를 똑같이 돌봐야만 한다(25절).

그러한 관점에 비추어 볼 때 어떤 교회도, 심지어 초대형교회라 하더라도 선교 사역을 독자적으로 수행할 수 있는 모든 은사를 다 소유한 것은 아니라고 말할 수 있다. 글로벌 시대에 교회들은 하나님의 방식으로 진실하게 그리스도의 대위임령을 수행하기 위해 다른 교회 및 선교단체들과 협력하고 협조하는 사역을 추구해야 한다.

본서에서 다양하게 지적하듯이, 대형교회는 보유하고 있는 자원을 지혜롭게 사용해야 하며, 중소형교회들의 선교 의지를 낙담시키지 말아야 한다. 마찬가지로 대형교회의 리더가 강력한 리더십과 은사를 갖고 있다 하더라도, 그와 교회는 삶과 선교에 있어서 정직하도록 더욱 더 힘써야 한다.

지혜롭게 처신하려고 한다면 대형교회들은 피선교국의 교회들이 자신들을 의존하게 만들어서는 안 되고, 후원하는 교회들을 조종하려고 해서도 안 된다. 그리고 현지 교회들이 자율성을 잃지 않도록 도와야 하며, 후원 교회에 순응하도록 요구하지도 말아야 한다. 크고 작은 모든 교회들 간에는 물론, 선교에 전적으로 헌신된 선교단체들과도 자원을 나누고 협력하는 분위기를 조성해야 한다.

다시 한 번 OMSC의 주도 아래 "대형교회의 선교 책무"에 초점을 맞춘 제3회 KGMLF에서 발표된 자료가 출간된 것을 환영한다. 이 책은 2015년 11월 한국에서 모인 콘퍼런스에서 대형교회와 선교에 대한 체험을 겸손하고 정직하게 나눠 준 수많은 형제자매들의 결실이다. 전반적으로 대형교회가 수행하는 선교 사역을 명료하게 밝히고 있는 점이 마음에 든다. 본서는 한국의 초대형교회들에 더 명시적인 초점을 두고 있기는 하지만, 선교단체와 수많은 중소형교회들에게도 통찰력을 주고 있다.

김진봉
KGMLF 코디네이터, 국제교회관계 대표

민음은 바라는 것들의 실상이요 보이지 않는 것들의 증거니
(히 11:1).

제3회 KGMLF를 준비하면서 선교의 대장 되시는 하나님을 향한 믿음이 절실했다.

"과연 한국에서 처음 열리는 KGMLF가 성사될 수 있을까?"

"OMSC에는 KGMLF를 위한 예산이 없는데 어떻게 그 엄청난 재정을 확보할 수 있을까?"

이처럼 필자에게 닥친 환경들을 바라보니 "대형교회의 선교 책무"라는 매우 민감한 주제로 예정된 KGMLF 2015의 성공은 고사하고 개최 여부도 불투명해 보였다. 그러나 '고난은 축복의 숨겨진 다른 이름이다'라는 확신을 가지고 새벽마다 주 앞에 나가 믿음 없음을 토로하며 그분의 도우심을 구했다. 그리고 히브리서 13장에 나오는 믿음의 선진들을 떠올리며 오직 주를 향한 믿음으로 아시아의 명산인 설악산이 있는 속초에서 제3회 KGMLF가 단풍처럼 아름답고 훌륭하게 열릴

수 있기를 간구했다.

매년 설악산 단풍의 절정은 10월 말이다. 그런데 KGMLF를 축복하신 것일까? 지난 2015년에는 KGMLF가 진행되었던 11월 초가 단풍이 가장 아름다웠다고 한다. 또한 포럼에 필요한 재정도 풍족하게 채워 주셨고, 모든 일정도 순조롭게 진행되었다. 지난 2008년 주께서 필자에게 주셨던 KGMLF의 비전과 믿음이 이번 행사를 통해 더 구체적인 현실로 나타난 것을 볼 수 있었다.

간혹 KGMLF를 한국 교회와 선교만을 위한 포럼으로 이해하는 분들이 있었다. 하지만 이번 포럼을 통해 세계 교회와 선교가 고민하고 있는 주제와 전 세계에서 온 관련자들이 21세기 선교 동향에 관해 공감하는 연구 사례들을 나누며, 서로를 알게 되고 도전하는 것이 KGMLF의 목적임을 분명히 보여 주셨다.

준비 모임

2013년 11월 28일, 제3회 포럼을 기획하기 위해 서울 장충동에 있는 서울클럽에서 20명이 모였다. 이 모임은 정영현 장로와 그의 아내 김숙희 권사의 후원으로 가능했다. 두 분은 2010년과 2012년에도 같은 장소에서 비슷한 모임을 가능하게 해 주었다.

OMSC 측 참가자는 조나단 J. 봉크(Jonathan J. Bonk) 명예 원장과 J. 넬슨 제닝스(J. Nelson Jennings) 전 원장과 드와이트 P. 베이커(Dwight P. Baker) 전 부편집장과 필자였다. 대형교회 측 참가자로는 온누리교회의 이재훈 목사, 지구촌교회의 진재혁 목사, 안디옥교회 원로 목사이자 바울선교회 창립자인 이동휘 목사가 참여했다. 또한 한국선교연구원(Korea

Research Institute for Missions, KRIM)의 문상철 원장, 다양한 선교 기관 지도자들 그리고 2011년 첫 모임 이후 KGMLF와 긴밀한 협력 관계를 유지하며 동역해 온 선교학 교수들도 참석했다.

몇 명의 학자들은 대형교회에 초점을 둔 포럼을 한국에서 개최하는 것에 대해 반대를 표명했다. 대형교회에 대해 부정적인 견해를 가진 것으로 알려져 있는 몇몇 한국인 교수들을 생각할 때 그들은 이 주제가 지나치게 논쟁적이 될까 봐 우려했다.

그럼에도 불구하고 이재훈 목사는 온누리교회가 창립된 지 30년이 지난 오늘날 (외부자 관점에서) 교회가 어떻게 선교를 하고 있는지 알고 싶다는 본인의 겸손한 바람을 표현했다. 게다가 OMSC의 지도자들은 사회적 추세가 대형교회의 세계적 출현임을 파악했기 때문에, 전 지구촌을 아우르는 사례 연구 발표를 통해서 대형교회의 성장에 있어서 중요한 요소에 대하여 알찬 통찰력을 제공하고, 그럼으로써 더 큰 책무를 가지고 사역을 감당하는 방법을 제안할 수 있겠다는 점을 주목했다.

동요를 일으키는 질문들

필자는 이 포럼을 준비하는 동안 한 미주 한인 대형교회 목사의 비판적인 조언을 마음에 담고 있었다.

"과연 대형교회들과 선교단체와의 협력이 필요한가? 특별히 인적, 물적, 영적(중보 기도 등) 자원 그리고 선교에 관한 식견도 가지고 있는 한국의 대형교회들이 해외 선교단체의 리더십을 따르면서까지 동역할 필요가 있을까?"

"왜 어떤 해외 선교단체는 선교사 인사권과 사역 방향에 대한 중요한 결정을 내릴 때 그 선교사를 파송한 교회 리더십과 의논하지 않았을까?"

필자가 1998년부터 선교사로 속해 있는 WEC국제선교회(WEC International) 소속 패트릭 존스톤(Patrick Johnstone)은 그의 저서《교회는 당신의 생각보다 큽니다》(The church is bigger than you think)에서 교회와 선교단체와의 관계에 대해 언급했다. 그는 지역 교회가 세계 복음화를 최우선적으로 생각하는 것은 매우 중요한데, 선교단체들이 그 지역 교회가 해야 할 많은 역할을 떠맡아 왔다고 비판하면서 선교단체들이 지역 교회들을 겸손하게 섬기고 그들과 긴밀하게 동역해야 한다고 제안한다.[1]

동요를 일으키는 또 다른 질문은 "지역 교회의 부흥 없이 세계 선교의 부흥이 있을 수 있을까?"다. 세계 교회가 인정하듯이 한국 교회의 폭발적인 부흥은 곧 선교의 부흥으로 이어졌다. 필자가 1990년 서울의 한 교회에서 선교 후보생으로 섬길 당시에는 선교 헌금을 하지 않고 선교에 헌신하지 않는 교인은 교회 직분자가 될 수 없었다. 그리고 선교사를 해외에 파송하지 않거나 후원하지 않는 교회는 교회의 사명을 잘 감당하지 않고 있는 것으로 인식될 정도였다.

OMSC가 발행하는 〈국제선교학저널〉(International Bulletin of Missionary Research, IBMR)에 실린 한국선교연구원(KRIM)의 자료를 보면, 1979년에는 단지 93명의 한국 선교사가 있었는데 1990년에는 1,645명이 되었다. 그리고 1990년까지 계속된 한국 교회의 부흥으로 매년 선교사 파송 비율은 연 25%나 증가했다. 하지만 한국 교회의 성장이 멈추기

---

1 Patrick Johnstone, *The Church Is Bigger Than You Think* (Fearn, Ross-shire, U.K.: Christian Focus Publications, 1998), chap. 19.

시작한 2000년대부터는 선교사의 파송 연 증가율이 7.6%로 줄었고, KRIM은 2014년 12월 기준으로 2만 467명의 한국 선교사가 있다고 조사했는데 그 숫자는 2013년의 선교사 수에 비해 겨우 1.9% 증가한 것이라고 밝혔다. 실례로 2002-2004년까지 2년 사이에 한국 교회는 2,452명의 선교사를 파송했지만 지난 2013-2015년까지 2년 사이에는 1천 명 남짓 되는 한국 선교사를 파송했다.[2]

필자가 최근에 마감한 "한국 개신교 선교사의 새로운 시각의 은퇴와 창조적인 노후"라는 제목의 학위 논문을 보면 현재 해외에 나가 있는 한국 선교사의 절반 이상이 50대 이상이며, 60대가 넘는 선교사도 약 10%로 조사되었다. 그런데 설문조사에 응답한 선교사의 90% 정도가 65-70세 사이에 은퇴하기 원한다고 했다. 다시 말해 앞으로 수 년 내에 한국으로 돌아오는 은퇴 선교사들을 쉽게 볼 것이며, 적어도 2030년경에는 현재 선교지에서 일하고 있는 한국 선교사들의 과반수 정도가 은퇴를 맞게 될 것이다. 한국 교회의 획기적인 변화와 부흥이 선행되지 않는다면 한국 선교사 3만 명이 넘는 시대를 보기란 쉽지 않을 것으로 예상된다.

이 중요한 시대적 변화의 요구에 부응해 대형교회 목사들과 선교 목사들뿐만 아니라 몇몇 중소형교회 목사들도 KGMLF 2015에 참석했다. 게다가 선교 기관 지도자들과 선교학계 학자들의 발제와 토론과 그룹 논의는 활기가 넘쳤다. 참여도가 높았던 이유 중 하나는 한국 사

---

2 Steve Sang-Cheol Moon, Hee-Joo Yoo, and Eun-Mi Kim, "Missions from Korea 2015: Missionaries Unable to Continue Ministry in Their Country of Service," *International Bulletin of Missionary Research* 39, no. 2 (April 2015): 85; Steve Sang-Cheol Moon, "Missions from Korea 2014: Missionary Children," *International Bulletin of Missionary Research* 38, no. 2 (April 2014): 85.

회에서 일어나는 급격한 변화 때문임이 분명하다. 그러나 세계 도처의 교회와 선교단체들이 객관적이고, 다른 교회와 선교단체들의 정보에 개방적이며, 궁극적으로 하나님을 기쁘시게 하는 관점에서 선교 사역을 성찰하려는 관심이 훨씬 더 중요한 요소였던 것 같다.

감사의 글

제3회 KGMLF는 2015년 11월 3-6일까지 속초 켄싱턴 스타호텔에서 개최되었다. 아프리카, 아시아, 호주, 유럽, 북미, 남미에서 77명이 참여했다. 발제자들과 논평가들은 14가지 부주제를 다루었다. 매일 아침을 열어 준 성경 연구는 일본, 호주, 가나에서 온 발제자들이 인도했다. 오후에는 참가자들이 8개의 소그룹으로 나뉘어 토론했다. 마지막 날 오후 시간에는 6명의 패널들이 발제를 하고 토론과 질문을 했다. 포럼은 최형근 교수와 드와이트 P. 베이커의 마지막 발제(요약)로 마감했다. 이렇게 이번 제3회 KGMLF에 기고한 40여 명의 저자들의 노력과 헌신 덕분에 이 책이 가능하게 되었다.

필자는 가끔 KGMLF가 독특하며 특별하다는 말을 듣는다. 그 이유는 아마 참가자들의 서로를 향한 존경심에서 찾을 수 있을 것이다. 이 포럼은 유명한 서구 선교학자가 한국 교회를 가르치는 공개 강연이 아니었으며, 유명한 대형교회가 그 업적을 자랑하는 자리도 아니었다. 전 세계에서 온 참석자들은 겸손하게 서로에게서 배우러 온 것이었다. 한 참석자의 말로 표현한다면, 이것은 '성령께서 기름 부으신 포럼'이었다. 필자도 동의한다. 이번 KGMLF가 성공적으로 끝난 것은 전적인 하나님의 은혜라고 고백하고 싶다. KGMLF는 처음부터 마지막까지 하나님이 다 하셨다.

하나님은 당신의 말씀을 믿고 순종한 이들을 통해 역사하신다. 필자가 근심하고 무엇을 할지 몰랐을 때 하나님은 많은 영적 멘토들과 동역자들을 보내 주셨다. 특별히 이번 포럼을 기쁘게 준비해 준 이재훈 목사의 리더십과 온누리교회와 OMSC 사이의 사려 깊은 협력은 우리 모두에게 주신 하나님의 특별한 선물이라는 것을 깨달았다. 이번 KGMLF의 많은 세부 사항들은 온누리교회 선교부 김홍주 책임 목사와 선교 담당 강일영 목사의 리더십 아래 온누리교회 스태프들과 자원봉사자들의 헌신적 노력을 통해서 실현되었다. 해외 귀빈들과의 소통을 위해 임선아 목사와 김정준 목사가 제공한 섬김은 특별했다. 온누리교회 영어 예배 담당 스티브 차 목사와 그의 팀은 바쁜 일정을 제쳐 두고 기꺼이 포럼에서 섬겨 주었다.

필자는 또한 CGNTV에서 포럼 전체 일정을 촬영하고 다섯 명의 참가자가 학자들과 함께 "글로벌 대담"(Global Talk) 프로그램을 준비해 준 것에 대해 감사한다. 또 포럼 참가자 전원에게 선물과 간식과 음료를 준비해 준 '에제르' 팀에게 하나님의 축복이 함께하길 바란다.

필자는 KGMLF 2015의 제목을 선택하고 세계적인 참가자 대부분을 초청해 준 존경하는 J. 넬슨 제닝스에게 감사하고 싶다. 추가로 필자는 조나단 봉크에게 감사하고 싶다. 그는 필자의 영적인 멘토인 이원상 목사가 그랬던 것처럼 언제든지 영적인 멘토로서 가까이 있으면서 필자를 돕고 격려해 주었다. 또한 코네티컷 한인교회협의회에 속한 모든 목회자들의 격려와 후원은 물론이요 필자가 KGMLF를 잘 섬길 수 있도록 기도해 준 것에 대해 감사드린다. 특별히 필자는 하트포드 제일장로교회의 김선만 목사의 권면과 후원을 기억하고 있다. 사실 2008년 제1회 KGMLF를 준비할 때 김선만 목사의 격려와 도움이 없었다면 KGMLF는 세상에 빛을 보지 못했을 것이다.

특별 감사

많은 교회들과 기관들이 힘을 합쳐 KGMLF 2015를 후원해 주었다. 그들의 도움을 여기에 다 나열할 수는 없지만, 필자는 그들에게 감사하며 하나님이 풍성한 복을 내려 주시기를 기도드린다. 이들 중에는 뉴헤이븐 한인교회(노대준 목사), 해리스버그 장로교회(강송중 목사), 홍콩 한국선교교회(윤형중 목사), 여의도순복음교회(이영훈 목사), 황지교회(김종언 목사), 아시안 미션(정재철 대표) 그리고 기독교대한감리회의 총회선교국(태동화 부총무)이 포함된다.

OMSC 파트타임 직원으로 합류해 KGMLF 준비 작업을 도와준 최호인 자매에게 많은 감사를 돌린다. 또한 최호인 자매가 아플 때 그 자리를 메워 열정적으로 도와준 이천 목사와 장숙영 사모에게 감사한다. 필자는 또한 KGMLF를 지원하기 위해 애쓰고 헌신한 OMSC의 모든 스태프들에게 감사하고 싶다. 새로운 유형의 국제 포럼인 KGMLF는 OMSC가 오랫동안 축적해 온 선교 경험과 OMSC 스태프들의 지속적인 헌신과 협력 덕분에 실현될 수 있었다. 필자는 또한 보이지 않는 곳에서 여러모로 도와준 아내 정순영 선교사에게 깊은 고마움을 전하고 싶다.

출판에 대한 감사

새로운 유형의 포럼인 KGMLF를 시작할 때 중요한 고려 사항은 포럼의 내용을 전달하는 잘 편집된 책, 예를 들면 OMSC 건너편에 소재한 예일 대학교 신학대학부 도서관에 어울릴 만한 책을 출판하는 것이었다.

이 비전을 실현하기 위해 〈국제선교학저널〉 편집 팀의 오랜 편집자들인 드와이트 P. 베이커, 크레이그 놀, 로나 존스톤 고든 그리고 로이스 베이커가 헌신적으로 일했다. KGMLF의 준비와 과정에 관해 필자에게 충고와 도움을 준 드와이트 P. 베이커에 대해 특별한 언급을 하고 싶다. 사실 그의 헌신적인 도움이 없었다면 KGMLF 2015의 책 출판은 쉽지 않았을 것이다. 그리고 영문판과 동시 출판을 위해 한국어로 번역을 비롯해 때로는 영어 번역 및 편집까지 힘써 준 고구경 목사에게 신실한 감사를 전한다.

2011년, 2013년에 이어 2015년 KGMLF 영문판 발행을 위해 매번 재정적인 지원을 아끼지 않은 사랑의교회(오정현 목사)에도 깊은 감사를 드린다. 또한 2013년에 시작된 온누리교회의 전폭적인 후원으로 KGMLF 2013과 2015의 한글판을 두란노서원에서 출판할 수 있었다. 이 출판은 세계 선교 사역을 위한 소중한 선물이다.

필자는 또한 KGMLF 2015 한글판을 편집하고 출판하고 배포하기 위해 다방면에 걸쳐 숨겨진 노력을 기울인 두란노서원의 책임자 이형기 원장과 송미영 본부장과 남희경 부장과 박주선 편집자에게 감사하고 싶다. 특별히 저작권 팀의 박용범 목사의 협조에 대해 심심한 감사를 표현하고 싶다.

모든 영광을 하나님께

하나님의 은혜로 KGMLF 2017은 "해외 이주자와 난민에 대한 선교 책무"(Migration, Human Dislocation, and Accountability in Missions)라는 제목으로 이미 계획이 세워졌고, 다시 한국에서 2017년 11월 7-10일 일정으로 준비되고 있다.

이번에 출판되는 KGMLF 2015의 두 권(영문판, 한글판)의 책을 통해 한국 교회는 물론 전 세계 교회들이 더욱 강건해져서 세계 선교를 잘 감당할 수 있게 되기를 간구한다. 다시 오실 주님을 간절히 바라면서 모든 영광을 주께 올려 드린다.

차례

1장

대형교회의 책무는 무엇인가?

: 미국의 사례

스콧 쑤마

미국은 지난 50년간 초교파 단체들이 전통적인 종교 단체들을 침식해 왔고, 선교단체들과 독립적인 네트워크 그룹들이 급증함으로써 종교 지형에 극적인 변화가 일어났다. 1965년 이후 여러 교단의 교세가 상당히 약화되었다. 미국인들은 점점 더 자신에게 의미가 있고, 직접 체험할 수 있는 사회적 헌신에 자원하길 원한다. 새로운 세대는 더욱 그렇다. 게다가 오늘날은 이동성이 확대되고, 개인의 재력이 늘어났으며, 무엇보다도 인터넷 기술을 통해 세계가 축소되었다. 이러한 배경에서 지역 교회의 선교 사역도 교단 선교부나 선교단체에 전적으로 의존하던 모습에서 벗어나 '몸소 체험하는' 쪽으로 전환하게 되었다.

같은 기간에 개신교 대형교회(매 주일 예배에 2천 명 이상이 참석하는 교회로
정의)들이 급증해 미국과 세계에 새로운 종교적 실체로 등장했다. 1965
년 미국에는 50개 미만의 대형교회가 있었다. 오늘날에는 1,650여 개의
대형교회들이 현대적 예배와 테크놀로지, 다중 예배 처소, 카리스마적
인 유명 목회자들, 같은 비전을 가진 교회들의 초교파적 네트워크 형
성 등을 통해 종교 지형을 지배하고 '교회'의 의미를 재정립하고 있다.

미국 교회의 규모가 급변하고 있다는 사실을 가장 분명하게 보여
주는 것이 바로 대형교회다. 거의 모든 교단의 데이터에 따르면, 지난
100년간 교인들은 더 큰 교회로 줄곧 몰려들고 있다. 현재 미국 교회
의 상위 10%(350명 이상이 출석하는 약 3만 5천 개 교회)가 미국인 신자의 절
반 이상을 확보하고 있다. 동시에 미국 교회의 60% 이상은 주일 예배
출석자가 100명 미만이다. 이런 충격적인 규모의 변화는 다른 사회적,
문화적 변화와 결부되어 선교에 상당히 큰 영향을 미친다.

미국 내 대형교회들의 선교 사역은 어떤 모습인가? 또한 그들은 누
구에게, 어떤 방식으로 선교 책무를 지고 있는가? 대형교회의 현상이
다양하듯이, 그 선교 사역의 방법도 다양하다. 대형교회들은 한 가지
선교 모델만을 고수하지 않는다. 25년 동안 미국의 대형교회 운동을
연구한 필자는 선교 활동이란 '교단 기관들과 초교파 선교단체들의 협
력, 지역 사회와 해외 선교 사역에 대한 집중, 적극적인 선교 여행 참
여 그리고 기타 창의적이고 독특한 아웃리치 노력들을 포함하는 복합
적인 실체'라는 점에서 일관성이 있다는 것을 발견했다. 각 대형교회
의 사역은 대략 그 교회만의 특별한 비전과 교회를 이끌어 가는 관심
사에 근거하고 있다.

이 장에서 필자는 코네티컷 주에 소재한 한 대형교회가 지역 선교와 해외 선교에 어떻게 헌신하고 있는지 탐구할 것이다. 그러나 이 교회의 사례가 미국의 대형교회를 대변한다는 의미는 아니다.

수수한 대형교회, 크로스로즈 연합교회

코네티컷 주 이스트하트포드 시에 소재한 크로스로즈 연합교회(Crossroads Community Cathedral)는 얼핏 보면 아마 대형교회로 인식되지 않을 것이다. 보통 대형교회는 겉만 그럴듯하고 돈을 규모 없게 쓴다는 전형적인 모습과 대조되게 크로스로즈 연합교회의 외관은 겸손한 분위기를 풍긴다. 이 교회는 도로에서 떨어져 있으며, 높은 건물이 아니라 전혀 과시하지 않는 듯 평평한 건물을 가지고 있다. 사실 그 겸손한 분위기는 외관뿐만 아니라 태도에도 정확히 반영되어 있다.

이 교회는 뉴잉글랜드의 몇 안 되는 대형교회 중 하나임에도 불구하고 코네티컷 주의 종교 지형에서 가장 눈에 띄지 않는다. 900석 본당은 보통 대형교회 본당의 절반 규모에 해당한다. 주말에 드리는 총 4부 예배에 약 2,200명의 성인과 자녀들이 출석한다. 본당 규모는 매주 2-3천 명이 출석하는 대형교회의 40%에 해당한다.

크로스로즈 연합교회는 1951년에 미국 하나님의성회 교단의 선교 사업으로 시작되었다. 30년 후 테리 와일스(Terry Wiles)가 부임할 당시 출석 교인은 약 150명이었다. 1990년까지 교회는 현재 위치로 이전해 개조한 체육관을 임시 성전으로 삼아 예배를 드리기 시작했다. 이 교회는 하나님의성회 교단 소속이지만, 방문자가 그 소속을 쉽게 파악하기 힘들게 되어 있다. 교회 이름에 하나님의성회 교단을 식별할 만한

   대형교회의 선교 책무

로고나 상징이 없고, 그렇게 소개하는 문구도 없기 때문이다.

크로스로즈 연합교회의 문화는 전반적으로 진지하고 정직성 있는 회중 문화와 더불어 제자도와 선교에 대한 헌신을 강조하는 특징을 가진다. 이 접근법은 점진적이고 지속적인 성장을 낳았다. 감독으로 재직 중인 테리 와일스가 담임목사로 재임했던 34년간은 물론, 그의 아들 션 와일스(Sean Wiles)가 동역하는 현재에도 교회는 계속 성장하고 있다. 션 와일스는 교회의 수석 목사이자 행정 목사다. 대부분의 교인들은 저소득 중산층 전문인이거나 서비스업 종사자 또는 노동자 계층이다. 교회의 예배는 역동적이며, 현대적 예배 스타일과 탄탄한 복음주의 신학을 갖추고 있다.

아마 이 교회의 가장 주목할 만한 특징은 다인종 교회라는 점일 것이다. 교인들이 지난 20년간 거의 같은 비율의 백인과 라틴아메리카계, 흑인으로 이루어져 있으며, 아시아인과 아프리카인도 소수 참여하고 있다. 그들 중 많은 이들이 여러 나라에서 온 이민 1세대 혹은 2세대다. 또한 예배 실황이 스페인어로 통역되고 있으며, 교회 리더십도 점점 더 회중의 다양성을 반영하고 있다.

선교 지향적 목회 비전

테리 와일스는 부임한 후 자신의 선교에 대한 헌신을 의도적으로 교회에 반영시켜 왔다. 그는 자주 "선교 사역이란 그저 잃은 자들에게 다가가는 것"이라고 분명하게 표현했다. 15년 전 테리 와일스는 필자가 가르쳤던 하트포드 신학대학원 학생들에게 이렇게 말했다.

"우리에겐 한 가지 사명이 있습니다. 비종교인을 찾아가 온전히 헌신된 그리스도의 제자로 변화시킴으로써 하나님과 사람을 섬기는 것, 이것이야말로 우리가 해야 할 일이라고 저는 생각합니다."

최근에 그는 헌신의 원동력인 하나님과의 만남을 감동적으로 간증하고 나서 이렇게 말했다.

"저는 선교적 신념을 가지고 부임했습니다. 저의 주목적 중 하나는 선교, 즉 국내 선교와 해외 선교를 발전시키는 것입니다. 저는 '선교하는 교회'(a missions church)를 세우고 싶었습니다."

실제로 테리 와일스는 자신의 목회를 통해 그 목적을 실현했다. 그 목적이 교회의 전도 문화와 아웃리치 사역을 강력하게 빚어내고 있다. 그는 담임목사로 부임한 후 수년간 주로 지역 선교 사역과 교회의 확장에 집중하면서, 동시에 수많은 하나님의성회 교단 선교사들을 후원했다. 사실 필자가 17년 전에 크로스로즈 연합교회를 처음 방문했을 때 기록해 놓은 내용을 보면, 교회의 후원 선교사 20명 이상의 사진이 긴 복도 가득 전시되어 있었다.

크로스로즈 연합교회 사역 초기부터 테리 와일스는 매달 둘째 주일이면 선교에 관련된 메시지를 선포하고자 애썼다. 이런 선교적 노력은 일찍부터 간헐적인 선교 여행이라는 결실로 나타났고, 여러 국내 선교사들에 대한 일관된 후원으로 이어졌다. 그는 교회의 선교 아웃리치 역사를 회고하면서 이렇게 설명했다.

"초기에 우리는 멕시코와 브라질, 온두라스, 과테말라 같은 나라에서 사역했습니다. 현지를 방문하면 그곳에서 활동하는 하나님의성회 교단의 선교사들과 동역했습니다. 그 후에 교단의 범위를 벗어나 자체적으로 사역하기 시작했습니다. 지금 미국 밖에서 수행하는 모든 사역

 대형교회의 선교 책무

은 하나님의성회 교단과 무관하게 이루어지고 있습니다.”

이렇게 하나님의성회 교단의 선교 구조에서 점진적으로 벗어남으로써 교회의 비전이 결정적으로 바뀌게 되었다. 1990년대에 교회가 과테말라의 특정 지역에 장기간 헌신하기로 결정하고, 그곳의 독립 사역에 집중함으로써 변화가 시작되었다. 이 변화는 현지 대형교회인 과테말라시티의 엘림 중앙교회(Elim Central Church)와 협력 관계를 체결하고, 과테말라 출신의 크로스로즈 연합교회 교인 한 명이 ‘사랑의부엌’(Cocina del Amor) 사역을 시작하면서 일어났다. 그 후 크로스로즈 연합교회는 현지에 40개 이상의 교회를 세웠으며, 250명 이상의 목회자들을 훈련시키고 관계를 발전시켰다.

이 집중적인 선교 방식은 예전에 영향을 끼쳤던 하나님의성회 교단의 또 다른 선교 지향적 대형교회 목회자의 영향력을 통해 확장되었다. 2000년대 초반, 초교파 대형교회인 콜로라도 주 덴버 시의 갈보리 템플 교회(Calvary Temple)의 찰스 블레어(Charles Blair) 담임목사가 에티오피아에 1천 개의 교회를 세우려는 노력으로 주목을 받고 있었다. 찰스 블레어는 이 선교 노력을 ‘에티오피아인의 부름’(Ethiopian Call)이라고 묘사했다.

2004년에 테리 와일스와 그의 아내 니타(Nita)는 이 사역에 참여하기 위해 에티오피아를 방문했다. 선교 여행이 끝난 후 얼마 지나지 않아서 테리 와일스는 ‘페루인의 부름’(Peruvian Call)을 받았다. 그 부름이란 페루령 아마존의 로레토 지역에서 찰스 블레어를 닮아 가고자 한 비전이다. “하나님이 저에게 100개의 교회를 세우고, 100명의 목사들을 훈련시키라고 지시하셨습니다”라고 그는 회고했다.

당시 그는 거의 60세에 가까운 나이에 사역 25주년을 맞이했으며, 크로스로즈 연합교회는 900석 예배당을 건축하고 있었으며, 주일 예배에 약 2천 명이 출석하는 규모로 성장해 있었다. 테리 와일스는 자신이 지역 교회 목회자로서 세웠던 목표들을 많이 이뤘음을 깨닫고, 향후 10년간의 사역을 위해 하나님께 적극적으로 구하고 있었다. 이는 그가 해외 선교 사역에 직접 참여하면서 조금씩 깨달아 온 방향이기도 했다.

현재 테리 와일스는 자기 시간의 70% 정도를 선교 사역에 쏟고 있다고 한다. 그는 "저는 담임목사라고 할 수 있지만, 동시에 교회의 선교 목사이기도 합니다"라고 말한다. 그가 교회의 일반적인 리더십을 아들에게 위임할 때 교인들이 "우리는 목사님이 선교 사역을 더 많이 감당하시도록 목사님의 손을 자유롭게 해 드리고 싶습니다"라는 분명한 메시지를 전달해 주었다고 한다.

테리 와일스는 일반적인 교회 업무에서 벗어나자 자신의 선교 비전과 열정을 더 일사분란하게 표출할 수 있게 되었다. 그러면서 크로스로즈 커뮤니티 인터내셔널 펠로우십(Crossroads Community International Fellowship, CCIF)을 설립했다. 이 단체는 미국 내 75명의 목회자들과 7개의 교회들로 구성된 감독 및 책무 네트워크다. 또한 그는 목회자를 훈련하고, 페루와 중미에 교회들을 개척하는 데 더 많이 관여했으며, 미국국제감독협회(International Bishops Conference, USA)에서 감독직을 받았다. 또한 그는 현직 선교사로 전환하면서 하나님의성회 교단의 신임장(AG credentials)을 포기했다.

크로스로즈 연합교회의 선교 활동

현재 크로스로즈 연합교회는 일 년 예산 370만 달러의 20%를 선교 사역에 기부하고 있다. 그중 11%, 즉 40만 7천 달러는 해외 선교 사역에 쓰인다. 크로스로즈 연합교회의 지난 5년간 평균 출석률이 21% 증가했는데, 선교 헌금은 42%나 늘었다. 자율적으로 운영되는 501(c)(3) 기관(면세 혜택을 받는 비영리 재단)인 CCIF도 해외 선교를 위해 30만 달러를 추가로 지원하고 있다.

게다가 개별 선교사들을 위한 후원금은 매년 11월 선교사의 달 모금 행사를 통해 따로 모은다. 이 모금 행사는 2013년에 18만 4천 달러를 추가로 모금해(이전 5년간 실적 대비 31% 인상) 45명 이상의 개별 선교사들에게 일부 후원금을 보냈다. 그중 4분의 3은 하나님의성회 교단 소속 선교사들이다.

대략 400명의 교인 혹은 정기적인 성인 출석자의 18%는 최소한 한 번씩 선교 여행을 다녀왔다. 이 선교 여행은 대부분 2주간이 소요되며, 교회가 과테말라에서 지속하고 있는 선교 사역을 의료 사역과 교도소 사역, 급식 사역, 청소년 사역, 목회자 후원 및 훈련 사역 등을 통해 지원한다. 일 년에 2회 테리 와일스는 소규모 선교 팀들을 이끌고 페루 사역을 지원한다. 물론 다른 목적으로 그곳을 방문할 때도 있다.

2009년 이후 크로스로즈 연합교회의 페루 선교 사역은 주로 아마존 정글의 미전도 지역들에 교회를 세우고, 신앙 교육을 시작하고, 목회자 지원과 조직된 네트워크를 구축하는 것이었다. 이 노력을 통해 교회는 약 22만 평의 부지를 구입했고, 그중 1만 2천 평을 정비해 콘퍼런스와 훈련을 위한 캠프 시설을 건축하고 있다.

교회는 페루 정부의 인가를 받은 교육 기관을 설립했고, 학장을 임명했으며, 수준 높은 스페인어 성경 커리큘럼의 출판권도 확보했다. 이 사역을 통해 현재까지 150명의 목회자가 졸업했으며, 200명의 재학생이 등록되어 있다. 또한 이 사역을 통해 65개의 교회를 개척해 교회당을 봉헌했으며, 교회마다 최소한 15명의 장년 교인이 활동하고 있고, 주중 출석 인원은 총 4천 명이 넘는다.

하지만 선교 사역의 목표는 현지 교회가 크로스로즈 연합교회에 전적으로 의존하지 않도록 하는 것이다. 그래서 교회는 훈련받은 목회자들 중에서 내부 리더십 시스템을 조직했다. 크로스로즈 리더십은 장기 헌신을 강조한다.

"우리가 [이것을 영구적으로] 구축할 수 있는 유일한 방법, 즉 이 사역이 페루인의 조직이 되게 하고, 또 계속 성장하고 부흥하게 하려면 페루인들이 [서로서로] 영구적으로 연결되도록 하는 것이 가장 중요합니다."

게다가 CCIF에 소속된 두 교회가 크로스로즈 연합교회의 페루 사역에 합류했다.

"교회가 성장하면 우리가 할 수 있는 일이 커집니다. … 우리는 네트워크 협력자들도 양성할 수 있습니다."

최근에 그들은 페루 촌락에 태양열 전기와 생수, 기초 의약품을 보급하는 교육 시설을 갖추고 교회를 개척하는 데 힘을 기울이고 있다.

크로스로즈 연합교회는 독자적인 선교 참여 방식을 고안했다. 그 방식이 미국 내의 다른 소형교회들의 선교 사역과 그리 다르지는 않지만, 그 규모가 거대하다는 점은 분명하다. 이로써 한 교회가 거액을 모금하고, 특정 지역에 집중하고, 국내외의 사회적, 정치적 자본을 활용하고, 또 해당 교회와의 연합 네트워크 내에서 고도로 숙련된 열정적인 참여자들을 모집할 수 있다는 점을 우리는 발견했다.

선교란 교회의 비전에 의해 빚어지며, 참여자들의 관심과 재능에 부응하는 것이다. 선교는 선교 참여자들과 수혜자들 사이의 친밀하고 장기적인 관계를 이끌어 내기 위해 의도적으로 기획된다.

관계적 책무

크로스로즈 연합교회의 노력이 자율성에 근거한 것이라고 할 때, 선교 책무에 대한 시스템이 작동하고 있는가? 실질적으로 초대형교회는 의도적으로 선택하지 않는 한 아무에게도, 즉 교단 실무진이나 선교단체, 심지어 교인이나 선교사에게도 책무를 지지 않는다. 대형교회는 리더들의 정직성과 책무 의지에 직접적으로 의존해 있다. 이것은 이상적으로 볼 때, 선교적인 노력과 주제에 대해 대형교회를 책임 있게 붙들어 주는 이들과 맺은 유대 관계에 기반한 자발적인 책무다.

모든 형태의 책무는 관계적인 속성이 있다. 책무를 진다는 것은 법이나 계약서에 의해 성문화되지 않은 한 개인이 타인에게 하는 행동을 해명하거나 변명한다는 뜻이다. 이상적으로 볼 때, 대형교회 리더십은 선교 사역과 그 사역의 대상자이자 수혜자들에 대해 책임을 진다. 크로스로즈 연합교회는 의도적으로 선교 사역을 통해 교인들과 피선교민들과 협력 기관들과 더불어 다중적 협력 관계를 형성하려고 노력했다.

교회의 선교는 일차적으로 교인들의 신세를 지고 있다. 테리 와일스는 선교라는 주제를 사람들에게 강요하지 않았다. 오히려 선교 정신을 강화하는 교회 문화를 조성해 '복음 메시지로 사람들에게 다가가는 비전'을 교인들 스스로 내면화하도록 도왔다. 그 결과 아웃리치를 위해 애쓰고 고대하며, 이런 노력을 의미 있게 후원하려고 노력하는 회중이 탄생했다.

"이 모든 사역이 원활하게 운영되는 것은 회중이 그 비전을 품었기 때문입니다."

교인들의 행동은 담임목사의 비전에서 시작된 것이지만, 교인들 스스로가 그 비전을 수용하고 지지하고 자신들의 비전으로 삼았기에 가능했다. 또한 이 책무를 강화시킨 이들은 바로 교회에 새로 들어온 신자들이었다. 그들은 고국의 동족들과 의미 있는 유대 관계를 유지하면서 기도와 심방과 헌금을 통해 물적, 영적으로 그들을 후원하는 데 확실히 기여했다.

이와 같이 전반적인 교회의 선교 사역이 책무 시스템에 이바지하고 있다. 특정 선교지와 장기적인 관계를 맺는 데 집중하고, 목적이 있는 선교 여행에 교인들을 동참시키려는 테리 와일스의 결정은 복음을 전하고자 하는 대상들과 유대 관계가 발전할 수 있는 가능성을 이끌어냈다. 한 선교 사역 스태프는 이렇게 말했다.

"우리는 그들이 일하기를 원합니다. 하지만 동시에 그들이 지역 사회에 들어가고, 아이들을 만나고, 사람들과 함께 있기를 원합니다. 즉 우리는 그들이 연결되기를 원합니다. 이 연결 부분이 매우 중요합니다."

이렇게 교인들이 선교 사역을 통해 만난 이들과 맺은 관계는 프로그램을 유지하는 역할을 한다. 직접 만남으로써 우정이 싹트고, 생명이 변화 받고, 헌신이 강화된다. 한 스태프는 이렇게 설명했다.

"[당신은] 그 문화와 그 백성을 문자 그대로 사랑하게 됩니다. 바로 그것이 [당신의] 지속적 참여를 유발합니다. 우리는 그들의 삶에 투자합니다. 이제 우리는 그들의 일부가 되었습니다."

다른 말로 하면 이렇다.

"우리 교인들은 그곳에 있는 선교사들과 관계를 맺었습니다. 그들은 그곳에서 함께 사역했던 사람들과 목회자들을 보기 위해 다시 돌아가고 싶어 합니다. … 우리는 교인들이 선교 사역을 통해 관계를 발전시킨 곳에 공동체를 세워 왔습니다."

선교 사역을 직접 체험한 교인들이 많아질수록 물질이나 관심의 부족으로 선교 사역이 무너지는 것을 방치할 가능성이 더 줄어든다. 교인들이 애쓴 수고의 열매가 직접 드러날 때 이런 친밀한 연결은 더 강화된다. 수차례 선교 여행에 참여했던 한 목사는 이렇게 말했다.

"저는 그들과 연결되어 있습니다. … 그리고 지금은 시간이 흘러 물질과 수고를 통해 거둔 결실을 보고 있습니다."

물론 선교 여행에 참여한 사람들이 귀국해 선교지에서 촬영한 비디오를 교인들과 함께 보거나 간증을 나눌 때 이런 연결이 간접적으로 발생하기도 한다. 그러나 가장 강력한 연결은 선교지에서 직접 만나고, 지속적으로 상호 작용을 맺을 때 형성된다.

또한 CCIF에 속한 교회들과 사역자들의 협력을 통해 형성된 목회자 및 교회 네트워크가 선교 책무를 짊어진다. 다양한 교단과 민족과 지역 출신의 선교 동역자들은 선교 부담도 나누어 지지만, 동시에 의견과 해결책을 공유함으로써 선교 노력에 기여한다. 선교에 참여하는 사람들의 수가 증가하면 시간이 지나도 선교 활동을 계속할 수 있는 가능성이 높아진다. 테리 와일스는 이렇게 설명했다.

"우리는 협력을 이끌어 냈습니다. 그래서 '우리는 여기에 영원히 속해 있을 것입니다'라고 말할 수 있었습니다."

사랑의부엌 사역처럼 크로스로즈 연합교회가 초기부터 채택해 온, 현지 국가의 기존 교회 및 선교단체와 협력하기로 한 계획은 또 다른 책무 시스템을 제공한다. 기존의 사역을 지원하고 확장하는 것은 그 사역이 한 교회의 헌신에만 의존하지 않는다는 것을 의미한다. 또한 교회가 계속해서 참여하지 않더라도 그 사역이 이어질 것을 의미한다. 게다가 이러한 선교는 선교하는 교회들 사이에 내부 자치와 감독 네트워크를 촉진함으로써 어느 정도 자율성을 갖춘 토착화된 시스템을 제공한다.

크로스로즈 연합교회의 교인들이 선교 현장을 떠나더라도 사역을 수행하고 성취할 수 있도록 고용하고 훈련하고 내부 인력을 지원하는 것은 이 교회가 자율성을 지키기 위해 노력하는 하나의 방법이다. 한 선교 사역 스태프는 이렇게 말했다.

"이 단기 선교가 당신과 당신의 그룹에게는 좋은 여행이 되겠지만, 당신이 교회를 도울 수 있는 기초를 세우지 않으면 아무것도 유지되지도, 오래가지도 못할 것입니다."

분명히 크로스로즈 연합교회의 선교 노력은 큰 영향력을 미치고 있다. 교회의 집중된 헌신은 수천 명 교인의 물리적, 영적 삶에 긍정적인 변화를 일으키고 있다. 하지만 "이러한 유대 관계가 책무를 다하고 있는가?"라는 질문이 남아 있다. 대형교회들은 그 규모의 속성과 풍성한

대형교회의 선교 책무

자원, 카리스마적인 리더십에 의해 협력자들을 압도할 수 있다. 현재 그들은 진지한 헌신을 통해 선교에 동참하고 있다. 하지만 그렇게 하고자 하는 헌신이 사그라들면 그 사역들을 지속하게 하는 것은 무엇인가?

그들이 참여하지 않더라도 살아남을 수 있는 협력 관계와 자율적, 토착적 시스템을 구축하기 위해 크로스로즈 연합교회는 큰 노력을 기울였다. 하지만 경제와 자원의 불평등이 엄연한 현실 여건상 그 시스템이 진정으로 독립적인 협력자가 될 수 있을까? 마지막으로, 담임목사가 더 이상 선교 사역을 후원하지 않는 경우에는 무슨 일이 일어나게 될까?

분명히 크로스로즈 연합교회의 정체성은 중남미 선교에 의해 깊은 영향을 받았다. 만약 테리 와일스가 없으면 이러한 헌신도 사라질 것이라고 상상하기란 어려울 것 같다. 선교 사역은 크로스로즈 연합교회의 문화와 친숙하게 뒤엉켜 있기 때문이다. 누가 리더가 되든 이 교회가 존재하는 한 선교에 참여할 게 분명해 보인다. 테리 와일스는 "그것은 제 비전이었습니다만, 이젠 성도들의 프로젝트요, 성도들의 비전이 되었습니다"라고 말했다.

하지만 그것이 사실이 아니더라도, 훈련받은 목회자들과 개척된 교회들과 토착화된 기관들은 계속 존재하게 될 것이다. 그리고 궁극적으로 교회는 열정적으로 복음을 전파하고, 하나님 나라를 위해 영혼을 구원하려 애쓰면서 하나님의 대위임령을 수행해 나갈 것이다.

1. 대형교회의 선교 사역 중 대부분이 담임목사의 비전에 기초하며 담임목사의 개인적 헌신의 지속성에 따라 선교 지원이 좌우된다. 이런 현실을 감안할 때, 담임목사의 비전이 새로운 관심사로 바뀔 때 선교에 어떤 결과를 미치게 될 것인가?

2. 대형교회에게 책임을 물을 수 있는 권위를 누가 지니고 있는가? 책무가 관계들에 기초한다면, 그 관계들 안에 내재된 권력 불균형을 감안할 때 그 관계가 공평할 수 있는가?

3. 크로스로즈 연합교회에서 나타나는 관계의 네트워크들은 대형교회의 자발적인 동의가 없더라도 그 책임을 물을 수 있을 만큼 강력한가?

4. 대형교회들은 선교 사역에 쏟아부을 수 있는 풍부하고 많은 자체 자원을 보유하고 있다. 이러한 상황에서 작은 교회나 선교단체들이 대형교회에 주눅 들지 않고 선교 사역을 감당할 수 있는 방법은 무엇인가?

예수 그리스도의 교회는

명예와 권력과 풍요의 전당이 아니라

카타콤 교회가 되어야 한다.

_조나단 봉크

2장

"대형교회의 책무는
무엇인가?"에 대한 논평

성남용

"대형교회의 책무는 무엇인가?"라는 글에서 스콧 쑤마는 지난 50년 간 선교계에 일어난 변화에 대해 언급하면서, 지역 교회들이 전통적인 교단 선교부나 선교단체를 통하는 것보다 직접 선교 사역에 참여하는 것을 선호한다는 사실에 주목했다.

예전에는 지역 교회가 선교단체의 도움 없이는 효과적인 선교 사역에 참여하는 데 필요한 정보를 얻기가 어려웠다. 하지만 지금은 지역 교회가 선교 사역에 활발하게 참여하기 위해 선교단체들에게 의존할 필요가 그리 많지 않다. 이동성의 증대와 통신 혁명과 소셜 미디어 전반을 통해 이제는 선교지에 대한 이해도에 있어서 전문가와 비전문가의 차이도 많이 좁혀졌다. 지역 교회가 자체 인력을 통해 정보를 축적하고 전문가를 갖추고 있다. 예전에는 위임받고 파송을 받은 선교사들만 선교에 참여해야 한다고 생각했지만, 지금은 지역 교회의 교인들도 직접 선교에 충분히 참여할 수 있다고 생각하는 추세다.

우리는 선교계의 이런 추세를 막을 필요가 없다. 오히려 지역 교회가 선교적 열망을 갖도록 도울 방법을 찾아야 한다. 이를 위해서 지역 교회는 전문적인 선교단체가 선교의 지휘자 역할을 맡아 선교 사역자들을 훌륭한 오케스트라의 단원으로 만들 수 있도록 돕는 방안을 강구해야 할 것이다.

이와 같이 선교단체들은 하나님 나라의 관점에서 전인적이고 체계적인 전략을 개발하고, 선교지의 가장 큰 필요를 찾아내어 교회에 알려 줌으로써 지역 교회가 선교 사역에 참여하게 만드는 통로가 되어야 한다. 이 모델에서는 선교단체가 자체 사역을 위해 지역 교회를 동원할 필요가 없다. 오히려 선교단체가 지역 교회의 선교 활동을 도와주는 도우미가 되어야 한다.

다른 예를 들자면, 선교단체는 인터넷의 포털 사이트와 같은 일을 맡아야 한다. 그러한 관계에서 지역 교회는 선교단체를 통해 다양한 선교 활동에 참여하기 위한 더욱 효과적인 방법들을 발견할 수 있기 때문에 더 긴밀하게 협력하게 될 것이다.

필자는 여기서 스콧 쑤마가 그의 사려 깊은 글에서 제기하고 암시한 다섯 가지 쟁점에 대해 논할 것이다.

교회는 영적인 건물이다

스콧 쑤마는 코네티컷 주의 이스트하트포드 시에 소재한 크로스로즈 연합교회를 사례로 삼아 교회와 선교의 관계를 설명하고 있다. 이 교회는 소속 교단과 결별하고 과테말라의 과테말라시티에 소재한 한 대형교회와 협력해 그곳에 40개 이상의 현지 교회들을 세우고, 250명 이상의 목회자를 훈련시키고, 관계를 발전시켰다. 이런 식으로 선교를 추진한 그 교회의 담임목사는 에티오피아에 1천 개의 교회를 개척한 대형교회인 덴버 시의 갈보리 템플 교회의 영향을 받았다고 했다.

크로스로즈 연합교회와 갈보리 교회의 이러한 사역들은 칭찬할 만하며, 우리가 본받을 만한 훌륭한 사례가 된다. 그러나 우리는 그렇게 먼 곳에 개척된 교회들이 현실적으로 유지가 가능한지 질문해야 한다. 개척 교회들은 건강한 신앙 공동체의 모습을 보이는가? 기존의 신앙생활을 고양하고 강화하는가? 아니면 실제로는 방해가 되는가?

또 이런 식으로 개척된 교회들이 어떻게 계수되는지 알 필요가 있다. 교회 건물 수로 계수했는가? 미국의 대형교회가 후원하는 목회자 수로 계산한 것인가? 필자는 선교사들이 교회를 개척했다고 주장하지만 실제로는 현지 목회자들의 사례비만 지불하고 있었던 사례를 몇 가지 알고 있다. 한 선교사는 자신이 200개의 교회를 개척했다고 보고했다. 그러나 사실 이 숫자는 그가 재정적으로 후원해 준 현지인 목회자의 숫자였다. 어떤 선교사들은 선교지의 예배당 건축 현황을 보고하면서 그런 건물을 지어 줄 후원자들을 물색하고 다닌다. 그런 노력을 통해 지어진 건물 숫자가 개척된 교회의 숫자로 계수된다.

그러나 성경적으로 교회는 위대한 건축자이신 하나님이 교회 성도

　　　　　　　　　　　　　　　　　　　　　대형교회의 선교 책무

를 건축재로 활용해 세우시는 영적인 건물이다(엡 2:20-22). 지금도 주 안에서 거룩한 장소(문자 그대로 '거룩한 성전')가 되기 위해서 세워지며(21절, 현재형), 지어져 가고 있다(22절, 현재 진행형). 교회는 산 돌이신 그리스도와 함께 신령한 집으로 지어지고 있다(벧전 2:4-5). 그러한 영적인 집 안에 하나님의 영광이 머문다. 하나님의 영광이 교회 안에 머무는 이유는 하나님의 백성이 예수 그리스도의 영광스러운 고난에 기꺼이 동참하려 하기 때문이다(요 1:14, 롬 8:17).[1]

성도들이 현지 교회를 세우는 와중에 겪는 고난에 우리가 참여하지 않는다면 그들이 하나님의 영광을 체험하도록 우리가 어떻게 도울 수 있겠는가.

독자적 사역 vs. 협력 사역

테리 와일스는 결국 자기 교회를 확장시켜 크로스로즈 커뮤니티 인터내셔널 펠로우십(CCIF)이란 새로운 교단을 창립하고, 자신은 교회 부목사들을 지도하는 감독이 되었다. 그는 이런 식으로 스스로 분열하면서 교회의 일치가 아니라 분열을 부추기고 있는 것은 아닌가? 그의 이러한 태도는 끊임없이 분열하고, 교파주의를 조장하는 경향이 있는 개신교의 가장 큰 약점을 보여 주는 것 같다.

교회들 사이의 경쟁, 교회의 분열 또는 수많은 신학 기관들 사이에

---

1 믿음으로 사도 요한은 예수께서 성육신하신 하나님이시라는 것과 십자가에서 고난받으실 그리스도라는 것을 알았다. 요한복음 1장 14절에 언급된 하나님의 영광은 선지자 에스겔이 예언한 대로 성전으로 되돌아오시는 하나님의 영광을 가리킨다(겔 43:4-5). 하나님의 영광으로 충만한 성전은 이 지상에 성전으로 오시어(요 2:19-21) 십자가 위에서 고난당하고 죽으신 예수 그리스도의 영광이다. 처음부터 하나님의 영광은 하나님의 심판과 하나님의 은혜가 만나는 언약궤 위의 속죄소에 머물러 있었다(출 25:22, 40:34). 이는 예수 그리스도의 십자가를 통한 영광과 동일한 것이다. 요한이 보았던 영광이 바로 이것이었다.

서 일종의 경쟁이 일어나는 것은 놀라운 일도 아니요 꼭 잘못된 일도 아니다. 그러나 교회는 그리스도를 높여 드리기 위해서 교회들 간의 일치와 협력을 강화하기 위해 할 수 있는 모든 일을 해야 한다. 우리는 선교 사역에서 과다하게 경쟁하는 현상을 신중하게 막아야 하며, 중복된 사역을 후원하려는 불필요한 모금 운동도 피해야 한다.

한국세계선교협의회(The Korea World Mission Association, KWMA)는 선교지의 구체적인 필요와 요구에 부응해 여러 차례 선교사들을 재배치하려고 시도했다. 그러나 그 노력은 주로 한국 교회의 개교회주의 때문에 좌절되었다. 모든 교회들이 서로 연합해 자신들의 계획보다 그리스도의 대의의 실현을 앞세운다면 조화로운 선교 사역이 가능하다. 만일 테리 와일스가 그의 교단과 다른 선교단체들과 함께하는 선교를 했다면 그 선교 사역이 더 효과적이었을까?

단기 선교를 위한 준비

크로스로즈 연합교회의 성도 중 약 18%가 최소한 한 번은 단기 선교에 참여했다. 그들은 의료 사역, 교도소 사역, 급식 사역, 청소년 사역, 목회자 후원 및 훈련 사역들에 참여했다. 일 년에 두 차례 테리 와일스는 소규모 선교 팀을 이끌고 선교지를 방문한다. 이렇게 성도들이 직접 선교에 참여하는 것이 참여자들뿐만 아니라 교회 공동체 전체에도 유익하다고 믿는다. 다른 지역 교회들도 이런 종류의 경험에 동참할 수 있는 방법이 있는가? 그러한 협력 관계는 다른 지역 교회들 역시 더 선교적이 되도록 돕기 위해서 오래 지속될 수 있을 것이다.

그러나 단기 선교의 결과는 사역에 대한 적절한 준비에 좌우된다.

 대형교회의 선교 책무

앞에서 언급한 선교 여행들은 많은 준비를 요구하지 않는 것처럼 보인다. 필자가 목회자로 섬기는 삼광교회도 선교 여행을 후원한다. 우리는 매년 국내외 선교 사역지 중에서 한두 곳을 정하고, 해외 선교지 사역을 위해서는 최소한 6개월간 참가자들을 훈련시킨다. 3개월 정도는 일반적인 선교 훈련을 하고, 나머지 3개월은 특정 사역지에 집중하는 훈련 시간을 가진다.

선교 참여자들과 현지인 선교사들 모두가 이 선교 참여자들의 헌신에 만족하는 것 같다. 우리는 여러 가지 사역을 하지만, 특히 어린이를 위한 프로그램을 중점적으로 준비한다. 우리 프로그램의 참여자들은 이런 식으로 선교지의 미래에 직접 공헌하고 있다는 점을 자각한다.

선교단체와 지역 교회와의 관계

스콧 쑤마는 크로스로즈 연합교회의 선교 사역의 목표는 선교지 교회들이 선교 팀에게 의존하지 않도록 만드는 것이라고 말한다. 크로스로즈 연합교회는 선교지의 교회들이 자립적으로 성장하기를 기대한다. 이 목적을 이루기 위해서는 다양한 교회들 사이에서 상호 이해적인 관계를 증진시키기 위해 배려해야 한다.

나이지리아 SIM(Serving In Mission) 대표를 역임한 해럴드 풀러(Harold Fuller)는 그가 저술한 《선교-교회 역학》(Mission-Church Dynamics)[2]에서 국제 선교단체인 SIM과 나이지리아 교회들의 협의체인 ECWA(Evangelical Church of West Africa)와의 관계를 설명했다.

그는 선교단체와 현지 교회와의 관계를 '4P'라는 용어로 설명했다. 4P

---

2 Harold Fuller, *Mission-Church Dynamics* (William Carey Library, 1980).

는 (해외) 선교단체가 (현지) 교회 및 교단과 맺는 관계의 순서를 나타낸
다. 즉 개척자(Pioneer), 부모(Parent), 동역자(Partner), 참여자(Participant) 순이
다. 해럴드 풀러가 나이지리아를 떠난 후 나이지리아의 교회들은 선교
사들에게 ECWA의 리더십 아래 진행되는 다양한 사역에 참여하도록 요
구했다. 이 요구는 상당한 오해와 갈등을 낳았다. 그러나 결국 양측은 상
호 의존적인 관계를 맺고, 서로를 인정하며, 동등한 입장에서 동역하기
로 합의했다.

그러나 대부분의 선교회는 현지 교회가 독립하길 원하지만, 재정적
인 결정과 같은 어떤 핵심적인 결정 문제들은 예외로 두려고 한다. 그
러한 예외 조항은 진정한 독립이 이루어지지 않았다는 것을 말해 준
다. 선교회가 자기 권력을 이양할 때만 현지 교회의 리더십을 세울 수
있다.

참된 책무 관계 추구하기

스콧 쑤마는 크로스로즈 연합교회를 사례로 대형교회의 선교 책무
를 다룬다. 그는 크로스로즈 연합교회가 공동체적 책무를 확보하기 위
한 노력의 일환으로 교인과 현지인, 그리고 협력 기관과 다각적인 협
력 관계를 맺었다고 주목한다. 필자는 "이런 방식으로 떼려야 뗄 수 없
이 얽혀 있는 사람들에게서 온전한 책무 관계를 기대할 수 있는가?"라
는 정당한 질문을 제기한다.

대형교회들은 일방적으로 베풀고 가르치고 지배함으로써 다른 이
들과 협력 관계를 맺고 있다. 따라서 현지 교회들이 현재 사역을 평가
하고 새로운 사역을 제안하는 등 진정한 상호 협력 관계를 개발하기

란 매우 어려울 것이다. 그러한 분위기에서 현지 교회들은 효과적이고 미래 지향적인 사역 관계를 맺는 것이 어렵다고 여길 수 있다.

대형교회와 그들의 다양한 협력자들은 재정적인 후원의 일방적 성격과 그 결과적 영향력에도 불구하고 동등한 권리를 가진 관계로 만들어 가고, 각자가 상대측이 책무를 지게 할 수 있는 방법을 찾기 위해 애써야 한다. 예를 들어, SIM선교회의 선교사 파송국들은 SIM 국제 선교 이사회를 구성하는 조인권을 포기했다. 이제 SIM 국제 선교 이사회는 전통적인 선교지를 포함한 SIM의 모든 단위들을 포용하고 있다. SIM은 선교사 파송국들의 재정적인 후원과 영향력에 특별한 자리를 부여하지 않고, 선교 사역의 구조를 아래에서부터 변혁하고 있다.

우리는 이런 조치가 어떤 어려움에 직면할지 예측할 수는 없지만, 그러한 동등한 협력 관계와 건강한 책무 관계는 결실이 풍부하고 장기적인 선교 성장에 희망을 준다고 믿는다.

성경 최초의 대형교회
: 사도행전 2장의 교훈

에이코 타카미자와

일본의 교회들은 50년 이상 소수자로서 분투해 왔으며, 복음주의 그리스도인은 인구의 겨우 0.8%를 구성하고 있다. 현재 일본 최대의 교회인 야마토 갈보리 채플(Yamato Calvary Chapel)의 교세는 약 1,400명이다. 그러므로 한국 교회와 비교할 때는 여기에 10이나 100을 곱해 주기 바란다. 이렇게 숫자를 바꾸면 야마토 갈보리 채플이 일본에서 사실상 매우 큰 교회라는 것을 인정하는 데 도움이 될 것이다.

야마토 갈보리 채플은 한국 기준으로는 교세가 작은 편이지만 일본에서는 대형교회로 존재한다. 이 교회는 일본에서 가장 활발하게 아웃리치 프로그램, 양육 및 교육 프로그램, 미디어 사역, 사회 봉사 등을 실천하고 있는 교회 중 하나다.

우리는 성경을 읽으면서 신약 최초의 교회가 대형교회였으며, 그 교세가 일본의 대형교회와 비슷한 3천 명이라는 사실을 발견한다. 사도행전 2장 41절은 "그 말을 받은 사람들은 세례를 받으매 이날에 신도의 수가 삼천이나 더하더라"고 말한다. 이 일은 오순절에 일어났다.

이 장에서는 사도행전을 펼쳐서 이 최초의 대형교회를 다시 방문해 현대의 대형교회가 선교적 측면에서 어떤 모습이어야 하는지, 무엇을 해야 하는지를 배우기 바란다.

대형교회의 기초 : 예수 그리스도의 십자가와 부활

최초의 교회는 예수 그리스도의 십자가와 부활이 있은 지 7주 후인 오순절에 탄생했다. 우리가 교회의 기초를 이해하려고 한다면 이 타이밍이 중요하다. 교회의 기초는 사도들의 가르침, 성령께서 오심, 교회를 세우시고 인도하시는 성령의 역사로 이루어졌다.

<u>사도들의 가르침</u> 예수 그리스도의 십자가로 인해 이제 인류의 모든 죄는 그분의 구속으로 가려졌고, 사망의 저주는 끝이 났다. 예수께서는 부활하신 후 40일 동안 제자들에게 여러 번 나타나 참으로 사망을 이겼음을 보여 주셨다. 예수님은 십자가 상에서 하늘과 땅의 모든 권세를 재확보하셨고, 그것에 기초해 나중에 제자들에게 대위임령을 주셨다(마 28:18). 그러고 나서 예수님은 제자들 바로 앞에서 하늘로 올라가셨다. 겨우 열흘 뒤인 오순절 축제 기간에 제자들은 성령의 부으심을 체험했다. 베드로는 이 두 사건을 하나님이 베푸신 구원 계획의 도

식으로 연결시켰다.

> 하나님이 오른손으로 예수를 높이시매 그가 약속하신 성령을 아버
> 지께 받아서 너희가 보고 듣는 이것을 부어 주셨느니라(행 2:33).

베드로가 설명한 순서는 중요하다. 즉 구속의 완성과 예수 그리스
도의 부활과 승천 모두 성령 강림의 필수 조건이었다.

바울이 묘사한 복음의 핵심은 "성경대로 그리스도께서 우리 죄를
위하여 죽으시고 장사 지낸 바 되셨다가 성경대로 사흘 만에 다시 살
아나사 게바에게 보이시고 후에 열두 제자에게 나타나신 것"(고전 15:3-
5)이다. 지상 끝까지 전해야 할 좋은 소식은 메시아 예수님의 죽음과
부활을 목격한 자들의 말이다. 교회는 역사의 증인들 위에 세워졌다.
이들 증인은 특정한 사건을 목격하고 체험한 사람들이다. 그것은 단순
한 이야기가 아니다.

기독교적 신관은 헬레니즘 세계에서 관찰되는 신관과 전혀 다르다.
그리스 신화에 나오는 만신전(萬神殿)은 분노와 시기, 성애, 증오, 배신,
갈등 및 복수 등 인간적인 본성을 훨씬 더 많이 반영한다.[3] 모든 존재
를 무로부터 만드신 창조주 하나님과 온전히 자애로우신 하나님이 인
간의 몸을 입고 인간의 죄를 위해 죽으신 그리스도에 대한 신자들의
믿음은 들어 보지도 못한 것이었다.

신약성경의 가치 중 하나는 각 권이 메시아를 체험한 사람들의 증
거라는 것이다. 학자들은 데살로니가전서나 갈라디아서가 신약성경에

---

3 "Gods and Men in Greek Religion," http://faculty.gvsu.edu/websterm/gods&men.htm.

대형교회의 선교 책무

서 제일 먼저 쓰인 책이라고 믿는다. 이 서신들은 빠르면 주후 48년에 저술된 것으로 보는데, 당시는 예수님의 부활 이후 20년이 채 안 되는 시점이다. 부활하신 그리스도를 목격한 이들이 아직 생존해 있었다.

또한 신약성경은 예수 그리스도의 가르침과 권능을 듣고 보고 체험한 증인들의 기록을 담고 있다(요일 1:1-4). 게다가 제자들은 자신들이 목격한 바를 목숨을 걸고 유대인들과 이방인들에게 퍼뜨렸다. 이런 의미에서 신약성경은 믿을 만한 증거다(〈도표 3.1〉 참조).

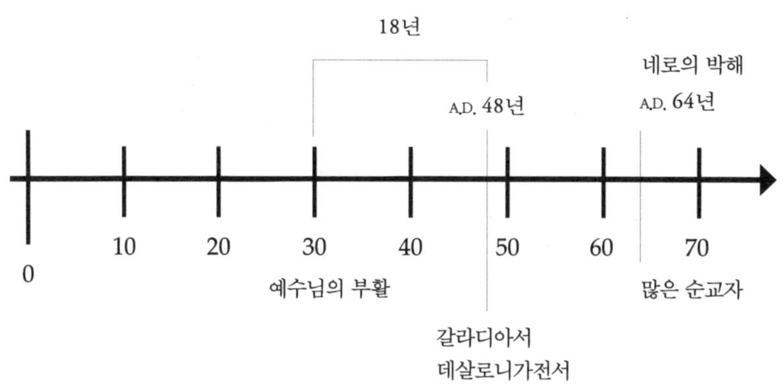

〈도표 3.1〉 예수님의 부활에 대한 신약의 증거

반응 : 죄의 고백과 회개

오순절 날 성령께서 강림하신 후 베드로는 유대인들에게 말씀을 선포하면서 그들의 죄에 초점을 맞췄다. 그는 유대인들이 하나님의 음성을 듣고 순종한 아브라함에게 자기 정체성의 근거를 두어야 함에도 불구하고, 조상 다윗 왕에게 집중하고 있다는 사실을 지적했다. 아브라함의 믿음의 행위는 하나님에 의해서 의로 인정되었으며(롬 4:22), 하나님은 그와 그의 후손을 하나님의 언약 백성으로 세우셨다. 아브라함은 세 종류의 복을 받았다. 첫째는 아브라함 자신과 그를 축복하는 이들을 위한 복이고, 둘째는 아브라함의 후손인 민족을 위한 복이며, 마지막은 아브라함의 후손을 통해 열방이 받을 복이다.

아브라함과 그의 후손인 민족은 열방을 위한 복의 통로가 되도록 부름을 받았다. 예수 그리스도의 시대에 유대인들은 이 세 번째 약속에 대해 개의치 않았다. 오히려 그들은 위대한 정복을 통해 약속의 땅을 지배한 자신들의 정치적 조상인 다윗 왕과 더 일체감을 느꼈다. 그 결과 유대인들은 선택된 민족이라는 자부심과 함께 엘리트주의적인 태도를 지니게 되었다. 특별히 오랜 기간 정치적 압제를 당하고 이방 민족들 가운데서 포로 생활을 경험한 후 유대인들의 소망은 영적이기보다는 정치적인 영역에 초점을 맞추게 되었고, 하나님의 나라보다 이 세상에 더 집중했다.

그러므로 베드로는 유대인들이 다윗 왕에게 집중하는 것이 실수라고 지적한다. 다윗 왕은 그저 인간에 불과하기 때문이다. 진정한 왕이신 메시아는 시편에서 다윗이 경배를 드린 바로 그분이시다. 베드로는 예수 그리스도께서 메시아이시며 유대인들이 그분을 죽였다고 선포했다.

우리는 이런 고소를 당한 유대인들의 고뇌를 이해할 수 있다. 그들은 단순한 살인이 아니라 모든 유대인들이 길이길이 기다려 온 메시아를 살해한 죄를 지었기 때문이다. 아마 그들 중 많은 이들은 무리들이 "예수를 십자가에 못 박으시오!"라고 외칠 때 자신들도 동참했던

 대형교회의 선교 책무

사실을 잘 기억하고 있었을 것이다. 그들은 지금 베드로의 메시지를 들으면서 메시아가 자신들의 죄 때문에 죽었다는 사실을 분명히 이해했다.

사실 선포하는 베드로 자신도 예수께서 자기 때문에 죽으셨다는 것을 알고 있었고, 분명히 그의 죄의식은 훨씬 더 컸을 것이다. 그는 예수님의 애제자였으며, 그분이 일으키신 무수한 이적들을 목격하고 체험했었다. 그는 갈릴리 바다에서 전혀 기대하지 못한 어획을 체험했고, 그의 장모는 열병에서 고침을 받았다. 그는 무려 5천 명에게 떡과 물고기를 나눠 주었고, 예수께서 부르실 때 바다 위를 걸었으며, 산 정상에서 모세와 엘리야를 보았고, 최후의 만찬 때 예수님이 그의 발을 씻겨 주셨다. 그러나 그는 "나는 그를 모르오!"라고 말하면서 예수님을 세 번 부인했다. 베드로를 휘감았을 죄책감을 생각해 보라.

그러나 이제 베드로는 담대하게 유대인들에게 선포하고 있으며, 심지어 그들이 메시아를 십자가에 못 박아 죽였다고 고소하기까지 했다. 베드로 안에서 일어난 변화는 그가 성령을 받은 후에 죄 사함과 자유를 몸소 누려 본 사람이라는 것을 입증한다. 베드로의 말을 듣던 유대인들은 하나님의 언약을 거부하고 그 아들을 죽인 자신들의 죄에 대해 깨달았다. 그러나 그들은 또한 예수께서 십자가 상에서 그 엄청난 죄를 대속하셨다는 사실도 함께 깨달았다.

현대 그리스도인들도 세속적인 일에 집중하라는 유혹을 종종 받는다. 그것이 우상 숭배의 골자다. 사람들은 보이지 않으시는 하나님이 아니라 보이는 것들에 의존한다. 크리스토퍼 라이트(Christopher Wright)는 '권력-교만', '인기-성공', '부-탐욕'이 복음주의자들 안에 있는 세

가지 주요 우상들이라고 지적한다. 그는 우리가 회개하고, 삶을 겸손하고 정직성 있고 단순한 삶으로 변화시킴으로써 하나님께 근본적으로 돌아서라고 요구한다.[4]

대형교회의 탄생 : 성령 강림

<u>오순절 성령 강림</u> 초대 교회는 오순절에 뿌리를 두고 있다. 예수님의 승천 이후 제자들은 로마 정부뿐만 아니라 유대인들로부터도 혹독한 핍박을 받았다. 사도들과 120명의 제자들은 한곳에 모여서 기도하고 있었다. 그들은 두려웠을 것이고, 자기들도 곧 체포되지 않을까 염려하고 있었을 것이다. 그러나 십자가 상의 예수님을 목격했던 제자들은 더 이상 겟세마네 동산에서 예수님을 팽개쳤던 이들이 아니었다. 이제 긴장이 고조된 와중에 그들은 강한 믿음과 기대감을 가지고 "위로부터 능력으로 입혀질 때까지"(눅 24:49) 기다렸을 것이다. 결국 그들의 기도가 응답되어 오순절에 특별한 사건이 일어났다.

오순절(칠칠절)은 보리 수확이 끝나고 밀 수확이 시작될 때 지킨다. 새로운 복을 축하하는 즐거운 절기인 오순절은 새로운 복을 기대하기에 가장 적합한 날이었다. 제자들이 한곳에 모여 더불어 기도하고 있을 때 하늘로부터 급한 바람 같은 소리가 온 집을 채웠다. 불의 혀처럼 갈라진 혀가 그들에게 나타나 각 사람 위에 머물렀다. 그들은 성령으로 충만하게 되었고, 다른 말로 말하기 시작했다. 그 소리가 집의 벽을 통해 진동을 일으켰고, 밖에 있던 유대인들은 무슨 일이 일어났는지 궁금해 몰려들었다.

---

4 Christopher Wright, "Confronting Idols," Lausanne Cape Town 2010, Plenary Session 2, www.youtube.com/watch?v=gZ57kCNQ6oQ.

이 이야기에서 우리는 오순절에 일어났던 일이 집 안에 있는 사람들만 경험했던 심리적 현상이 아니라는 것을 배우게 된다. 그 소리는 물리적으로 바깥까지 퍼져 나갔다. 모였던 사람들은 천하 각국으로부터 온 경건한 자들(행 2:5), 즉 돌아온 디아스포라 유대인들이거나 순례하러 온 유대인들이었다. 그들은 갈릴리 사람들(사투리가 심한 무학력자들)이 자신들이 거주하는 외국의 언어로 말하는 것을 듣고서 분명 놀랐을 것이다. 그러한 사건은 어디서 들은 적도 본 적도 없었다. 이것은 새로운 복이요, 성령의 능력이 율법을 대치한다는 사실을 보여 주는 새 시대의 출발이었다.

제거된 장벽 어떤 의미에서 언어 차이는 문화적 장벽이자 정치적 장벽이기도 하다. '여호수아 프로젝트'[5]에 따르면, 세계에는 대략 9,700개의 종족이 있다. 다른 종족을 언어적, 문화적, 정치적 차이를 초월해 수용하는 일은 종종 어렵고 갈등의 위험에 처하게 만든다. 이 문제의 뿌리는 온 인류가 단결해 하나님께 반역했던 바벨탑까지 거슬러 올라갈 수 있다. 하나님은 언어와 문화를 나누어 사람들이 악을 행하는 데 연합하지 못하도록 하셨다.

메시아를 통해 구속이 성취되었기 때문에 하나님의 영을 통해 언어와 문화의 장벽이 다시 제거될 수 있었다. 오순절 사건은 열방이 어린 양 앞에서 절하며, 모든 언어로 경배하게 될 그날에 대한 종말론적 예시다. 이처럼 바벨탑에서 시작된 인류의 갈등과 침략의 역사는 하나님의 화평 언약에 의해서만 가능한 위업인, 다양성 가운데 일치를 꾀하

---

5 http://joshuaproject.net.

시는 성령을 통해 종결되었음이 사실상 선포되었다. 오순절은 열방에게 구원이 선포된 날이었다.

오순절은 하나님의 백성에 의한 하나님 나라의 건축을 나타내며 또한 이를 위해 필요한 사건이었다. 이 기적적인 체험은, 갈릴리 출신의 제자들이 사용한 다양한 언어가 입증하듯, 하나님의 구속 계획이 열방을 망라할 것을 알려 주었다. 사도행전 2장을 보면, 허다한 사람들이 오순절에 모였다. 그들은 "바대인과 메대인과 엘람인과 또 메소보다미아, 유대와 갑바도기아, 본도와 아시아, 브루기아와 밤빌리아, 애굽과 및 구레네에 가까운 리비야 여러 지방에 사는 사람들과 로마로부터 온 나그네 곧 유대인과 유대교에 들어온 사람들과 그레데인과 아라비아인들"(행 2:9-11)이었다.

바대인은 카스피해 연안에 있는 페르시아(바사)의 일부 지역에서 온 사람들이다. 메대인은 현재의 이란에서 온 이들이다. 엘람인은 이란의 페르시아만 연안에 살았던 이들이다. 메소보다미아는 티그리스와 유브라데스 강의 물이 흘러가는 지역이었다. 갑바도기아, 본도, 아시아, 브루기아 및 밤빌리아는 현재 터키에 포함되거나 근접 국가들이다. 애굽과 구레네와 리비야는 아프리카 대륙에 있으며 지중해와 맞닿아 있다. 게다가 로마, 그레데 섬 및 아라비아 반도뿐만 아니라 유대에서 온 유대인들도 참석했다.

오순절 기간에 예루살렘에 있었던 그들은 당시 세상의 다양한 문명들을 향한 잠재적 메신저들이었다(《도표 3.2》 참조).[6] 유대인의 절기에 조그만 유대 지방에서 일어난 하나님의 기적적인 역사가 유대인의 문화

---

6 Noboru Yamaguchi, "Shitono Hataraki" (Acts of the apostles), in *Shin Seisho Chukai* (New Bible commentary), vol. 2, *Acts to Ephesians*, ed. Yoshio Masuda et al (Tokyo: Inochino Kotobasha, 1986).

                                          대형교회의 선교 책무

경계를 넘어 세계 끝까지 퍼져 나감으로써 하나님의 구원 계획에 극적인 도약을 일으켰다.

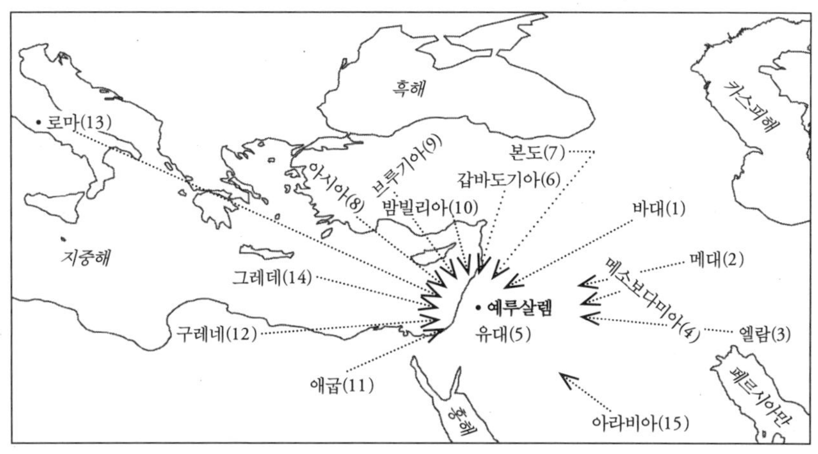

<도표 3.2> 오순절에 참석한 백성들과 언어들
* 괄호 안의 숫자는 사도행전 2장 9-11절에서 지명이 언급된 순서를 가리킨다.

각 사람 위에 임한 성령의 나타나심은 급하고 강한 바람 같은 소리가 온 집을 뒤흔들고, 불의 혀가 집 안에 있는 각 사람 위에 머무는 체험을 수반했다. 성령께서는 그들 위에 머무실 때 집단이 아니라 그리스도의 제자 120명 각 사람 위에 따로따로 머무셨다. 그 결과 그날 3천 명이 대규모로 회심하게 되었다. 제자들이 하나님을 체험하고, 각 성도가 성령의 부으심을 받은 체험 위에 초대교회가 세워졌다.

베드로는 하나님이 주의 날에 그분의 영을 모든 육체에게 부어 주시어 아들과 딸들이 예언하고, 노인들이 꿈을 꾸게 되리라고 예언한 요엘서를 인용했다(욜 2:28). 이 구절은 제사장이나 바리새인과 같은 어떤 종교적 계층에 근거해 성령께서 부어지시리라는 의미가 아니다. 또한 성령의 부으심이 유다 지파나 베냐민 지파와 같은 특정 지파에 제한될 리도 없다. 이 구절은 단순히 아들과 딸들에게, 심지어 남녀 종들에게까지, 모든 인위적인 장벽을 개의치 않고 성령께서 부어지시리라고 기술한다.

즉 하나님의 영은 지리적, 민족적, 종교적, 사회적 분열에도 불구하고 부어진다. 성령께서 모든 사람에게 하나님의 목적을 이루는 사명을 주실 것이다. 오늘 우리는 성령의 이러한 사역을 인정하고 있는지 자신을 점검해야 한다. 교회가 점점 제도화되면서 사회적 성공이 큰 장애가 될 수 있다.

성령으로 탄생한 대형교회의 특징

이제 성령으로 충만한 교회의 특징을 살펴보자.

제자 삼는 교회 사도행전 2장 41절에는 "그 말을 받은 사람들은 세례를 받으매 이날에 신도의 수가 [교회에] 삼천이나 더하더라"고 기록되어 있다. 그 3천 명은 세례를 받고, 예수께서 행하라고 명령하신 모든 것을 지켜야 한다는 가르침을 받고 '제자들'의 일원이 되었다.

마지막 대위임령에서 예수님은 네 가지 동사를 사용하셨다. '가라', '제자를 삼으라', '세례를 주라' 그리고 '가르치라' 등이다(마 28:19-20). 이 네 가지 동사들 중에서 '제자를 삼으라'가 주동사이고, 다른 세 동사들은 분사형이다.

그리스도의 대위임령은 교회를 세우는 것이 아니라 제자를 삼는 것

 대형교회의 선교 책무

이다. 그러므로 모든 그리스도인들과 리더들은 예수님의 헌신된 제자를 세우는 핵심에 초점을 맞춰야 한다. 이제 예수님의 사도들과 초대 교회 제자들이 하나님의 속성과 그분의 나라의 가치에 대해 배웠듯이, 새로운 교인들은 반대와 핍박에 어떻게 대처해야 하는지, 이 세상의 재물과 탐욕의 유혹을 어떻게 대적해야 하는지, 주님의 말씀에 합당한 선한 청지기로서 사회적 권세와 권위를 어떻게 사용해야 하는지, 그리고 주님이 재림하실 마지막 날을 어떻게 준비해야 하는지 배워야만 한다(눅 12장).

오늘날 대형교회들은 더 나은 프로그램, 행사, 레크리에이션, 봉사, 매력적인 전도 행사 등을 위해 많은 시간과 노력을 기울인다. 이런 추세에 교회들은 사역자들에게 많은 프로그램을 준비하라고 요구하는데, 과연 그들은 사람들을 제자화하는 데 충분한 시간을 낼 수 있을까?

동일한 문제를 일부 은사주의 교회들에서도 발견할 수 있다. 은사주의 교회들은 기독교 신앙의 특정 측면에 집중함으로써 제자도에 대한 전인적 접근을 상실하는 위험을 감수해야 할지도 모른다. 영적 은사는 예수 그리스도의 제자들을 세우는 목적을 위해 사용되어야 한다.

폴 히버트(Paul Hiebert)는 그의 논문 "배제된 중간층의 허점"(The Flaw of the Excluded Middle)에서 '다른 세계-비가시계', '이 세계-비가시계' 그리고 '이 세계-가시계'란 삼층 틀을 이용해 기독교 신앙을 분석한다. 폴 히버트는 서구 기독교가 그리스 철학의 영향을 받아서 실제를 이원론적으로 보는 경향이 있으며, 너무나 자주 중간층, 즉 '이 세계-비가시계'를 배제시켜 버렸다고 지적한다(〈도표 3.3〉 참조).

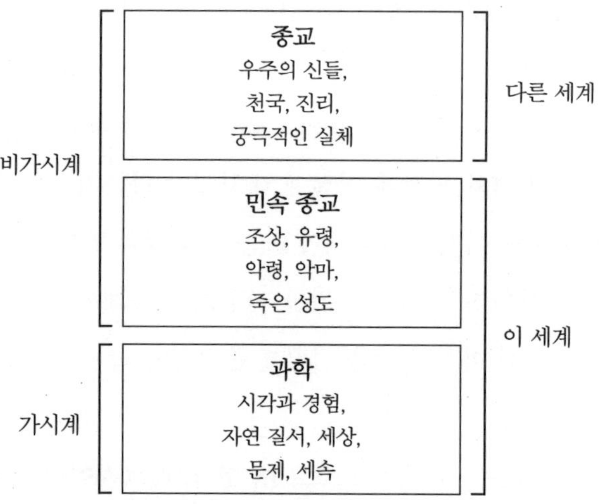

<도표 3.3> 기독교 신앙의 분석을 위한 삼층 틀
* 폴 히버트의 논문에서 인용

정령주의자들은 보통 중간층에 해당하는 것들에 관심을 가진다. 유사하게 '이 세계-비가시계'에 초점을 두고 있는 은사주의 운동은 기독교 이교주의라는 비판을 받는다. 그러나 우리는 예수께서 그분의 사역과 제자들의 사역 가운데 치유와 축사에 초점을 두셨다는 점을 고려해 이러한 관심이 기독교 사역의 중요한 부분임을 깨달아야 한다. 균형 잡힌 제자를 길러 내려면, 그리스도인들은 신앙의 상층과 하층을 소홀히 해선 안 된다. 제자도에서 우리는 온전한 기독교 신앙관에서 벗어나는 어떤 환원주의도 추구해서는 안된다.

에클레시아(교회) **세우기** 성령으로 충만한 제자들은 사도들의 가르침에 스스로 헌신했다(행 2:42). 기독교적 가치, 세계관, 윤리관, 인간관,

죽음과 사후 생명에 대한 견해 등 모두가 이 세상이 가르치는 것과 전혀 달랐다. 이 차이점은 결국 비신자들 안에 불편과 증오를 심어 준다. 세상 사람들은 예수 그리스도를 거부했으며, 그분의 제자들에게도 똑같이 한다.

예수께서 제자들에게 가르치신 내용은 하나님의 진리에 기초한 것으로서 타 종교의 가르침과 달랐다. 탈근대 시대에 진리에 대한 이런 관심사는 타 종교들과 기독교의 근본적인 차이점이다. 영적인 혼돈을 낳는, 절대 진리를 부정하는 경향이 우리 시대의 영적 현상을 부추기고 있다. 탈근대주의 영성은 개인주의, 상대주의 및 다원주의를 자랑으로 여기며, 이것은 인간을 신격화하는 궁극적인 우상 숭배로 귀착된다.

그러한 영향 때문에 절대적 진리를 고수하는 기독교와 절대적인 하나님은 거부되고, 그리스도의 제자들은 핍박을 받을 수도 있다. 절대적 기준을 제거한 종교나 윤리는 적절한 도덕적 축을 상실하고 곁길로 갈 것이다. 개별적인 신념과 선호가 개인의 진리로 여겨진다. 그리스도인들은 근본적인 보수주의자로 간주되고 고소당할 수 있다. 예수님의 제자가 되는 것은 사회의 거부와 핍박을 받을 위험을 무릅쓰는 것이다.

교회를 의미하는 헬라어 '에클레시아'(*ecclesia*)는 '불러내다' 또는 '선택하다'라는 의미를 가진 단어에서 유래했다. 교회는 선택된 자들의 모임이다. 그리스도인들이 세상 사람들과 다르지 않다면, 그들은 진정한 에클레시아를 구성할 수 없다.

필자는 2008년 이후 세 번에 걸쳐서 서울 시내의 거리에서 인터뷰를 진행했다. 매번 대략 200명의 비신자들을 인터뷰하면서, 그리스도인과 교회에 대한 그들의 의견을 물어보았다. 필자는 교회에 나가지 않는 이들의 95% 이상이 그리스도인에 대해 부정적 견해를 가지고 있다는 것을 발견했다. 가장 흔한 이유는 교인들의 위선적인 생활 태도 때문이었다. 두 번째는 교회와 세상이 별 차이가 없다는 것이었다. 경쟁과 갈등이 세상에서와 마찬가지로 교회 안에서도 나타난다. 어떤 이들은 "만약 교회가 세상과 똑같다면 왜 제가 교회에 나가야 하죠?"라고 질문했다.

그리스도인들은 세상의 소금과 빛으로서 세상과 다르게 살도록 부름을 받았다(마 5:13-16, 막 9:48-50, 눅 14:34-35). 주후 129년경에 쓰인 "디오그네투스에게 보낸 편지"(The letter to Diognetus)는 당시 그리스도인들에 대한 일반적인 견해를 이렇게 기록하고 있다.

> "그들은 자기 나라에서 살지만 외국인처럼 산다. 그들은 모든 것에 시민으로서 참여하지만 모든 것을 외국인처럼 견딘다. … 그들은 모든 이들처럼 결혼하고 자녀를 낳지만, 자식을 버리진 않는다. 그들은 자신들의 식탁을 서로 나누지만, 침상을 공유하진 않는다. 진실로 그들은 육신을 입고 있지만, 육신에 따라 살지 않는다. 그들은 지상에서 부지런히 살지만, 그들의 시민권은 하늘에 있다."[7]

초대 그리스도인들은 세상 사람들과 다르게 사는 것으로 유명했다. 이것은 예수 그리스도의 영이 내주하셨다는 증거다.

---

7 Norman E. Thomas, ed., *Classic Texts in Mission and World Christianity: A Reader's Companion to David Bosch's Transforming Mission* (Maryknoll, N.Y.: Orbis Books, 1995), 5.

                                              대형교회의 선교 책무

코이노니아 형성하기 성경은 교회를 그리스도께서 머리이신 그분의 몸으로 묘사한다. 교회는 각 기관이 기여하는 유기적 시스템이며, 모든 것이 전체로서 어우러져 활동한다. 교회 안의 이 유기적 관계를 '코이노니아'(koinonia)라고 부른다. 이것은 친교, 권면, 짐을 서로 지기, 죄 고백, 용서 및 섬김을 통해 신앙을 실천하는 것이다.

초대교회의 코이노니아에서 가장 의미 있는 요소는 함께 '떡을 떼는 것'이었다. 이 표현은 일반적인 식사 나눔이나 예수께서 최후의 만찬에서 지시하신 대로 주님을 기념하기 위해 성찬식을 지키는 것으로 이해될 수 있다. 분명 그들은 예수 그리스도의 죽음과 부활 그리고 성령의 부으심을 목격한 후 성찬식의 의미를 진지하게 받아들였을 것이다. 그들이 다시 주님의 식탁에 영으로 모였을 때 갈등과 증오, 편협 등과 같은 문제들이 사라지고, 용서받은 죄인들의 친교가 새롭게 시작될 수 있었다.

주님의 성령께서 임재하신 곳에 주님의 역사가 일어났다. "사람마다 두려워하는데 사도들로 말미암아 기사와 표적이 많이 나타나"고 있었다(행 2:43). 예수 그리스도께서는 이미 표적과 기사를 나타냄으로 사람들에게 권세와 능력 및 사랑을 표현하셨다. 물을 포도주로 바꾸는 이적에서 시작해 바다에서의 대어획, 폭풍 잠재우기, 물 위를 걷기까지 예수님은 자신이 전 자연의 창조주임을 증명하셨다. 병자를 치유하고, 죽은 자를 살림으로 자신이 죄와 그 결과를 초월하는 존재임을 증명하셨다. 그분이 귀신에게서 사람들을 구원하신 것은 영계에서도 주권자임을 입증하신 것이다. 초대교회가 나눈 코이노니아(유기적 관계)는 천국과 이 땅을 동시에 살아가며, 자연과 초자연을 다 체험할 수 있는 제자들의 교제였다.

그리스도인들은 이 세상에서의 삶이 일시적 여정이라는 것을 앎으로써 세속적인 탐욕에서 벗어날 수 있었다. 핍박을 받거나, 재산이 압류당하고, 집과 살림을 박탈당하는 교인들이 있을 때 코이노니아 공동체는 재산을 공유하고, 사람들의 필요에 따라 나눔으로써 그들을 도왔다.

오늘날 많은 이들은 필자가 '간극이 커지는 사회'(gap-widening society)라고 부르는 현상을 일으키는 문제에 대해 논한다. 그런 사회는 많이 가진 자와 갖지 못한 자의 구분이 커지는 사회다. 이 문제는 인간 본성의 이기심과 긴밀하게 연관되어 있다. 하나님은 사람들이 이 같은 죄악된 경향을 가지고 있음을 아시고, 당신의 백성들 가운데 간극이 커지는 문제를 해결할 규칙을 정하셨다. 7년마다 빚을 탕감하고, 구입한 토지를 희년이 되면 원소유주에게 되돌려 주는 것이 그것이다. 초대교회의 성령 충만한 코이노니아를 통해 제자들은 공동체 가운데 가장 곤궁한 이들에게 자신들의 재산을 기쁘게 나눠 주었다.

제자들은 매일 예배와 기도를 위해 성전에 모였다. 제자들에게는 성전이 물건을 사고파는 장소가 아니었다. 구약시대에 솔로몬 왕이 성전을 봉헌했던 것처럼, 예수 그리스도께서 성전을 정화할 때 주장하신 것처럼 성전은 기도의 장소였다. 제자들은 성령 충만해 진정한 예배와 기도를 드리기 위해 성전에 모였다. 어떠한 정치적, 경제적 목적도 개입되지 않았다.

성전에서 예배를 드린 후 제자들은 가정에서 모여서 떡을 떼며 친교를 나누었다. 예수님이 정하신 예전은 성전에서보다는 가정에서 친교를 나눌 때 지켜졌다. 당시에는 안수 목회자 직제가 없었기 때문에,

   대형교회의 선교 책무

성찬식은 비공식적인 친교 지도자들이 섬겼을 것이다. 아마 가정에서 친교를 나눌 때는 아버지 격인 인물들이 주도적인 역할을 맡았을 것이다. 성찬식을 통해서 가족 구조가, 특히 아버지의 역할이 발전했을 것이다. 교회 구성원들은 서로에게 책임을 질 수 있었다. 그러한 상호 지원을 통해 초대교회의 그리스도인들은 고난과 핍박을 이겨 냈다. 초대교회는 반대에 압도당하기는커녕 코이노니아와 에클레시아로서, 모든 하나님의 자녀들을 하나님 나라로 인도하는 복음을 찾고 기다리던 이들을 위한 희망의 표적이었다.

결론

초대교회는 십자가에서 죽으신 메시아가 우리를 죄로부터 구원하고 부활을 통해 사망을 이기셨다는 기쁜 소식이라는 기초 위에 세워졌다. 유대인들은 자신들의 죄와 예수 그리스도를 통한 구속의 필요를 깨닫고 나서야 비로소 성령을 받을 준비가 되었다. 오순절에 성령께서 지상에 강림하시어 그분의 주권과 권능을 나타내 보이셨다. 언어의 장벽을 깨뜨림으로써 성령께서는 온 세상을 구원하려는 하나님의 의도를 계시하셨고, 교회가 땅끝까지 복음을 전파하도록 준비시키셨다. 교회는 하나님의 도구가 되었으며, 하나님의 주권과 능력과 사랑을 증거했다. 교회가 하나님의 성품과 능력을 생활 속에서 선포하고 보여 주자 그에 이끌린 사람들이 제자로 헌신했다. 오늘날 우리 모두가 교회로서 예수님의 "제자를 삼으라"는 부르심에 순종하고, 기도하고 사역하면서 예수님의 증인으로 살며, 역사하시는 성령의 분명한 증거를 항상 고대하는 삶을 확고히 살아갈 수 있기를 바란다.

4장

대형교회의 선교 책무

: 온누리교회

이재훈, 안성호, 함태경

고(故) 하용조 목사는 1985년 10월에 온누리교회를 창립하면서 지역 교회(모달리티, modality)와 선교단체(소달리티, sodality)의 기능을 융합시키는 꿈을 꾸었고, 여기서 새로운 '선교적 교회'가 탄생했다.[8] 하용조 목사는 독립적으로 사역했지만, 그가 지지한 선교적 교회의 비전은 20세기 초에 로랜드 알렌(Rolland Allen)이 역설한 견해와 일맥상통한다.

"우리는 [선교] 기관과 [지역] 교회의 관계를 결혼과 이혼 제도에 비

---

8 하용조, 《나는 선교에 목숨을 걸었다》 (서울: 두란노, 2008). '모달리티'와 '소달리티'라는 표현은 랄프 윈터(Ralph D. Winter)에게서 나온 것이다. Ralph D. Winter, "The Two Structures of God's Redemptive Mission," in *Perspectives on the World Christian Movement*, ed. Ralph D. Winter and Steven C. Hawthorne (Pasadena, Calif.: William Carey Library, 2009), 244-253.

교할 수 있다. 하나님이 정하신 결혼 제도를 인류가 원래의 온전한 형태로 보존할 수 있는 능력이 없어서 그 완악한 마음 때문에 이혼이 허용된 것처럼, 선교단체들의 출범도 우리의 완악한 마음 때문에 허용된 것이다. 왜냐하면 우리는 교회라는 신성한 기관을 본래 피조된 목적대로 순수하게 그 진가를 깨닫고 활용할 수 있는 능력을 상실했기 때문이다."[9]

로랜드 알렌은 교회들이 그저 선교적 책임을 수행하기 위해 선교부나 선교국을 제공할 수 있다는 의미에서 교회 자체의 선교단체를 조직하길 원한 것이 아니라는 점에 주목한다.[10] 그는 교회 자체가 시종일관 선교적이어야 한다고 주장한다. 온누리교회는 주목할 만한 방식으로 처음부터 모달리티와 소달리티의 두 측면을 결합시켰으며, 설립 2개월 만에 국제 선교단체를 지원하기 시작했고, 1992년에 두란노해외선교회 (Tyrannus International Mission, TIM)를 설립해 온누리교회 및 다른 지역 교회 출신 선교사들을 파송했다.[11]

하용조 목사는 1994년에 선교사 2천 명을 파송한다는 비전을 발표하고 2000선교본부를 설립해 교인들을 동원하여 선교지로 보내는 사역을 했다.[12] 교회는 1996-1999년에 걸쳐 11개국, 15개 미전도 종족을

---

9 Roland Allen, *The Spontaneous Expansion of the Church—and the Causes Which Hinder It* (Cambridge, Eng.: Lutterworth, 2006; orig. 1927), 117.

10 Ibid., 117-118.

11 문성모, 《하용조 목사 이야기》 (서울: 두란노, 2010), 197; 온누리교회, 《Talk & Talk 온누리교회 25년》 (서울: 온누리교회, 2010), 76. TIM은 1992년에 개명되었지만, 그 뿌리는 1988년 7월에 여덟 가정이 모여서 선교사들을 위한 중보 기도를 시작한 데서 발견할 수 있다(문성모, 《하용조 목사 이야기》, 108).

12 1994년에 하용조 목사가 2천 명의 선교사와 1만 명의 평신도를 파송하겠다는 비전을 발표했을

입양해 종족 선교에 헌신한 교회 내 다양한 공동체들과 연결시켰다. 장단기 선교사의 타 문화권 선교 훈련을 촉진하기 위해 1996년 6월에 온누리이천만훈련원이 문을 열었다. 이 센터는 2002년에 온누리세계 선교센터(OWMC)로, 2010년에는 Acts29비전빌리지로 개명할 때마다 그 범위와 규모를 확대했다.[13]

2011년 8월에 하용조 목사가 별세하고, 그 뒤를 이어 이재훈 목사가 2대 담임목사로 취임해 온누리 비전의 새로운 장을 열었다. 창립 30주년인 2015년에 온누리교회는 등록 교인 11만 1천 명에, 매 주일 평균 출석 7만 5천 명을 기록했다.

이 장의 목적은 지난 30년 동안 온누리교회의 타 문화권 선교를 평가하는 데 있다. 한 명의 선교사를 만들어 내기 위해서는 다음과 같은 여섯 가지 요소가 필요하다.

(1) 인력과 재정

(2) 훈련 프로그램과 시설

(3) 현장 사역의 전문성 개발

(4) 멤버 케어

(5) 온누리교회 외부의 선교 자원 개발

(6) 자선교학 개발

당시 교인은 6천 명에서 7천 명 사이였다. 온누리 선교 사역의 주체로서 2000선교본부는 온누리 내 다양한 선교 그룹들을 연결시키고, 선교 자원을 조직하고 동원하고, 선교 전략을 실행했다.

13 Acts29비전빌리지는 선교 훈련 센터, 선교사 아카데미, 안식년 선교사의 재충전과 평신도의 사역 기술 향상의 장이다(온누리교회, 《Talk and Talk》, 34-40).

    대형교회의 선교 책무

따라서 우리는 이 여섯 가지 순서대로 온누리교회의 선교 책무 문제를 살펴볼 것이다.

인력과 재정

<u>선교 사역 자원의 내부적 사용</u> 대형교회는 보통 지역 교회들보다 월등하게 많은 내부 인력과 재정을 보유하고 있다. 따라서 대형교회는 이 자원들을 선교를 위해 동원할 때 효과적이어야 할 책무가 있으며, 그것을 위해서는 전통적인 '선교위원회' 접근보다는 교회와 선교단체를 결합시키는 접근법이 더 적절하다.[14]

교회-선교단체의 융합 구조는 교인들을 정규 헌금 이외에 선교 헌금 약정에 참여시키는 것과 같이 교회 내 인적 자원을 실제 동원할 수 있는 능력이 더 크다. 지역 교회에 연결되지 않은 선교단체들은 물적 자원이나 인적 자원을 모으는 데 어려움을 느낀다. 그래서 그들은 지역 교회에 인력과 재정 후원을 구한다. 그와 대조되게, 온누리교회는 선교적 교회로 설립되었기에 선교를 위한 재정과 인력을 동원하기가 상대적으로 용이하다.[15] 담임목사의 선교 열정과 교회와 선교단체를 융합한 교회 구조 덕분에 교인들을 선교 후원에 동참케 하기가 쉽다.

온누리교회가 세운 기관 사역 단체들의 목록을 보면 교회가 선교에 참여하는 폭이 드러난다. 두란노서원은 하나님의 말씀을 온누리교

---

14 '동원하다'와 '동원'이란 말은 동기를 부여하고, 모집하고, 양육하고, 훈련하고, 파송하는 폭넓은 과정을 가리킨다.

15 1980년 12월에 창립된 두란노서원은 하용조 목사의 선교적 교회의 전신으로 간주될 수 있다. 하용조 목사는 존 스토트(John Stott)가 세운 런던 인스티튜트(London Institute)에서 3년을 보내면서 어떻게 복음과 사회를 통합할 것인지에 집중해 선교적 교회에 대한 계획을 개발했다(문성모, 《하용조 목사 이야기》, 101-108).

회뿐 아니라 다른 교회 교인들의 일상에 전달하고 있다. 교회는 2000선교본부와 TIM을 활용해 교인들을 모집할 뿐만 아니라 그들을 위한 자원과 지속적인 후원을 제공한다. 가장 중요한 예는 매년 1월 초 주일 예배 시간에 2000선교본부, TIM 그리고 타 문화권 선교 사역을 후원하기 위해 전 교인이 참여하는 '선교 헌금 작정 시간'이다.[16]

2015년 1월 현재 온누리교회 선교사 854명이 70개국에서 활동하고 있으며, 그중 TIM 소속 선교사는 423명이다. 2003년부터는 Acts29본부를 통해 중국, 일본, 미국에 비전교회(지교회)들을 세우고 있다.[17] 미국의 비전교회를 기반으로 2006년 12월에 TIM은 한인 디아스포라에 초점을 맞춘 선교 사역을 동원했고, 결국 라틴아메리카 공동체를 효과적으로 섬기기 위해 TIMA(TIM America, 미주 두란노해외선교회)를 창립했다.[18] 2010년 하반기에는 일본 비전교회를 중심으로 TIMJ(TIM Japan, 일본 두란노해외선교회)도 창립했다. 2012년부터 북아프리카와 중동 전역에 지역별 지부 설치가 계속되고 있다.

온누리교회는 2005년에 세계 곳곳에서 사역하는 한인 선교사들과 한인 디아스포라들에게 양질의 기독교 콘텐츠를 공급하기 위해 CGNTV

---

16 2014년 1월 선교 헌금 작정 시간에 온누리교회 성도 2만 6,751명은 109억 6천만 원을 후원하기로 했다. 온누리교회는 이 기금을 사용해 장단기 선교사와 그 자녀들의 장학금으로 53억 4,100만 원을, 해외 선교지 개척과 북한 사역, 이주민 사역 등에 39억 2,400만 원을, 국내외 협력 기관 후원에 13억 800만 원을, 선교 자원 동원과 학교, 세미나 및 기타 활동에 3억 2,700만 원을 각각 지원했다.

17 Acts29의 비전은 온누리교회의 전도 철학을 한국의 교회들과 공유하는 것이다. 하용조 목사는 온누리교회의 정체성과 Acts29의 특징을 '교회를 재생산하는 건강한 교회', '전도를 위해 흩어지는 교회', '선교지에 교회를 세우는 교회'로 정리했다(온누리교회, 《Talk and Talk》, 209-211).

18 온누리교회는 다중 예배 처소 교회다. 한국에 있는 7개의 온누리교회는 '캠퍼스교회'로 부르며, 세계 다른 지역들에 있는 교회들은 '비전교회'로 부른다. 2015년까지 7개국에 30개의 비전교회가 세워졌다. 비전교회란 단어는 선교를 위한 같은 비전을 공유한다는 것을 뜻한다.

  대형교회의 선교 책무

를 설립했다.[19] CGNTV는 복음을 전달하기 위해 온누리교회의 NGO인 더멋진세상과 의료선교팀 CMN(Christian Medical Network)과 협력하고 있다.[20] 또 성경연장교육원(Biblical Education by Extension, BEE)과 세계인터넷선교학회(Society for World Internet Mission, SWIM)와 같은 타 문화권 선교단체들을 후원하고 있다.

다른 교회와 선교 기관에 대한 책무 한국의 많은 교회들은 최근 성장률의 감소를 경험하고 있으며, 이로 인해 교회들은 과중한 부담을 느끼고 있다. 많은 지역 교회들이 선교사들을 후원하는 수준이 감소하고 있으며, 선교사 후보가 후원 교회를 찾기가 힘들어졌다.[21] 그러므로 대형교회는 다른 교회와 선교단체들에게 인적, 물적 자원을 제공할 책무가 있다.

온누리교회와 TIM은 현재 타 교회와 선교단체 출신의 선교사들을 파송하는데, 이때 신중한 심사 과정을 거친다.[22] 동시에 내부적으로 선택된 선교사 후보들을 인력을 필요로 하는 적당한 교회와 기관들에 추천해 실질적으로 외부 선교단체를 통해 온누리교회 선교사들을 파송하고 있다.

이러한 조치들에도 불구하고, 온누리교회와 TIM은 내부의 선교 동원에 집중하고 다른 기관들에는 의미 있는 인적, 물적 자원을 제공하

19　온누리교회, 《Talk and Talk》, 219.

20　더멋진세상은 지구촌의 갈등 지역을 화합시키기 위해 헌신하고 있다. 2010년 출범한 CMN은 1989년 시작된 온누리교회 의료선교회가 발전한 것이다.

21　최윤식, 《2020-2040 한국교회 미래지도》 (서울: 생명의말씀사, 2013).

22　문성모, 《하용조 목사 이야기》, 108.

치 못한다는 인식이 있어 왔다. 그러므로 TIM은 온누리교회의 부설 기관이라는 이미지에서 벗어나 독자적인 초교파적 선교 기관으로 인식될 필요가 있다.

훈련 프로그램과 시설

<u>선교 훈련 프로그램</u> 대형교회는 월등한 인적, 물적 자원을 활용해 선교사 후보생 또는 잠재적 선교 인적 자원을 위한 양질의 타 문화권 선교 훈련 프로그램을 개발하고, 교회 내 선교 훈련 시설을 타 교회 및 선교단체에 제공할 책무가 있다. 왜냐하면 제한된 인적, 물적 자원을 보유한 중소형교회와 선교단체가 양질의 선교 훈련 프로그램을 제공하기란 어렵기 때문이다.

이러한 맥락에서 온누리교회는 Acts29비전빌리지를 설립했고, 파송 선교사 후보생들을 위한 세 가지 주요한 프로그램을 제공하고 있다. 단기 선교사 훈련 프로그램인 'TP'(Turning Point), 장기 선교사 훈련 프로그램인 'OSOM'(Onnuri School of Mission) 그리고 안식년 선교사들을 위한 'H2H(Home to Home)'가 그것이다. TIM 선교사는 OSOM을 수료한 후 별도의 멤버십 훈련인 'TST'(TIM Spirit Training)를 3개월간 추가로 받아야 하고, 선교 현장에서 2년간 '부(副)선교사' 신분으로 고강도의 훈련을 거쳐야 한다.

2000선교본부는 여러 선교단체의 훈련 프로그램을 교회 형편에 맞게 상황화해 선교 동원을 하는 데도 힘쓴다. 교인들의 초기 선교 동원을 위해 개설된 '와이 미션?'(Why Missions?)이라는 8주 과정의 선교 학교가 그 예다. 또 매년 교인들의 해외 아웃리치를 진행하는 한편, 2011년부터 청년과 대학생들의 단기 선교 프로젝트인 'FA'(Frontier Agency)를 통해 전방 개척 지역 선교에 나서고 있다. 또 교회에서 파생한 15개의 선교 기관과 매우 밀접한 관계를 맺고 있다. 아울러 타 선교단체로부터 도입한 체계적인 양육 시스템을 갖추고 있다.

그러나 이러한 온누리교회의 교회-선교단체 간 융합 구조가 가져오는 단점은 무엇인가? 이 같이 풍부한 온누리교회 내부의 선교 훈련 프로그램과 시설의 인프라가 도리어 외부 선교단체에 위탁하지 못하게 하고 그들의 노하우를 차단하는 역효과를 가져올 수 있다. 온누리교회의 자체적인 프로그램만을 선호하다 보면 양질의 외부 프로그램을 접할 수가 없기 때문이다.

선교사 후보생 선발 과정 타 문화권 선교 사역을 위한 후보자를 육성하기 위해서는 그들의 소명과 은사, 영성, 정서적 안정과 인격을 심사하는 게 무엇보다 중요하다. 국제 선교단체들은 선교사 후보생 선발을 위해 객관적인 기준에 근거한 시험, 서류 심사, 심리 검사 및 면접이 포함된 매우 엄격한 검사 절차를 활용한다. 장기적인 선교 사역에 부적합한 후보들은 프로그램에서 탈락되거나 본국 선교 사역에 재배치된다.

온누리교회는 자체적인 양질의 선교사 후보를 파송해야 한다는 책무에 부응하기 위해 선교사 후보들이 충족시켜야 할 기준을 정하여 객관적인 지표를 마련하고 파송심의위원회를 통해 장기 선교사 후보들을 선발한다. 그러나 온누리교회는 대부분의 교회 기반 선교단체들을 괴롭히는 문제에 직면해 있다. 그 문제란 후보자 평가에 객관성이 결여될 때 선발 과정이 불공정해질 수 있다는 점이다. 자격을 갖춘 선교사들을 파송하려면 선교 기관에 일정 부분 선발과 훈련의 독립성을 부여해야만 한다.

대형교회 사역의 또 다른 중요한 부분은 장기적인 인재 발굴이다. 온누리교회는 10년에서 20년 앞을 내다보고 탁월한 선교 훈련 전문가들을 계발, 육성해야 한다. 5-10년간 선교지에서 검증을 받고, 온누리의 선교 정신을 이해하는 자격 있는 이들을 교육 기관에 보내 선교학의 선진 방법론과 국제적 개발과 관련 분야를 배우게 해야 한다. 그러한 투자는 한국의 타 문화권 선교는 물론, 세계 선교계에 기여하는 일이 될 것이다.

선교 시설 한국세계선교협의회(KWMA), 선교한국, WEC국제선교회(WEC International) 등 다른 기관들이 온누리교회의 선교 시설들을 사용하기는 했지만, 온누리교회는 타 교회와 선교 기관들이 더 편리하게 사용할 수 있도록 배려하는 것이 필요하다.

Acts29비전빌리지는 대형 예배당, 중형 예배당, 강의실, 회의실, 도서관, 숙소, 식당, 사무실, 기타 공간을 갖추고 있다. 자연환경은 선교사들의 안식과 회복에 도움이 된다. 국내외 선교 콘퍼런스와 포럼, 선교 훈련 프로그램을 유치할 수 있는 시설이 구비되어 있으며, 필요하다면 신학대학원으로 활용할 수도 있다.

현장 사역의 전문성 개발

대형교회는 현장 선교사들의 실력과 전문성을 높여 줄 책무가 있다. 이를 위해서 온누리교회는 국제 선교단체들로부터 적극적으로 배워야 한다. 국제 선교단체들이 개발한 매뉴얼과 평가 도구, 적용 절차 등을 비교해 보면 온누리교회와 한국 선교 기관은 상대적으로 취약해 보인다.

온누리교회는 또한 장기 선교사들의 사역 전문성을 위해 타 문화권 적응력과 영어 구사 능력을 육성해야 한다. 대체로 동질적인 나라와 문화에서 자란 TIM 선교사들은 이런 기술을 개발하는 데 도전을 받는다(이 문제는 온누리교회 선교사들에게만 해당되지 않는다). 그 결과 그들은 선교 현장에서 다른 국제 기관이나 교회들과 협력 사역을 할 때 문화적 갈등이나 소통 문제로 인해 종종 어려움을 겪곤 한다.

온누리교회가 이 책무를 수행하기 위해서는 다문화 환경에서 성장한 한인 디아스포라 청년들을 잠재적인 선교사 후보로 동원하는 것이 유익할 것이다. 예를 들어, TIMA 지부들을 통해 영어와 한국어에 능통한 한국계 미국인들을 선교사 후보로 모집할 수 있다. 만약 온누리교회의 선교사 훈련 과정을 이중 언어로 진행한다면, 후보자들은 현장에 가기 전에 타 문화 훈련과 언어 교육을 받게 될 것이다.

온누리교회 선교사들과 온누리교회의 후원을 받는 외부 단체 소속 선교사들이 반드시 받아야 하는 'TP'와 'OSOM' 훈련에도 유사한 변화를 줄 수 있다. 현재 'OSOM' 훈련은 16주 소요되며, Acts29비전빌리지에서 이루어지고 있다. 하지만 그 후속 훈련으로 3-6개월 정도 국제적인 도시(예를 들면, 쿠알라룸푸르, 방콕, 치앙마이, 싱가포르, 아부다비, 암스테르담, 런던 등)에서 다문화, 다민족, 다언어, 다종교적인 훈련 기간을 가진다면 훈련생들이 타 문화 선교에 훨씬 더 잘 준비될 수 있을 것이다.

타 문화권 선교의 두 방향, 즉 우리가 그들에게 다가가는 '원심성'과 그들이 우리에게 다가오는 '구심성'에 대해 특별한 주의를 기울여야 한다. 가까운 미래에 미전도 지역을 포함한 여러 나라에서 한국으로 유입되는 이주 노동자의 수가 500만 명에 달할 것으로 예측된다. 이것은 한국이 심각한 교차 문화적 선교지가 될 것이라는 의미다.

온누리교회는 외국인 이주 노동자들을 위해 1994년에 온누리M선교회를 설립했고, 이러한 구심적 선교 사역의 추세에 부응해 2005년에는 온누리M센터를 세웠다.[23] 게다가 이주민 선교에 더 능동적으로 참여하기 위해 새로운 온누리M단지를 건축해 2016년 3월에 완공했다.

멤버 케어

<u>본국에서</u> 장기 선교사와 그 자녀들은 파송 받는 순간부터 안식년 기간은 물론이고 은퇴 이후까지 평생 멤버 케어를 받아야 한다. 제한된 자원을 가진 작은 교회와 선교단체들은 장기 선교사들의 안식년 주거와 의료 검진, 선교사 자녀들의 대학 학비 등을 지원하는 게 어렵다. 이러한 도전들을 대형교회가 다뤄야만 한다.

현재 온누리교회가 안식년을 맞은 선교사들에게 제공하는 멤버 케어에는 32세대의 주거 시설과 일부 병원과 맺은 전략적 제휴를 통한 의료 케어가 해당된다. 온누리교회는 또한 '힐링 캠프'와 'H2H'와 같은 안식과 회복 프로그램을 운영하고 있으며, 선교사 자녀들이 대학 교육을 받을 경우 장학금을 제공하고 있다.

---

23 온누리M센터는 외국인 노동자 인구가 밀집된 경기도 안산시에 자리 잡고 있다. 21개 외국인 공동체에 속한 총 850명의 이주민들이 센터에서 예배를 드린다. 그중에는 태국어, 러시아어, 스리랑카어 예배도 포함된다.

   대형교회의 선교 책무

<u>선교 현장에서</u> 선교지의 선교사 멤버 케어는 여전히 미흡한 상태다. 멤버 케어의 본질을 효과적으로 지키기 위해서는 제공자가 선교 현장을 친숙하게 알고 영적, 심리적, 목양적 전문성을 갖춰야 한다. 이 역할을 위해서 온누리교회는 선교 현장 경험이 있고, 양질의 멤버 케어를 제공할 수 있는 선교사들을 계발, 육성해야 하며, 멤버 케어 기관과 전문가들에게 도움을 요청해야 한다.

문제가 커져서 심각해지기 전에 다룰 수 있는 모바일 멤버 케어 같은 예방 프로그램처럼, 선교사 멤버 케어에 있어서도 예방이 매우 중요하다. 경험을 통해 체득한 지혜로, 국제 선교단체들은 어떤 선교지든 한 가정만 파송하는 경우가 거의 없다. 대신 각 지역마다 팀이 있고, 팀마다 노련한 현장 디렉터가 있어서 새로운 선교사들을 돌본다. 이러한 정책을 온누리교회가 도입한다면 유익을 얻을 것이다.

전문적인 선교사 자녀(Missionary Kids, MK) 케어도 매우 중요하다. 왜냐하면 한국 교회의 차세대이자 다음 세대의 선교사들을 동원하는 일에 직접 관련된 일이기 때문이다. MK 케어의 핵심 문제는 (한국인으로서의, 그리스도인으로서의) 정체성 문제와 연관되어 있으며, 단순히 교육과 관련된 문제에 국한되지 않는다.

그렇지만 MK 교육은 선교 현장에 MK 학교를 설립하든, 홈스쿨링을 제공하든, 현지 공립학교에 보내든, 기숙학교에 보내든 선교사 가족들이 직면하는 큰 관심거리다. 온누리교회는 MK 케어 영역에서 이를 개선하기 위해 애쓰면서 MK 케어 전문 단체인 GMF(Global Mission Fellowship) 산하 MK NEST나 국제 선교 기관들이 설립한 MK 학교들과 더 긴밀한 유대 관계를 개발하는 것이 바람직할 것이다.

온누리교회 외부의 선교 자원 개발

대형교회는 다양한 선교 자원과 콘텐츠를 다른 교회와 선교단체에게 제공할 책무가 있다. 이 점에 있어서 온누리교회는 '러브소나타'와 같은 전도 콘퍼런스와 협력 기관인 CGNTV와 두란노서원을 통해 일본 선교를 돕고자 애쓰고 있다.

러브소나타는 온누리교회의 총체적인 선교 사역의 탁월한 예 중에 하나라고 할 수 있다.[24] 이 집회에는 엄청난 스태프진뿐만 아니라 상당한 재정과 국제적으로 알려진 배우, 음악가, 성악가, 예술가 등의 재능 기부가 필요하다. 이 집회를 위해서는 방대한 무대, 조명, 음향과 영상, 방송 시스템과 장치만 필요한 것이 아니라 청중의 감성을 자극할 만한, 적절한 감동을 줄 수 있는 콘텐츠가 있어야 한다. 무엇보다 일본 현지 교회와의 폭넓은 네트워크의 협력이 필요하다. 이런 이유에서 독립된 선교단체들이 이런 종류의 복음 전도 콘퍼런스를 진행하는 것은 어려울 것이다.

2007년 제1회 러브소나타는 현지 교회 지도자나 한인 선교사들의 상당한 회의에 부딪혔다. 그들은 대형교회가 그 자원을 과시하려고 개최한 일회성 행사라고 비하했다. 지금은 그런 부정적인 평가가 수그러들었다. 변화는 일본 목회자들에게 초점을 둔 지역실행위원회와 러브소나타를 '일본인에 의한', '일본인을 위한' 복음 전도 축제로 만들기 위해 필요한 (최소 2년간의) 포괄적인 준비 덕분에 일어났다.[25] 러브소나

24　하용조 목사는 2006년 일본과 동북아시아 선교의 중요성을 인식하고 2007년 오키나와에서 첫 러브소나타 집회를 시작했다. 제 21회 러브소나타는 2015년 4월 교토에서 개최되었다.

25　러브소나타 실행위원회는 한국과 일본에 각각 세워져 있다. 한국에는 온누리교회에 소속된 러브소나타 본부실행위원회가 조직되어 있고, 일본에서는 미네노 다츠히로 목사(도쿄 요도바시 교회)가 중앙실행위원회 위원장을 맡고 있으며, 러브소나타가 열린 지역마다 지역실행위원회가 있다.

타 축제 전후에는 온누리교회, CGNTV, 두란노서원 등이 아웃리치 프로그램, QT 세미나 등의 후속 프로그램을 진행한다.

또 다른 사례인 CGNTV는 현재 한국어, 일본어, 중국어로 일 년 365일, 매일 24시간, 170개 이상의 나라에 기독교 프로그램을 송출하고 있다. CGNTV와 같이 위성으로 방송하기 위해서는 방송 위성을 런칭, 유지해야 하고 고도의 송신 기술과 많은 재정적 뒷받침이 필수다. 또 CGNTV 사역을 위해서는 양질의 기독교 콘텐츠가 계속 공급되어야 한다. 이것은 다시 인적 자원의 네트워크를 필요로 한다. 독립된 선교단체가 그러한 다면적, 복합적인 방송 사역을 운영하기란 불가능할 것이다.

CGNTV 사역은 온누리교회가 착수한 가장 의미 있는 사역들 중 하나일 것이다. 미국과 일본, 인도네시아에 지사를 두고 대만과 태국, 아랍에미리트에 제작 센터를 두고 있는 CGNTV는 미디어 선교의 선봉에 서 있다.[26]

또 다른 전선에서는 두란노서원이 타 문화권 선교 사역에 필요한 도구들과 문서와 프로그램을 여러 교회와 선교 기관들 및 일반 그리스도인들에게 보급하고 있다. 아울러 '두란노 바이블 칼리지'와 같은 프로그램을 통해 직간접으로 목회자와 선교사, 교인들을 양육하고 있다.

특히 1995년 10월에 두란노서원에서 처음 개설한 '두란노 아버지학교'[27]는 2000년부터 중국, 인도네시아, 네팔, 콜롬비아 등 39개국으로 확대되어 지역 교회 안과 밖에서 아버지들을 훈련하고 있다. 두란노

---

26 일본 CGNTV는 특이하게 설립 8년 만에 47개 현에 있는 2,197개 교회와 네트워크를 구축했다.

27 '두란노 아버지학교'는 '아버지가 바로 서야 가정이 바로 서고, 가정이 바로 서야 사회가 바로 서며, 사회가 바로 서야 나라가 바로 선다'는 정신으로 시작되었다.

아버지학교는 한국어뿐 아니라 여러 언어로 교재를 만들어 사역하고 있다. 또한 필리핀, 베트남, 방글라데시에서 온 외국인 근로자들을 위해서 한국에서 영어 프로그램을 진행하기도 한다.

사역의 자원을 제공하는 데는 극복해야 할 몇 가지 도전이 있다. 먼저, 온누리교회는 러브소나타에 대한 교회의 지원을 점점 줄이는 대신, 결국에는 그 프로그램을 지속시키기 위해서 8천여 일본 교회가 인적, 물적 자원을 공급하도록 하는 계획을 세워야 한다. 러브소나타 한국 본부는 2018년부터 일본의 젊은 그리스도인들을 겨냥한 '젊은 러브소나타'를 기획해 일본의 차세대 리더들에게 영향을 미치길 소망하고 있다.

CGNTV의 경우 온누리교회 방송국이라는 평가를 극복하고 기독교 사역 방송국으로 알려지기 위해 애쓰고 있다. 사실 방송 콘텐츠 가운데 '온누리교회 콘텐츠'가 줄어들도록 재편성되었다. 2014년 12월 현재 중국과 일본의 CGNTV는 온누리교회 관련 내용을 각각 17.4%와 18%만 송출했다. 그러나 한국과 미국의 CGNTV는 온누리교회 콘텐츠가 많이 보급되고 있기 때문에, CGNTV 측에서는 온누리교회와 동일시되는 평가를 인정하고 콘텐츠의 다양화를 도모해야 할 것이다.[28]

자선교학 개발

이제 복음이 한국에 들어온 지 130년이 지났고, 한국 교회는 2만

---

28 2014년 12월 현재 CGNTV 한국 채널(케이블)의 경우 '온누리교회 콘텐츠'(주일 예배, 2014년 온누리 부흥 축제, CGNTV 비전 특강, QT 〈생명의삶〉)를 32.5% 송출하고 있다. 미주 채널의 경우 얼바인 온누리교회나 다른 비전교회의 주일 예배의 방송 편성이 늘어나 그 비율이 더 높다(42.6%). 중국과 일본의 CGNTV는 '온누리 콘텐츠' 송출의 비율이 더 낮다.

6,677명의 선교사를 170개국에 파송했다.[29] 한국 교회와 한국의 선교 단체들은 방대한 사역 인프라를 구축했다. 하지만 한국적인 고유한 선교학 자료의 문서화와 개발(특히 한국의 자신학화와 자선교학)은 대부분 부재하다고 해도 과언이 아니다.[30] 비서구 교회와 다수세계가 식민주의와 제국주의 시대를 진정으로 극복하려면 이 단계를 밟는 것이 필수적이다.

이러한 맥락에서 온누리교회와 같은 대형교회들은 풍부한 인적, 물적 자원을 가지고 한국의 자신학화와 자선교학화를 육성하고, 한국의 신학 문헌 편찬을 준비하는 데 도덕적, 재정적 지원을 제공함으로써 참여해야 할 책무가 있을 것이다. 가능한 다음 단계는 온누리교회가 (자체 선교사를 파송하지만) 외부의 선교 전문가들을 영입해 선교학 연구와 선교학 개발과 선교학 자료 준비를 위한 연구소를 설립하는 것이다. 연구소는 국내외 신학대학원과 선교단체와 협력해 한국 교회들을 위해 현장 중심의 신학을 개발하고, 동시에 최신의 선교학적 사상과 신학 동향을 국내에 소개할 수 있다.

결론

온누리교회는 대형교회로서 다음과 같은 사항을 유지, 지원, 개발 및 개선해 나가야 할 것이다.

첫째, 온누리교회가 지금까지 선교적 활동에 에너지를 기울여 왔다

---

29 이 수치는 한국세계선교협의회 정기 총회에서 발표된 통계에서 나온 것이다.

30 선교인류학자 폴 히버트(Paul Hiebert)는 익숙한 토착 교회의 '삼자원리'(자립, 자전, 자치)에 넷째 원리인 '자신학화'(self-theologizing)를 첨가해야 한다고 주창했다. Paul Hiebert, *Anthropological Insights for Missionaries* (Grand Rapids: Baker, 1985), 193-224.

면, 이제 (그 초점을 잃지는 말아야 하겠지만) 선교 신학 개발에 비슷한 주의를 기울임으로써 보완할 때가 되었다. 선교사 파송과 현장의 열매가 자라는 모습을 보는 것을 선교라는 건물의 외장 벽이라고 한다면, 신학과 선교학은 건물의 인프라다. 외장이 아무리 화려하다 하더라도 강력한 인프라와 튼튼한 기초가 없다면 그 건물은 결국엔 붕괴될 수밖에 없다.[31]

최근 한국 교회는 자신학화와 자선교학을 위한 역량을 개발해야 할 필요성을 깨달았다.[32] 온누리교회는 이 운동에 다양하게 참여할 수 있다. 이미 언급한 것처럼, 온누리교회는 선교학 연구소를 설립할 수 있다. 국내 신학대학원과 선교단체들과 협력해 한국과 아시아에서 자신학화와 자선교학 포럼을 개최할 수 있다. 세계 기독교에 관한 서구와 비서구 콘퍼런스에서 최고의 논문을 모아 학술지로 편찬해 한국 선교 학자와 선교 실천가와 선교사들에게 세계 선교학의 동향을 파악하게 할 수 있다. 그렇게 함으로써 독자적인 선교 연구를 장려하고, 궁극적으로는 한국 교회와 세계 선교계 사이에 징검다리를 놓을 수 있을 것이다.

둘째, 선교적 교회의 형식이 때로는 제약이 느껴질 수 있지만, 온누리교회는 그 선택한 구조(교회-선교단체 간의 융합)를 계속 유지해야 한다. 기독교 역사를 살펴보면, 교회와 선교단체가 손을 잡을 때(둘이 재혼했을 때) 항상 선교 운동이 상승했으나, 둘이 분리되거나 독립적으로 행

---

31 안성호, "자신학화와 자선교학화의 발전 배경과 현황", *Korea Mission Quarterly*, vol. 14, no. 1 (2014, 가을), 38-48.

32 최근의 여러 한국 선교학 콘퍼런스에서 "한국형 선교", "자선교학으로서의 한국 선교 신학", "서구 선교와 비서구 선교의 연속성과 비연속성" 등의 주제들이 다루어졌다.

　　　　　　　　　　　　　　　　　　　대형교회의 선교 책무

동할 때(둘이 이혼했을 때) 선교 운동의 쇠락이 뒤따랐다. 1세기부터 20세기 중반까지 선교 운동이 상승과 하강을 반복하다가, 20세기 후반 이후 교회 중심의 선교 사역이 견인차가 되기 시작했으며, '교회-선교단체 간의 융합'을 지지하는 새로운 교회론이 출현하기 시작했다.

태생부터 선교적 교회였던 온누리교회는 다양한 프로그램을 활용하되, 그것들의 강점은 강화하면서도 약점은 최소화하도록 최선을 다해야 한다. 그렇게 함으로써 한국에서 대형교회의 책무를 감당하게 될 것이다.

1. 지역 교회(모달리티)를 선교단체(소달리티)와 구분해 주는 특징은 무엇인가?

2. 지역 교회와 선교단체의 역할은 어떤 면에서 다를 수 있는가?

3. 온누리교회는 독특한 교회-선교단체 간의 융합 구조를 가지고 있다. 예를 들면, TIM, CGNTV, 두란노서원과 같은 자체 선교단체들을 갖추고 있다. 이러한 교회 구조에서 어떤 장점과 약점을 발견하는가?

4. 과거 서구 교회들은 일반적으로 선교사들을 미전도 지역(예를 들어, 소위 '10/40 창')에 파송하는 데 주안점을 두었다. 그러나 오늘날에는 미전도 지역, 특히 이슬람 지역에서 엄청난 이주자가 서구로, 또 한국과 같이 전도된 지역으로 유입되고 있다. 세계의 교회들은 이런 이민 추세에 어떻게 반응할 수 있는가? 온누리교회의 이주민 선교 사역에서 무엇을 배울 수 있는가?

5. 선교 사역에는 원심성(다가가기)과 구심성(다가오기) 두 측면이 있
   다. 둘 사이의 적절한 균형은 무엇인가? 선교의 두 측면을 결합
   하려는 온누리교회의 노력을 어떻게 평가하는가?

5장

"대형교회의 선교 책무"
에 대한 논평

웨슬리 그랜버그-마이클슨

이재훈 목사와 안성호 선교사 그리고 함태경 본부장이 세계 선교에 헌신한 온누리교회에 대해 발제한 내용은 대형교회의 성과와 지속적인 도전에 대해 강력한 사례 연구를 제공한다. 특히 저자들은 자기반성과 평가까지 다룸으로써 주제의 발전에 큰 기여를 했다. 우선 온누리교회가 불과 30년 만에 이룩한 비범한 선교적 성과를 평가하는 데서 논평을 시작하고자 한다.

이 성과를 균형 있게 살펴보자. 필자는 세 저자의 발제문을 읽으면서 17년간 미국개혁교회(Reformed Church in America, RCA)의 총무로 재직했던 시절을 회고하면서 본 교단의 세계 선교 역사에 대해 반추하는 기회를 가져 보았다.

미국에서 가장 오래된 교단인 RCA는 1628년부터 꾸준히 사역을 해 왔으며, 150년 전부터 세계 선교를 시작했다. 본 교단이 수행한 역사적 사역들이 계속해서 영향을 미치고 있다. 최초로 중국에 파송된 서구 개신교 선교사들 중 한 명인 데이비드 아빌(David Abeel)은 RCA의 파송 선교사였다. 중동 페르시아만 지역에 파송된 최초의 서구 선교사들 중 일부도 RCA 선교사였다. 지금은 유명해진 인도 벨로어의 크리스천 메디컬센터(Christian Medical Center)와 병원도 RCA 여성 선교사 아이다 스쿠더(Ida Scudder) 박사가 설립한 것이다.

KGMLF 2015가 이루어진 한국에서도 RCA 선교의 영향력이 간접적으로 느껴진다. 한국 선교에 참여한 서구 선교사들의 선구자로서, 새문안교회를 설립했고 한국에서 널리 존경받고 있는 호러스 언더우드(Horace G. Underwood)는 RCA 교단 소속인 뉴브룬스윅 신학대학원(New Brunswick Theological Seminary)의 졸업생이다. 호러스 언더우드는 뉴브룬스윅 신학대학원에 재학할 때 선교의 소명을 받았지만, RCA 교단 선교부가 그를 지원할 자금(혹은 믿음?)이 충분하지 못해 결국 장로교단의 후원을 받게 되었다. 만약 필자가 소속된 RCA 교단의 선배들이 그 젊은 신학 졸업생이 받은 선교 소명을 후원했더라면, 어쩌면 현재 한국의 모든 장로교단들은 '개혁교회'라고 불릴 가능성이 많다!

미국 내에서 비교적 소규모 교단인 RCA는 2015년 현재 약 1천여 교회와 17만 명의 교인들로 구성되어 있으며, 역사적으로 세계 선교에 주목할 만한 영향을 미쳤다. 하지만 필자가 총무로 사역하기 시작했을 때 RCA 교단은 기존의 세계 선교 프로그램을 유지하는 데 명백한 도전을 받고 있었다. 타 교단들과 마찬가지로, 본 교단의 교회들은 교단의 선교 프로그램을 신임하고 후원하는 것 이상으로 세계 선교에 직접 참여하기를 원했다. 본 교단은 기존 사역들을 유지하려는 노력을 지속하면서 회중의 참여를 늘리는 방법도 새로 개발해야만 했다.

현재 RCA의 세계 선교 프로그램의 일 년 예산액은 670만 달러다. 전 세계에서 90여 개인 혹은 부부 선교사가 본 교단의 후원을 받고 있다(44명의 선교사는 RCA가 후원하는 현지 선교 협력체 출신이다). 언제나 본 교단은 현지 협력체들의 안내를 받아 토착 교회를 지원하는 사역을 한다. 교단의 정책은 북미 대륙 밖에 RCA 교회를 세우지 않고, 항상 현지 협력체들과 동역해 현지 기반 교회들과 사역들을 개척하고 양육하는 것이다.

대조되는 그림

규모 면에서 온누리교회의 세계 선교적 업적은 RCA 교단과 분명하게 대조된다. 이재훈 목사와 안성호 선교사 그리고 함태경 본부장에 따르면, 현재 온누리교회는 70개국에 주재하는 854명의 타 문화 선교사들을 후원하고 있다. 이처럼 한 교회가 동원하는 선교적 헌신이 세계 선교에 장기간 헌신해 온 역사를 가진 RCA 교단이 수행하는 세계 선교 프로그램을 훨씬 능가하고 있다.

이러한 대조는 다른 미국 교단들과 비교해도 마찬가지다. 2014년 현재 9,862개 교회와 166만 7천 명의 교세를 가진 미국장로교(Presbyterian Church of USA, PCUSA)는 RCA보다 훨씬 큰 교단으로서, 세계적으로 162명의 선교 동역자들을 후원하고 있다. 세계 선교에 대한 강력한 헌신으

　　　　　　　　　　　　　　대형교회의 선교 책무

로 유명한 기독교연합선교회(Christian & Missionary Alliance, CMA)는 미국인 교인 50만 명을 보유한 교단으로서, 세계적으로 761명의 선교사들을 후원하고 있다. 그렇지만 온누리교회가 지원하는 숫자에는 여전히 미치지 못한다.

이와 같이 온누리교회가 타 문화 세계 선교를 위해 동원한 인적자원과 물적 자원이 확실하게 알려 주는 것은 대형교회들의 선교적 헌신이 세계 도처에서 개 교회들의 선교의 모습을 극적으로 바꿔 놓고 있다는 점이다. 이 854명의 선교사 중 약 절반이 타 교회 소속이었다가 TIM에 가입했다는 사실을 감안하더라도, 온누리교회가 선교 헌신을 통해 선교사 전원을 동원하고 후원하고 있음을 알 수 있다. CGNTV와 두란노서원의 개발과 선교 인프라 등 제반 분야를 아울러 고려할 때 온누리교회의 사례는 훨씬 더 극적이다.

세 가지 기회들

온누리교회가 세계 선교에 기여한 이 부분을 인정하면서, 필자는 이재훈 목사와 안성호 선교사 그리고 함태경 본부장의 발제에 대해 추가로 세 가지 반응을 제시하고, 기본적인 영역들을 강조하고자 한다.

한국적인 선교 신학적 성찰 개발하기 첫째, 발제자들은 "한국적인 고유한 선교학 자료의 문서화와 개발은 … 대부분 부재하다고 해도 과언이 아니다"(85쪽)라고 주장한다. 그들은 온누리교회가 여타 선교단체들과 신학대학원들과 협력해 한국적으로 토착화된 선교적 신학과 성찰을 개발하는 연구소를 설립해야 한다고 강력히 요청하고 있다. 현

세계에서 '하나님의 선교'(*Missio Dei*)의 본질을 이해하고, 교회들에게 요구되는 참신한 반응들을 분별하는 데 헌신한 여러 선교단체들과 신학대학원은 그러한 요청을 강하게 포용하고 지원해야 한다고 본다.

기독교가 세계적으로 비서구 지역에서 발흥하고 있다는 사실을 인정할 때 그러한 노력은 매우 중요하다. 1980년대 초 이후로 세계 그리스도인들 중 다수는 글로벌 노스(Global North)와 글로벌 웨스트(Global West) (지구의 북쪽과 서쪽에 위치한 서구 열강을 지칭) 밖에 존재하고 있다. 그 움직임은 가속화되고 있고, 세계 기독교의 미래를 결정하고 있다. 하지만 신학적, 재정적 중심지는 유럽과 미국에 있다. 그래서 비서구 배경에서 신학을, 특히 참신한 선교학적 관점에서 개발하는 것은 절박한 과제다.

더욱이 이 노력은 에큐메니칼하게 진행될 수 있고, 또 그래야만 한다. 이 과제에 기여할 수 있는 새로운 글로벌 플랫폼이 출현하고 있다. 필자의 견해로 가장 주목할 만한 것은 바로 글로벌 크리스천 포럼(Global Christian Forum)이다. 이 포럼은 역사적 개신교, 복음주의, 오순절, 가톨릭 및 정교회 교단들과 선교단체들 가운데 인정받는 리더들을 불러 모아 교제의 장을 제공한다. 이러한 노력들은 그리스도의 글로벌 공동체 안에서 관계와 신뢰의 문을 새로이 열기 시작했다.

KGMLF 2015의 협력 후원자인 OMSC 같은 기관들을 통해 선교학적 성찰을 하는 다른 글로벌 네트워크들이 활동하고 있다. 한국인 동역자 금주섭 목사가 총무로 있는 세계교회협의회(World Concil of Churches, WCC)의 세계선교와전도위원회(Commission on World Mission and Evangelism, CWME)는 선교와 전도에 관해 새롭게 선언한 대로 '생명의 신학을 지향'하는 데 초점을 맞추고, 세계 도처에서 다양한 신학적 성찰들을 배양하고 있다.

필자는 여기에 수반되는 신학적 차이점과 긴장 관계를 과소평가하지 않는다. 하지만 오늘날 그리스도의 글로벌 공동체의 다양성을 포괄하는 참신한 선교학적 성찰이 비서구권 상황에서 나올 필요는 있다. 온누리교회는 이 과정에 역사적 기여를 할 수 있다.

'선교적' 신학의 탐구 둘째, 이재훈 목사와 안성호 선교사 그리고 함태경 본부장의 발제에서 온누리교회는 빈번하게 '선교적(missional) 교회'로 언급되었고, 데이비드 보쉬(David Bosch)와 대럴 구더(Darrell Guder)의 저술이 각주에 나온다. 이 인용부에서 저자들은 지난 20여 년간 진행된 선교적 신학 및 교회론의 발전에 주목한다.

하지만 이 용어의 의미와 함축성은 훨씬 더 깊이 있게 탐구되어야 한다. 사실 필자가 살고 있는 미국에서는 선교적 교회란 용어가 참신한 교회론적 도전에서 더 나아가 너무나 포괄적이고 대중적인 개념이 되는 바람에 그 실제 의미를 분별하기 어렵게 되었다.

이재훈 목사와 안성호 선교사 그리고 함태경 본부장이 쓴 이 탁월한 발제문을 읽으면서, 필자는 온누리교회가 이해하는 선교적 교회란 하나의 교회를 중심으로 조직된 세계 선교를 위한 파송 기관이 되는 것을 의미하는 게 아닌가 하는 의구심이 생겼다. 실제로 선교적 신학의 독창적 발전은 훨씬 더 깊이 진전되었다. 예를 들면, 레슬리 뉴비긴(Lesslie Newbigin)이 인도에서 선교사로 사역하다가 고향 영국에 돌아왔을 때 제시한, 참신한 통찰력에 근거한 '선교적'이라는 의미는 선교사들을 여기저기 파송하는 것만이 아니라 교회가 지역 사회의 환경과 상황에서 하나님의 선교에 참여하는 것을 의미한다. 즉 교회가 선교 프로그램을 소유하고 있는 게 아니라, 오히려 교회의 생명과 정체성이 그 지역의 문화 속에서 시작되는, 하나님의 선교에 참여하는 데 뿌리를 두고 있다.

그리스도의 몸 안에서 글로벌 연합을 촉진하는 한국 교회의 역할 마지막으로, 발제자들은 한국 교회들이 변화하는 세계 기독교 안에서 기대주 역할을 수행하라는 하나님의 부르심을 받았다는 내용을 폭넓게 제시한다.

전술한 대로, 지난 세기에 전 세계 그리스도인의 지리적 분포에 가장 극적인 변동이 일어난 사실을 우리는 목격했다. 100년 만에 세계 기독교의 주 소재지는 서구에서 아프리카와 남미, 아시아로 옮겨 갔다. 이 지역의 신흥 교회들은 종종 오순절식 영성과 복음주의 열정에 의해 힘을 얻고 있으며, 현지 문화에 맞추어 고도로 상황화되어 있고, 때로는 그리스도의 더 넓은 몸으로부터 고립되어 있다.

그 와중에 글로벌 노스에 소재한 역사적인 교회들은 교회의 전통을 충실히 지키고 있으며, 그리스도의 몸에 대한 에큐메니칼적 이해를 넓혀 가면서 자기가 속한 문화 안에서 증거하기 위해 몸부림치고 있다. 필자는 글로벌 노스와 글로벌 사우스(Global South, 과거 '제3세계'로 지칭되던 아프리카, 라틴아메리카, 아시아의 빈곤 국가들을 가리킴)의 분열 혹은 '구'교회와 '신'교회 간의 분열 등 다양하게 표현되는 그리스도의 몸의 분리가 현대 기독교를 괴롭히는 가장 심각하고 파괴적인 분열이라고 본다.

  대형교회의 선교 책무

누가 이 차이를 중재하고 분열을 연합시킬 수 있을까? 종종 필자는 글로벌 노스나 글로벌 사우스에 속하지 않으면서, 이제는 서구를 벗어나 독자적 자원과 능력을 보유한 한국의 교회들이 이 과업에 핵심 역할을 하게 되지 않을까 생각한다.

이재훈 목사와 안성호 선교사 그리고 함태경 본부장이 발제한 대로, 온누리교회의 이야기는 이러한 가능성을 제시하는 하나의 사례다. 하나님이 온누리교회와 한국의 다른 대형교회들에게 뛰어난 은사와 업적을 허락하신 데는 어떤 목적이 있지 않겠는가? 그리고 그 목적은 어쩌면 그들 교회가 오늘날 하나님의 세계 선교를 강화하기 위해 그리스도의 글로벌한 몸 안에 참신하고 심오하게 요구되는 연합을 위한 섬김에 참여하기 위한 것이 아닐까?

6장

바르제아 파울리스타
하나님의성회
: 브라질 대형교회의 선교 아웃리치

티모시 캐리커

바르제아 파울리스타 하나님의성회 교회(Várzea Paulista Assembly of God, VPAG, 포르투갈어로 Assembléia de Deus-Várzea Paulista)는 그 조직의 구조 때문에 대형교회의 선교 참여에 관한 연구 분야의 특이 사례로 제시된다. VPAG의 교인 대부분은 인근 지역에 개척한 64개 지교회들 중 한 교회에 참석하고, 오직 10%의 교인들만 모교회에서 모인다. VPAG의 위계 조직과 강력한 중앙집권적 리더십은 지역 전도, 의사 결정 및 해외 선교 참여 등에 있어서 모교회와 여러 지교회들 사이에 연대를 조성하고 긴밀한 시너지를 유지하게 해 준다.

약 8천여 명의 교세를 가진 VPAG는 브라질 최대 도시인 상파울루

(상파울루는 2014년 현재 약 2,100만 명이 거주하는 세계 7위의 대도시다.) 북쪽으로 약 50킬로미터 떨어진 인구 11만 5천 명이 거주하는 바르제아 파울리스타 시에 소재하고 있다. 이 교회는 1960년에 6킬로미터 떨어진 곳에서 훈디아이(Jundiai) 하나님의성회 교회로 창립되었다가 1996년에 독립했다.[33] 현재 800명의 VPAG 교인들이 모교회에 출석하고 있으며, 나머지 교인들은 모교회가 개척한 64개의 지교회들 중 한 곳에 출석하고 있다.

지교회들은 7개 구역으로 구분되어 있는데, 교세는 50-500명으로 매우 다양하다. 단지 2개의 지교회만이 500명 이상의 교인을 보유하고 있고, 8개의 지교회는 약 300명의 교인을 보유하고 있다. 남은 교인 약 3,800명은 다른 54개의 지교회에 나누어 출석하고 있다. 현 목회자가 부임한 2001년 이전에 모교회는 21개 지교회를 개척했는데, 현재는 지교회 수가 3배 이상 늘어난 셈이다.

브라질의 하나님의성회 교단은 일반적으로 교인 대부분이 지역의 여러 교회와 연관을 맺고 있는데 이 교회들은 모교회와 강력하게 연결되어 있다.[34] 이처럼 VPAG는 선교에 열렬히 참여하는 대형교회에

---

[33] 독립은 한 교회가 더 이상 재정이나 의사 결정 면에서 모교회에 의존하지 않을 때 일어난다. 독립이 되면 회중은 교회가 되고, 설립한 교회가 아니라 지역 교회 공동체(지교회)에 대해 책무를 지게 된다.

[34] 라틴아메리카 전체의 하나님의성회 교단의 교세를 추정하기는 어렵다. 브라질 하나님의성회에 대한 간단한 안내는 다음 사이트를 참조하라. http://en.wikipedia.org/wiki/Assembleias_de_Deus and www.pewforum.org/2006/10/05/historical-overview-of-pentecostalism-in-brazil. 브라질 정부의 공식적인 통계 자료에 따르면, '하나님의성회'란 명칭을 달고 있는 교회들이 1,230만 명의 교인들을 보유하고 있다고 한다(Instituto Brasileiro de Geografia e Estatística, 2010, www.ibge.gov.br/home/estatistica/populacao/censo2010/caracteristicas_religiao_deficiencia/caracteristicas_religiao_deficiencia_tab_pdf.shtm). 공식적인 교회 출판 자료에 따르면, 2,730만 명이 그 지역의 하나님의성회 교단에 속한 19만 8천 개 교회에 출석하고 있으며(http://worldmissions.ag.org/regions/latinamcab/overview.cfm), 같은 출판 자료는 브라질 전체의 하나님의성회 교회 출석자를 2,150만 명으로 추정하고 있는데, 이 수치는 브라질 정부가 발표한 것의 2배다.

대한 사례 연구로서 적합하다. 하나님의성회의 조직은 교회 리더십을 한 개인에게 강력하게 집중시킨다. VPAG는 2001년부터 알베르토 헤센지 데 올리베이라(Alberto Resende de Oliveira)가 담임목사이자 총재로 섬기고 있다.[35]

2001년부터 2014년 현재까지 바르제아 파울리스타 시의 인구는 9만 3천 명에서 11만 5천 명으로 24% 성장했다. 대조적으로 같은 기간 교회는 400% 성장했다. 2001년 2천여 명에서 2014년 8천 명으로 성장했다. 알베르토 헤센지 목사는 2001년에 교회가 재정적으로 위기를 맞았고, 교인들도 매월 헌금의 16배나 되는 부채 때문에 지독하게 어려웠다고 당시 상황을 묘사한다. 그는 부임하기 전에 교회에 빚이 있다는 사실을 알고 있었다. 하지만 그가 VPAG에 부임한 후 처음 40일 동안 채권자들이 나타나 지불을 요구하기 시작하면서 빚의 규모가 확실해졌다. 알베르토 헤센지 목사는 그 상황을 차분하게 설명했고, 전임자가 행정 기술이 부족했다는 점만 암시했다.

알베르토 헤센지 목사가 VPAG의 담임목사로 청빙을 받은 이유 중 하나는 그가 예전에 사회에서 행정가로 근무했기 때문이다. VPAG에 부임하기 전 그는 상파울루에서 64킬로미터 떨어진 수자노 지역에 있는 다른 하나님의성회 교회에서 행정과 목회를 성공적으로 감당했다.

수자노에서 그는 '페루선교프로젝트'(Peru Missionary Project, PMP, 포르투갈어로 Missão Colheita, 추수선교회)를 시작했는데 VPAG로 그 프로젝트를 옮겨 왔다. PMP를 영입한다는 것은 교회가 이미 떠안고 있던 큰 빚더

---

35 이 사례 연구는 VPAG의 총재이자 담임목사인 알베르토 헤센지 목사와 교회의 복음 전도 사역자인 그의 사위 파비오 루이스 헤센지(Fabio Luis Rezende)와 인터뷰한 내용에 기초한 것이다. 교회의 웹사이트는 www.advarzea.com.br이다.

 대형교회의 선교 책무

미 위에다 7명의 선교사 가정을 더 책임진다는 뜻이었다. 당시 교인들은 당연히 "목사님, 우리는 우리 교회의 빚조차 갚지 못하고 있습니다. 그런데 어떻게 그들을 후원할 수 있겠습니까?"라고 항의했다. 이에 대한 알베르토 헤센지 목사의 관점은 약간 혁신적이었다.

"우리가 받은 첫 헌금은 선교사들을 위해서 쓰일 것입니다"(즉 VPAG가 이미 후원하고 있었던 파라과이 7명의 PMP 선교사들을 후원하겠다는 뜻이다).

담임목사가 바뀐 초기에 전임 담임목사를 더 좋아했던 몇 가정이 떠났지만, 금방 되돌아왔다.

전략

알베르토 헤센지 목사는 부임하자마자 곧바로 선교부를 조직했고, 강력한 선교 프로그램을 물질적으로 후원하는 것이 교회 빚을 해결할 수 있는 방법이라는 자신의 소신을 비공식적인 대화를 통해 가르치고, 선포하고, 설명하기 시작했다. 당시 그는 교인들을 더 낙담시키지 않기 위해 교회가 직면한 재정 문제의 세부적인 사항까지 알리지는 않았다. 하지만 빚을 청산하고 오랜 시간이 흐른 현재에는 당시와는 전혀 다르게 공공 재정의 투명성을 유지하고 있다.

그가 부임할 당시 교회 헌금은 월평균 3만 불에 불과했는데, 빚은 50만 불로 늘어났다. 그러자 어떤 교인들은 교회 헌금이 가까운 지역의 복음화에 투자되지 않고 지리적으로 먼 곳에 투자되는 것에 대해 불평했다. 알베르토 헤센지 목사는 물질을 나눠 주면 그것이 되돌려 받을 수단이 된다는 자신의 신념을 일관되게 반복했다.

"우리가 우리의 자원을 나눠 주면 우리도 외부로부터 도움을 받게

될 것입니다. 우리가 이 재정 위기로부터 벗어날 수 있는 유일한 탈출
구는 우리가 선교에 참여하는 것뿐입니다."

이로써 교회는 곧바로 후원하던 선교 인력의 규모를 확장하기 시작
했다. 채권자들과 빚에 대해 재협상했으며, 교회는 모교회에서 모이던
750-800명의 예배자들과 여러 지교회의 많은 교인들을 수용할 수 있
는 3,500석의 대형 시설을 건축하기 위해 대지를 구입하기 시작했다.
예배를 주일, 월요일, 수요일, 금요일 저녁에도 드렸고, 주일 오전에는
성경 공부반을 개강했다.

알베르토 헤센지 목사는 주기적인 효과가 아니라 지속적인 성장을
목격했다. 성장의 주요인은 전체 교회(모교회와 지교회들)의 다양한 리더
들 가운데 구체적인 목표가 세워졌기 때문이라고 여겨진다.

바르제아 파울리스타로 이사 왔을 때 그는 이미 상당한 경험을 쌓
은 상태였다. 행정가로서 사회에서 일한 경력 외에도, 수자노의 한 대
형교회에서 5년 반 동안 성공적으로 목양을 한 바 있었다. 1,200명의
교인들과 (가정 교회 두 곳을 포함) 12개의 지교회를 보유한 그 교회도 이
전에 분란을 겪었었다. 앞서 그 교회를 담임한 4명의 목회자들이 문제
를 일으키고 목회자의 이미지를 손상시킨 상태였다.

하지만 알베르토 헤센지가 담임목사요 총재로 시무하는 동안 교회
는 62개 지교회와 약 7,300명의 교세를 가진 교회로 성장했다. 그의 임
기 마지막 한 해 동안만 1,649명의 교인이 등록했다. 같은 기간 수자노
의 인구는 4만 명에서 12만 명으로 3배나 늘어났다. 지역 사회의 협력
으로 40일이란 짧은 기간에 교회 건물들을 세웠다. 지교회들은 전형적
으로 상가에 세를 들어 시작했다. 예배자들이 늘어나 공간이 협소해지

   대형교회의 선교 책무

면 모든 지교회와 모교회가 총동원되어 교회를 하나 건축했다. 5년 반 동안 20개 이상의 교회 건물을 건축했고, 두 달마다 120-140명에게 세례를 베풀었다.

알베르토 헤센지 목사는 VPAG의 성장의 90%는 지역에 새로 입주해 온 사람들 덕이라고 말한다. 그들은 이 교회 안에서 '무언가 색다르고 매력적인 것'을 발견했다. 새로운 신자들의 90% 이상은 다른 지역의 하나님의성회 교인들이었다.

흥미롭게도 알베르토 헤센지 목사는 교회 성공을 자신의 설교 스타일 덕분이라고 여기지 않는다. 그는 오순절파에 익숙한 강력한 설교 스타일보다 교인들에게 격식을 차리지 않고 좀 더 자연스럽게 말하는 것을 선호한다고 말한다. 유명한 강사들을 종종 초청하고, 리더들은 탁월한 예배와 함께 매력적인 분위기를 자아내기 위해 열심히 노력한다. 특히 어린이 프로그램과 청장년 프로그램이 주목할 만하며 주차 시설도 충분하다. 그들은 또한 사역자들을 양성하는 데 막대하게 투자한다. 매년 약 450-500명이 매주 1회 4시간씩 11개월 동안 참석해야 하는 사역 준비 과정에 등록하고 있다.

2014년 현재 VPAG는 13곳의 교회 부지에서 건축 중이다. 각 교회는 자녀들을 어떻게 믿음으로 가르치고 권면해야 하는지에 대해 강조한다. 교인의 만족도와 사역의 질에 대한 목회적 관심에 대해서 예를 들어 보면, 알베르토 헤센지 목사는 교회를 떠나려는 교인들을 자기 사무실로 초청해 그들을 위해 기도하고 축복한다. 그리고 개선점을 찾기 위해 떠나는 이유를 묻는다.

월례회에는 모든 리더들이 다 참석한다. 리더들은 디렉터, 조력자,

청소년 리더 등 세 부분으로 조직되어 있으며, 총 250명이 있다. 이러한 행정 회의에서 각 사역 분야의 구체적인 목표들을 개발한다. 목사 자신뿐 아니라 모든 리더들은 책임을 진다. 행정 회의 때 리더들은 약 20개의 사역 항목을 다룬다. 이 항목들 중 일부는 정기적으로 반복되고, 나머지는 임시적인 사안이다. 회의는 3-4시간 소요되며, 종종 비판이 제기되기도 하지만, 담임목사는 낙담하지 않는다.

거의 모든 리더들이 새로운 인물이다. 알베르토 헤센지 목사가 부임하기 전 디렉터였던 이들 중 단 두 명만 남아 있다. 이들은 회중을 인도하던 목회자, 장로, 집사 그리고 한 명의 조력자(장로)로 이루어져 있다. 그중에 한 지교회를 인도하는 한 명의 여성이 있다. 한때 리더십 프로그램을 갓 끝낸 젊은 지도자들이 13년이 지난 2014년에는 30, 40대의 성숙한 남녀가 되었다. 알베르토 헤센지 목사는 이 그룹에 집중적인 관심을 기울이고 젊은 부부를 위한 주일학교 모임을 인도한다. 그는 교회학교 프로그램 중에서 어린이반과 젊은 부부반을 가장 중요하게 여긴다.

교회의 선교 비전

앞에서 언급한 PMP는 알베르토 헤센지 목사가 바르제아 파울리스타로 옮겨서 목회하기 7년 전에 수자노에서 시작되었다. 이스라엘의 키부츠 공동체에서 영감을 받아 시작된 그 프로젝트는 처음에는 페루령 아마존 삼림 속에 깊숙이 들어가 푸에르토 말도날도라는 작은 마을에 선교 기지를 만들고 대규모 교회 건물을 하나 세웠다.

원래는 브라질에 있는 교회의 선교 훈련 학교에서 브라질 선교사들을 6개월 동안 1차로 훈련시킨 후 그다음 6개월간 페루에 있는 이 선교 기지로 데려와 인턴십을 시킬 계획이었다. 하지만 그 선교 기지는 현재 페루 사역을 위해 페루인들을 훈련시키고 있으며, 페루의 24개 주 가운데 8개 주에 교회들을 개척했다. 가장 큰 교회는 아레키파에 있는 교회이며, 파라과이 출신의 목사가 섬기고 있다. 날씨와 문화적 조건 때문에 브라질인들이나 해안 페루인들조차 적응하기 힘든 아야쿠초에 위치한 교회는 페루인 목사가 섬기고 있다. 최근에 개척한 교회들 중에 하나는 리마에 있는데, 이 교회는 벌써 여러 지역에 작은 교회들을 개척했다.

페루를 구성하고 있는 세 부류의 다른 종족들은 삼림 종족, 산악 종족 그리고 해안 주민이다. VPAG는 이들이 사용하는 주요 언어가 서로 다른 현실을 감안해 삼림과 산악 지역의 토착 부족에게는 더 오랜 기간 훈련을 시킨다. 이 두 그룹 출신의 학생들은 무료로 공부할 수 있다.

'기초 훈련 학교'(Programa de Estudo Teológico em Regime de Internato)는 연중 8개월 동안 18-24명의 학생들을 수용한다. 이들을 후원하기 위해 브라질의 교회들과 개인들이 한 학생씩 입양해 매월 120달러를 후원하는데, 이 후원금은 숙식비와 학비에 쓰인다. 브라질 하나님의성회 교단에 속한 다른 교회들도 VPAG와 협력해 이 선교를 후원하고, 학생 장학금을 기부하고 있다.

페루 선교 외에도, VPAG는 아프리카 남부 5개국에 주재하는 5개 가정 또는 독신 선교사들과 스페인에 주재하는 한 선교사와 미국(플로리다와 보스턴)에 주재하는 두 선교사 가정을 전적으로 후원하고 있다.[36]

---

36 보스턴에 있는 VPAG의 지교회는 150명의 교인을 보유하고 있으며, 이미 기니-비사우의 500명의 어린이들을 전도하고, 교육하고, 수용하는 사역을 전액 후원하고 있다.

VPAG는 전부 33개의 가족 선교사들과 두 명의 독신 선교사들을 후원하고 있다.

선교에 대한 관심과 후원을 유지하기 위해서 VPAG의 엄선된 교인들과 하나님의성회 교단의 다른 협력 교회들은 버스나 비행기로 매년 페루 단기 선교 여행을 간다. 대략 60명의 인원이 참여하는 이 선교 여행은 페루에 개척된 24개 교회의 모든 리더들을 한자리에 모으는 기회이기도 하다. 이 교회들 중 12개 교회가 푸에르토 말도날도에 있고, 4개 교회가 리마에, 2개 교회가 아레키파에, 4개 교회가 피우라에, 한 교회가 이카에 있으며, 트루히요에도 한 교회가 있다. 2014년에는 180명(브라질의 교회들에서 온 60명과 약 120명의 페루인 리더들)이 선교 기지를 방문해 일 년에 한 번씩 열리는 성경학교를 도왔다. 선교 여행에는 성경학교 외에도 노방 전도와 전 교회 방문도 포함된다.

이 반복되는 사역을 통해 VPAG와 브라질 내 협력 교회들의 선교적 비전이 매년 새롭게 된다. 또한 모든 선교사들이 보내 오는 월간 보고서를 통해서도 마찬가지다. 마지막으로, 페루에 파송된 선교사들이 브라질로 귀국하면 VPAG 교회들의 리더십으로 통합되면서 바르제아 파울리스타의 지역 선교에 대한 관심이 유지된다.

평가와 결론

VPAG와 그 선교 프로젝트들이 전례 없이 성공한 데는 여러 요인들이 작용했다.

첫째, 강력한 중앙집권적 리더십이다. 모든 VPAG 리더들, 즉 목사, 협동 목사, 청소년 리더 및 선교사들은 총재인 알베르토 헤센지 목사

에게 무조건 순종한다. 의사 결정을 신속하게 처리하는 강력한 중앙집
권적 리더십은 라틴아메리카의 문화와도 잘 맞는다. 브라질 역사상 중
앙집권적 리더십은 정치, 종교, 상업 등 어떤 분야에서건 성공의 핵심
이었다. 특히 이런 일반화는 사회 변혁 운동을 이끌어 낸 종교 지도자
들에게 (그들이 거룩하고, 믿을 만하고, 사회적으로 참여한다고 간주되는 한) 타당
하다.[37]

전임 목회자들에게 부족한 점이 있었지만, 알베르토 헤센지 목사는
깊고 인격적인 영성 때문에 교회 리더들과 교인들 모두의 신뢰와 연
대를 얻을 수 있었다. 라틴 문화권에서 강력한 중앙집권적 리더십은
지혜롭고 이타적이라고 인정받기만 하면, 특히 전략적 기획 능력이 수
반될 때 신속한 발전의 핵심 요인이 되곤 한다.

둘째, 알베르토 헤센지 목사가 도입한 행정과 목표 설정의 보완 기
술이 VPAG가 후원하는 지역 사역과 선교 프로젝트의 성장을 촉진했
다. VPAG의 치밀한 행정은 모든 지교회들의 리더들이 참석하는 3-4
시간의 긴 월례회를 통해 유지되고 보강된다. 이런 식으로 기대감을
채워 주고, 모든 지교회들과 사역 부서들의 사역 내용을 조직 내의 모
든 사역자들과 소통한다.

---

37 '강한 남자'는 라틴아메리카 문화에서 확실히 입증된 특징이지만, 이러한 현상의 종교적인
측면은 그다지 널리 알려지지 않았다. 예를 들면, 브라질의 메시아닉 운동에 관한 문헌들을 살펴
보라. 특히 다음 저서들을 참조하라. Duglas T. Monteiro, "Um confronto entre Juazeiro, Canudos e
Contestado," in *História geral da civilização brasileira* 3, no. 2, ed. Boris Fausto (Rio de Janeiro: Difel, 1978);
Lísias Nogueira Negrão and Josildeth Gomes Consorte, *O messianismo no Brasil contemporâneo* (São
Paulo: FFLCH-USP/CER, 1984); René Ribeiro, "Brazilian Messianic Movements," in *Millennial Dreams in
Action: Studies in Revolutionary Religious Movements*, 2nd ed., ed. S. L. Thrupp (Nova Iorque: Schocken
Books, 1970), 55-69. 필자가 작업한 방대한 문서들도 참조하라. C. Timothy Carriker, "As contribuições
do Messianismo para uma hermenêutica missiológica," in *Evangelho e cultura: Leituras para a antropologia
missionária*, lulu.com (2008), 177-199.

셋째, 매년 열리는 11개월간의 '리더십 훈련 프로그램'(Curso de Preparação e Formação de Obreiros, 교회 사역자 준비 및 형성 과정)은 새로운 교회와 사역과 선교 프로젝트를 지도할 인적자원을 공급함과 동시에, 기존의 리더십을 알베르토 헤센지 목사의 인도와 훈련을 받은 젊은 리더들로 교체한다는 이중 목적에 기여한다. 이 방법을 통해 그의 비전과 사역 운영 방침이 확고해졌다.

넷째, 필자와 인터뷰하는 동안 알베르토 헤센지 목사는 분명하고 구체적인 목표를 설정하고, 자신을 포함한 모든 리더들이 목표들을 달성하는 데 책임을 지도록 한 것이 중요한 역할을 했다고 여러 번 강조했다. 흥미롭게도, 어느 누구도 구체적인 목표 설정과 오순절주의식 성령의 즉흥적 인도 사이에 갈등을 겪지 않았다. 둘 사이의 긴장은 동일한 성령께서 특별히 교회의 리더들에게 책임을 지우신다는 관점을 통해 해소되었다. 분명하고 구체적인 목표들을 설정하는 것이 교회 성장에 중요한 의미가 있다는 것은 교회 성장학의 변함없는 원리다.

다섯째, VPAG에서 정기적으로 제공되는 브라질의 저명한 기독교 리더들의 메시지와 영적 훈련의 실천은 교인들이 지역 교회와 선교 프로젝트의 발전에 필수적인 방향감각과 연대를 갖는 데 기여한다.

알베르토 헤센지 목사는 전국적으로 저명한 그리스도인 리더들을 계속 강단에 세움으로써 교세를 늘리고 유지하는 데 필수적인 부분으로 간주되는 '탁월함'을 이루려 노력한다. 그는 필요를 충족시키고, 게으름에 도전하는 개인적이고 사회적인 프로그램과 사역을 향상시키는 높은 수준의 삶을 제시하기 위해 열심히 노력한다. 그는 교회를 떠나려는 교인들에게 이적 서류를 주면서 자신의 관점이나 스타일만을 공격적으로 고집하기보다는 프로그램과 사역에서 파악된 약점들이 무엇인지 그 핵심을 파악하고 또 시정하려는 관심을 보인다. 다른 요인들도 VPAG의 지역 사역의 성장과 발전 그리고 페루, 미국, 남아프리카, 스페인 등지로의 사역 확장에 기여했다. 하지만 앞서 살펴본 다섯 가지 요인들이 핵심이다.

이 시점에서 우리는 사람들이 종교 단체에 유입되고 유출되는 현상에 대한 최근 30년간의 사회학적 연구에서 발견된 통찰에 주목해야 한다. 이 연구 조사는 기독교의 태동에서부터 현재까지의 부흥과 성장을 다룬 로드니 스타크(Rodney Stark)의 저서에 잘 요약되어 있다. 로드니 스타크의 작업은 이제서야 교회사가들과 선교학자들 사이에서 중요성을 인정받기 시작했지만, 결정적일 만큼 충분히 탄탄하다.[38]

로드니 스타크가 발견한 내용 중 대부분이 그의 최근 저서 중 하나인 《기독교의 승리》(The Triumph of Christianity)의 마지막 장에 요약되어 있다. 필자가 이 장에서 제시한 사례 연구는 그가 중요하게 발견한 사실 하나를 예증하고 확증해 준다.

"종교적 경쟁은 한 사회 내에 종교성이 널리 퍼지게 만든다. 또 장기적으로는 종교적 예의범절이라는 규칙을 낳는다."[39]

---

[38] 로드니 스타크의 이론들은 여러 도서와 논문에서 상세히 설명되고 있다. 특별히 우리의 토론에 중요한 로드니 스타크와 윌리엄 심즈 베인브리지(William Sims Bainbridge)의 책을 참조하라. Rodney Stark and William Sims Bainbridge, *A Theory of Religion* (New York: Lang, 1987), and Rodney Stark and Roger Finke, *Acts of Faith: Explaining the Human Side of Religion* (Berkeley: Univ. of California Press, 2000). 로드니 스타크가 기독교에 대해 다룬 여러 학술 자료의 개요를 원한다면 다음 자료를 참조하라. *The Triumph of Christianity: How the Jesus Movement Became the World's Largest Religion* (New York: HarperCollins, 2011).

[39] Stark, *Triumph of Christianity*, 418.

그는 이 간단한 진술을 엄청난 분량의 데이터를 가지고 확증한다. 이 진술은 성공적으로 '경쟁하는' 기관들의 성장에 대해 효과적으로 설명해 주며, VPAG의 전반적인 사역 전략과 실행을 잘 요약하고 있다. 즉 더 잘 섬기고, 더 나은 성경 묵상과 영감 있는 메시지를 제공하고, 더 많은 교회들과 더 잘 준비된 리더들을 통해 지역 사회를 더 잘 섬기고, 그들을 선교에 동참시켜서 이 선물을 전 세계에 확장하려는 소망이다.

1. 교회의 리더십 스타일은 교회의 선교 아웃리치에 긍정적으로, 혹은 부정적으로 어떤 영향을 미치는가? 복음을 전파하는 모델로 사용하기에 성경적으로 적절한 리더십 스타일은 어떤 것인가? 당신은 이런 스타일들을 어떻게 제약하고 제한하겠는가?

2. 지역 교회의 선교적 증거를 발전시키기 위해 당신은 어떤 유형의 리더십 훈련 프로그램을 제안하겠는가? 내용, 기간, 목적 및 여타 고려 사항에 관해 가능한 시나리오를 서술해 보라.

3. 지역 교회의 리더십과 더 효과적인 선교적 노력에 있어서, 분명하게 정의된 목표를 설정하는 것과 성령의 역할은 어떻게 관련되는가?

4. 당신의 경험에서 볼 때, 종교적 경쟁은 지역 교회의 성장과 선교적 효과에 어떤 혜택과 위험을 가져오는가?

7장

"바르제아 파울리스타 하나님의성회"에 대한 논평

이한영

초등학교부터 대학교 시절까지 줄곧 브라질에서 자란 필자는 자주 "태생으로는 한국인이며, 가슴으로는 브라질인이다"라고 자신을 소개한다. 이러한 배경이 티모시 캐리커의 발제문에 대해 논평할 수 있는 필자의 유일한 실질적 자격일 것이다.

이 장에서 필자는 지식의 한계를 인정하고 더 배우고자 하는 자세로 그가 기술한 "바르제아 파울리스타 하나님의성회"에 대한 간략한 논평을 하고자 한다.

개인적인 배경

필자의 부친은 1960년대 말과 1970년대 초에 브라질로 이주한 한국인 이민자들을 섬긴, 몇 안 되는 최초의 한인 목회자들 중 한 분이시다. 필자가 기억하기로는, 1970년대 초반 브라질에서는 소수였던 개신교인들을 '크렌테'(Crente)라고 칭했는데, 이는 직역하면 '믿는 자'다. 때때로 이 명칭은 사회경제적 소외 계층이었던 우리를 무시하는 속칭이기도 했다.

1940년부터 1991년까지 브라질의 인구조사표를 보면, 종교인들의 분포를 크게 네 그룹으로 간단하게 분류했다. '가톨릭', '복음주의', '무종교' 그리고 '기타'다. 그러나 이후의 인구조사표는 복음주의자(개신교인)를 좀 더 세밀하게 분류했는데, 예를 들어 복음주의 루터교, 장로교, 감리교, 침례교, 회중교회, 하나님의성회 등이다. 이는 지난 20년 동안 개신교가 급성장했음을 반영한다. 예를 들어, 인구조사표를 보면 1960년에 인구의 3.7%, 1970년에 인구의 5%에 불과했던 복음주의자들의 인구가 2010년에는 22.2%로 성장했음을 알 수 있다.[40]

필자가 브라질을 떠난 지 어느덧 30년이 지난 현 시점에서, 티모시 캐리커의 VPAG 선교 사역 사례 연구는 개인적으로 새로운 시각을 열어 주는 계기가 되었다. 그는 라틴아메리카에서 가장 큰 개신교 세력이자 세계에서 가장 빠르게 성장하고 있는, 글로벌 선교의 열정으로 특징지어지는 브라질 복음주의 교회들의 현황에 대한 최근의 귀한 정

---

40 René D. Decol, "Mudança religiosa no Brasil: Uma visão demográfica," *Revista Brasileira de Estudos de População* 16, nos. 1/2 (January/December 1999): 123, www.abep.nepo.unicamp.br/docs/rev_inf/vol16_n1e2_1999/vol16_n1e2_1999_8artigo_121_137.pdf.

보를 제공해 주었다.[41]

'지상 명령'이 우리에게 지속적으로 상기시켜 주듯, 선교는 근본적으로 우리가 시작하거나 실행하는 것이 아니라 하나님이 하시는 일이다. 즉 선교란 하나님의 소명과 교회의 본질 자체에 속한 것이다. 따라서 필자는 토머스 브레이덴탈(Thomas Breidenthal)이 모든 교회는 성장의 잠재력을 갖고 있지만, 오직 "교회가 생존에 대해 초점을 맞추고 [선교적] 교회가 될 때에만"[42] 가능하다고 한 주장이 옳다고 생각한다.

이 점을 염두에 두고 티모시 캐리커의 사례 연구에서 제시된 내용에 비추어, 우리는 하나님이 이미 시작하신 일에 대한 반응으로 교회가 무엇을 할 수 있으며 또 해야 하는지에 대한 모델로 VPAG를 살펴볼 수 있다.

VPAG 이야기

VPAG는 새로 부임한 알베르토 헤센지 목사의 지도 아래, 특히 2001년부터 2014년 사이에 급성장했다. 어려운 재정과 막대한 부채 때문에 교인들이 새로운 선교적 헌신을 하는 데 어려움을 겪었음에도 불구하고, 그는 부임하자마자 구체적이며 조직적인 방식으로 교인들에게 교회의 리더십 조직과 훈련을 재정비하는 비전으로 도전했다. 이 도전은 VPAG가 성장한 후에 선교하는 것이 아니라 '선교 때문에' 그리고 '선교를 위해서' 성장하는 교회가 되기 위한 것이었다. 따라서 지

---

41 2010년 인구조사표에서, 복음주의자들(Evangélicas, 개신교회들)은 인구의 22.2%(4,227만 5,440명)를 차지한다. 다음 웹사이트에 수록된 도표 1.4.1을 참조하라. ftp://ftp.ibge.gov.br/Censos/Censo_Demografico_2010/Caracteristicas_Gerais_Religiao_Deficiencia/tab1_4.pdf.

42 Thomas E. Breidenthal, "Formation for Mission," *Anglican Theological Review* 96, no. 1 (Winter 2014): 148.

  대형교회의 선교 책무

상 명령과 선교에 우선순위를 부여한 것이 교회 성장의 추진력이 되었다.

상당한 반대와 비방에도 불구하고, 알베르토 헤센지 목사는 VPAG의 새로운 리더들과 긴밀하고 일관된 협력을 도모하면서 바르제아 파울리스타 교회에 부임하기 7년 전부터 사역해 온 '페루선교프로젝트'(PMP)를 계속 추진했다. 나중에 그는 이 선교 사역을 페루 국경을 벗어나 다른 나라들로 확장시켰다.

VPAG는 2001-2014년 사이에 상당한 성장을 이루었으며, 현재는 약 8천 명의 신자를 둔 대형교회가 되었다. 브라질 외부의 100명 이상의 선교사들을 후원하고 있으며, 귀국한 선교사들이 VPAG의 사역 리더십에 다시 합류하기도 한다. 티모시 캐리커는 "평가와 결론"에서 VPAG의 선교적 성공에 기여한 다섯 가지의 주요인을 다음과 같이 정확하게 지적한다.

· 강력한 중앙집권적 리더십과 양심적인 정직성 유지
· 효과적이며 조직적이고 책임지는 행정
· 선교에 초점을 둔 차세대 리더십 훈련
· 구체적인 목표와 대상 선정
· 경쟁력 있는 교육 과정과 프로그램의 지속적 개발

티모시 캐리커는 로드니 스타크를 인용하며 글을 마친다.

"종교적 경쟁은 한 사회 내에 종교성이 널리 퍼지게 만든다. 또 장기적으로는 종교적 예의범절이라는 규칙을 낳는다"(109쪽).

질문과 염려

앞에 기술한 VPAG에 대한 필자의 이해를 중심으로, 티모시 캐리커의 발제문을 면밀히 읽으면서 떠오른 몇 가지 질문과 의구심을 말하고자 한다.

첫째, 대형교회로서 VPAG가 채택한 고유한 선교 전략을 논의하기보다는 교회 성장 자체를 다룬 것처럼 보인다. 수적으로는 대형교회보다 훨씬 더 많은 중소형교회들이 선교 사역을 감당하고 있는 상황에서, 필자는 대형교회의 고유한 선교적 접근의 특성을 배울 수 있을 것이라는 기대를 하고 있었다. 그의 발제문은 선교 우선 정책, 강력하지만 책임지는 리더십, 효과적인 행정, 지속 교육 등 아주 일반화된 개념들을 지적하고 있으나, 중소형교회와 비교해 대형교회만이 할 수 있거나 또는 할 수 없는 것이 무엇인가에 대한 정보는 부족하다.

둘째, 사회경제적, 역사적 시각에서 볼 때 VPAG 선교의 성장과 브라질의 경제적 성장의 연관성에 대한 질문을 제기할 수 있다. 특히 전성기였던 2001-2014년이라는 기간에 대해서 말이다. 이 기간에 브라질에서는 선교 운동뿐만이 아니라 교회 성장도 VPAG에만 국한된 현상이 아니었다. 2010년 인구조사표에서 볼 수 있듯이, 이는 사회 전반에 걸쳐 나타난 현상이었다.[43] 1970년대와 1980년대 한국도 마찬가지였다. 국내 산업화와 더불어 교회가 급성장했고, 이는 교회 내 기복 신학을 정착시켰다.

---

43 각주 41번의 도표 1.4.1을 참조하라.

혹시 발제자는 VPAG를 과도하게 흠 없는 교회로 묘사한 것은 아닌가? 이야기를 완성하기 위해서, 보다 다차원적이고 정확한 평가를 위해서 추가적인 세부 내용이 필요하지 않을까?

셋째, "복음주의 진영에서 사회적 관심이 동시에 복음의 관심인지에 대해 확신이 없었던"[44] 1974년 로잔대회(Lausanne Congress)의 사회적 논쟁을 고려해 볼 때, 티모시 캐리커의 발제문은 대형교회인 VPAG 선교의 사회경제적 측면들을 좀 더 탐구했더라면 좋았을 것이다.

마지막으로, VPAG가 예전 선교 역사에서 범했던 실수들을 반복하고 있는 것은 아닌지에 대해 논의함으로써 발제문의 논지를 강화시킬 수 있었을 것이다. 예를 들면, 교단 편협주의, 너무 짧은 선교사 훈련 기간, 다른 독립 선교단체와의 역동적인 네트워크와 협력의 부재, 현대 선교 전략의 패러다임 전환에 대한 둔감 그리고 선교의 성육신적 측면에 비해 제국주의적이고, 물질적 가치나 기준을 우선시하는 것 등이다.[45]

결론

필자는 VPAG가 지속적으로 발전해 지역을 넘어 사역을 확장하려고 애쓰는 모습이 올바른 진로를 밟는 것이라고 믿는다. 그러나 역동성으로 인해 진지한 역사적 반성을 위하여 잠시 멈추는 것을 빠뜨려서는 안 된다.

---

44 Justin Thacker, "Opening Address at the World Evangelical Alliance," *Journal of Latin American Theology* 5, no. 2 (2010): 8.

45 선교의 패러다임 변화, 특히 아프리카의 경우를 연구하려면 다음을 참조하라. Ruth O. Oke, "Paradigm Shift in Mission from Biblical Perspectives," *Ogbomoso Journal of Theology* 15, no. 1 (2010): 147-157.

필자는 한국 교회에서 사회적 정의와 그리스도인의 개인 윤리의 중요성(미 6:8)이 등한시되는 것을 자주 목격해 왔다. 불행하게도 이러한 방치는 복음주의의 얄팍한 선교 열정으로 너무 자주 합리화되고 있다. 그러나 그 열정은 실제로는 기복 신학이라는 모래성에 근거하고 있다.

물론 이러한 질문들과 의구심에도 불구하고, 티모시 캐리커의 통찰력 있는 연구를 통해 필자가 배운 것은 말로 다 표현하기 어렵다. 브라질 리우데자네이루에서만 매주 40개가 넘는 새로운 교회들이 "서비스를 받기 원하는 소비자들"[46]을 매혹하며 세워진다고 한다. 따라서 우리는 역동성을 재정비해 교회에 출석하는 사람들을 단순한 소비자 교인에서 보다 고차원적인 목적과 비전을 가진 선교사로 양육하고 변화시키고자 애쓰는 VPAG로부터 많은 것을 배울 수 있다.

---

46 Jason Byassee, "Purpose-Driven in Brazil: Perspectives on Church Growth," *Christian Century*, April 4, 2006, p. 8.

   대형교회의 선교 책무

영국은 19세기 미국 선교에,

미국은 20세기 아시아 선교에,

이제 21세기와 마지막 시대에는

한국 교회가 선교에 귀감이 되는 일을 하고 있다.

_로렌 커닝햄

8장

홍콩한국선교교회

: 디아스포라 교회의 모델

김진봉

1990년 필자는 "외국에 사는 중국인 두세 명이 모이면 중국 식당을 열고, 타지에서 한국인 두세 명이 모이면 교회를 개척한다"는 소리를 듣곤 했다. 얼마 후 필자는 하나님이 원하시는 선교 사역지를 물색하면서 그 말이 일리가 있다는 것을 깨달았다. 필자에게는 해외 선교의 기회가 (디아스포라 한인교회를 섬기는 자리이긴 했지만) 비교적 쉽게 찾아왔다.

어느 순간 필자는 서부 아프리카에 있는 코트디부아르의 최대 도시이자 경제 중심지인 아비장에 있는 한인교회의 선교사 사역을 받아들여야 할지 진지하게 고민하게 되었다. 이 교회는 한국인 그리스도인 세 가정이 개척한 교회였다. 그중 한 가정은 코트디부아르 정부의 초청을 받은 치과 의사 가족이었다. 이 한인 디아스포라 교회는 지속적으로 성장했고, 현재 활동적인 선교 아웃리치를 감당하고 있다.

한인 디아스포라는 상당한 규모에 달하고 있으며, 세계 도처에 소재한 한인교회들의 숫자도 마찬가지다. 2015년에 약 700만 명의 한인들이 한반도 밖에 거주하고 있는 것으로 추산되었는데, 이는 현재 남북한 인구를 합친 숫자의 10분의 1에 육박한다.[47] 미주의 한 기독 신문이 제공한 자료에 의하면, 미국 내 한인교회 수는 4,150개이고 한국과 미국을 제외한 전 세계 78개국의 한인교회 수는 1,299개로서, 전 세계 한인 디아스포라 교회의 총수는 5,449개라고 볼 수 있다.[48]

디아스포라 한인교회가 가진 사명은 무엇일까? 단지 해외에 거주하는 한인들의 문화적, 영적 필요를 만족시키기 위해서만 존재하는 것일까?

이 질문에 대한 최선의 답은 크리스토퍼 라이트(Christopher Wright)가 그의 저서 《하나님의 선교》(Mission of God)에 쓴 글에서 찾아볼 수 있다.

"다른 한편으로 신약에서, 열방으로 가라는 예수님의 원심적 명령은 밝아 오는 새로운 구원의 시대에 발맞추어 이루어지는 철저하게 새로운 출발이긴 하지만, 열방으로 나가는 것의 목적은 열방이 성경의 환상을 성취하여 하나님 나라로 모여들도록 하기 위함이다."[49]

---

47 해외한인재단(Overseas Koreans Foundation)은 2015년에 한인 디아스포라 거주민의 수치를 701만 명이라고 발표했다. www.okf.or.kr/portal/OkfMainView.do 참조.

48 한인 디아스포라 교회 통계를 보려면 다음을 참조하라. www.chpress.net/detail.asp?id=8667&cate=search.

49 Christopher J. H. Wright, *The Mission of God* (Downers Grove, Ill.: IVP Academic, 2006), 523.

즉 미주 땅이든 홍콩이든 그 어느 곳이든 디아스포라 한인교회가 존재하는 목적은 그곳에 있는 한인들만이 아닌 그 지역에 주의 복음이 필요한 모든 사람들을 섬기기 위한 것이다. 성숙한 신앙을 가진 모든 디아스포라 교회는 그 지역에 있는 한국어권의 사람들은 물론 다른 언어를 쓰는 이웃들도 주의 교회로 초청해야 할 사명이 있다.

필자는 그러한 디아스포라 교회의 사명을 잘 감당하고 있는 한 교회를 소개하게 됨을 매우 기쁘고 영광스럽게 생각한다. 홍콩한국선교교회(Hong Kong Korean Exodus Mission Church)는 디아스포라 교회로서 이례적으로 모범적인 선교를 수행하고 있는 교회다.

다양한 문화와 여러 언어 그러나 하나의 공동체

홍콩충현교회는 1984년 서울충현교회(당시 김창인 목사 시무)가 개척한 지교회로 시작했다. 김창인 목사와 그 교회는 아시아와 북한 선교 사역을 위한 소명에 순종하려고 홍콩에 새 교회를 개척하도록 오치영 목사를 파송했다. 1997년에 2대 담임목사로 윤형중 목사가 위임을 받았고, 2005년에 윤형중 목사의 홍콩 선교 비전을 따라서 교회 이름을 홍콩충현교회에서 홍콩한국선교교회로 개명했다.[50] 윤형중 목사의 비범한 리더십으로 교회는 어려운 상황을 극복했을 뿐만 아니라 양적, 영적으로 크게 부흥했고, 지금은 선교 지향적인 디아스포라 교회의 귀한 사례로 성장했다.

홍콩은 아시아의 무역, 금융, 물류, 교통 및 관광의 중심축이며, 약

---

50 홍콩한국선교교회는 더 이상 서울충현교회와 공식적인 관계가 없다.

  대형교회의 선교 책무

700만 명의 홍콩 인구 중 그리스도인이 약 10%로 추산된다.[51] 홍콩의 한인 거주자들은 1만 3천 명(홍콩인구의 0.19%에 해당됨)이며 12개의 한인 교회에 약 2천 명의 한인 신자들이 출석하고 있다.[52] 홍콩의 공식 언어는 광동어와 영어이지만, 1980년대 말부터 중국 본토와의 왕래가 늘어나면서 북경어도 널리 보급되었다.[53]

홍콩한국선교교회는 수년 동안 이러한 다양한 문화와 언어가 공존하는 도시 안에서 디아스포라 교회로 존재해 왔다. 교회는 한 지붕 아래에 4개 언어 그룹을 포용하고 있다. 매 주일 예배에 약 500명의 교인이 출석하고 있다. 담임목사인 윤형중 목사와 두 명의 부목사가 350여 명이 참여하는 한국어 예배와 어린이부와 청소년부를 섬기고 있다. 웡치룽 피터(Wong Chi Leung Peter) 목사가 100여 명을 위한 광동어 예배를 인도한다. 그리고 웡호이 데이비드(Wong Hoi David) 목사가 섬기는 북경어 예배에는 약 60여 명이 참석하고 있으며, 마지막으로 미국인 마이클 클럼프(Michael A. Klumpp) 목사가 약 40여 명의 영어권 교인들을 위해 사역하고 있다.

4개 언어권 회중들은 각각 다른 목회자와 함께 예배를 따로 드리지만 교회는 하나의 조직이며, 당회장인 윤형중 목사의 리더십 아래 하나의 당회를 운영하고 있다. 필자는 2014년 2월에 홍콩한국선교교회를 직접 방문해 그 목사들을 다 만나 보고 그들의 탁월한 사역에 감동을 받았다. 목회자마다 의욕이 넘쳐서 자율적으로 사역하고 있었고,

---

51   http://en.wikipedia.org/wiki/Hong_Kong 참조.

52   홍콩한인회 자료를 참조하라. http://kra.hk/new/home/kra/index.php.

53   홍콩에 관한 세부 자료는 다음을 참조하라. http://en.wikipedia.org/wiki/Hong_Kong.

모든 목회 사역자가 하나의 교회 공동체를 섬기기 위해 목회적 은사와 사역들을 활용하고 있었다. 다양한 언어와 문화가 있음에도 불구하고, 모든 교인들은 교회가 지향하는 하나의 선교적 비전을 실현하기 위해 협력했다.

윤형중 목사는 홍콩의 다른 기독교 단체의 리더들과 활발하게 접촉하면서 그들과의 연합 사역에 참여할 기회를 만들려고 노력한다.[54] 필자가 윤형중 목사에게 홍콩의 한인만을 위한 목회의 필요성에 대해 질문했을 때 그는 이렇게 답했다.

"저는 하나님이 홍콩에 있는 한국어권 신자들뿐만 아니라 모든 민족들을 섬기도록 저를 이곳으로 부르셨다고 확신합니다."[55]

디아스포라 교회가 선교 기관을 설립하다

1998년 홍콩한국선교교회와 윤형중 목사는 전문화된 선교 사역을 위해 교회에서 독립된 생명길선교회(Life Road Mission, LRM)를 설립했다. 2년 후 생명길선교회는 전문적인 선교 찬양 팀인 라이프 로드 싱어즈(Life Road Singers)를 산하 기관으로 조직했다. 선교회는 2002년 선교사를 훈련하고, 파송하고, 돌보기 위해 생명길선교훈련원(Life Road Mission Training Center)을 개원했다. 선교회는 설립 이래 60명의 선교사들을 훈련시켜 타 문화 사역을 감당하도록 파송했다. 생명길선교회의 특징은

---

54 1997년 이후 홍콩한국선교교회는 홍콩의 신세대를 전도하기 위한 여러 전도 행사와 문화 사역들에 다른 개신교회들과 함께 참여했다. 1997년 홍콩한국선교교회는 생명길선교회의 창립을 도왔다. 사역의 네 가지 주요 목적은 청년 그리스도인을 발굴하고, 전도를 위한 국가적 부흥을 시작하고, 매년 1회씩 부부와 가족들을 위한 치유 행사를 조직하고, 빈곤층을 위한 지역 긍휼 사역에 참여하는 것이다.

55 김진봉, 윤형중, 대담 인터뷰, HKKEMC, 2월 8일.

  대형교회의 선교 책무

효율적이고 전략적인 선교 정책, 전문화 및 차별화된 선교 전략, 그리고 독특한 선교사 멤버 케어 방법이다.

효율적이고 전략적인 선교 정책 생명길선교회는 홍콩이라는 지리적, 문화적 장점을 최대한 활용하기 위해 중국과 중앙아시아의 미전도 종족을 섬기는 데 삶을 헌신하려는 선교사 후보들을 발굴한다. 생명길선교회의 대표이기도 한 윤형중 목사는 이 지역에서의 사역의 중요성을 다음과 같이 강조한다.

"하루는 제가 세계 지도에서 홍콩을 바라보고 있었는데, 하나님이 실크로드를 보여 주시며 그 길을 따라 민족들을 복음화하라는 영감을 주셨습니다. 고대로부터 상인들이 만들었던 그 길은 여러 나라의 수많은 영혼들을 위한 '생명 줄' 혹은 '생명 길'이 되었습니다. 저는 분명한 확신을 가지고 제 부족함에도 불구하고 하나님의 영감에 순종해 중국과 중앙아시아의 복음화를 이루기 위해 생명길선교회를 창설하게 되었습니다."[56]

생명길선교회가 지향하는 선교 사역에 맞는 후보자들이 발굴되면 그들은 필수적으로 홍콩한국선교교회에서 일 년간 봉사하면서 선교지의 언어와 문화를 배워야 한다. 또 그들은 선교회 직원들과 교인들과의 책무 관계도 발전시킨다. 새로운 선교사들은 이러한 친밀한 공동체적 교제를 통해 신앙이 성숙해지며, 선교지에 대한 선교 소명을 확인한다.

필자는 2014년 2월 홍콩한국선교교회에서 있었던 4명의 새로운 선

---

56 Ibid.

교사들의 파송 예배에 참여하는 기쁨을 누렸다. 필자는 지금도 그 체험에 전율한다. 홍콩한국선교교회의 장로이자 생명길선교회 이사가 지나간 일 년간의 훈련을 요약, 보고하면서 감격에 겨워 눈물을 흘렸다. 이어서 선교 후보생들의 간증 순서가 있었다.[57] 파송식이 끝날 무렵 생명길선교회 소속 선교사 60명을 포함한 모든 참석자들이 새로이 파송 받는 선교사들을 위해 기도하고 축복했다. 그 순간 하늘이 열리고 성령님의 은혜가 충만하게 쏟아지는 모습이 필자에게 비쳤다. 하나님이 임재하신 순간이었다.

전문화와 차별화된 선교 전략 풀러 신학교의 선교학자인 박기호 교수는 "한국 선교사들은 현지인들이 어려움을 겪고 있는 영역들을 개발하고 발전시키기 위해 선교지로 파송해야 된다"고 썼다.[58] 오늘날 선교 동향 중 하나는 선교사들이 섬기는 현지인들이 어려워하는 사역에 전문적으로 집중하라고 요청한다. 예를 들면, 중국 내 기독교 음악 분야에 후원이 필요하다는 것을 파악한 생명길선교회는 라이프 로드 싱어즈를 지속적으로 파견해 전문화된 음악 사역을 하고 있다.[59] 중국 기독교의 폭발적 성장에 비해 중국의 기독교 음악 산업이 상당히 낙후되어 있기 때문에, 전문 훈련을 받은 성악 및 기악 음악인들로 구성된

---

57 선교사들은 2014년 2월 12일 수요일 저녁 예배 중에 위임을 받고 파송을 받았다. 홍콩한국선교교회 선교위원회의 위원장인 양재성 장로는 선교사 후보들이 사역을 준비하기 위해 받은 훈련에 대해 보고했다.

58 박기호(Timothy Kiho Park) 교수의 관찰은 2012년 1월에 코네티컷 주 뉴헤이븐 시에 소재한 OMSC에서 한 강연에서 발표된 것이다.

59 현재 라이프 로드 싱어즈의 단원 절반은 중국 선교사들이다. 나머지 단원은 한국과 미국에서 전문 직업인으로 활동하고 있다.

                                              대형교회의 선교 책무

라이프 로드 싱어즈는 실질적인 필요를 충족시켜 준다. 라이프 로드 싱어즈는 중국과 그 주변국들에서 사역하는 6천 명 이상의 한국인 선교사들에게 더 전략적인 사역을 감당할 힘을 복돋아 주었다. 22명의 단원 대부분이 한국과 미국의 여러 대학에서 성악을 전공했다. 본 단체는 음반 제작, 연례 공연, 교회 및 선교지 방문 공연 및 현장 선교사들을 위한 특별 프로그램을 감당한다. 단원들은 중국 도처의 기독교 찬양 콘서트에서 공연하며, 중국의 많은 교회에서 찬양대 지휘자와 예배 인도자로 사역한다. 이 사역이 발전되어 중국 기독교 음악인과 예배 인도자들을 양성하는 기독교음악전문인신학교(Christian Music School and Seminary)를 설립하게 되었다.

생명길선교회는 많은 기독교 지도자들과 노련한 선교사들과 협의해 실크로드 지역의 복음화를 목적으로 하는 '실크로드 선교 전략 포럼'을 재정과 기도로 지원하고 있다. 몇몇 주요 교회들이 참여하는 이 포럼은 2년마다 개최된다. 이와 같이 생명길선교회는 다양한 배경 출신의 선교사들과 동역하면서 필요를 가진 이들에게 적절한 섬김을 파악해 제공할 수 있을 것이다.[60]

독특한 선교사 케어 방법 필자는 《선교사 가정에 대한 책무》의 부록으로 "한국 선교사 은퇴 설문 조사"라는 논문을 기고한 적이 있다.[61] 그 논문은 한국 교회들이 제공하는 선교사 멤버 케어 분야의 취약점들을

---

60 중국및실크로드한인선교협의회(Korean Mission Association in China and the Silk Road)의 연구 팀에 따르면, 2010년에 6천 명 이상의 한국인 선교사들이 중국과 중앙아시아에서 사역하고 있었다.

61 Jin Bong Kim, "Korean Ministry Retirement Survey," in *Family Accountability in Missions*, ed. Jonathan J. Bonk (New Haven, Conn.: OMSC Publications, 2013), 259-273.

집중 조명했다. 이러한 필요를 파악한 생명길선교회는 소속 선교사들에 대한 탁월한 케어를 제공하는 데 비상한 헌신을 보여 주었다.

연례 행사 중에서 멤버 케어에 대한 의미 있는 사역은 선교사들을 위한 전략 회의와 수련회다. 이것은 생명길선교회가 조직하며, 홍콩한국선교교회 건물에서 개최된다. 소속 선교사와 가족 모두가 매년 한 번씩 이 영적 수련회 프로그램을 위해 홍콩으로 초청을 받아 자신의 사역을 성찰하고 마음과 영혼과 정신을 재충전한다. 생명길선교회는 장년 선교사들의 필요를 충족시키는 콘퍼런스 프로그램과 동시에 선교사 자녀들을 위한 캠프도 기획하며, 참가 비용을 지원한다.

일련의 워크숍과 예배에 참석한 선교사들과 가족들은 그 체험을 통해 치유를 경험하고, 여정에 활력을 얻고, 자신들의 소명을 새롭게 했다고 보고했다. 2014년 2월의 한 주간 이 프로그램에 참석한 필자는 홍콩한국선교교회의 스태프들이 신실한 마음과 진정한 감사로 섬기는 모습에 커다란 감동을 받았다. 그 한 주간은 선교사로 걸어온 필자의 여정에서 특별한 체험이었다.

그뿐만 아니라 윤형중 목사는 (대개 기혼자로서 고초를 겪고 있는) 여성 선교사들을 후원하는 데 깊이 헌신하고 있다. 그들을 후원하고 위로하기 위해 홍콩한국선교교회는 매년 세미나와 상담을 제공하는 프로그램을 개최하며, 모든 경비를 대 준다.

얼마 전 서울에 있는 한 대형교회의 선교 목사가 필자에게 이런 말을 했다.

"저희 교회가 파송한 120명의 선교사들의 은퇴 계획은 전무합니다. 과거에는 선교사 자녀들의 교육비를 충당하기 위해 최선을 다했습니다. 그러나 우리는 새로운 프로젝트들 때문에 매일 재정 부담이 커지고 있습니다."

그 순간 필자는 2014년 9월에 OMSC에서 들었던 윤형중 목사의 고백을 기억했다. 필자는 홍콩한국선교교회가 밟은 단계들이 모든 교회들에게 탁월한 모범을 제공할 수 있다고 생각한다.

"OMSC의 국제교회관계 대표인 김진봉 선교사님이 지난 2월 우리 선교회에 와서 말씀해 주셨을 때 선교회를 섬기고 있는 저는 선교사 은퇴 문제에 대해 심각한 도전을 받았습니다. 제가 그것에 대해서 기도하고 있던 중 서울 근교에 소재한 큰 규모의 땅을 기증받았습니다. 최근에 저희는 건축 계획을 마감했고, 내년에는 선교사 주거 단지 건축을 추진하고 있습니다. 이 사역은 은퇴 선교사님들과 함께, 또한 그분들을 위해서 운영될 것입니다."[62]

윤형중 목사와 홍콩한국선교교회를 10년 넘도록 관찰해 온 필자는 그가 하나님의 기적을 일으키는 사역자이며, 하나님의 손이 그의 사역과 계획 안에 분명히 역사한다고 증언할 수 있다.

과거를 회고하며, 미래를 기대하며

윤형중 목사가 지닌 리더십과 목회 철학은 다른 디아스포라 교회들에게 모범이 될 만하다. 건강하게 성장하는 디아스포라 교회를 개발하는 데 좋은 길을 제시하리라는 점이 입증되었다. 특별히 홍콩한국선교교회가 지난 15년간 감당해 온 생명길선교회 사역을 평가해 보아야 한다. 윤형중 목사는 "한 사람의 꿈은 그저 꿈이지만 만인의 꿈은 이루

---

[62] 윤형중 목사는 2014년 9월 19일 코네티컷 주 뉴헤이븐 시에 소재한 OMSC에서 열린 한인 목회자 연례 오찬 모임의 기조 강연자로 초대되었다.

어진다"라는 표어를 마음에 간직하고 지켜 왔다. 그는 언제 어디서나 모든 교인들과 선교의 비전을 나누기 위해 노력한다. 그는 의도적으로 그 비전을 향해 위를 바라볼 뿐 아니라 주변도 살펴보고, 매일 교회의 모든 구성원들을 보살피고 격려한다.

윤형중 목사는 담임목사로서 자신의 최우선적인 관심사는 선교 사역이 아니라 목양이라고 말한다. 21년 전 처음 담임목사가 되었을 때 그는 홍콩한국선교교회가 파산을 할지언정 나가서 선교하고 베푸는 것이 필수적이라고 확신했다. 교회는 파산하지 않았고, 오히려 재정적 부담 없이 60명의 타 문화 선교사를 선교지에 파송했으며, 향후 300명의 선교사를 후원할 계획까지 세워 놓았다. 지금 윤형중 목사는 한때 무역을 위해 만들어진 실크로드가 영생의 메시지를 필요로 하는 이들의 '생명 길'이 되는 30년 후 미래를 꿈꾸고 있다. 그는 세계 도처의 교회들에게 다음과 같이 권면한다.

"선교는 교회의 근본 이유일 뿐만 아니라 그 본질이기도 합니다. 하나님이 책임지고 다스리신다는 믿음으로 여기까지 올 수 있었습니다. 여러분의 환경 때문에 하나님의 일을 하는 것을 포기하지 마십시오. 선교는 기도로 시작되고, 오직 기도로만 진전됩니다."

 대형교회의 선교 책무

1. "어느 곳이든 디아스포라 한인교회가 존재하는 목적은 … 그 지역에 주의 복음이 필요한 모든 사람들을 섬기기 위한 것이다." 이 말이 오늘날의 다문화 사회 속에서 당신의 교회에 어떻게 적용되는가? 이 말을 진지하게 받아들이면 어떤 변화가 일어날 수 있겠는가?

2. 필자는 "한국선교사 은퇴 설문 조사"를 다룬 논문에서 선교사 멤버 케어의 취약점을 부각시켰다. 당신의 교회나 선교단체에 멤버 케어 팀이 있는가? 당신의 교회나 선교단체는 소속 선교사들을 위해 어떻게 케어하는가?

3. "윤형중 목사가 지닌 리더십과 목회 철학은 다른 디아스포라 교회들에게 모범이 될 만한 건강하게 성장하는 디아스포라 교회를 개발하는 데 좋은 길을 제시하리라는 점이 입증되었다." 홍콩한인선교교회는 리더십이 바뀌어도 현재 선교 사역을 지속할 것을 어떻게 보장할 수 있는가? 교회를 소달리티로 구성하는 것은 선교 사역을 수행하는 건강한 접근 방법인가?

9장

"홍콩한국선교교회"
에 대한 논평

피터 쩌 밍 웅

필자는 이 자리를 빌어 현대 디아스포라 교회의 좋은 모델이 될 수 있는 홍콩한국선교교회를 소개한 김진봉 선교사에게 감사를 표하고 싶다. 이 교회는 홍콩에서 모범적 선교 활동을 펼치고 있는 한인교회다. 이 한인 디아스포라 교회는 한국인들의 전반적인 선교 운동에 비추어 살펴봐야 한다. 2008년에 한국 개신교회는 최소한 1천 명의 해외 선교사들을 매년 추가로 파송한다는 목표를 설정했다. 그러한 성장으로 인해 한국인의 선교적 세력은 세계에서 가장 빨리 성장한 국가적 선교 운동의 하나가 되었다.[63] 지금도 1만 7천 명 이상의 선교사와 전도자들이 해외에서 섬기고 있다. 한국은 미국 다음으로 많은 선교사들을 국경 너머로 파송하고 있다.[64]

김진봉 선교사의 발제문에서 우리는 선교적 교회의 모델이 되는 한인 디아스포라 교회에 관심을 기울이게 된다. 분명히 한인 디아스포라 선교는 기독교 세계 선교에 대한 최근 연구에서 핵심적인 주제다.[65]

홍콩한국선교교회 : 언어와 사역의 다양성

2011년도 인구조사표에 의하면, 홍콩은 한국인 5,209명의 고향이다. 이것은 전체 소수민족 총인구 45만 1,183명 중 1.2%에 해당하는 규모다.[66] 김진봉 선교사의 보고에 따르면, 한인 중 대략 2천 명이 그리스도인이다. "성숙한 신앙을 가진 모든 디아스포라 교회는 그 지역에 있는 한국어권의 사람들은 물론 다른 언어를 쓰는 이웃들도 주의 교회로 초청해야 할 사명이 있다"(122쪽)고 김진봉 선교사는 말한다.

홍콩은 다문화, 다언어 도시이므로, 홍콩에 소재한 한인 디아스포라 교회들은 자체 회중 안에 다양한 언어적, 문화적 집단들을 포용할 기

---

63 Steve Sang-Cheol Moon, "The Protestant Missionary Movement in Korea: Current Growth and Development," *International Bulletin of Missionary Research* 32, no. 2 (2008): 59-64.

64 위키피디아 사이트의 "Korean Christians in Hong Kong"이라는 제목의 기사에서 발췌함. https://en.wikipedia.org/wiki/Korean_Christians_in_Hong_Kong 참조.

65 *Korean Diaspora and Christian Mission*, ed. S. Hun Kim and Wonsuk Ma (Oxford: Regnum Studies in Mission Series, 2011). 중국계 디아스포라 교회들에 대한 최신 연구와 비교하는 것도 유익할 것이다. Enoch Wan, "Mission among the Chinese Diaspora: A Case Study of Migration and Mission," http://missiology.org/missionchina/ChineseDiaspora-Missiology.pdf 참조.

66 인구통계부의 보고서 참조. The Census and Statistics Department, "Thematic Report: Ethnic Minorities," in *The 2011 Population Census* (Hong Kong: HKSAR Government Printing Office, 2011). www.census2011.gov.hk/pdf/EM.pdf.

회가 있다. 이 사실은 오늘날 디아스포라 교회 안에서 일어나는 선교를 이해하는 데 매우 중요하다.

김진봉 선교사가 보고한 것처럼, 홍콩한국선교교회의 500여 명의 교인들은 구분되지만 분리되지 않은 4개 회중으로 이루어져 있으며, 각 회중은 각자의 언어를 사용한다. 즉 한국어(약 350명)와 광동어(약 100명)와 북경어(약 60명)와 영어(약 40명)로 예배를 드리는 회중이 따로 운영된다. 연합된 그들은 다양한 언어를 가진 모든 민족을 이해하시고, 모든 민족이 드리는 기도를 기꺼이 들으시며, 그들에게 익숙한 언어나 문화의 형식이 어떠하든 그 예배를 기꺼이 받아 주시는 동일한 하나님을 예배하는 교회에 대한 놀라운 사례를 제공한다. 이 다양성은 하나님 나라의 특징을 나타내는가? 확실히 그렇게 보인다.

> 내가 보니 각 나라와 족속과 백성과 방언에서 아무도 능히 셀 수 없는 큰 무리가 나와 흰옷을 입고 손에 종려 가지를 들고 보좌 앞과 어린양 앞에 서서 큰 소리로 외쳐 이르되 구원하심이 보좌에 앉으신 우리 하나님과 어린양에게 있도다 하니(계 7:9-10).

우리가 하나님께 책무를 지려면, 하나님이 모든 백성들을 사랑하시며 그들이 익숙하게 사용하는 언어와 문화 형태가 무엇이든지 예배를 받으신다는 것을 이해해야 한다.

그렇게 다양한 언어와 문화 속에서 홍콩한국선교교회의 지도자들은 교회의 통일된 선교적 비전을 발표하고, 그것을 이루기 위해서 일하고 있다. 1998년에 윤형중 목사는 생명길선교회를 설립했다. 교회의 선교적 비전 위에 세워진 생명길선교회는 초문화 사역을 위해 선교사들을 훈련시키는 사역을 한다. 초문화 선교는 현대 기독교 선교에 매우 중요하다. 김진봉 선교사가 보고한 것처럼, 현재까지 생명길선교회는 타 문화 사역을 감당할 준비가 된 60명의 선교사들을 파송했다.

2000년에 교회는 전문적인 찬양 사역 팀인 라이프 로드 싱어즈를 조직했다. 전문 성악가들과 음악인들로 구성된 이 팀은 정기적인 공연을 비롯해 한국과 중국은 물론 미국 등지에서도 전도와 선교 콘서트를 자비량으로 실시하고 있다. 음악은 어떤 언어나 문화로도 표현될 수 있기 때문에 실제로 기독교 복음을 증거하는 탁월한 매체다. 생명길선교회와 같은 기독교 사역 단체들은 디아스포라 교회들이 세계 선교를 위해 지금 수행할 수 있는 분명한 사역의 통로다.

또한 홍콩한국선교교회는 지난 10년간 다른 기독교 사역들도 개발했으며, 그중에는 초문화 사역을 섬기는 선교사들을 훈련하고, 파송하고, 돌보는 기관인 생명길선교훈련원도 포함된다. 오늘날 선교사들은 다인종, 다문화 환경에서 섬길 준비가 되어 있어야 한다. 그들은 인종과 문화가 다른 사람들 가운데서 건강한 공동체와 신앙적인 친교를 위한 센터를 개발해야 한다.

이때 '가족'이 다문화 상황의 기독교 사역을 위한 훌륭한 전략적 기지가 된다는 사실이 입증되었다. 예컨대, 한인교회들의 사역에는 보통 아침 기도회와 '가정 셀 모임'이 포함된다. 홍콩엘림장로교회와 같은 일부 교회들은 토요일 아침마다 산상 기도회로 모인다. 교회 교인들은 홍콩의 퀘리 베이에 소재한 파커 산 정상에 있는 '야곱의 사다리'를 타고 올라가서 홍콩 시의 평화와 화목을 위해서 기도한다. 또한 홍콩한화장로교회도 가정 셀 모임을 위한 '가정 목장'의 실천을 교회에 도입했다. 가정 목장은 (신자와 비신자를 포함해) 가족 관계를 장려하고 문화적으로 서로 다른 그룹들을 돕기 위한 플랫폼을 제공하려고 애쓴다.[67] 홍콩에서는 그러한 활동들이 초문화 사역의 중요한 측면이다.

김진봉 선교사가 주목한 또 다른 중요한 주제는 선교사 은퇴에 관한 것이다.《선교사 가정에 대한 책무》에서 김진봉 선교사는 2011년에 약 1만 9,373명의 한인 선교사들이 177개국에서 활동 중이었는데, 그들 중 거의 4분의 1(24.3%)이 50세 이상이라고 주장하는 한국선교연구원(KRIM)이 발표한 보고서를 인용했다.[68] 전 세계에서 귀국한 사역자들이 가정을 꾸리고 새로운 공동체를 세울 수 있는 은퇴 센터나 은퇴 선교사 주거 단지를 후원하는 것은 바람직한 일이다. 그들은 서로 다른 국가와 문화권에서 선교 사역을 했던 경험을 공유할 수 있을 것이다. 오늘날 이러한 센터들은 다인종, 다문화적 세계 선교 사역에 관한 우리의 관심사에 기여할 수 있을 것이다.

홍콩한국선교교회 : 시기적절한 모델

윤형중 목사와 홍콩한국선교교회는 이미 60명의 초문화 선교사들을 현장에 파송했으며, 30년 후에는 300명의 선교사들을 후원할 기대를 가지고 있다. 제대로 된 훈련을 받고 자질을 갖춘 다양한 초문화적 사역을 감당할 수 있는 선교사들이야말로 현대 사회가 필요로 하는 이들이다. 다언어, 다문화 구성원들을 수용할 수 있는 교회로 성장하

---

67 https://en.wikipedia.org/wiki/Korean_Christians_in_Hong_Kong.

68 Jin Bong Kim, "Korean Missionary Retirement Survey," in *Family Accountability in Missions*, ed. Jonathan Bonk (New Haven, Conn.: OMSC Publications, 2013), 259.

    대형교회의 선교 책무

고, 또 생명길선교회와 라이프 로드 싱어즈 같은 적절한 사역의 개발을 통해서 홍콩한국선교교회는 디아스포라 교회들을 위한 훌륭한 모범을 제공했다. 하지만 윤형중 목사의 "선교는 기도로 시작되고, 오직 기도로만 진전됩니다"(130쪽)라는 말을 망각해서는 안 된다.

필자는 김진봉 선교사의 발제문을 읽으면서 프랜시스 웨이(Francis C. M. Wei 1888-1976)가 떠올랐다. 그는 1945-1946년에 뉴욕 유니온신학교에서 중국인으로서는 최초로 헨리 루스(Henry W. Luce) 세계기독교 객원교수로 근무했다. 그는 강연 중에, 세계 종교로서 기독교의 진리를 실현하려면 세계의 다양한 문화 속에서 다양한 민족들이 나타낸 기독교 신앙의 표현들을 살펴봐야 한다고 주장했다. 그는 서구 선교사들에게 비기독교권인 아시아를 정복하려 하기보다 아시아인들의 도움을 구하라고 제안했으며, 세계적인 기독교 운동의 협력자로 합류시키라고 권면했다.[69] 프랜시스 웨이는 우리에게 디아스포라의 상황이든 현대의 세계화된 세상 어느 곳이든 우리가 섬기는 하나님의 백성들의 문화와 언어의 다양성을 포함해 현지 상황을 더 존중하도록 힘쓸 것을 요청했다.

---

69 Francis C. M. Wei, *The Spirit of Chinese Culture* (New York: Scribner's Sons, 1947). 피터 쩌 밍 응의 다음 글에 나오는 토론도 참조하라. Peter Tze Ming Ng, "'Globalization' as a Key to the Interplay between Christianity and Asian Cultures: The Vision of Francis Wei in Early Twentieth-Century China," *International Journal of Public Theology* 1 (2007): 104-115.

10장

한국의 중형교회와 소형교회의 선교

김진봉

지난 2013년 한국 기독교윤리실천운동(이하 기윤실)은 한국 개신교회의 신뢰도에 관한 여론조사를 실시했다. 기윤실은 기독인 교수들이 1987년에 창립한 비영리 기독 시민운동 단체다. 조사 결과, 긍정적인 답변보다 부정적인 답변이 두 배였다. 여론조사에 참여한 1천 명 중에서 19.4%만이 한국 개신교회를 신뢰한다고 표현했으며, 44.6%는 교회에 대한 불신을 표현했다.

기윤실의 여론조사에 대한 비신자들의 반응은 이러했다. 47.0%는 가톨릭교회가 가장 믿을 만한 종교라고 답했고, 38.0%는 불교를,

12.5%는 개신교를 꼽았다.[70] 개신교 지도자들은 이 데이터를 마음속으로 받아들이고, 그 함축된 의미를 조심스럽게 숙고해야만 한다.

2014년 9월에 한국의 주요 개신교단들이 발표한 통계에 의하면, 같은 해 한국의 모든 개신교단들은 교세가 줄고 있었다.[71] 기윤실의 보고서에 나타난 이러한 감소에 대해 한국 감리교신학대학교의 종교사회학 이원규 교수는 한국 개신교가 맞고 있는 심각한 도전들을 다음과 같이 밝히고 있다.

"우리는 한국 교회가 외부인들보다 내부로부터 더 큰 비판을 받고 있는 현상을 어떻게 해석할 수 있을까? 두 가지 흐름이 가능하다. 첫째는 교회 갱신을 부르짖는 자성의 목소리 때문에 한국 교회의 갱신을 환영하는 새로운 분위기가 조성될 수 있다. 둘째, 한국 개신교에 대한 부정적인 인상이 교회 안에서 증대될 수 있고, 더 많은 교인들이 개신교회를 떠나며 한국 개신교의 쇠퇴를 가속화시킬 수 있다."[72]

한국인들이 한국 교회에 대한 신뢰를 상실한 이유는 무엇일까? 신자와 비신자가 비슷한 답변을 했다. 그들은 교회가 정직과 양심을 나

---

70 기독교윤리실천운동 웹사이트 cemk.org를 방문하면 "2013년 한국 교회의 사회적 신뢰도 여론조사 결과 자료집(2014. 2. 5)"을 통해 자세히 볼 수 있다. http://cemk.org/2008/bbs/board.php?bo_table=2007_data_cemk&wr_id=347(관련 자료는 다음 웹사이트에서 다운로드할 수 있다.) http://trusti.tistory.com/938.

71 국민일보는 '2014년 최근 주요 교단 총회 결산' 결과를 기사화했는데, 자세한 정보는 웹사이트 http://news.kmib.co.kr/article/view.asp?arcid=0922799465&를 참조하면 된다. 국민일보, 2014. 9. 29.

72 Ibid.

타내고, 이웃 사랑을 표현하는 봉사를 하기를 기대한다.[73] 교회가 가장
큰 두 계명을 실천하는 데 진지하게 헌신한다면 한국 교회의 미래는
더 밝아질 것이다.

> 네 마음을 다하고 목숨을 다하고 뜻을 다하여 주 너의 하나님을 사
> 랑하라(마 22:37).

예수님은 이것이 '크고 첫째 되는 계명'이라고 하셨다. 둘째 계명은
"네 이웃을 네 자신같이 사랑하라"(마 22:39)다. 예수님이 요약하셨듯이,
"이 두 계명이 온 율법과 선지자의 강령"(마 22:40)이다.

필자는 이 장에서 평범한 규모의 두 한국 교회를 고찰하고자 한다.
첫 번째 교회는 지역 사회에 그리스도의 빛을 비추고자 사려 깊게 노
력하는 중형교회인 황지교회다. 이 교회는 그동안 한국 개신교회가 주
었던 차갑고 모진 인상을 일소하기 위해 할 수 있는 모든 일을 다 하면
서 하나님과 이웃을 향한 사랑을 표현했다. 두 번째 교회는 서울의 한
임대 건물에서 모이는 소형교회인 주향한교회다.

황지교회

황지교회는 대한예수교장로회 통합 교단 소속이다. 서울에서 동쪽
으로 220킬로미터 떨어진 강원도 태백시에 소재하고 있다.

황지교회는 석탄 산업이 크게 발전했던 태백 지역 황지읍에서 1951년

---

73 기독교윤리실천운동 "자료집" 참조.

   대형교회의 선교 책무

3월 29일에 5-6명의 성도들이 모인 기도처로 시작되었다.[74] 그런데 그 지역에 탄광 개발로 일자리가 창출되면서 많은 인구가 유입되었다. 황지읍의 인기로 인해 인구가 몰려들었고, 곧 11만 명을 넘었다.[75] 정부는 1981년 7월 1일에 태백을 시로 승격시켰다. 그러나 1980년 중반에 국제 원유 가격이 급락하자 한국도 주 에너지원을 석탄에서 석유로 바꾸는 추세를 뒤따랐다. 석탄의 수요가 감소하면서 여러 탄광들이 폐쇄되었는데, 태백시도 마찬가지였다.[76] 따라서 태백시 인구는 1987년에 최고 12만 명이 넘었는데 2012년에는 4만 9,837명으로 크게 감소했다.

시의 인구는 감소하고 경제는 황폐해졌지만 황지교회는 교세를 유지하고 꾸준히 성장했다. 1999년 김종언 목사가 담임목사로 부임했을 때 장년 교인은 330명이었고, 태백시 인구는 6만 명이었다. 2008년까지 교인 수는 521명(당시 태백시 인구는 약 5만 명)이었다. 2012년까지 태백시 인구는 5만 명 미만으로 떨어졌지만 황지교회는 꾸준히 성장했고, 2014년 현재 장년 교인이 607명, 주일학교를 포함한 교인 총수는 약 800명이다.[77]

필자는 황지교회를 여러 번 방문했고, 교회의 부흥이 단지 수적인 증가만이 아님을 목도했다. 그 교회는 초대 예루살렘 교회처럼 건강한 성장을 경험했다. 교인들이 지역 사회의 진정한 소금과 빛이 되자 교세도 성장했다. 황지교회의 놀라운 성장에는 두드러진 몇 가지 특징이

---

74 김종언, 김진봉의 서면 인터뷰에서 응답한 "황지교회 역사 및 김종언 목사의 목회관", 2014. 11. 20.

75 태백시의 인구 변화 정보 http://blog.daum.net/pm21234/15862358

76 민족문화연구원 http://rikszine.korea.ac.kr/front/article/humanList.minyeon?selectArticle_id=74.

77 김종언, "황지교회 역사 및 김종언 목사의 목회관."

있다.

목회 리더십과 교인들의 섬김 황지교회의 부흥에 결정적인 특성들 가운데 하나는 김종언 목사의 차별 없이 사랑하는 리더십이다. 김종언 목사는 1999년부터 담임목사로 시무했다. 그가 황지교회에서의 사역에 대해 쓴 글을 보면 이러한 태도가 분명히 드러나 있다.

> "무엇보다도 우선 이전 담임이신 이정규 목사님이 교회가 오늘처럼 세워지는 데 중요한 역할을 하셨습니다. 제 목회관을 말하자면, 저는 말씀 목회, 기도 목회, 섬김과 사랑 목회를 목회적 사명으로 알고 있습니다. 또한 저는 교회가 사업을 하기보다는 사람을 키우는 일을 감당해야 한다고 믿습니다."[78]

2006-2007년에 황지교회 교인들과 당회는 김종언 목사와 그의 가족에게 미국에서 일 년간 안식년을 갖는 것을 허락하고, 모든 재정적 지원도 아끼지 않았다. 그들이 김종언 목사를 깊이 신뢰해 전액 지원한 것은 당연했다. 필자는 김종언 목사와 그의 가족이 OMSC에서 10개월간 레지던트 프로그램에 참여했을 때 함께 공동체 생활을 할 수 있었음에 감사한다. 그 기간에 김종언 목사는 정직과 성실, 배려 및 사랑에 근거한 성품을 보여 주었다.

지금까지 황지교회는 교세 확장을 위한 사역들을 주목표로 삼지 않고, 예수님의 두 가지 대계명(마 22:37-40)을 믿고 순종하는 데 주안점을

---

78 Ibid.

두고 지역 사회를 섬기는 사역들을 했다. 복지 사역 30년, 유치원 사역 55년, 어린이집 사역 27년 그리고 고등공민학교를 37년간 운영하면서 지역 사회를 꾸준히 섬겼다. 이 사역들은 교인 수를 늘리기 위한 수단이 아니라 예수님의 가르침을 성실하게 따르기 위한 것이었다.[79] 그 결과 황지교회에 대한 지역 주민들의 반응은 매우 호의적이라고 김종언 목사는 필자에게 말했다.

"요즘도 지역을 방문하거나 노방 전도를 나가면 '만약 교회를 나간 다면 황지교회로 가겠다'고 말하는 시민들이 많습니다."[80]

또한 김종언 목사가 황지교회의 한 특별 행사에 대해 써 보낸 메시지에 OMSC의 많은 직원과 이사진이 감동을 받은 적이 있다. 2013년 OMSC는 대표직에서 은퇴하는 조나단 봉크 박사를 기념하기 위해 특별 장학 기금을 조성하는 일을 추진하고 있었다. 그 소식을 들은 김종언 목사는 교회 여전도회를 통해 OMSC 장학금을 후원하기 위한 음식 바자회를 열었다. 여전도회는 2013년 3월 14-15일 음식 바자회에서 삼계탕 567그릇을 판매한 결과 총수입 500만 원을 모금했다. 몇 명의 성도들이 추가로 기부금을 보냈고, 황지교회는 1만 불의 장학금을 OMSC에 송금했다.[81]

김종언 목사는 황지교회에서 존경받는 리더십을 발휘했다. 필자는 "이웃을 자신의 몸과 같이 사랑하라"는 성경의 명령(마 22:39)을 신실하게 실천하는 가치를 보여 준 황지교회의 진정한 섬김의 모범을 한국

---

79 Ibid.

80 Ibid.

81 Ibid.

과 미국뿐만 아니라 온 세계의 교회들과 나누고 싶다.

지역 사회 복지 정책의 모체가 된 사역 황지교회는 광산 근로자들을 위한 사회복지사업에 있어서 오랜 역사를 가지고 있다. 한 예가 1984년에 설립된 기독교광산지역 사회개발복지회다. 복지회는 광부들을 위해 안식의집, 태백노인전문요양원, 사랑의도시락 등의 복지 사역을 했는데, 이 사역들은 나중에 사회복지법인 '태백사회복지회'로 통합되었다.[82]

이 사역들은 황지교회가 1980년대에 광산 근로자를 위해 채택한 4대 실천 목표에서 발전해 나온 것이다. 4대 실천 목표는 광부들과 그 일을 알아주는 일, 그들을 즐겁게 해 주는 일, 그들의 생활수준을 높여 주는 일 그리고 그들의 정신적인 수준을 높여 주어 희망을 갖게 하는 일이다.

이 목표들을 위해 황지교회는 다섯 가지 사역을 했는데, 교육 사역, 의료 사역, 돌봄 사역, 광원 가족 권익 증진 사역 그리고 광산 지역 지도자 교육 사역이 그것이다. 1991년 교회는 진폐증 환자를 위한 광산 직업병관리센터를 개원했다. 이 의료 사역은 예배, 성경 공부, 상담, 문서 선교 등과 병행되었다. 같은 해에 교회는 노인 50명이 함께 사는 노인무료양로원도 개원했다.[83] 과거에는 이 많은 사회복지 사역들이 교회의 전적인 후원과 개개인의 모금으로 운영되었지만, 1984년에 제정된 사회복지법에 의거해 정부가 이러한 사회사업 운영 예산의 80% 이상을 지원하고 있다.

김종언 목사는 황지교회의 담임목사가 되면서 교회가 설립된 선교

---

82 Ibid.

83 Ibid.

  대형교회의 선교 책무

적 정신을 품고 교회의 지역 사회 섬김 사역을 더욱 발전시켰고, 사회 봉사 활동이 전문가 중심으로 운영되도록 지원했다. 그는 또한 교회는 지역 사회의 유익을 위한 활동뿐만 아니라 아웃리치 개발에도 애써야 한다는 확신을 가지고, 이전보다 더 많은 에너지와 노력을 예배와 전도 및 교육에 투자했다.[84]

그것을 위해 교구 전담 부목사 두 명을 세워 교구를 잘 관리하고, 교인들이 더 자주 모이도록 친교 모임을 개선하며, 비활동적인 교인들을 돌보고, 지역의 비신자에게 다가가기 위해 목요전도대를 인도하게 했다. 또한 기독교 교육을 전공한 부목사 두 명을 세워 교육 목회의 전권을 부여했다.

김종언 목사는 아직도 우상 숭배가 창궐한 지역 사회의 문화를 개도하기 위해 문화적 아웃리치에 힘을 다하고 있다. 그 일환으로 교회는 소규모 공연장과 음악 학교, 드라마와 워십 댄스반도 운영하고 있다. 또한 황지교회는 군인들의 신앙을 양육하고 확장시키기 위해서 군 장병에 초점을 맞춘 아웃리치 프로그램을 시작했다. 이 프로그램은 2003년부터 태백시 기독교회연합회 내 군선교위원회로 통합되었다.

현재 황지교회가 감당하고 있는 아웃리치 사역들은 크게 세 가지로 나눌 수 있다. 일반적인 전도 사역, 섬김 사역, 한국 군 장병들을 위한 사역이 그것이다.

첫째는 일반적인 전도 사역으로 (1) '새생명축제'를 5월 한 달간 진행해 약 200여 명이 등록했고, (2) '잃은양찾기'를 10월 한 달 동안 진행해 장기 결석자를 재전도했다.

---

84 Ibid.

둘째는 섬김 사역으로 (1) 문화 선교 사역, (2) 호스피스 봉사 및 봉사자 교육, (3) 구제 사업, (4) 장학 사역, (5) 어린이집 운영, (6) 유치원 운영, (7) 해외 선교 등이다. 해외 선교를 위해 키르기스스탄에 단독 선교사를 파송했으며, 여러 나라와 선교 기관을 재정과 기도로 협력 후원하고 있다.

셋째는 한국 군 장병들을 위한 사역이다. 황지교회가 솔선해서 시작한 군 선교 사역은 이제 기독교회연합회의 협력으로 이루어지고 있다.

이처럼 황지교회는 창립된 이후로 황금률(마 7:12)을 따라서 '남에게 대접하고 봉사하는 일'에 최선을 다하고 있다. 2014년 현재 교회는 매년 예산의 약 25%(2억 원)를 지역 사회 섬김과 전도 그리고 해외 선교를 위해 기쁘게 사용하고 있다.[85]

급격히 변화하는 사회의 필요에 맞게 전도하는 교회 앞서 언급했듯이, 1987년에 12만 명이 넘었던 태백시의 인구가 2014년에는 5만 명 미만으로 급감했다. 태백 지역의 폐광 사태로 인해 지역 경제가 침체되자 정부는 지역 경제의 활성화를 위해 관광 산업을 유치했고, 그 지역에 카지노 사업과 호텔 숙박업이 들어서고 번창하기 시작했다.[86]

이에 황지교회는 지역 사회의 급격한 변화에 부응하면서 효과적으로 복음을 전하기 위해 끊임없이 노력하고 있다. 예를 들어, 2008년부터 해외 한인교회들과 연결해 영어권 청년들을 황지교회 여름 영어 캠프에서 봉사하도록 하고 있다. 캠프 사역은 지역 사회의 호응도가

---

85 Ibid.

86 〈월간 조선〉 http://monthly.chosun.com/client/news/print.asp?ctcd=C&nNewsNu
    mb=201004100052.

                                        대형교회의 선교 책무

매우 높을 뿐만 아니라 외국에서 방문한 청년들도 자신들의 현장 체험에 대해 긍정적인 반응을 보이고 있다. 여름 영어 캠프에 대한 호의적인 반응에 고무된 황지교회는 향후 기숙사 시설을 갖춘 '영어성경학교'를 설립해 아시아 전역의 학생들을 모집, 성경적 가치관으로 훈련할 계획도 가지고 있다.

태백 시내에 자리 잡은 황지교회 교육관에서 운영되는 커피숍은 저렴한 가격으로 인해 지역 주민들에게 인기를 끌고 있다. 커피숍에서 나온 수익은 다시 지역 사회와 해외 선교 사역에 지출하고 있다. 또한 지역 문화 발전에 기여하기 위해 황지교회는 최근 소극장을 완공해 전문 음악인과 예술인들이 정기적인 연주회를 개최하는 것은 물론 음악 학교, 드라마반, 워십 댄스반도 운영하고 있다. 이러한 새로운 섬김을 통해 황지교회는 효과적인 문화 아웃리치를 수행하면서 지역 사회의 필요에 부응하고 있다.

한편 한국의 개신교는 서두에서 관찰한 대로 일반 대중에게뿐만이 아니라 심지어 교회 내부에서까지 한때 높았던 신뢰를 잃어 가고 있다. 기윤실이 2013년에 실시한 여론조사에 따르면, 한국 사회가 개신교회를 신뢰하지 못하는 이유는 첫째, 언행일치가 되지 않아서(24.8%), 둘째, 교회 내에 부정부패가 많아서(21.4%)라고 한다. 반면에 한국 교회는 정직하고 양심적일 때(18.6%), 또 봉사를 많이 할 때(17.5%) 그 신뢰도가 올라가는 것으로 나타났다.[87]

황지교회는 이제 폐광촌이 되어 버린 태백시에 60년이 넘도록 존재해 왔다. 인구 감소와 경제 위축으로 발생하는 어려움에도 불구하고,

---

87　기독교윤리실천운동 "자료집" 참조.

교회는 반세기 이상 희생적인 봉사와 아가페 사랑을 베풀었다. 정직하고 존경받을 만한 삶으로 섬기는 김종언 담임목사는 교인들뿐만 아니라 지역 사회 비신자들의 마음도 감동시키고 있다.

다른 교회 공동체들은 교세와 예산이 감소해 염려하고 있는 반면, 황지교회는 태백 지역에서 예수 그리스도의 빛과 소금으로 우뚝 서서 해마다 교세가 늘고 있다. 본 교회의 이야기는 가난으로 위축된 다른 지역 교회들에게 영감과 위로와 희망을 준다.

주향한교회

필자가 1990년 선교사로 파송 받고 서아프리카의 불어권 나라인 코트디부아르로 갈 당시 불어권 아프리카에서 사역하는 한인 선교사는 소수에 불과했다. 그 숫자는 한국불어권선교회(Communauté Coréenne des Missions pour la Francophonie, CCMF)의 노력에 힘입어 의미심장하게 성장했다. 2014년 말에 200명 이상의 한인 선교사들이 불어권 아프리카에서 사역하고 있다. 처음에 주향한교회에 의해서 설립된 한국불어권선교회는 한국 교회에 불어권 아프리카 선교의 긴박성을 알리는 데 결정적인 역할을 감당함으로써 교회들이 많은 열정적인 선교사들을 그곳으로 보내게 했다.[88]

주향한교회의 이몽식 목사는 필자에게 불어권 선교에 전적으로 헌신하는 교회를 개척하게 된 계기를 이야기해 주었다.

"1991년에 저는 프랑스에서 유학하고 오신 한 교수님에게서 초급 불어 강좌를 듣게 되었습니다. 그 공부를 통해서 저는 전 세계에 불어

88　한국불어권선교회 www.iccmf.com.

를 공용어로 사용하는 지역이 있다는 사실에 눈을 떴고, 그곳이 왜 선교 소외 지역인가에 대해 고민하게 되었습니다. 이 비전이 저로 하여금 불어권 선교에 전적으로 헌신하는 지역 교회를 개척하게 한 주요 동기였습니다. 그다음 한 해 동안 불어 학습 그룹이 발전해 불어권 국가들을 위해 기도하는 모임이 되었습니다. 이 기도 그룹은 1993년에 프랑스를, 1995년에 불어권 아프리카를 탐방했고, 태동된 지 5년 만인 1997년에 아프리카 차드라는 나라에 최초의 선교사를 파송했습니다."[89]

주향한교회는 한국불어권선교회의 모체가 되었고, 여전히 선교회 운영의 중심 역할을 하고 있다. 교회는 서울시 거여역 근처에 자리 잡고 있으며, 작은 상점들과 사무실이 들어선 상업용 건물을 임대해 사용하는 상가 교회다. 자체 건물이 없기 때문에 교회는 연 예산의 30-40%를 임대료로 내야 한다. 이러한 사정은 서울과 기타 지역에 있는 수많은 교회들에게 흔한 일인데, 재정적으로 생존을 어렵게 한다. 그보다 더 심각한 사정은 한국의 많은 신자들이 중소형교회에서 대형교회로 옮기고 있다는 것이다. 당연히 상가에 자리 잡은 수많은 소형교회들은 결국 재정난으로 문을 닫는다.

《2020-2040 한국교회 미래지도》를 저술한 최윤식 박사는 한국 교회가 직면한 문제들을 잘 진단하고 있다.

"교인들이 더 편한 교회, 더 좋은 시설, 더 큰 교회, 더 쉽게 신앙생활 할 수 있는 교회, 더 좋은 프로그램이 있는 교회로 이동하고 있

89　이몽식, 주향한교회 목사 인터뷰, 김진봉, 2013년 1월 11일.

다. … 중대형교회로의 이동이 증가함에 따라 한국 교회의 80%를 차지하는 소형교회는 심각한 패배주의에 빠져들고 있다. … 신도시에 대형교회가 수백억, 수천억을 들여 예배당을 짓고 들어가면 반경 수 킬로미터 이내에 있는 소형교회는 씨가 말라 버린다."[90]

비록 많은 소형교회들이 쇠퇴하고 있지만, 주향한교회는 하나님께 받은 소명을 강하게 견지하고 있다. 이몽식 목사는 교인 수가 상대적으로 적은 교회라도 하나님의 선교에서 물러날 수 없다고 강조한다.

"많은 사람들은 큰 교회는 재정이 되니까 선교를 [참여]할 수 있지만 작은 교회는 재정이 없으니까 선교를 할 수 없다고 생각합니다. 또한 선교사를 파송하는 것만이 선교이고, 해외 선교는 전임 선교사들에 의해서 이루어지는 것이라고 주장할 수도 있을 것입니다. 그러나 그런 생각은 선교 사역에 대한 편견을 반영하는 것입니다. 선교에 대한 이러한 오해와 무지가 이 분야에서 문제를 일으킵니다. 사실 큰 교회라고 해서 다 선교를 하는 것도 아니고, 작은 교회라고 선교를 못하는 것도 아닙니다. 선교에서 중요한 문제는 교회의 규모나 모금과 상관이 없으며, 복음의 진리와 그 메시지의 전달에 달려 있습니다."[91]

한국불어권선교회의 사역 전략과 주향한교회 한국불어권선교회는 프랑스어를 공용어로 사용하고 있는 전 세계 불어권 지역의 복음화에 헌신하기 위해 특별히 설립된 초교파 해외 선교단체다. 본 선교회는

---

90 최윤식,《2020-2040 한국교회 미래지도》(서울: 생명의말씀사, 2013), 75.

91 이몽식, 김진봉 인터뷰.

한국의 해외 선교단체들이 소홀히 한 아프리카 불어권 지역에 선교사를 발굴하고 훈련해 파송한다.[92]

주향한교회가 1992년에 설립한 한국불어권선교회는 1997년에 불어권 인구에 초점을 맞춘 선교사 훈련 프로그램을 시작했으며, 1997년 8월에 한 선교사 가정을 아프리카 차드로 파송했다. 2001년에는 서울의 신반포교회(담임목사가 한국불어권선교회의 이사장이다)에서 불어 예배가 시작되었고, 현재 프랑스인 목사가 이 사역을 인도하고 있다. 또한 선교회의 불어 교육 프로그램은 초기부터 계속되고 있다. 선교회는 7년간의 번역 작업 끝에 2013년 6월《불한성경》을 출판했다.

선교회가 지향하는 4대 목적은 기도, 미전도 지역 교회 개척, 헌신 그리고 협력이다. 선교회는 이슬람 세력이 중동과 북아프리카에서 남진하는 것을 막기 위한 방안을 모색하는 '사하라 프로젝트'(The Sahara Project)를 추진한다. 그 의도는 아직도 미전도 종족이 많은 서부 아프리카 불어권 지역의 선교 정탐을 통해 현직 한인 선교사가 거의 없는 (하지만 비한국계 선교사는 많은) 지역에 교회를 개척하고 선교 기지를 구축하기 위함이다.

이러한 한국불어권선교회의 중심에는 주향한교회의 역할을 빼놓을 수 없다. 주향한교회는 담임목사가 선교회 대표로 활발하게 활동할 수 있도록 전폭적으로 지원했을 뿐만 아니라 잘 훈련되고 매우 헌신적인 교인들이 선교회 간사로 섬기고 있으며, 여러 선교 자원을 제공했다.

그런데 교회의 가장 중요한 지원은 불어권 선교 사역을 위한 중보 기도이다. 대부분의 교회 성도들이 적극적으로 중보 기도자로 참여하

---

92 이 단락과 다음 두 단락은 www.iccmf.com에서 얻은 정보에 근거함.

고 있다. 또한 주향한교회는 한국불어권선교회를 돕기 위해 정기적인 재정 후원도 하고 있으며, 본 교회 출신의 두 가정이 한국불어권선교회 소속 선교사로 사역하고 있다.

이몽식 목사가 주향한교회와 한국불어권선교회를 향해 가진 비전은 방대하다.

"주향한교회는 태생이 불어권 선교였기에 저는 교회가 계속 불어권 선교 사역으로 성장해 가도록 기도합니다. 교회 차원의 불어권 선교 동원을 조직하고 불어권 지역에 많은 현지인 사역자들을 배출할 계획을 가지고 있습니다. 더 나아가 더 많은 교회들이 불어권에서 사역하도록 초청하고 싶습니다. 가장 실제적인 바람은 우리 교회가 서부 아프리카 불어권 지역에 선교 센터를 세워서 교인들이 활발하게 참여하도록 하는 것입니다."[93]

서울의 신반포교회를 담임하는 홍문수 목사와 같은 후원자들 덕분에 이 비전은 불가능해 보이지 않는다. 홍문수 목사는 선교회를 위해 엄청난 지원을 했으며, 한국불어권선교회의 첫 이사회 때부터 이사장이라는 중책을 맡아 지금까지 섬겨 왔다. 선교회가 불한성경을 발행할 때 신반포교회는 그 프로젝트를 위해 거액의 재정 지원을 했다.[94]

아프리카 불어권 선교에 헌신한 작은 교회 이몽식 목사와 필자는 신학교 동기다. 당시 필자는 이몽식 목사와 그에게 불어를 가르친 교수에게 불어권 선교에 헌신하도록 도운 적이 있다. 지난 25년간 필자는

---

93 이몽식, 김진봉 인터뷰.

94 GoodtvNews, "영적 불모지 '불어권' 선교 희소식… '불한성경' 출간", www.c3tv.com/newsmission/news_view.asp?seq=54646 참조.

     대형교회의 선교 책무

이봉식 목사의 사역을 통해 하나님의 놀라운 역사를 목격하는 특권을 누렸다. 그는 언제나 복음에 충실하며, 하나님 앞과 동료들 앞에서 겸손하고 사려가 깊은 목회자다.

무엇보다도 그는 불어권 선교에 마음과 혼과 정신을 다하는 사역자다. 그는 필자처럼 대학에서 불어를 전공하지도 않았고, 불어권 아프리카에서 사역한 경험도 없지만 불어권 아프리카 선교 사역을 위한 열정과 헌신은 둘째가라면 서러울 정도다. 불어권 선교를 향한 그의 지칠 줄 모르는 헌신과 노력으로 한국 교회들이 불어권 아프리카 선교에 참여해 많은 열매를 맺고 있다.

목회자들은 사역이 성장하면 종종 자기 교회를 위해 더 크고 편안한 공간을 추구한다. 그들은 향후 수년 동안 자신들의 사역을 구축할 수 있는 대지나 시설을 구입해 정착하려고 한다. 누군들 그렇게 하지 않겠는가. 그러나 이봉식 목사는 다른 길을 선택했다. 그는 상가 교회에서 개척할 때부터 지금까지 불어권 선교에 헌신해 왔으며, 더 나은 시설에 대한 야망을 갖지 않았다. 교세는 100명 미만이지만, 교회의 일 년 예산의 20-30%를 불어권 선교만을 위해 사용한다. 교회 임대료를 감안한다면, 주향한교회는 분명히 연 예산에서 50% 이상을 선교 및 구제비로 사용하고 있는 것이다.

이봉식 목사 역시 담임목사로서 목회적 불평과 사역의 불협화음을 겪지 않는 것은 아니다. 특히 교회에 새로 온 교인들은 담임목사가 불어권 선교를 우선으로 삼고 자체 회중을 위해 사용될 수 있는 자원을 선교 사역에 헌신하는 것을 전적으로 이해하지 못할 수 있다. 그러나 대다수 교인들은 교회의 불어권 지역 선교 비전을 후원하며, 교회가 이 사역에 적극적으로 협력하는 것에 대해 자부심을 가지고 있다. 성도 중 많은 이들이 한국불어권선교회의 사역에 참여하면서 담임목사가 선교회의 대표로 사역하는 것을 격려한다.

수십 년째 상가 건물의 좁은 공간에서 불편을 겪어 왔음에도 불구하고 성도들은 전 세계의 불어권 사람들의 복음화에 동참하는 것에 행복해하고 있다. 교회와 한국불어권선교회는 무수한 역경을 이기고 불어권 선교에 집중해 왔다. 이몽식 목사는 두 기관을 감독하는 데 있어서 주요한 역할을 감당하고 있다. 이몽식 목사를 누가 그저 작은 교회의 목회자라고만 평가하겠는가? 이몽식 목사의 말은 전 세계의 소형교회들에게 사려 깊은 도전을 제시한다.

"사람들은 소형교회가 인적자원과 재정 자원이 제한되어 있어서 선교를 감당할 수 없다고 생각합니다. 그러나 우리 주향한교회는 소형교회임에도 불구하고 처음부터 그렇게 생각한 적이 없습니다. 우리는 복음 메시지를 전파하는 일을 결코 쉬지 않습니다. 이것이 바로 교회가 존재하는 이유이기 때문입니다."[95]

---

95 이몽식, 김진봉 인터뷰

  대형교회의 선교 책무

1. 최윤식 박사가 말한대로 "교인들이 더 편한 교회, 더 좋은 시설, 더 큰 교회로 이동하고 있[기 때문에] … 소형교회는 심각한 패배주의에 빠져들고 있다"는 주장에 비추어 볼 때 대형교회는 소형교회에 대해 어떤 책무를 지고 있는가?

2. 소형교회들은 어떻게 선교에 참여할 수 있는가? 소형교회의 지도자들은 선교에 참여하도록 회중을 어떻게 권면할 수 있는가?

3. 한국 개신교회는 2만 명 이상의 선교사를 세계 도처에 파송했다. 그럼에도 불구하고 왜 한국인들이 사회는 물론 일부 교인조차 한국 개신교회를 신뢰하지 않는가?

4. 황지교회는 희생적인 봉사와 사랑으로 예수 그리스도의 빛과 소금으로 우뚝 서 있다. 그것은 어떤 측면에서 선교적 교회의 모델인가? 그 체험이 당신의 회중의 삶 속에서도 나타나고 있는가?

5. 황지교회의 이야기는 가난에 찌든 다른 지역 교회들에게 영감, 권면 그리고 소망을 준다. 사회적으로 소외된 사람들은 부자이거나 고학력자인 교인이 많은 교회에 출석하는 것이 편안할까? 교회는 어떻게 만인을 위한 거룩한 성소가 될 수 있는가?

11장

"한국의 중형교회와
소형교회의 선교"에 대한 논평

피터 쩌 밍 웅

김진봉 선교사의 발제문을 읽으면서 필자는 마음속에 한국에 대형 교회들이 출현하기 시작한 1980년대의 흥분되던 시기를 떠올렸다. 당시는 영락교회와 여의도순복음교회 등 여러 교회에서 매 주일 예배에 1만 명 이상이 참석했다. 이제 김진봉 선교사는 다른 면을 바라보면서 한국의 평범한 두 교회의 사역에 주의를 기울일 것을 요청한다. 하나는 중형교회이고, 다른 하나는 소형교회다.

두 교회는 평범한 규모의 교회들이 해외 사역을 포함한 선교에 헌신할 수 있는 방법들에 대한 좋은 사례를 제공한다. 첫째 교회인 황지교회는 중형 규모의 교회로서, 지역 사회에 그리스도의 빛을 사려 깊게 비추려고 애썼고 해외 선교에까지 관심을 확장했다. 둘째 교회인 주향한교회는 규모는 작지만 처음부터 선교 중심적이었으며 해외 선교에 헌신한 교회다.

황지교회

황지교회는 강원도 태백시에 소재하고 있다. 태백시의 인구가 1987년 12만 명에서 2012년 약 5만 명으로 극적인 감소를 겪은 데 반해 황지교회의 교인은 꾸준하게 성장해 1999년 330명에서 2014년에 약 800명으로 증가했다. 김진봉 선교사의 보고처럼, 이것은 숫자 이상의 성장이었다. 교인들은 건강한 영적 성장을 체험했고 지역 사회의 빛과 소금이 되었다.

두 담임목사(이정규 목사와 1999년에 후임으로 부임한 김종언 목사)는 교회를 선교적 교회가 되도록 이끌어 왔다. 이정규 목사는 교회의 초석을 잘 깔았고, 김종언 목사는 그 위에 교회를 지어 갔다. 김종언 목사는 "말씀 목회, 기도 목회, 섬김과 사랑 목회를 목회적 사명으로 알고 있습니다. 또한 저는 교회가 사업을 하기보다는 사람을 키우는 일을 감당해야 한다고 믿습니다"(142쪽)라고 말한다.

그는 단순한 양적 성장에만 초점을 맞추지 않고 교인들로 하여금 아웃리치 사역에 참여하게 함으로써 이정규 목사의 사역을 이어 왔다. 특히 교회는 일반적인 전도 사역, 섬김 사역 그리고 한국의 군 장병들을 위한 사역에 초점을 맞추었다. 교회는 세 가지 사역을 추구함으로써 지역 인구가 감소하고 태백시의 경제가 축소되었음에도 불구하고 교세뿐만 아니라 지역 사회에 대한 아웃리치 봉사도 상당히 성장시켰다.

황지교회는 지역 사회 봉사 외에도 예배와 전도, 교육 사역에 많은 노력을 기울였다. 교회가 후원하는 태백시의 문화 아웃리치에는 소규모 공연장 건축, 음악 학교 개원, 드라마와 워십 댄스반 등이 있다. 황지교회가 "매년 예산의 약 25%(2억 원)를 지역 사회 섬김과 전도 그리고 해외 선교를 위해" 헌신한다는 사실을 알게 되어 기쁘다(146쪽). 황지교회의 비전은 교회가 처한 환경을 벗어나 훨씬 먼 곳까지 확장되었다.

김진봉 선교사는 황지교회가 코네티컷 주 뉴헤이븐 시에 소재한 OMSC와 관계를 맺게 된 일에도 우리의 주의를 집중시킨다. 이것은 1만 달러를 OMSC 장학 기금으로 후원한 것도 포함한다. 이 사례는 황지교회가 오랫동안 이어 온 이타적으로 베푸는 삶의 전형적인 모습이다. 취지는 단지 OMSC를 위한 모금이라는 일회성 문화 행사가 아니었다. 더 중요한 것은 교인들에게 지역뿐만 아니라 해외 아웃리치와 사역에 대한 교회의 관심과 헌신에 대해 교육하는 기회가 되었다는 것이다. 또 다른 사례는 황지교회가 2008년에 시작한 여름 영어 캠프와 아시아 전체에서 학생들을 모집하기 위해 기숙사를 구비한 '영어성경학교' 건립 계획이다.

주향한교회

김진봉 선교사의 둘째 사례인 주향한교회는 해외 사역을 후원하는 소형교회의 역량을 보여 준다. 특별히 불어권 아프리카 선교에 헌신된 교회로 개척된 주향한교회는 큰 교회만이 해외 선교에 깊이 관여할 수 있다는 고정관념이 틀렸다는 것을 보여 준다. 사실 더 큰 교회들이 단지 최소한의 해외 선교에만 관여하고 있는 경우도 많다. 주향한교회는 재정적인 제약에도 불구하고 특별히 한국불어권선교회를 후원하고 있으며, 좀 더 일반적으로는 불어권 아프리카 선교에 헌신하고 있다.

김진봉 선교사의 발제문에서 다뤄진 사역 외에도 주향한교회의 이몽식 목사는 교인들이 한국불어권선교회를 후원하고 선교사들과 선교 사역을 위해 기도하도록 장려하기 위해 선교회 홈페이지에 '기도달력'(http://iccmf.com)을 개설했다. 교인들은 재정뿐만 아니라 도서나 의복 같은 자원을 기증함으로써 불어권 선교를 후원하도록 권면을 받는다. 이 사역을 좀 더 효과적으로 만들기 위해서, 교회는 불어권 서아프리카에 선교 센터를 세우려는 비전을 가지고 있다

주향한교회는 선교 지향적인 생각을 가지는 것이 중요하다는 사실을 보여 준다. 이몽식 목사는 주향한교회를 개척했을 때 이미 불어권 선교에 헌신되어 있었다. 그가 지난 25년간 그 사역을 계속해 온 사실은 교회가 그러한 비전을 수용할 수 있다는 것을 증명해 준다. 이몽식 목사의 사역은 작은 교회에서 사역하는 이들에게 큰 도전을 준다. 교회에서 가장 중요한 문제는 규모가 아니라 리더다. 이몽식 목사는 이렇게 말했다.

"사람들은 소형교회가 인적자원과 재정 자원이 제한되어 있어서 선교를 감당할 수 없다고 생각합니다. 그러나 우리 주향한교회는 소형교회임에도 불구하고 처음부터 그렇게 생각한 적이 없습니다. 우리는 복음 메시지를 전파하는 일을 결코 쉬지 않습니다. 이것이 바로 교회가 존재하는 이유이기 때문입니다(154쪽)."

결론

필자는 우리에게 두 교회를 소개해 준 김진봉 선교사에게 감사한다. 황지교회와 주향한교회는 도전적인 사례를 제공한다. 두 교회의 이야기는 선교적 교회(규모가 크든 작든 기독교 선교에 책임을 지는 교회)가 되기 위해 중요한 것은 '교회의 목회자가 선교적 사고를 지향하고 선교적 아웃리치의 비전을 가지고 있는가'라는 사실임을 상기시켜 준다. 물론 가장 중요한 것은 목사가 목자장이신 그리스도(벧전 5:4)께서 교회에 정해 주신 방향을 포용하고 전달하는 것이다.

두 교회는 "네 마음을 다하고 목숨을 다하고 뜻을 다하여 주 너의 하나님을 사랑하라"(마 22:37)와 "네 이웃을 네 자신같이 사랑하라"(마 22:39)는 예수님의 위대한 두 계명을 우리에게 상기시켜 준다. 그리고 "무엇이든지 남에게 대접을 받고자 하는 대로 너희도 남을 대접하라"(마 7:12)는 황금률이 '서로 용납하고 봉사하라'는 뜻으로 풀이되어 왔다는 점을 기억하는 것은 가치 있는 일이다. 이들은 성경이 우리에게 주는 기독교의 진리다.

지금까지 묘사된 선교적 교회는 주로 지역 사회나 해외에서의 복음 전도와 봉사를 가리킨다. 이와 더불어 우리는 데이나 로버트(Dana L. Robert)가 최근에 "우정은 기독교 선교의 기초적인 실천이다"[96]라고 한 조언을 마음에 새겼으면 좋겠다. 그는 "선교를 위해서는 아마 전도나 봉사보다 '글로벌 우정'이 더 강렬한 자극제가 될 것이다"[97]라고 제안

---

96 Dana L. Robert, "Global Friendship as Incarnational Missional Practice," *International Bulletin of Missionary Research* 39, no. 4 (2015): 180. Dana L. Robert, "Cross-Cultural Friendship in the Creation of Twentieth-Century World Christianity," *International Bulletin of Missionary Research* 35, no. 2 (2011): 100-107.

97 Robert, "Global Friendship as Incarnational Missional Practice," 180.

하기까지 했다. 그러므로 교회는 규모와 상관없이 다른 이들과 우정을 쌓아야 한다. 그리고 그러한 우정을 선교의 기초적 실천으로 봐야 한다. 특히 교회가 해외 선교에 헌신하려면 글로벌 우정을 발전시킬 필요가 있다. 데이나 로버트가 말한 것처럼 "예수님의 방법에서 우정은 하나님 나라를 지향하는 공동체들을 만들어 내기"[98] 때문이다.

목사가 교회에 물려줄 수 있는 가장 핵심적인 유산 중 하나는 글로벌 우정을 개발할 수 있는 아웃리치 사역에 대한 비전을 모든 교인들에게 전달하는 것이다. 사실 목사가 통상적인 업무만 처리하는 것이 아니라 교인들을 훈련하고 양육하는 것은 교회에 있어 대단히 중요한 것이다. 지난 수년 동안 황지교회와 주향한교회의 목회자들은 모범적으로 교인들을 훈련하고, 교회가 해외 선교 사역에 대한 비전을 확장하고 유지할 수 있도록 했으며, 글로벌 우정을 발전시켜 왔다. 이들 교회는 오늘날 중소형교회뿐만 아니라 대형교회에게도 기독교 세계 선교 실천의 좋은 모델이다.

---

98 Ibid., 184.

12장

아프리카의 대형교회와 선교 사역

: 나이로비 마부노 교회

마크 쇼, 완지루 M. 기타우

케냐의 수도 나이로비 근교에 소재한 마부노 교회(Mavuno Church)는 매 주일 총 2부 예배에 거의 3천 명이 정기적으로 참석하는 아프리카의 대형교회다.[99] 세계 도처의 수많은 대형교회들처럼 마부노 교회도 도시 교회를 개척하고자 하는 글로벌 전략에 헌신하고 있다. 마부노 교회는 2005년에 창립된 이후 아프리카와 유럽의 관문도시들에 교회를 개척하는 데 적극 참여했다. 개척 교회에서 출발한 마부노 교회는 '문화-정의적'(culture-defining) 교회를 세움으로써 도심을 복음화하려는 비전을 가지고 있다.

---

[99] 이 장에서 '마부노 교회'는 나이로비 교외에 위치한 마부노 힐 시티 교회(Mavuno Hill City Church)를 지칭하는 데 사용된다. '마부노'는 스와힐리어로 '추수'를 의미한다.

마부노 교회의 교회 개척 선교(2015년 현재까지 나이로비에 4개 교회를 창립했고, 우간다, 르완다, 말라위, 잠비아 및 독일에 각각 한 교회씩 설립)를 목격한 이들은 급속한 성장을 대대적으로 칭송했다. 하지만 그들은 국제적인 지교회들을 개척한 마부노 교회의 사역자들이 짊어진 중대한 책무 문제에 대해서는 별로 관심을 기울이지 않았다. 본 사례 연구에서 우리는 마부노 교회의 교차 문화적(cross-cultural) 도심 선교에 대한 비전과 실천을 밀착 관찰하고, 성장하는 마부노 선교 네트워크에 대한 자체적인 감독이 그 지교회들의 성장과 어느 정도 보조를 맞추고 있는지 평가할 것이다.[100]

선교 책무의 문제는 절박한 사안이다. 최근 박기호 교수는 다수세계(Majority World, '제3세계'를 달리 부르는 말)의 선교에서 책무의 과제에 주의를 기울여야 한다고 목소리를 높인 바 있다.[101] 박기호 교수의 연구 작업은 다수세계를 기반으로 할 뿐만 아니라 이 시대의 새롭고 위대한 일 중 하나인 다수세계 선교의 부상에 반응하는 것이기에 중요한 의의를 지닌다. 1974년 로잔대회는 복음주의 선교 사역에 있어서 하나의 전환점을 찍었다. 그것은 바로 교회의 선교 방향이 더 이상 '서구

---

100 이 사례 연구에 이용된 정보는 주로 마부노 힐 시티 교회의 담임목사인 무리티 완자우(Muriithi Wanjau)와의 인터뷰에서 나온 것이다. 이 인터뷰는 키야마 무감비(Kyama Mugambi)가 진행했다. 키야마 무감비는 마부노 힐 시티 교회의 행정 목사다. 그리고 르완다의 마부노 키갈리 교회의 목회자 제리와 신시아 오피요(Jerry and Cynthia Opiyo), 독일의 마부노 베를린 교회의 목회자 다니엘과 낸시 플레쉭(Daniel and Nancy Fleschig), 말라위의 마부노 블랜타이어 교회의 목회자 와레루와 에비 응젠가(Wareru and Evie Njenga), 우간다의 마부노 캄팔라 교회의 목회자 안토니 응조로게(Antony Njoroge)에 대한 인터뷰는 완지루 완구이(Wanjiru Wangui)가 진행했다. 추가된 정보는 참관인의 관찰과 교회 소식지와 같은 일회성 자료로부터 얻은 것이다.

101 Kiho (Timothy) Park, "The Big Picture: Accountability from a Korean Missiologist's Perspective," in *Accountability in Missions: Korean and Western Case Studies*, ed. Jonathan J. Bonk (Eugene, Ore.: Wipf & Stock, 2011), 53-65.

에서 비서구로' 향하지 않고 '모든 곳에서 모든 곳으로' 진행된다는 점이다. 그 후 다수세계 선교는 (이주와 전통적인 선교 활동을 통해) 급상승했다.[102] 박기호 교수는 한국의 선교 사역이 갖고 있는 특징인 역동성과 활력을 인지하고 있으면서도 선교사의 책무에 대한 막중한 질문에도 관심을 기울인다.

"후원과 책무 구조를 제공하는 파송 교회와 단체는 효과적인 선교를 위해 어떤 역할과 책임을 감당하는가?"

이 질문은 조나단 봉크가 쓴《선교와 돈》(Missions and Money)에서 우리의 선교는 그리스도와 초대교회가 모범을 보인 것 처럼 실천하라는 예언자적 외침과 연관되어 있다.[103] 이 요청의 핵심은 영적, 재정적 정직을 회복하라는 것이다. 콰베나 아사모아-기아두(Kwabena Asamoah-Gyadu)는 새로운 대형교회들이 "양적 성장을 탐하고 자신들의 숫자를 매우 영적이고 성공적인 전도의 증거로 자랑스럽게 인용한다"고 기록했다.[104] 그렇지만 대형교회는 규모 때문에 행정적인 어려움을 자주 유발했고, 책무를 미심쩍게 만들었다. 어떤 대형교회 리더들은 자기 성공의 피해자가 되어 감정적, 도덕적 문제에 빠졌다. 앞으로 살펴보겠지만, 마부노 교회는 그런 문제들을 피하고자 열심히 노력했다.

102　Jehu J. Hanciles, "Migration, Diaspora Communities, and the New Missionary Encounter with Western Society," Lausanne World Pulse, July 2008, www.lausanneworldpulse.com/themedarticles. php/975?pg=all.

103　Jonathan J. Bonk, *Missions and Money: Affluence as a Missionary Problem... Revisited* (Maryknoll, N.Y.: Orbis Books, 2006).

104　J. Kwabena Asamoah-Gyadu, "Megachurches and Their Implications for Christian Mission," Lausanne Global Analysis 3, no. 5 (September 2014), www.lausanne.org/docs/LGA/Lausanne-Global-Analysis-2014-09.pdf.

　대형교회의 선교 책무

마부노 교회 이야기

마부노 교회는 2005년에 나이로비 채플(Nairobi Chapel)의 지교회로 출범했다. 창립 목사인 무리티 완자우(Muriithi Wanjau)가 핵심 역할을 감당했다. 첫 모임을 위해 선택한 장소는 몸바사 가를 따라 펼쳐져 있는, 소위 남부 B구역과 남부 C구역으로 알려진 마부노 시 남부의 주택가였다. 무리티 완자우 목사는 인터뷰에서 마부노 교회가 처음부터 '이방인에게 파송된 사도들'이 되도록 하는 데 초점을 맞추었다고 강조했다.

나이로비에는 교회와 인구가 밀집해 있었지만, 대부분의 기존 교회들은 마부노의 리더십 팀들이 표현한 바대로 '격리된 기독교 하위문화' 속에서 활동하고 있었다. 무리티 완자우 목사와 다른 세 목사들이 함께하는 리더십 팀은 여러 자원봉사자들과 함께, 사회에 새로이 쏟아져 나오는 대학을 졸업한 도시인들이 나이로비에서 사용하던 기존 전도 방식에 대해 소외되기보다는 둔감하다는 사실을 깨닫게 되었다.

교회 리더들은 의도적으로 젊은 연령층과 관계를 쌓으면서 이 그룹의 기독교에 대한 생각을 파악하기 위해 그들의 말에 주의를 집중했다. 또한 사역을 그들에게 맞추려는 노력의 일환으로 그들이 언급한 필요와 관심들을 기록했다. 대화 내용에 기초해 마부노 교회 목회자들은 그들이 '시청각 세대'(sight and sound generation)라고 지칭한 비신자 청장년을 참여시킬 예배를 기획했다. 마부노 교회의 사역 초기에는 접근성이 좋지 않다는 평가를 받았지만, 교회는 서서히 성장했고 기도와 아웃리치 전략과 설교 스타일과 리더십의 기초가 완성되었으며, 자리가 잡혀 갔다. 그 목적은 복음을 들어 본 적이 없는 성공 지향적인 청장년 인구를 전도하고, 동원하고, 유지하는 교회를 세우는 것이었다.

2008년 6월 마부노 교회는 접근성이 더 좋은 몸바사 고속도로와 근접한 장소로 이전했다. 몇 년이 지나자 교회의 출석 인원이 600명에서 3천 명가량으로 늘어났다. 2014년에 마부노 교회는 아티 리버 시의 중산층 교회 개발 지역에 땅을 구입하고 입주했다. 현재 마부노 지교회들의 본부는 공식적으로 '마부노 힐 시티'(Mavuno Hill City)라고 불린다.

2000년부터 마부노 교회가 설립된 2005년까지, 무리티 완자우 목사는 21개 교회의 개척에 관여했다. 그는 하나님이 자신을 부르신 대상인 도시의 교육받은 신세대 청장년들에게 집중하고 이해하는 능력을 예리하게 개발했다. 이 그룹은 리더가 될 자질을 갖췄지만, 전통 교회들은 종종 그들을 소홀히 여긴다.

2006년에 마부노 교회는 지교회들을 개척하기 시작했다. 이 사역은 키야마 무감비(Kyama Mugambi)에게 위임되었다. 그는 교회 개척 사역을 주관하는 행정 목사가 되었다. 마부노 교회가 마부노 시 도심에 처음 개척되었을 때는 '마부노 다운타운'(Mavuno Downtown)으로 알려졌으며, 더 젊은 신세대 청장년들, 특히 대학생들을 전도하려는 목적을 가진 교회였다.

2010년 마부노 교회의 개척 전략은 새롭게 기획되고 더 분명해졌다. 실행 팀은 관리 팀과 함께[105] 무리티 완자우 목사의 리더십 아래 교회의 사명을 분명히 했고, 그 비전을 다음과 같이 표현했다.

"마부노 교회의 사명 선언문은 우리의 최우선 목적 혹은 존재 이

---

[105] 마부노 교회의 조직도에서 관리와 스태프 팀은 다른 조직을 대표한다. 스태프 팀은 디스커버리(인턴십)에서 목회자 훈련생, 관리 팀(사역 부서장들), 실행 팀(담임목사 직속의 섹션 보조자) 그리고 담임목사까지 올라가는 단계로 조직되어 있다. 이 단계를 '리더십 파이프라인'(Leadership Pipeline)이라고 부른다.

  대형교회의 선교 책무

유를 표현한다. 우리의 사명은 현대 도시의 비신자들에게 접근해 제
자화 과정인 '마부노 마라톤'(Mavuno Marathon)을 통해 그들을 다양한
사회 영역에 영향을 미칠 변화의 주역들로 변화시키는 것이다. 이
것을 간단하게 표현하면, '평범한 사람들을 사회의 담대하고 영향력
있는 사람들로 바꾸는 것'이다."[106]

마부노 교회는 전체적으로 교인 각자가 맡은 역량대로 담대하게 영
향을 미쳐야 할 사회의 6개 분야를 정의했다. (1) 교회와 선교, (2) 미디
어와 예술, (3) 비즈니스와 경제, (4) 건강과 환경, (5) 정치와 국정 관리,
(6) 교육과 가정이 그것이다.[107] 개정된 사명 선언문은 마부노 교회의
선명한 교회 개척 비전을 담고 있다.

"우리가 우리의 사명을 충실하게 수행하면 어떤 미래가 펼쳐질
까? 우리의 비전은 바로 이 질문에 답한다. 우리가 원하는 것은 우
리 세대에 아프리카에서 시작해 온 세계를 변화시키는 것뿐이다!
우리는 전략적으로 주요 도시들에 문화-정의적 교회들을 개척함으
로써 이를 실현하고자 한다. 그러므로 마부노 교회의 비전은 다음과
같이 표현될 수 있다. '2035년까지 아프리카 모든 나라의 수도와 세
계의 관문도시들 안에 문화-정의적 교회를 세우자.' 간단히 표현하
면, '도시를 바꾸자. 대륙을 취하자. 세계를 정복하자'다.[108]

---

106 *Mavuno Leader's Day Bulletin*, 2010.

107 www.mavunochurch.org/new/content.php?id=50.

108 *Mavuno Leader's Day Bulletin*, 2010.

"아프리카 모든 나라의 수도와 세계의 관문도시들 안에 문화-정의적 교회를 세우자"는 것은 마부노 교회의 아웃리치와 확장 사역부의 사역 지침이 되었다. 마부노 교회는 선교 파송 이사회를 따로 조직하지 않고 선교 사역을 교회 전체 리더십 구조에 편입시키기로 결정했다. 교회 개척부는 여러 사역 부서들 중 하나이며, 행정 목사인 키야마 무감비가 인도하고 있다. 이런 식의 접근법은 마부노 교회의 교회 개척 비전이 교회 내 다른 주요 사역들과 똑같이 정기적인 관심을 받게 한다.

마부노 교회는 교회를 어떻게 개척하는가?

매년 마부노 교회의 리더십 훈련을 위한 연례 인턴십 프로그램인 '디스커버리'(Discovery)라는 팀이 하나의 국가를 정해 단기 선교 여행을 떠난다. 대개 아프리카 대륙이다. 이 여행의 목적 가운데 일부는 새로운 지역에 마부노식 교회 개척이 가능한지를 탐색하는 '정찰 사명'을 수행하기 위해서다.

그들의 보고가 긍정적이면 디스커버리 팀은 교회 개척부에서 한 팀을 다시 보낸다. 이 팀은 확장 사역부 목회자인 키야마 무감비 목사가 이끌며, 몇 명의 목회자 훈련생들과 그 나라를 이미 기도 대상으로 '입양한'(교회 소그룹인) 생명 그룹의 회원들이 함께 간다.

이 팀은 '평화의 사람들'(눅 10:6 참조)을 찾아 나선다. 그들은 마부노 교회의 교인들과 약간의 친분이 있는 이들이다. 사회적 기업, 미디어 및 연예 산업에 종사하는 청장년들을 중심으로 관계를 맺는다. 대학생들은 물론 때로는 기존 교회의 리더들과도 친하게 지낸다. 이 관계들

 대형교회의 선교 책무

로부터 '미지지(스와힐리어로 '뿌리'를 뜻함) 클래스'(Mizizi class)를 시작할 핵심 그룹이 형성된다.

미지지 클래스는 마부노 교회가 활용하는 주요 제자훈련 도구다. 10주간의 제자반 과정으로 이루어져 있는데, 워크북과 안내 자료, 실천적인 그룹 활동, 주간 모임 그리고 졸업식 등을 활용한다. 졸업하는 핵심 그룹의 구성원들은 친구와 가족들을 미지지 클래스의 2회와 3회에 초청하도록 권면을 받는다. 이 과정을 통해 마부노 교회의 비전에 충분히 친숙해지게 하고, 서로 관계를 형성하며, 신앙이 자라게 하고, 해당 도시 출신의 핵심 그룹원들이 되게 한다. 그들이 교회 개척을 시작하는 중심 그룹이 된다.

이러한 접근법을 통해 마부노 교회는 우간다의 캄팔라, 르완다의 키갈리, 말라위의 블랜타이어, 잠비아의 루사카 등에 교회를 개척했으며, 아프리카의 다른 대도시들에도 교회를 개척할 유사한 계획을 가지고 있다.

누가 교회를 개척하는가?

마부노 교회 최초의 국제적 교회 개척은 캄팔라에서 있었는데, 이 사역은 안토니 키그위 응조로게(Antony Kigwi Njoroge)가 인도했다. 공식적으로는 2010년에 목회자 훈련생인 케빈 응데리투(Kevin Nderitu)가 교회를 시작했다. 케빈 응데리투와 자원봉사자 한 팀이 일 년 동안 매주 캄팔라까지 와서 미지지 클래스를 운영했다. 그러다가 2012년에 안토니 키그위 응조로게는 가족과 함께 캄팔라로 이사했고, 캄팔라 교회의 담임목사가 되었다. 동아프리카신학교(East Africa School of Theology)의 졸업생인 그는 2008년에 마부노 교회에 인턴으로 들어와 '리더십 파이프라인'(Leadership Pipeline)을 이수하고 성장해 한 부서를 담당하는 목양 리더가 된 것이다.

마부노 캄팔라는 그의 리더십 아래 활발히 성장해 현재 500명의 교인이 출석하고 있다. 교회를 섬기는 세 명의 스태프들은 안토니 키그위 응조로게의 아내 가토니(Gathoni)와 우간다인 목회자 훈련생 두 명이다. 그들은 '그린하우스'(Greenhouse, 어린이 교회)와 행정을 책임진다. 안토니 키그위 응조로게는 카리스마 있는 매력적인 지도자다.

28세의 제리 롤링스 오피요(Jerry Rawlings Opiyo)와 그의 아내 신시아(Cynthia)는 마부노 키갈리의 개척자요 목회자다. 그는 초등학생이었을 때 그리스도께 헌신했다. 나이로비 대학(University of Nairobi)에서 공학을 공부하는 동안 마부노 교회의 자매 교회인 맘라카 힐 채플(Mamlaka Hill Chapel)의 학생 사역을 섬겼다. 공학도로서 그의 경력은 전망이 밝았다. 그래서 제리 롤링스 오피요의 부모는 그가 대학을 마치고 교회 사역에 헌신하기로 결정했을 때 처음에는 기뻐하지 않았다. (하지만 나중에는 아들을 후원하게 되었다).

무리티 완자우 목사의 초청으로 제리 롤링스 오피요는 2009년에 마부노 디스커버리 팀에 가입했다. 당시 약혼녀였던 신시아와 함께 마부노 교회의 인턴이었던 그는 미국에서 신학 훈련을 더 받고 싶었다. 하지만 무리티 완자우 목사의 권면을 받은 후 기도하면서 마부노 교회의 교회 개척자로 인도받았음을 느꼈고, 그 길을 선택했다. 2013년에 그들 부부는 키갈리 교회를 인도하도록 위임받았다. 당시는 이미 그들이 키갈리에서 일 년 이상 미지지 클래스를 운영하고 있는 상태였다.

2014년 말까지 약 100명의 성인들이 교회에 출석했으며, 앞으로도 급성장할 것으로 예상된다.

마부노 베를린 교회의 개척은 독일인 부부 다니엘 플레쉭과 그의 아내 낸시(Daniel and Nancy Fleschig)가 주도했다. 마부노 교회의 모교회인 나이로비 채플의 오스카 무리우(Oscar Muriu) 목사가 독일 비데네스트 성경학교(Wiedenest Bible School)에서 개최된 콘퍼런스에서 설교할 때 이 신혼부부를 만나게 되었고, 2008년에 오스카 무리우는 그들을 나이로비 채플로 초청해 일 년간 인턴십을 받게 했다. 그들은 곧 마부노 교회로 옮겼고, 마부노 교회를 '스포츠 클럽'에서 벨뷰(Bellevue)로 이전하는 프로젝트를 도왔다. 그들은 인턴십 이후에도 계속해서 목회 훈련 프로그램에서 사역했으며, 총 20년을 마부노 교회에서 섬겼다.

2012년에 그들은 다시 베를린으로 이주해 규모가 작은 복음주의적 독일 교회의 목회자가 되었다. 이전부터 이 교회는 관계 네트워크를 통해 마부노 교회와 우정을 쌓았고, 이미 교회의 부흥을 위해 도움을 요청한 바 있었다. 마부노 베를린은 전혀 새로운 교회를 개척한 것이 아니라 옛 교회를 리모델링한 사례다. 다니엘 플레쉭에 따르면, 그것은 교회 개척이라기보다는 행정적 변화였다. 이 교회에는 현재 약 50명의 성인들이 출석하고 있다.

사람들에게 와(Wa) 목사로 알려져 있는 와웨루 응젠가(Waweru Njenga)와 그의 아내 에비(Evie)는 말라위의 일 년 된 마부노 블랜타이어 교회의 목회자들이다. 본래 그들은 미국 남침례교의 뿌리를 가진 교회인 나이로비 라이트하우스(Lighthouse)의 목회자요 교회 개척자였다. 마부노 교회로 인도하심을 받기 전에, 와웨루 응젠가와 에비는 10년 동안 라이트하우스에서 두 교회를 개척하고 인도했다.

오랜 교회 개척 경험에도 불구하고, 그들은 2012년에 대학을 갓 졸업한 젊은 신입들과 함께 마부노 디스커버리 팀에 가입했다. 마부노 교회는 목회 팀 지원자들에게 마부노 교회의 문화 또는 DNA를 익히게 하기 위해 맨 먼저 디스커버리 팀에 속하도록 한다. 이 DNA는 마부노 교회의 리더십 방향뿐만 아니라 사명, 비전 및 전략을 포함한다. 마부노 블랜타이어에는 약 50명의 성인이 있다.

마부노 루사카의 성장 과정은 블랜타이어 교회 및 키갈리 교회와 비슷하다. 마부노 루사카 교회는 제임스 무차이(James Muchai)의 목회 리더십 아래 있다. 제임스 무차이는 2009년부터 마부노의 리더십 파이프라인에 참여했다. 2015년 현재 마부노 교회는 마부노의 미래 계획에 따라 추가적으로 에티오피아, 남아프리카, 탄자니아 그리고 짐바브웨 등에 교회를 개척할 계획을 추진하고 있다.

책무는 어떠한가?

교회 개척자들이 마부노 본부 및 서로 간에 연락을 유지하는 데 있어서 테크놀로지가 중요한 역할을 한다. 매월 1회 그들은 스카이프(Skype)의 회의 기능을 통해 마부노 교회 스태프 회의에 참여한다. 그들은 마부노 스태프들의 이야기를 경청할 뿐만 아니라 목회 사역과 기도 제목들을 나눈다. 다니엘 플레쉭은 스카이프 회의가 자신의 월간 사역 중에서 가장 중요한 것이라고 말한다. 그는 베를린의 자원봉사자들과 월례회를 개최하는데, 마부노 스태프 회의와는 다르다. 마부노 교회는 그가 베를린에서 경험하지 못하는 열정을 가지고 기도하고 회의를 진행하기 때문이다.

교회 개척자들은 교회의 중앙 관리 팀(혹은 사역 부서장들)과 이메일로 연락한다. 그러면 그들은 최신 정보, 곧 있을 행사들, 절기별 목표 등을 다루는 주간 회의에 대해 간단한 메모를 받는다. 그들은 이 연결 고리가 자신들을 계속해서 초점에 집중시키고, 동기를 부여하며, 서로를 연결시켜 준다고 말한다. 그들은 물리적으로는 멀리 떨어져 있지만 외롭지 않다.

또한 교회 개척 목사들은 '왓츠 업'(What's Up)의 회원들이다.[109] 이 그룹은 마부노 교회의 담임목사인 무리티 완자우 목사가 관리한다. 여기서 목사들은 가정생활, 흥미로운 만남들, 지속적인 교회 사역을 방해하는 장애물(및 해결 방안)과 기도 제목을 나눈다. 이 모든 과정에는 많은 비용이 소요된다. 그래서 테크놀로지 비용은 모든 선교사들을 위한 주 예산 항목이 된다. 그럼에도 불구하고 그들은 테크놀로지에 투자할 만한 가치가 있다고 여긴다. 교회들은 사역을 활성화하는 지출 목록에 테크놀로지 비용을 포함시켰다.

서로의 관계를 유지하기 위한 또 다른 방법은 나이로비를 방문하는 것이다. 동아프리카에 있는 사역자들은 종종 나이로비를 방문한다. 키그위 응조로게는 매 분기가 끝날 때마다 가족과 함께 휴가를 받아 나이로비에 온다고 한다.[110] 여행 경비 중 일부는 각 개척 교회 사역 예

---

109 '왓츠 업'(What's-Up)은 휴대폰 사용자들의 모임을 구성하는 인기 애플리케이션인 '왓츠 앱'(WhatsApp)에 기초한 것이다. 이 애플리케이션은 실시간 공유를 가능케 함으로 유사한 사역에 참여한 목회자들끼리 친밀한 우정과 교제를 나눌 수 있도록 도와준다.

110 마부노 교회의 연중 계획은 세 분기로 나뉘어 있다. 매 분기마다 10주씩이다: 1-3월, 5-7월, 9-11월. 이 분기에 맞추어 마부노 교회는 '마부노 마라톤 클래스'(미지지, 옴비, 은도아, 레아, 하투아 그리고 시마마)로 알려진 제자훈련반을 운영한다. 4, 8, 12월에는 방학에 들어간다. 방학은 자원봉사자들에게

산에서 지원을 받는다. 그리고 일부는 목회자들이 개인적으로 충당한다.[111]

일 년에 한 번씩 열리는 마부노 스태프 회의는 모든 스태프들이 한 주간 동안 모여서 휴식을 취하고, 자축하고, 다음 해를 구상하도록 해 준다. 마부노 교회가 주최하는 또 다른 사역은 '담대한 콘퍼런스'(Fearless Conference)다. 교인들을 위한 역동적인 리더십 훈련 콘퍼런스로서, 국내 및 해외 도처의 타 교회 리더들도 얼마든지 참여할 수 있다. 교회 개척자들은 이를 권한을 위임할 수 있는 기회라고 여긴다.[112]

개인적이고 도덕적인 정직성 책무

인턴들은 미지지 클래스를 새롭게 시작하기 위해 파송을 받을 때 둘씩 짝을 지어 나간다. 그들은 동반자와 함께 사역을 감당하지만, 도덕적인 정직성을 포함한 책무의 모든 분야에서 서로를 격려하며 세워 준다. 현재 모든 교회 개척자들은 기혼자들이다. 그들은 교회를 개척하러 갈 때 배우자와 동행한다. 아내들도 이미 마부노 교회에서 훈

휴식과 다른 아웃리치 활동을 할 수 있는 기회를 준다.

111　모든 교회 개척자들은 각 교회의 재정 지출을 마부노 힐 시티 교회의 통합 계좌에 보고한다. 그들의 사례비 같은 큰 금액의 예산 항목들과 임대료, 대형 장비 구입비 등 중요한 지출은 마부노 교회의 회계부에 의해서 본부 직권으로 결정된다. 개척 교회들의 소액 지출은 각 목회자들이 자기 교회의 지역적 필요에 따라서 결정한다. 이 목적을 위해 교회 개척자들은 재량껏 사용할 수 있는 임의 기금을 소유하고 있다. 하지만 모든 개척 교회들의 기금의 지출은 연례 회계 감사를 받아야 한다는 회계 규정을 따라야 한다. 그렇게 하는 의도는 개척 교회가 성장하면 예산 결정과 여러 사역에 대한 결정을 자체적으로 내리게 하기 위함이다.

112　담대한 콘퍼런스는 이 운동의 본부인 마부노 힐 시티 교회가 매년 6월에 주최하는 연례 리더십 훈련 및 동원 콘퍼런스다. 마부노 교회는 이를 활용해 마부노의 교회 개척자들의 훈련을 진작시키고, 그 사역 자원들을 도시와 세계 도처의 이웃 교회들과 함께 나눈다. 특히 마부노 교회처럼 대학 졸업자 인구 층을 전도하고자 하는 교회들에게 그렇게 한다. 모든 마부노 교회 개척자들은 3일간의 콘퍼런스에 참석하기 위해 나이로비로 모인다.

　　　　　대형교회의 선교 책무

련을 받았거나 자원봉사를 했기 때문에 교회 개척에서 리더의 역할과 책임을 맡는다. 아내가 남편과 함께 사역함으로써 교회 개척을 '남편-아내'의 팀 사역으로 바꾼다.

목양 사역에 참여하는 이들은 매일 저녁 사역하러 나가고자 하는 유혹에 직면한다. 저녁에 목회 심방을 하거나 어떤 행사를 계획하는 것에 관해 마부노 교회는 목회자들이 매주 3회 이상은 저녁 시간에 가족과 떨어져 보내지 말 것을 권한다. 마부노 교회의 모든 목회자들은 이 원칙을 따른다. 또한 동일한 원칙이 교회 개척자들에게도 적용된다. 모든 사역 부서에서 책임을 맡을 만한 역량이 있고, 그냥 두면 목회자들의 관심을 필요로 하게 될 평신도 자원자 리더들을 대규모로 모집, 훈련시키는 마부노 방식 덕분에 목회자들은 이 지침을 따를 수가 있다. 또한 이로써 교회 개척자들은 스스로 가정의 필요에 민감해지려고 노력하게 된다.

재정적 책무

마부노 교회는 새 교회를 개척할 때 첫 일 년 동안 교회 개척자의 사례비와 교회의 유지 비용을 후원해 준다. 그 후 보조비의 수준은 각 교회에 달려 있다. 헌금이 어떻게 모이고 지출되느냐와 상관없이, 마부노 교회들의 모든 회계는 독립적인 회계 감사관에 의해서 일 년에 한 번씩 감사를 받아야 하며, 그 결과는 교회 웹사이트에 공개된다.[113] 마부

---

113 교회 개척부는 마부노 교회 내 여러 사역 부서들 중 하나다. 다른 부서들에는 어린이부, 십대 사역부, 마라톤(제자훈련), 아웃리치, 예배부(주일 예배) 및 운영부(회계와 시설)가 있다. 교회 개척부를 포함한 각 부서는 연간 예산을 할당받는다. 교회 개척 예산은 새 교회 개척, 교회 개척자들의 이사, 교회 개척 목사와 직원들 사례비, 정찰 사명 및 교회 개척에 소요되는 제반 비용을 포함한다. 재정 지원은 캄팔라나 키갈리나 베를린 같은 개척 교회들이 자체의 재정적 필요를 일부나마 감당할 수 있

노 베를린과 마부노 캄팔라는 아직도 재정적인 제약이 있기는 하지만 이제 재정적으로 완전히 자립했다. 마부노 교회는 2013년 8월까지 마부노 캄팔라 교회의 개척자 사례비와 교회 운영비를 보조했다. 마부노 키갈리와 블랜타이어는 여전히 모교회로부터 후원을 받고 있다.

결론 : 관계의 힘

대형교회들은 선교 사역의 책무를 감당할 수 있는가? 마부노 교회의 사례는 많은 도전이 있음에도 불구하고 효과적인 감독이 가능하다는 점을 제시한다. 관계가 핵심이다. 만약 교회 개척자들 중 한 사람이 잘못된 가르침이나 도덕적 실패로 인해 실족하게 된다면 마부노 교회는 어떤 조치를 취할 것인가? 무리티 완자우 목사에 의하면, 마부노 교회는 해당 목회자를 소환한다고 한다. 이것은 마부노 교회가 지교회를 창립할 때마다 세워 놓은 합법적인 안전장치다.[114] 모교회는 해당 목회자의 자격을 박탈하고 교체할 수 있는 권리가 있다.

하지만 형벌적인 조치는 최후의 수단이다. 마부노 교회는 선교사들과 파송자들 간에 인격적 유대 관계를 맺고 강화하기 위해 최선을 다한다. 무리티 완자우 목사는 그것이 "교회 개척자들을 보내는 것만이 아니라 '자녀들을' 세우기 위한 헌신이다"라고 서술했다. 이 강력한 유대 관계는 단순히 직업이나 계약에 대한 충성을 초월한다. 무리티 완자우 목사는 이 긴밀하고 가부장적인(paternal) 책무가 항상 적절한 것

을 때까지 계속된다. 교회들이 그 지점에 도달하게 되면 중앙 예산의 지원은 점점 줄어든다. 하지만 그들은 여전히 모든 마부노 교회들이 따르는 회계 절차를 밟아야 한다. 모든 목회자들은 각 교회의 수입을 알릴 수 있고, 특별한 필요를 보고할 수 있다.

114 키야마 무감비, 무리티 완자우 인터뷰, 나이로비에서 2014년 8월.

                                              대형교회의 선교 책무

은 아니었지만 시행착오를 통해 발전했다고 인정한다. 이 모델이 시간이 지나면서 얼마나 유지될지는 두고 봐야 할 것이다. 하지만 마부노 교회 사역의 현 단계에서는 규정만이 아니라 관계가 효과적인 책무를 제공하고 있다.

✞ 숙고를 위한 질문들

1. 마부노 교회는 또 다른 대형교회인 나이로비 채플의 개척 교회로 시작했다. 마부노 교회의 선교 실천 모델은 이러한 교회 네트워크 유대 관계를 얼마나 반영하는가? 교회들의 네트워크 안에서 선교하는 것의 장점과 한계는 무엇인가? 지교회와 모교회 사이의 시너지와 의존 관계라는 패턴을 볼 때 어떤 장점과 약점이 있는가?

2. 본 연구는 마부노 교회가 우간다의 캄팔라와 독일의 베를린 같은 곳에서 교회 개척에 성공한 사례를 알려 준다. 그러나 탄자니아의 다르살람에서의 교회 개척이 실패한 것에 대해서는 별로 언급하지 않았다. 필자들이 대화를 나눈 이들은 다르살람에서의 실패의 원인이 선교사의 행동이나 자금 부족 혹은 모교회와의 갈등보다는 다르살람과 나이로비의 도시 문화가 많이 다르다는 점을 충분히 이해하지 못한 데 있다고 확신했다. 이처럼 교차 문

화적인 민감성이 부족한 이유는 훈련에 이용된 방법(실습 모델, 마부노 교회에서 스태프로 보낸 시간)이 구식이거나 '관문도시'와 '문화-정의적 교회' 같은 광범위한 개념들이 도시들 간의 유사점은 과도하게 강조하는 반면 차이점은 경시하기 때문이 아닐까?

3. 마부노 교회의 선교사 책무 시스템의 핵심은 바울과 디모데 간에 형성된 신뢰와 같다. 이처럼 친밀하고 권면하며 책임지는 관계를 효과적으로 유지하려면 테크놀로지(주중 소셜 네트워킹)와 비용이 많이 드는 연례 콘퍼런스(마부노 담대한 콘퍼런스), 시간이 많이 걸리는 연락하는 일에 헌신해야 한다.

대부분의 경우 선교사들과의 관계를 유지하는 책임을 진 이들은 지역 사역에도 크게 관여하고 있다. 이것은 적절한가? 대형교회들은 선교사 멤버 케어 사역을 위한 독자적인 기관을 개발하거나 목회자들을 이 책임으로부터 자유롭게 함으로써 그들의 선교사 멤버 케어 사역을 정형화할 필요가 있는가? 아니면 현재의 관계 형성 패턴만으로도 충분히 효과적이고 유지가 가능한가?

4. 사도행전에서 교차 문화적인 대형교회의 선교가 시작되는 것을 살펴보면, 리더십 네트워크와 제자도, 일대일 훈련이 큰 역할을 감당했다는 것을 알 수 있다. 마부노 교회는 선교 사역과 선교사 멤버 케어와 책무에 관한 사도적 패턴을 얼마나 많이 반영하고 있는가? 주요한 차이점에는 어떤 것들이 있는가?

5. 마부노 교회는 마부노 마라톤을 중심으로 국내외 사역을 구축하
고 있다. 이 목회 철학은 구도자 예배, '미지지'(뿌리)로 불리는 핵
심 커리큘럼을 통한 10주간의 집중 훈련, 소규모 '에클레시아 그
룹'을 통한 지속적인 제자화를 활용하고, 개인이 사회의 핵심 영
역(국정 관리, 미디어와 예술, 교육과 가정, 돈과 경제, 교회와 문화 등) 중 한
곳에서 자신의 '전방 사역'을 발견하도록 도움으로써 '평범한 사
람들을 사회의 담대하고 영향력 있는 사람들로 바꾸는 것'과 관
련된다.

관문도시의 교회 개척자들은 미지지 그룹을 개설해 사역을 시작
하고, 그 사역을 수백 명의 회중으로 성장시키면 마부노 마라톤
을 자체적으로 시작할 수 있다. 마부노 교회가 접근하려 하는 글
로벌 도시들의 방대한 다양성에 비추어 볼 때 이 사역의 구성과
커리큘럼은 얼마나 현실적인가? 이 접근법을 다양한 교차 문화
적 역동성에 적용시키려면 어떠한 변화를 주어야 하는가? 당신
의 현재 사역과 상황에 반영할 수 있는 개념은 무엇인가?

13장

"아프리카의 대형교회와 선교 사역"에 대한 논평

박시경

우리는 하나님이 특별한 사역에 기적적으로 개입하신다는 사실에 늘 놀라곤 한다. 사도행전 2장에서 교회가 완고한 유대교와 압도적으로 세속적인 그리스-로마의 다신교라는 적대적 환경 속에서 출발할 때 하나님의 개입이 시작되었다. 그 후로 그러한 신적인 개입은 교회와 선교의 역사에서 여러 번 나타났다. 그 신적인 개입이 우리 시대에 더 자주, 특히 아프리카, 중동, 남아메리카 여러 지역에서 나타나고 있다는 사실은 매우 고무적이다.

대형교회와 선교 : 한국과 케냐

지난 수십 년 동안 '기적적인 교회 성장'이란 표현은 한국 교회와 교회 지도자들에게 매우 익숙한 표현이었다. 왜냐하면 세계 최대의 대형교회들 중 세 개가 서울에 있기 때문이었다. 이러한 대형교회는 매우 단기간에 성장했는데, 주로 1970년대 중반부터 1990년대 중반 사이에 이루어졌다.[115] 한국 교회의 세계 선교는 급속한 교회 성장의 자연스러운 결과로써 교회 성장과 평행선상에서 발전했다.

케냐 나이로비 마부노 교회의 성장과 한국 대형교회들의 성장에는 전략 면에서 흥미로운 유사점이 발견된다. 두 교회는 도시 중심 교회였고, 교육 수준이 높은 젊은 세대를 대상으로 삼았고, 상황화된 훈련과 의사소통 테크놀로지에 많은 투자를 했으며, 중앙집권적 리더십 체계를 구축하고 있다.

마부노 교회는 전통적인 교회 성장 이론들의 장단점을 평가한 후 2005년에 개척되었다. 몇 가지 안전장치를 통해 교회는 성공적으로 출발할 수 있었다.

마부노 교회의 철저한 접근과 탄탄한 전략적 기초에 비해, 1970년대와 1980년대 한국 교회의 성장 이론은 매우 서툴게 발전했다. 예를 들면, 교회 간 경쟁의식은 성경의 가르침에 위배되는 것인데 1970년대 중반부터 1990년대 중반까지 그러한 현상이 한국의 도시 교회들 사이에서 만연했다. 그 기간에 서울과 같은 대도시에서 대부분의 지역 교회들은 급속한 교회 성장을 강력하게 추진했지만, 책무 문제와 관련해 자기 점검을 하는 데 있어서는 실패했다. 교회 성장과 선교가 본질

---

115 Ro Bon-Rin and Marlin L. Nelson, *Korean Church Growth Explosion: Centennial of the Protestant Church (1884-1984)* (Seoul: Word of Life Press, Taichung, Taiwan: Asia Theological Association, 1983).

상 평행선상에서 진행되고 있었기 때문에, 한국 교회 선교도 동일한 약점을 안고 있었다. 탄탄한 전략적 기초가 결핍되었고, 책무에 결함이 있었다. 이러한 구체적인 문화적, 영적 상황에서 한국 교회가 세계 선교의 교차 문화 사역을 시작하자 책무의 문제들이 선명하게 드러났다. 선교사와 후원 교회와 심지어 파송 단체마저 책무의 인식에 있어서 부족함을 드러냈다.

마부노 교회의 결정들

마부노 교회는 탁월하게 분명하고, 실현 가능하며, 적절한 사명 선언문을 작성했는데, 즉 "평범한 사람들을 사회의 담대하고 영향력 있는 사람들로 바꾸는 것"(167쪽)이다. 만일 1세기의 교회가 사명 선언문을 작성했다면, 그들은 분명히 세속적인 그리스-로마 세계 안에서 복음을 증거하기 위해 이와 유사한 사명 선언문을 작성했을 것이라고 필자는 확신한다.

목회자 부부를 한 사역 팀으로 파송하는 것은 남성 중심 사회인 전통적 아프리카 문화에서 흔한 접근은 아닐 것이다. 그러나 마부노 교회는 남편과 아내에게 동등하게 훈련과 사역의 기회를 부여했다. 대조적으로, 한국 교회는 목회자의 아내들에게 공식적인 직책이나 직함을 주지 않는다. 마부노 교회의 지도력 개발에서는 그러한 개척자적 정신이 교회 성장에 효과적이었다.

한국의 대형교회 선교의 문제

세계 선교에 대한 열정을 소유한 한국 교회는 전문 선교단체가 아닌 개 교회가 주축이 되어 세계 선교를 주도했다. 이러한 방법은 종종 이웃 교회들 간의 경쟁의식으로 표출되었다. 이러한 경쟁의식에 대해 콰베나 아사모아-기아두가 "양적 성장을 탐하고 자신들의 숫자를 매우 영적이고 성공적인 전도의 증거로 자랑스럽게 인용한다"(164쪽)고 비판한 것은 매우 적절하다.

인간 본성은 죄로 얼룩져 있어서 그러한 경향에 너무나 쉽게 굴복해 버린다. 어떤 문화권에서든 선교사들은 이러한 유혹에 넘어져 자신의 사역에서 실수와 실패를 경험하게 되는데, 특별히 그들이 세계 선교에 헌신된 전문 선교단체가 아니라 개 교회에 의해 감독을 받게 될 때에는 더욱 그러하다. 그들은 외부 선교단체의 감독을 받는 선교사들에 비해 사역과 재정 면에서 자율성을 더 많이 누린다.

사역의 효율성, 선교비 모금, 적절한 재정 집행, 선교사 자녀 문제, 선교사 멤버 케어, 선교사 사역지 이탈 등의 문제는 대부분의 한인 선교사들과 한국 교회가 당면한 선교의 주요 쟁점들이다. 물론 뛰어난 사역 실적을 가진 독립 선교단체들도 힘겨운 문제들에 직면해 있다. 개 교회와 선교단체의 선교사 후원 시스템이 변하지 않는 한 한국 교회에서 이러한 문제는 계속될 것이다.

마크 쇼와 완지루 기타우가 인용한 박기호 교수의 글에 명시되어 있듯이(163-164쪽), 선교사 책무는 한국 교회에서 매우 곤란한 문제가 되어 왔다. 21세기로 접어들면서는 주요 문제가 되었다. 선교사와 후원 교회가 똑같이 관련된 문제들의 심각성에 동의했다. 이 책무 문제는 주요 선교 콘퍼런스, 선교 포럼, 소논문, 심지어 신학교 박사 학위 논문에서도 다루어졌다. 많은 전문가들이 다루어 왔음에도 불구하고 문제가 완화될 기미가 보이지 않는다. 우리는 무엇을 놓치고 있는가?

한국은 좁은 국토에 조밀한 인구를 가진 5천 년 역사의 나라다. 국토의 면적은 미국의 인디애나 주와 비슷하다. 그러나 인디애나 주는 680만 명의 인구를 가진 평지인 반면에, 한국은 5천만 명의 인구를 가진, 국토의 3분의 2가 산지인 나라다. 전통적으로 한국은 집단주의적, 관계 중심적 사회다. 이러한 특별한 지리적, 문화적 배경을 가진 한국 선교사들은 자신들의 후원 교회와 전통적인 방법을 기반으로 한 관계를 유지하고 있다. 또한 후원 교회도 그런 방법을 선호한다. 선교사와 후원 교회가 이러한 전통적인 사회구조에 기반한 긴밀한 개인적 유대관계를 통해 서로 결속되어 있다면 선교사 책무는 이차적인 문제로 전락하게 된다.

마부노 교회 선교 사역의 문화적 선택

각 문화권은 독자적인 방식으로 책무를 정의하고, 책무적 실천을 이해한다. 예를 들면, 선물과 뇌물의 경계선이 각 문화권마다 다를 수 있다. 북미와 서유럽 같은 과업 중심적 문화권에서는 선물과 뇌물의 경계선이 명확한 반면에, 아시아, 아프리카, 남미처럼 관계 지향적인 문화권에서는 대체적으로 그 경계선이 모호하다. 이러한 문화적 가치관의 차이로 인해 상호 간 비난과 오해가 심심치 않게 발생할 수 있다.

이 민감한 문제에 대해 마부노 교회는 혼합 시스템을 사용했는데, 지역 교회 사역에는 전통적 아프리카의 문화적 가치관을 적용시키고, 리더십 훈련, 재정 및 보고에 있어서는 효율 중심의 서구식 문화적 가치관을 적용시켰다. 여기에서 우리는 마부노 교회가 책무 문제, 특별히 선교사들의 재정 문제에 대해 서구식 접근법을 적용한 사실을 알수 있다. 아프리카의 문화적 상황에서 이러한 접근법은 매우 개척자적이라고 할 수 있는데, 다수세계에서 하나의 모델로 폭넓게 적용할 수있다고 본다.

마부노 교회는 지역 교회의 사역과 재정 집행, 지도력 개발, 보고에 있어서 중앙집권적 감사 시스템을 채택함으로써 높은 효율을 달성할수 있었다. 이 모든 변화는 효과적이라는 점이 입증되었고, 마부노 교회의 중앙집권적 리더십에 의해 가능했다.

순탄한 성장

필자가 염려하는 것은 교회가 단기간 속성 성장에만 지나치게 관심을 가지면 여러 부작용을 맞이할 수 있다는 점이다. 한국의 여러 대형교회들은 첫 10여 년 동안 교회 행정과 목회자 관리와 선교 사역에 있어서 많은 문제점들을 경험했다. 필자의 견해로는 이런 문제들의 주원인은 사역자들의 경험 부족, 지나친 열심, 마초 콤플렉스, 미디어를 통한 세속적 명예 추구, 최고 지도자들의 재정 비리 등이다.

마부노 교회가 세계 도처에서 대형교회들이 실족하게 된 문제들을반면교사로 삼는다면 인상적인 성장과 탄탄한 사역을 계속 발전시켜나갈 수 있을 것이다. 또한 지역의 문화 가치를 반영하는 문화적으로적절한 지도력의 개발과 책무를 유지한다면 건강한 대형교회로 계속성장해 나갈 것이다.

14장

대형교회와 선교단체와의 상호 협력

: 사랑의교회

박필훈

필자는 대형교회와 선교단체들 사이의 상호 협력 사례 연구를 발제하도록 초청해 준 것에 대해 감사한다. 이 기회를 통해 대형교회들이 세계 선교에 기여하는 모습을 조명할 수 있기 때문이다. 이 포럼을 통해 우리는 대형교회들이 선교 사역에 참여해 온 다양한 방법들을 더 깊이 이해할 수 있으리라 확신한다.

대형교회들은 여러 종류의 풍부한 자원을 누리고 있으며, 그 덕분에 세계 선교 사역을 방대한 규모로 수행할 수 있다. 예를 들어, 여러 지역에 선교 베이스를 구축하고, 선교 사역을 위한 문화 센터를 건립하고, 교회 내 선교 전담 부서를 운영하고, 다른 선교단체들이 수행하는 대규모 프로젝트를 지원할 수 있다.

반면 대형교회에서 나오는 막대한 분량의 물적 자원이 좋은 것이긴 하나 가장 좋은 것을 방해하는 결말을 맞을 수도 있다는 점을 우리는 인정해야 한다. 예를 들어, 대형교회들이 막대한 자원 때문에 협력 사역보다 독자성을 추구함으로써 스스로 고립될 수도 있다. 협력 사역은 선교단체들이 보유한 깊은 경험과 장기간 연마된 선교 전략적 기술을 배울 수 있게 해 준다. 선교에 있어서 독자적 활동은 희생이 클 수 있다.

이 장의 목적은 사랑의교회가 다른 선교단체들과 협력해 온 모습을 살펴보는 것이긴 하지만, 대형교회와 선교단체가 세계 선교를 위해 어떻게 관계를 맺을 수 있는지에 대한 사례 연구가 될 수 있을 것이다. 이 사례 연구는 대형교회와 선교단체 사이의 협력의 한 모델을 규명하고, 그 협력이 양측에 혜택을 끼친 방식들을 탐구하고자 한다.[116]

사랑의교회와 선교단체들 간의 협력 현황

사랑의교회는 2014년 9월 현재 총 94개 선교단체들을 재정적으로 지원하고 있다.[117] 이 단체들 중에서 18개 단체는 다른 나라에서 시작된 국제 선교단체들이고, 41개는 한국에서 시작되어 국제적으로 활동

---

116 John H. Oak, *Called to Awaken the Laity* (London: Christian Focus, 2006), 273. 사랑의교회는 1978년 고(故) 옥한흠 목사를 포함한 10명의 성도로 시작되었고, 2014년 현재 3만여 명이 주일 예배에 참석하고 있으며, 오정현 담임목사와 140여 명의 부교역자들과 3천여 명의 평신도 지도자들이 진리 안에서 성장하고, 가족을 사랑하고, 하나님께 순종하고, 기독교적 삶에 자원하며, 세계를 복음화하자는 5중적인 비전에 헌신하고 있다.

117 유승관의 다음 글은 사랑의교회의 선교 사역과 세계선교부에 대한 세부적인 개관을 제공한다. Seung Kwan (David) Yoo, "Accountability in a Local Church's Ministry of World Mission: SaRang Community Church as a Case Study," in *Accountability in Missions: Korean and Western Case Studies*, ed. Jonathan J. Bonk (Eugene, Ore.: Wipf & Stock, 2011), 88–139.

하고 있는 단체들이며, 35개 단체는 한국의 시골 지역에서 전도하는 등 국내 선교 사역에 관여하고 있다.

이 단체들 중에는 주요 선교단체를 비롯해 한국선교연구원(KRIM), 해외선교연구센터(OMSC), 미전도종족선교연맹(Unreached People Mission Alliance, UPMA) 등과 같은 선교 연구 단체들과 선교한국(Mission Korea)과 같은 선교 연합 운동, 선교사상담센터(Missionary Counseling Center, MCC)와 같은 전문적인 선교사 멤버 케어 기관도 포함된다.

사랑의교회는 선교단체들을 위한 재정적 후원뿐만 아니라 실질적인 동역도 중요시한다. 사랑의교회는 협력 관계를 통해서 선교가 가장 효과적으로 수행된다는 것을 이해하고, 다양한 선교단체들과의 협력을 통해서 선교적 시너지를 구축하려고 한다.

사실 사랑의교회가 선교에 참여하는 다른 대형교회들과 차별화된 점은 다른 선교단체들과의 철저한 동역에 있다. 사랑의교회의 선교사들은 대부분 교회 자체적으로만 파송 받지 않고 국내 및 국제 선교단체들에도 소속되어 있다. 사랑의교회의 협력 선교사들도 마찬가지다.(〈도표 14.1〉 참조, 사랑의교회 '파송 선교사'는 사랑의교회가 파송한 선교사들이고, '협력 선교사'는 타 교회에서 파송했지만 사랑의교회로부터 기도와 재정의 후원을 받는 선교사들이다. 사랑의교회는 선교사 단위를 미혼 혹은 독신 선교사를 한 단위로 계수하며 선교사 가족도 한 단위로 계수한다.)

즉 사랑의교회 파송 선교사 124개 가정은 31개의 국제 선교단체 및 국내외 기관에 소속되어 있고, 협력 선교사 총 87개 가정은 29개의 국제 및 국내 선교단체 소속으로 사역하고 있다. 이러한 이중 소속이라는 배려는 대형교회에만 국한되지 않고, 중소형교회들이 얼마든지 모방할 수

   대형교회의 선교 책무

있는 선교적 모델이다.

선교단체	파송 선교사	협력 선교사	선교단체	파송 선교사	협력 선교사
AAP	1	-	KPM	-	1
ANN	1	-	KWMA	-	1
ARILAC	1	-	LCI	-	1
CCC	3	3	MSS	-	1
총회선교부	-	3	Nagusamenokoe	1	-
Compassion	-	1	Nations	1	-
DMS	-	1	NTM	1	-
ECMI	-	1	OM	7	9
FBDB	-	1	OMF	-	4
FMnC	-	2	바울선교회	2	-
GBT (Wycliffe)	3	4	PCKW	1	-
GCM	1	-	Pioneers	2	-
GMF	-	1	Russian Mission	-	1
GMP	7	4	SEED	2	3
GMS	2	7	Silk Wave	-	1
GP	-	2	SIM	2	2
GPTI	1	-	UPMA	1	-
HOPE	3	2	WEC	20	6
Int'l Volunteers			WEM	1	-
of Love	2	-	WEST	1	1
Interserve	15	2	World Diakonia	1	1
IOCK	1	-	YUST	11	3
KFHI	2	-	YWAM	1	1
KPCUSA	1	-	무소속	25	17
			총 수	124	87

<도표 14.1> 사랑의교회 파송 및 협력 선교사 선교단체 소속 현황

협력 사례

여기서는 사랑의교회가 OM국제선교회(Operation Mobilization), WEC국제선교회(WEC International), SIM국제선교회(Serving In Mission) 그리고 인터서브(InterServe)국제선교회와 맺고 있는 협력 관계를 고찰할 것이다.

OM국제선교회와의 협력 OM국제선교회 한국 본부는 사랑의교회와 긴밀하게 연관되어 설립되었다. 사랑의교회는 1989년 8월 한국 OM국제선교회 출범 초기에 사무실 공간을 제공함으로써 행정적으로 지원해 주었을 뿐만 아니라, 선교회의 출발 단계가 원활하게 이루어지도록 핵심적인 도움을 제공했다.

사랑의교회는 제자훈련을 핵심 사역으로 삼고 빠르게 성장하는 영향력 있는 교회로서 OM국제선교회의 한국 본부가 빠른 시일 내에 성장하는 데 필수적인 인적, 물적 자원을 제공했다. 이러한 호혜적인 관계는 계속 발전했다. 사랑의교회는 청년들을 선교 사역에 동원할 수 있었고, 동시에 한국 OM국제선교회는 헌신된 선교사들을 발굴하고 파송해 성장할 수 있었다.

한국 OM국제선교회가 빠른 속도로 성장할 수 있었던 또 하나의 원인은 사랑의교회와 탄탄한 협력 관계를 맺음으로써 얻은 신뢰다. 한국의 여러 지역 교회들은 사랑의교회와 맺은 신뢰와 신임 덕분에 이 신생 선교단체를 기꺼이 신뢰했다. 더불어 당시 한국 교회의 존경과 주목을 받던 고(故) 옥한흠 사랑의교회 담임목사가 한국 OM국제선교회의 이사장으로 섬김으로써 지역 교회들 사이에서 선교단체의 신뢰도를 높일 수 있었다.

이 관계의 연장선에서 볼 때, 현재 사랑의교회를 담임하는 오정현 목사는 남가주 사랑의교회 담임목사로 시무할 당시 미주 한인 OM국제선교회의 이사장으로 섬긴 적이 있었다. 사랑의교회와 OM국제선교회 리더들의 우정과 네트워크는 계속해서 열매를 맺고 있으며, 오정현 목사는 계속해서 한국 OM국제선교회를 전적으로 지원하고 있다.

사랑의교회와 OM국제선교회의 관계는 대형교회가 국제 선교단체의 홍보와 성장에 미칠 수 있는 호혜적 영향에 대한 좋은 사례다. 현재 한국 OM국제선교회 대표로 섬기는 김수용 선교사는 OM국제선교회와 사랑의교회의 협력 관계를 이렇게 표현했다.

> "오늘의 한국 OM국제선교회는 신실하게 동역해 준 사랑의교회가 있었기에 가능했다. … 사랑의교회는 한국 OM국제선교회가 현 세대를 세계 선교에 동원하는 데 힘이 되어 주었고, 반면에 OM국제선교회가 가지고 있는 전 세계적인 인프라는 사랑의교회의 국제화에 기여할 수 있었다."[118]

WEC국제선교회와의 협력 사랑의교회 파송 선교사 가운데 가장 많은 숫자가 소속된 단일 선교단체는 WEC국제선교회로서 26개 가정이 소속되어 있다. 한국 OM국제선교회처럼 WEC국제선교회 한국 본부의 설립도 사랑의교회와 긴밀한 협력 관계 안에서 시작되고 진행되었다.

건강하게 성장하는 교회인 사랑의교회와 국제 선교단체인 WEC국제선교회 사이의 협력 관계에 대한 신뢰와 WEC국제선교회 소속 선교

---

118 김수용, 박필훈 인터뷰, 2014년 9월 28일.

사들의 헌신적인 노력으로 WEC국제선교회 한국 본부는 급성장할 수 있었다. 특히 사랑의교회 옥인영 장로가 WEC국제선교회 한국 본부의 초대 이사장으로 섬김으로써 자연스럽게 사랑의교회 출신 선교 후보생 모집이 장려되었다. 또한 사랑의교회에서 열린 WEC국제선교회 선교 기도 모임을 통해서도 사랑의교회와 선교단체 사이의 강력한 협력 관계를 구축할 수 있었다.

WEC국제선교회 한국 본부 대표인 박경남 선교사는 사랑의교회와 선교단체들 사이의 협력에 관해 다음과 같이 피력했다.

> "선교단체에 소속된 선교사들만 파송한다는 사랑의교회의 선교사 파송 원칙은 다른 지역 교회와 선교단체들의 귀감이 되었다. 사랑의교회는 대형교회로서 자체 자원을 활용해 독자적인 선교를 진행할 수 있었음에도 불구하고 선교단체를 섬기고 동역하는 것의 중요성을 인정하는 선택을 했다. 이것은 지역 교회의 목회적 전문성과 국제 선교단체의 현장 경험의 시너지를 최대화할 것이다. … 마지막으로, 사랑의교회 세계선교부는 항상 열린 마음으로 소통하려는 진정한 의지를 보여 주었다."

SIM국제선교회와의 협력 사랑의교회와 SIM국제선교회의 협력 관계는 사랑의교회가 2007년에 SIM국제선교회의 국제 본부 대표인 말콤 맥그리거(Malcolm McGregor)와 그의 아내 리즈(Liz)를 사랑의교회 '평신도를 깨운다'(Called to Awaken the Laity, CAL) 제자훈련 지도자 세미나에 초청하면서 시작되었다.[119] 그것은 사랑의교회가 제공한 제76차 CAL 세미나였다.

사랑의교회는 제자훈련의 목회 철학과 그 목회 모델의 임상 결과를 나누고자 하는 바람으로 국제 선교단체의 지도자들을 세미나에 초청해 왔는데, 2005년부터 현재까지 28개국의 교회 및 선교 기관 지도자 338명이 CAL 세미나에 참석하기 위해 사랑의교회를 방문했다.

세미나에 참석한 후 맥그리거 부부는 선교 현장에서의 제자훈련의 필요성을 깊이 인식하고 즉각적으로 SIM국제선교회의 아프리카 선교 사역의 일환으로 제자훈련 프로젝트를 추진하기 시작했다. 그들의 노력 덕분에 SIM국제선교회를 통해 태동되어 에티오피아의 최대 교단이 된 칼레 헤윗 교회(Kale Heywet Church)가 이러한 제자도에 대한 강조를 받아들였고, 마침내 아프리카 전역으로 확산되었다. SIM국제선교회의 추천으로 칼레 헤윗 교단의 지도자들이 CAL 세미나에 참석했다. 그들은 제자훈련의 큰 필요를 인식하고 아프리카 대륙 전체에 걸쳐서 제자도를 위한 동원과 훈련의 목적으로 2013년 1월에 아프리카의 지도자 90여 명을 초청, '아프리카 제자훈련 전략 회의'를 개최했다.

이처럼 SIM국제선교회의 네트워크를 통해 사랑의교회의 제자훈련 목회 철학이 아프리카의 여러 교회 지도자들에게 전파된 사례는 선교단체와 대형교회 사이의 생산적 협력 관계의 가능성을 예시한다.

인터서브국제선교회와의 협력 : 상호보완적인 선교사 멤버 케어 2014년 현재 사랑의교회 선교사 17개 가정은 인터서브국제선교회에 소속되어

---

119 http://www.disciples.co.kr/english/seminar/cal/intro.asp.

있으며, 그 수가 증가하는 추세다. 이와 같은 협력적인 파트너십은 멤버 케어를 크게 향상시키는 데 도움이 되곤 한다. 멤버 케어에서 어떤 측면은 파송 교회가 가장 잘 제공하고, 또 다른 측면은 파송 단체가 잘한다. 그들의 연합 사역을 통해 선교사는 여러 방면에서 이상적인 멤버 케어를 받을 수 있다.

일반적으로, 인터서브국제선교회의 멤버 케어 서비스는 선교사의 전반적인 현장에서의 생활과 사역을 포함하는 반면, 사랑의교회는 선교사들이 한국에 휴가를 나왔을 때 건강 및 복지 서비스를 제공한다. 사랑의교회는 안식년을 맞은 선교사들을 위로하고 돌보기 위해서 그들의 휴가 기간에 주택 제공, 건강검진 및 의료 서비스 그리고 자녀 교육비 일부 지원 등 파송 교회로서의 역할을 감당하고 있다.

전체적으로, 인터서브국제선교회는 선교사들이 안식년을 시작할 때 효과적으로 디브리핑(debriefing)하기 위해 선교사에게 목양적 상담과 지원을 제공하는 멤버 케어 전문 기관인 하트스트림(Heartstream Resources)[120]과 계약을 맺었다. 사랑의교회의 파송을 받고 인터서브국제선교회에 소속된 선교사가 하트스트림에서 상담을 받을 경우 소요 경비의 50%는 인터서브국제선교회가 부담하고, 나머지 50%는 사랑의교회 세계선교부가 부담한다.

한편 선교 현장에서 문제가 발생할 시 인터서브국제선교회 한국 본부와 사랑의교회 세계선교부가 협력해 최선의 해결책을 모색한다. 지속적인 소통과 긴밀한 협력을 유지함으로써 두 기관은 선교사 멤버 케어 분야에서 동역하는 좋은 사례를 만들어 가고 있다.

---

120 하트스트림 한국 본부 사이트(한글): http://hsrk.or.kr/, 하트스트림 국제 본부(영문): http://heartstreamresources.org/.

대형교회의 선교 책무

협력의 유익

선교 역사를 살펴볼 때 현 세대에 하나님은 그 어느 때보다 이 시대에 더 많은 선교단체와 기관들을 세우심으로써 선교 사역을 위한 엄청난 일들을 이루셨다. 1991년에 찰스 밴 엥겐(Chales Van Engen)은 "전 세계 223개국에서 다양한 사역을 통해 교회들을 섬기는 사명을 감당하는 1만 5,800개의 서로 다른 선교단체가 존재하며, 이들은 교회와 별도로 독립된 조직체다"라고 주장한 데이비드 바렛(David Barrett)을 인용한 바 있다.[121] 그러나 이 선교단체들이 조직상으론 아무리 독립적이라 할지라도 고립된 채 홀로 자력으로 출범하고 존재하게 된 단체는 아무 곳도 없다. 어떤 경우에도 그들은 지역 교회와 긴밀한 연관성을 가지고 공존했다.

물론 선교단체와 지역 교회의 협력 또는 협력의 부재 문제는 새로운 현상이 아니다.[122] 1995년에 레슬리 뉴비긴(Leslie Newbigin)은 이렇게 썼다.

> "도널드 맥가브란(Donald McGavran)이 관찰했듯이, 선교 기지 중심적 접근은 회심자들이 자신들이 속한 전통적인 공동체에서 분리되어 외국 선교 기관에 밀착하게 되고, 외국 선교사의 윤리적, 문화적 기준을 따르도록 되어 있다. 이런 정책은 두 가지 결과를 낳았다. 한편으로 회심자는 이질적인 문화에 이식된 만큼 더 이상 비그리스도

---

121 Charles Edward van Engen, *God's missionary people: rethinking the purpose of the local church* (Grand Rapids, Mich.: Baker Book House, 1991), 39, Korean Edition 2014, 60-61.

122 John W. Nyquist, "Parachurch Agencies and Mission," in *Evangelical Dictionary of World Missions*, ed. A. Scott Moreau (Grand Rapids: Baker Books, 2000; Korean ed., 2014), 727; and Ralph D. Winter, *The Twenty-Five Unbelievable Years*, 2nd ed. (Pasadena, Calif.: William Carey Library, 2005; Korean ed., 2012), 266-83.

인 가족과 친척과 이웃에게 영향을 미칠 수 있는 입장이 아니다. 다른 한편으로 선교사들이 복음의 요건이라고 생각하는 기준에 회심자들이나 그들의 자녀를 맞추려는 노력으로 선교의 에너지가 완전히 소모되고 만다. 이 두 가지 요인으로 말미암아 교회는 더 이상 성장하지 못한 채 제자리걸음만 하게 된다."[123]

우리의 과제는 취약점을 보강해 지역 교회와 선교단체들이 조화를 이루면서 함께 성장하도록 하는 것이다.

여기서 필자는 이 장에서 소개한 선교단체와 대형교회 사이의 선교적 협력에서 나타나는 주요한 혜택을 개관하고자 한다.

· 잘 알려진 대로, 대형교회가 보유한 인프라와 명망 있는 신뢰도는 신생 선교단체에게 플랫폼을 제공함으로써 건강하게 성장하고 발전할 수 있도록 해 준다.
· 선교단체는 협력 관계를 통해 대형교회들이 축적한 귀중한 자원을 얻음으로써 세계 복음화를 위해 얻는 유익이 헤아릴 수 없이 많다. 대개는 인적자원이지만, 전문 기술, 인맥, 재정 자원 및 기타 자원 등이 그것이다.
· 선교단체와 대형교회가 협력해 선교사를 파송할 때 양측은 멤버 케어를 분담할 수 있고, 상호 보완적 협력 방안을 개발할 수 있다.
· 대형교회는 선교단체들과의 협력 관계를 구체적으로 형성함으로써 중소형교회도 따라 할 수 있는 선교적 협력의 모델이 될 수 있다.

---

123 Lesslie Newbigin, *The open secret: an introduction to the theology of mission*, Rev. ed. (Grand Rapids, Mich.: W. B. Eerdmans, 1995), Korean Edition 2012, 216.

                                   대형교회의 선교 책무

대형교회와 선교단체 사이의 협력과 조정의 노력은 많은 긍정적인 유익을 줄 것이라는 전망을 약속한다. 그러나 우리는 그런 결실이 '공짜로' 나타나지 않는다는 것을 기억해야 한다. 그런 결실을 얻으려면 시간과 상호 배려, 심사숙고 및 열린 소통에 투자해야 한다. 효과적인 협력 정신을 위해 대형교회들이 배양해야 할 태도는 다음과 같다.

· 대형교회는 선교단체의 전문성과 그들이 개발한 선교 사역 기술을 인정해야 한다. 대형교회는 자체 자원이나 비법에 지나치게 의존하는 것을 피해야 하며, 독자적으로 활동하고 싶은 유혹을 뿌리쳐야 한다.
· 대형교회는 지속적으로 선교단체와의 소통을 강화하기 위한 노력을 의도적으로 기울여야 한다. 사랑의교회는 이러한 소통을 위해 지난 수년간 거의 매년 연말이면 열리는 '선교단체장 조찬 모임'을 통해 동역하는 선교단체장들과 소통하는 시간을 가져 왔다.
· 대형교회는 선교단체와 동역함에 있어서 그 단체의 실질적인 필요에 주의를 기울여야 하며, 그 필요를 충족시키기 위해 기꺼이 시간과 자금을 헌신해야 한다.

나가는 말

20세기 중반에 레슬리 뉴비긴은 당시 그리스도인들의 사상에 만연했던 한 가지 문제를 다음과 같이 규명했다.

"절대 다수의 그리스도인들의 사고 속에서 '교회'란 말과 '선교회'

란 말은 서로 다른 종류의 공동체를 의미한다. 한쪽은 예배와 교인들의 영적 보살핌 및 양육에 전념하는 공동체로 간주되며, 그 전형적인 이미지는 고색창연한 큰 건물이다. 다른 쪽은 복음 전파에 전념하는 공동체로서 회심자를 안전하게 간수하도록 '교회'에 넘겨주는 단체로 간주된다."[124]

레슬리 뉴비긴의 통찰력 있는 주장은 현대 그리스도인들을 도전함으로 선교적 초점이 약해지고, 더 이상 선교적 열정이 타오르지 않는 교회를 부흥시키려는 필요에 대해 각성시킨다. 데이비드 보쉬(David Bosch)는 '비선교적 교회'라는 개념이 만들어 낸 딜레마를 지적했다. 즉 그 개념은 "근본적으로 상호 화해가 불가능한 두 가지 교회관 사이의 지속적인 긴장"을 조성하는데, "연속체의 한 극단에서는 교회가 구원 메시지를 독점하는 유일한 전달자라는 자의식을 가지며, 다른 극단에서는 교회가 하나님의 세상 참여를 말과 행동으로 입증한다는 자의식을 가지고 있다."[125]

데이비드 보쉬는 교회의 선교적 본질을 인식하는 것이 핵심이라고 강조했다. 우리는 한편으로 선교를 선교단체에만 맡겨 버리면 교회가 선교적 본질을 상실하게 된다는 것을 분명히 인식할 필요가 있다. 그렇다고 반대로 선교단체의 모든 임무들과 전문적 역할까지 지역 교회가 감당할 수 있다고 생각한다면 무분별하고 지나친 이상주의에 빠지

---

124 Lesslie Newbigin, *The Household of God* (Milton Keynes: Paternoster Publishing, 2002), Korean Edition 2010, IVP, 176.

125 David Jacobus Bosch, *Transforming mission: paradigm shifts in theology of mission, American Society of Missiology series* (Maryknoll, N.Y.: Orbis Books, 1991), 381.

　　　　　　　　　　　　　　　　　　　　　대형교회의 선교 책무

는 것이다.

오늘날 교회가 받은 과제는 대계명을 이해하고 수행하면서도, 대위임령을 수행하고 있는 선교단체들과 조화로운 협력 관계를 유지하는 것이다. 이런 식으로 교회와 선교단체는 각자의 수행 능력과 장점들을 활용해 상대방의 한계를 보완할 수 있다. 선교단체와 지역 교회, 특히 대형교회의 협력은 하나님의 백성이 21세기 세계 선교의 남은 과업을 이루는 데 핵심 요소다.

선교에 동참할 때 대형교회는 '언제 독자적으로 사역할 것인가'와 '언제 더 큰 기독교 공동체와 협력해 사역할 것인가' 하는 이 둘의 균형을 잘 맞춰야 한다. 한편으로 대형교회가 보유한 자원과 인프라만 감당할 수 있는 역할과 선교 프로젝트들이 있다. 다른 한편으로 대형교회는 책무 의식을 유지하면서 중소형교회의 건강한 사역 롤모델로서 섬겨야 한다. 그들의 사역은 자신에게 관심을 집중시키는 것이 아니라 선교 현장의 실질적 필요를 겸손하게 채워 주는 모습이 되어야 한다. 이렇게 대형교회들이 선교의 두 측면을 마음에 품을 때 선교단체와 다른 지역 교회들에게 큰 위로와 동기부여를 제공할 수 있을 것이다.

1. 이 장에서 선교단체와 지역 교회 사이의 협력과 파트너십이 주는 혜택을 언급한 내용에 대해 당신은 무엇을 더 추가할 수 있는가?

2. 선교단체와 지역 교회 사이의 협력에는 어떤 결함이나 위험이 있을 수 있는가?

3. 지역 교회는 선교 잠재력을 극대화하고 교회 내 자원을 동원하기 위해 선교단체와 어떤 방식으로 동역할 수 있는가?

4. 선교단체는 자체 비전을 성취하기 위해서 지역 교회와 더불어 어떤 방법으로 동역할 수 있는가?

5. 선교단체와 지역 교회 사이의 협력과 협조를 향상시키기 위해서 다리 역할을 할 수 있거나 해야 하는 이는 누구인가?

기초가 튼튼한 그리스도의 제자들은

어떠한 선교 아웃리치도 감당할 수 있는 건축 자재들이며,

오직 교회만이 그 제자들을 준비시킬 수 있다.

_개리 코르윈

15장

"대형교회와 선교단체와의 상호 협력"에 대한 논평

마크 옥스브로우

필자는 사랑의교회와 여러 선교단체들 간의 발전된 관계를 다룬 박 필훈 목사의 놀라운 연구에 대해, 특히 그 협력 관계들에서 발생하는 도전과 혜택에 대한 그의 뛰어난 통찰력에 대해 논평을 부탁받은 것에 대해 영예롭게 생각한다. 필자는 6개의 대륙에 걸쳐서 선교적 교회들과 선교단체들의 관계 네트워크인 '페이스 투 셰어(Faith2Share)' 네트워크를 구축한 경험으로 논평을 할 것이다.

모달이면서 소달인 선교적 교회

선교단체(소달리티)와 지역 교회(모달리티)는 불가분리하며, 서로 우

열을 가릴 수 없다. 둘은 서로에게 속해 있지만, 서로 혼동되어서는 안 된다.[126]

필자가 아는 바로는, 1973년에 한국 서울에서 위대한 선교학자인 랄프 윈터(Ralph D. Winter)가 처음으로 '모달 교회'와 '소달 교회'를 구분했다. 그는 "하나님의 구속적 선교의 두 구조"에 관한 강연에서, 유대인의 회당을 모델로 삼은 신약 교회의 공동체들을 모달(modal)로 규정했고, 바울, 바나바, 아볼로, 디모데 등을 모범으로 삼은 선교사 무리를 소달(sodal)로 규정했다.[127]

그는 후대 교회사, 즉 로마의 주교 관구 전통에서 모달 교회를 확인했고, 켈트족의 수도원 전통에서 소달 교회를 확인했다.[128] 랄프 윈터는 우리에게 모달 교회와 소달 교회 양측의 장점을 인정하고, 현대적인 선교적 교회의 패러다임에 둘을 통합시키는 방법을 찾아야 한다고 호소했다.

오늘날 모달 교회와 소달 교회는 지역 교회 공동체와 글로벌 선교 단체의 구분에서 가장 분명하게 나타난다.[129] 모달 교회는 특정 공동

---

126 보고서에 대한 영국 교회의 2004년도 출판물인 《선교로 빚어진 교회》(Mission-Shaped Church)(London: Church House Publishing)는 교회의 선교적 특성에 관한 매우 긍정적인 국제 성공회 대화를 촉발시켰다. 그러나 그것은 때때로 선교의 교회론적 함축 의미, 즉 선교적 그리스도인들을 제자화하고, 양육하고, 무장시켜 성만찬 공동체를 건설하고자 하는 우선순위, 보고서 자체가 충분히 보증하는 우선순위를 간과하는 위험을 감수하고 있다.

127 랄프 윈터의 강연 메시지는 나중에 선교학 저널에 실렸다. Ralph D. Winter, "The Two Structures of God's Redemptive Mission," *Missiology* 2, no. 1 (1974): 121-139.

128 맥스 워렌(Max Warren)의 저서를 참조하라. Max Warren, *I Believe in the Great Commission* (London: Hodder & Stoughton, 1976), 92-3.

129 오늘날 선교단체와 교회 사이의 현대적 관계에 관해서는 필립 제임스 리지(Philip James Leage)의 논문을 참조하라. Philip James Leage, "The Mission Agency and the Local Church" (YWAM, 2011), www.ywamkb.net/kb/The_Mission_Agency_and_the_Local_Church.

체 안에서 복음을 성육화하고, 친교를 나누고, 제자들을 양육하는 데 강점을 가질 수 있다. 반면에 소달 교회는 교회의 보편성, 복음의 번역 가능성 및 선교 사역을 위해 성도들을 준비시키는 데 더 강한 비전을 가지고 있다.

오늘 우리 앞에 놓인 질문은 대형교회가 모달이면서 소달이 될 수 있는가에 관한 것이다. 필자는 협력 관계에 대한 박필훈 목사의 요청을 강조하면서, 동시에 아우구스토 로드리게스(Augusto Rodríguez)가 소위 '신사도 교회'에 대해 분석한 최근의 연구에 근거해, 어떻게 우리가 협력 관계를 넘어 모달이면서 소달인 선교적 교회의 모델로 옮겨 갈 수 있는지를 탐구하려고 한다.[130]

관계 조화시키기 : 선교 협력 관계

사랑의교회에 대한 연구에서 박필훈 목사의 협력의 관계적 우선순위에 대한 내용이 주의를 끈다. 그의 발제문에서 필자에게 뚜렷이 인식된 단어들은 '우정', '신뢰', '소통', '개방성 유지', '겸손' 및 '각자의 단점 보완' 등이었다. 선교의 협력 관계는 프로그램이라기보다 철학이며, 프로그램에 접속하는 것이 아니라 삶에 접근하는 방법이다. 협력 관계의 토대는 실용적이기보다 신학적인 것이다.

티모시 테넌트(Timothy Tennent)는 우리에게 "선교 사역은 하나님의 선교(*Missio Dei*)와 동떨어진 채 개념화되어서는 안" 되며, "삼위일체는 모든 인간관계의 배후에 있는 창조적인 관계"[131]라는 사실을 상기시킨

---

130 Augusto Rodríguez, *Paradigms of the Church in Mission: A Historical Survey of the Church's Self-Understanding of Being the Church and of Mission* (Eugene, Ore.: Wipf & Stock, 2012).

131 Timothy C. Tennent, *Invitation to World Missions: A Trinitarian Missiology for the Twenty-First*

다. 그러므로 선교의 특성은 관계적이다. 그것은 복음 전도자와 피전도자 사이의 관계뿐만 아니라 훨씬 더 의미심장하게, 하나님의 본성을 증거하는 보편적인 교회 안에서 이루어지는 관계들에도 적용된다.[132]

지상 사역 말미에 예수님은 제자들이 (당신 안에서) 하나 되어 "세상으로 아버지께서 나[예수님]를 보내신 것을 믿게 하옵소서"(요 17:21)라고 기도하셨다. 그리스도의 제자들의 하나 됨, 서로 사랑, 신뢰, 우정, 연약한 자매 존중하기, 범죄한 형제 용서하기 등은 사랑의 하나님, 우리가 신뢰할 수 있는 하나님, 약자를 짓밟지 않으시고 죄인을 용서하시는 하나님을 보여 준다. 철저하게 하나 되어 세 위격이 한 분이신, 삼위일체라고 말할 수밖에 없는 하나님을 어떻게 분열된 교회가 증거할 수 있단 말인가.

만약 우리가 삼위일체 하나님의 선교에 대한 신학적 통찰을 진지하게 받아들인다면, 협력 관계는 선택이 아니라 의무요 타협 불가한 것이다. 우리에게 남은 유일한 질문은 "어떻게?"다. 바로 그 유익한 질문을 박필훈 목사가 우리에게 던진 셈이다. 대럴 구더(Darrell Guder)는 주로 북미주의 선교적 교회들이 발전한 과정을 다루면서 이렇게 썼다.

"교회를 향한 가장 중요한 조직적 도전은 특정 공동체의 삶을 구조화하는 방식을 찾아내 그들이 세계 곳곳에 있는 교회들과 항상 책

Century (Grand Rapids: Kregel Academic, 2010), 59, 78.

132 대주교 아나스타시오스 얀노울라토스(Archbishop Anastasios Yannoulatos)는 그리스어 카토스(kathōs, '처럼')에 큰 강조점을 두면서, '아버지께서 아들을 보내신 것처럼' 그리스도인들은 항상 선교로 보냄 받았다는 것을 우리에게 상기시킨다. 우리가 보냄 받은 것은 하나님의 본성을 반영하고 증거한다. 마크 옥스브로우(Mark Oxbrow)와 팀 그라스(Tim Grass)의 저서를 참조하라. Mark Oxbrow and Tim Grass, *The Mission of God: Studies in Orthodox and Evangelical Mission* (Oxford: Regnum Press, 2015), 25.

임 있는 관계를 유지하면서 자신이 처한 자리에서 신실한 증거를 수
행하게 하는 것이다."[133]

그러한 책임 있는 관계는 종종 선교단체들에 의해서, 또 교회 내의
다른 소달(관계 조성) 공동체들에 의해서 제공될 수 있다. 안타깝게도,
항상 교회만 '독자 노선을 걸으면서' 선교단체와 무관하게 타 문화 선
교 사역을 조직하려고 하는 것은 아니다. 선교단체 역시 타 문화 선교
는 하나님이 자신들에게만 배타적으로 주신 사역이요, 따라서 자신들
이 모달 교회를 위해서 이 일을 해야 한다고 믿음으로써 오류를 범할
수 있다.

선교단체가 지역 교회, 심지어 대형교회마저 재정, 인력, 기도 등을
제공하는 존재로만 보고 자신들의 선교 정책이나 전략을 형성하는 데
개입하지 않기를 바라는 것은 드문 현상이 아니다. 양측 모두 신뢰가 쌓
여야 한다.

구체적으로 대형교회와 선교단체의 관계에 대한 사례에 관심을 돌
리면서, 필자는 SIM국제선교회가 사랑의교회의 '평신도를 깨운다' 세
미나를 협력 교회인 에티오피아의 칼레 헤윗 교회에 도입하는 사역에
내재된 잠재력을 인식하고서 아프리카 24개국의 지도자들을 위한 '아
프리카 제자훈련 전략 회의'를 개최했다는 박필훈 목사의 묘사에 대해
특별한 관심이 간다.

여기서 우리는 잘 세워진 선교단체가 먼저 겸손하게 한국의 한 대
형교회가 가진 자원을 인정하고, 그 교회와 그들의 에티오피아 협력

---

133   Darrell L. Guder, ed., *Missional Church: A Vision for the Sending of the Church in North America*
(Grand Rapids: Eerdmans, 1998), 234.

                                          대형교회의 선교 책무

교회 양측과 신뢰 관계를 쌓는 것을 본다. 그로써 그 프로그램과 훈련이 아프리카 전역의 교회들에게 전파될 수 있었다. SIM국제선교회가 없었더라면, 아프리카의 무수한 나라들을 아우르는 이 방법은 나오지 못했을 것이다. 또한 사랑의교회가 없었다면 그 자원은 아예 존재하지도 못했을 것이다. 또한 이 이야기를 전달함에 있어서 박필훈 목사가 SIM국제선교회의 디렉터와 그의 아내의 이름을 적은 것은 의미심장하다. 개인적인 친밀한 관계가 이 사역을 가능케 했다는 분명한 표시이기 때문이다.

대형교회는 선교단체들 및 세계 도처에 있는 협력 교회, 소형교회들과 성공적인 관계를 맺는 데 있어서 특별한 도전을 맞고 있다. 대형교회는 그 규모와 재력 때문에 위협적으로 보일 수도 있다. 대형교회들 스스로가 권력과 확장주의에 의해 동기부여될 수도 있다. 강력한 개개인이 끼어들 수도 있다. 그러나 하나님 나라를 위해서는 다양한 관계들을 맺어 가야 할 것이다.[134]

하나이고, 거룩하고, 보편적이고, 사도적인 교회

주후 381년 콘스탄티노플 공의회는 니케아 신조(325)를 확대해 교회가 '하나이고, 거룩하고, 보편적이고, 사도적'이라고 선언했다. 소형교회들처럼 대형교회들도 교회가 어떻게 '하나인지', 어떻게 '거룩한지', 어떻게 '보편적인지' 그리고 어떻게 '사도적인지' 결론을 내려야 할 때다.

---

134 교회와 선교단체 간의 성공적 관계에 대한 실천적 지침을 보려면 다음을 참조하라. Lausanne Committee for World Evangelization, *Cooperating in World Evangelization: A Handbook on Church/Para-Church Relationships*, Lausanne Occasional Papers, no. 24 (Wheaton, Ill.: Lausanne Committee for World Evangelization, 1983).

이 주제는 여기서 충분히 다루기에는 범위를 훨씬 벗어나는 것이다. 하지만 하나 됨과 거룩성뿐만 아니라 보편성과 사도성의 필요에 대해서도 성찰하는 것이 타당할 듯하다. 대형교회는 보편적이면서 동시에 사도적일 수 있는가?

신사도 교회들 오래된 세 전통, 즉 정교회, 가톨릭, 개신교와 대등하게 전 세계 기독교의 주요한 신세력이 된 오순절/은사주의 교회 운동은 보편적, 사도적 교회의 비전을 새롭게 했다. 1994년에 칼라 포위(Karla Poewe)는 은사주의 교회의 흐름이 계급과 민족, 부의 경계를 초월해 전 세계 공동체들을 연결함으로써 진정한 보편성을 표현했다는 글을 썼다.[135] 또한 W. C. 이헤지리키(W. C. Ihejiriki)와 G. B. 오콘(G. B. Okon)은 나이지리아의 대형교회 리더들을 (이들 중 한 사람만 빼고 다 은사주의자들이다) 연구한 최근 저술에서, 이 교회들이 지역 사회에서뿐만 아니라 국가 전체와 국제적으로도 새로운 제자들을 배출해 넘으로써 강력한 사도적 특성을 입증했다고 썼다.[136] 이 과정에서 교회들의 네트워크들이 자체적으로 세계 선교를 수행함으로써 대형교회와 선교단체의 통합이 나타나기 시작했다고 볼 수 있다.

데이비드 카니스트라시(David Cannistraci)가 묘사한 바에 따르면, 이 과정은 신사도 교회들에 의해서 훨씬 더 심도 있게 진행되었다.[137] 아우

---

[135] Karla O. Poewe, *Charismatic Christianity as Global Culture* (Columbia: Univ. of South Carolina Press, 1994).

[136] Walter C. Ihejiriki and Godwin B. Okon, "Mega Churches and Megaphones: Nigerian Church Leaders and Their Media Ministries," in *A Moving Faith: Mega Churches Go South*, ed. Jonathan D. James (Thousand Oaks, Calif.: Sage Publications, 2015), 62-82.

[137] 데이비드 카니스트라시(David Cannistraci)의 저서를 참조하라. *Apostles and the Emerging Apostolic Movement* (Ventura, Calif.: Renew Books, 1996).

구스토 로드리게스는 "대형교회들은 사도적 사역을 개발하기 시작할 때 신사도 교회가 된다. 셀 그룹 전략은 리더들의 개발과 양육을 위해 사도적 사역으로 향하게 하는 매개체다"[138]라고 말했다.

여기서 우리는 하나의 교회가 교회 개척 네트워크로 변화하는 모습을 본다. 우리는 교회와 선교단체 사이의 효과적인 관계의 개발을 넘어서, 또한 자체 선교 구조를 보유한 대형교회를 넘어서, 이제 유기적으로 모달이면서 동시에 소달인 것(교회이면서 선교단체인), 즉 교회적 존재의 구심점을 선교적 의도가 있는 관계와 연결하는 네트워크로 옮겨 왔다.[139]

필자는 신사도 교회들의 리더십 철학과 선교적 영향력을 기술한 아우구스토 로드리게스의 말을 인용하면서 글을 맺으려 한다. 그의 글은 사랑의교회와 선교단체들 간의 협력 관계에 대해 박필훈 목사가 서술한 모든 긍정적인 내용을 우리에게 상기시켜 준다. 또한 우리가 협력 관계를 넘어서 삼위일체 안에서 우리를 위해 본을 보여 준, 선교의 상호 관계를 지향하는 이 단계를 취해야 할지에 대해 질문하게 만든다. 아우구스토 로드리게스는 이렇게 썼다.

"교단들과 달리 [신사도적 패러다임] 안에 있는 네트워크는 관계의 기초 위에 세워졌다. 데이비드 카니스트라시는 교단과 사도적 네트워크의 차이점은 '정치와 규칙'보다는 '관계'라고 말한다. 관계는 기

---

138 Rodríguez, *Paradigms of the Church in Mission*, 115.

139 이에 해당하는 세상적인 방식은 포스트모던 사회 안에서 리더십을 '모든 이'에게 위임하는 네트워크 조직들의 발전이다. 이 발전을 잘 묘사한 글이 오리 브라프만(Ori Brafman)과 로드 A. 벡스트롬(Rod A. Beckstrom)의 저서에 나온다. Ori Brafman and Rod A. Beckstrom, *The Starfish and the Spider: The Unstoppable Power of Leaderless Organizations* (New York: Portfolio, 2006).

도, 토론, 기획 및 비전 있는 리더십이라는 협력 관계에 의해 이루어진 힘의 원천이다. 사도적 네트워크는 하나 된 결과이며, '하나의 조직 안에 자발적으로 연합한 자율적인 교회들과 개별 사역들의' 모임이다. 권위는 직위가 아니라 관계에서 나온다. … 그들은 '섬김의 철학'을 가지고 있다.

… 선교 네트워킹은 다양성 속에서 하나 된 결과다. 하나의 선교 네트워크 안에 있는 교회들은 자체적으로 보유한 역량에 대해서뿐만 아니라 자신에게는 없는 다른 단체의 역량에 대해서도 공통된 이해를 가지고, 공통의 목적을 위해 자신의 자원을 바친다. 그러므로 선교 네트워크의 각 구성원은 자신이 팀의 일부라는 것과 그 팀 안에서 모든 지체가 연합하여 '부분의 합보다 더 큰' 네트워크를 만들어 낸다는 것을 이해해야만 한다."[140]

---

140 Rodríguez, *Paradigms of the Church in Mission*, 65.

  대형교회의 선교 책무

하나님으로부터 위대한 일들을 기대하고,

하나님을 위해 위대한 일들을 시도하라.

_윌리엄 캐리

디아스포라,
민족적 다양성 그리고 교회의 선교

대럴 잭슨

한나(Hannah)와 사울(Saul)은 허약한 노새의 등에 실어 놓은 물건들의 균형을 맞추면서 북쪽을 향해 터벅터벅 계속 걸었다. 이웃에게서 급하게 산 물건들이었다. 불과 며칠 전만 해도 이웃의 작은 가게와 식료품점을 자랑스럽게 장식하고 있었던 것들이다. 그들은 가게 장사가 급격하게 기울자 어쩔 수 없이 떠나야만 했다. 예수님을 믿는 사람들은 최근의 정치 동향 때문에 이웃들에게 식품을 파는 것이 점점 더 힘들어졌다. 그들은 식품을 사고팔고 처리하는 데 엄격한 종교적 규율을 따라야 한다는 압력을 받았다. 종교 경찰과 시 당국이 긴밀하게 공조해 규율이 준수되고 있는지 면밀히 감시하고 있었다. 생활을 꾸려갈 수 없게 된 한나와 사울은 시리아 북쪽 국경 가까운 도시에 살고 있는 삼촌 가족들과 합치기로 결정할 수밖에 없었다.

기독교 신앙 때문에 이라크, 이란, 수단, 시리아 등을 탈출하고 있는 수십만 명의 난민들에게는 한나와 사울의 이야기가 낯설지 않을 것이다. 종교적인 박해는 당신을 죽이지는 않지만, 당신의 가게에 대해 불매운동을 벌여서 선반에서 식품이 썩어 가고 가계소득이 사라지게 만들 수 있다. 그런 상황에서 많은 사람들은 다른 곳에서 생존 수단을 찾을 수밖에 없다.

그러나 한나와 사울의 여행은 2015년에 일어난 일이 아니었다. 그들은 주후 33년경에도 예루살렘을 떠났다. 이 예수의 핍박받는 추종자들은 경제적 이주자가 되어 떠날 수밖에 없었다. 그러나 그들은 삶을 변화시키는 만남에 대하여 증거를 지니고 있었다. 유대인이 유대인에게 증거했다. 그래서 디아스포라 상황에 처한 유대인들이 모이는 곳마다 메시아 예수의 이야기와 하나님이 당신의 백성에게 한결같이 베푸시는 약속의 이야기가 퍼져 나갔다(행 8:1, 4, 11:19).

선교와 디아스포라

필자는 사도행전 11장이 선교학적으로 풍성한 역사적 기록이라고 이해한다. 그래서 세밀한 주석이 필요한 경우가 아니라면 그보다 내러티브의 흐름을 다루고자 한다. 필자는 또한 누가가 그 내러티브를 기록할 때 미래지향적 지평을 의도적으로 개방해 놓았다고 이해한다. 다른 곳에서와 비슷하게, 선교 사명은 개방된 지평을 지향하고 있다.

즉 누가는 바울의 사역이 로마에서 마감된다는 식으로 쓰기를 주저하고, 바울 자신도 장차 '야만인 중의 야만인'인 스구디아인(골 3:11)까지 복음화할 것을 기대하고 있으며, 요한이 환상으로 본 '허다한 무리'도 장차 모이게 될 것(계 7:9)이다. 이 지평을 향하여 앞으로 전진하시는 하나님의 영이 성령의 신적 행위와 하나님의 선교 안에 우리를 편승시키신다. 이것이 사실이라면 사도행전을 선교적으로 읽는 독자는 성경 본문을 넘어서진 않지만, 그 내러티브가 의도적으로 열어 놓은 미래 지평 안에서 자기 자리를 찾는 유익을 얻게 될 것이다.

안디옥은 로마제국에서 로마와 알렉산드리아 다음가는 세 번째 대도시였다. 알렉산드리아는 알렉산더 대제의 부하였던 마케도니아의 장군 셀레우코스 1세가 주전 300년경에 세운 도시다. 전략적으로 오론테스 강에 자리 잡은 안디옥은 항구에서 상류로 약 20킬로미터 떨어진 곳에 있었다.

안디옥의 규모와 전략적 중요성은 초대교회가 펼친 선교와 확장에 관한 이야기에서 안디옥 교회가 매우 중요한 역할을 감당했던 이유를 설명하는 데 유용하다. 현대적 계산에 근거할 때, 그곳 인구는 대략 50만 명으로 추정된다. 그중 약 10%가 유대인이었다. 요세푸스는 수많은 헬라파 이방인들이 "유대인들의 종교의식에 이끌렸다"고 언급한다. 그들은 아마 "하나님을 경외하는 자들이거나" 개종한 이방인들이었을 것이다.[141]

유대인 디아스포라를 향한/통한 선교 서두에서 암시했듯이, 경제적 어려움과 종교적 차별 그리고 폭력의 위협을 피해 달아난 이주민들은

141　Warren Carter, *Matthew and the Margins: A Sociopolitical and Religious Reading* (Maryknoll, N.Y.: Orbis Books, 2000), 456.

이미 디아스포라로 살고 있던 유대인들에게 전도했다. 그들은 북아프리카(행 11:20)와 동지중해 및 키프러스 섬(행 11:19) 등의 연안에 이미 정착한 유대인들이 살고 있는 도시들로 흩어졌다. 앞서 언급했듯이, 유대인들은 그리스-로마 문화와 생활양식을 받아들인 유대인들에게 전도했으며, 개종자나 하나님을 경외하는 자들처럼 유대교를 받아들인 비유대인들에게도 전도했다.[142]

유대인 디아스포라를 통한/넘어선 선교 사도행전 11장 19-30절의 내러티브는 두 번째 대조적인 그룹으로 '구브로와 구레네 몇 사람'으로 묘사된 무명의 사람들을 소개한다. 누가는 이 그룹이 안디옥에 도착함으로써 다민족 교회가 시작되었음을 알린다. 구브로와 북아프리카에서 온 무명의 선교사들이 헬라인에게 복음을 전하기 시작하면서(행 11:20)[143] 기독교 선교에 근본적으로 새로운 국면이 형성되었다.

아마도 이 선교사들은 베드로가 남부의 아소도와 룻다, 북부의 욥바와 가이사랴에서 행했던 해안 선교에 관한 소식이 구레네와 구브로 그리고 안디옥까지 퍼지면서 거기서 영감을 얻었을 것이다. 베드로가 가이사랴에서 이방인인 고넬료를 만난 사건(행 10장)은 예루살렘에 보고되었고(행 11:1-18), 그다음에는 아마도 빌립이 가이사랴에서 사역을 했을 것이다(행 8:40).

그렇다 하더라도 선교사들이 자기 민족 집단을 초월해 전도하는 것

142　히브리어로는 '이레이 하쉠'(*yirei Hashem*)으로 알려져 있으며, 문자적으로는 '그 이름을 경외하는 자들'을 뜻한다. 신약성경에서 사용된 그리스어의 형태는 '포보우메노이 톤 테온'(*phoboumenoi ton theon*), 즉 '하나님을 경외하는 자들'이다.

143　본문의 맥락이나 누가의 전반적인 복음서 기술 방식을 고려한다면 '헬라주의자'(Hellenists)라고 읽는 것보다 '헬라인'(Greeks)으로 읽는 것이 더 낫다.

은 상대적으로 드문 일이었다. 지금도 여전히 그런 경향이 있다. 테레소 카시뇨(Tereso Casiño)는 자국인들이 현재 자신의 디아스포라 동족을 넘어선 선교에 관여하는 것을 반박하고, 그럼으로써 자민족 중심주의적인 혹은 인종 혐오적인 문화 배타주의를 옹호하는 논증 몇 가지를 개관했다.

- 자국민들의 디아스포라 동족을 넘어선 선교는 우리 교단이 추진하는 사업이 아니며 우리 교단 지도부의 지원을 받지 못한다.
- 현지인 교회는 자체적으로 전도가 가능하고 스스로 제자 훈련을 해결할 수 있다.
- 그러한 선교는 문화적, 또는 기타 실천적 이유 때문에 너무 복잡하다.
- 우리에게는 우리 민족의 디아스포라 공동체 내에서 다루어야 할 선교적 필요가 넘쳐난다.
- 지역 선교는 진정한 선교가 아니며, 진정한 선교는 타 지역으로 진행되어야 한다.[144]

우리는 이들 무명의 선교사에 관해 무엇을 말할 수 있는가? 그들은 왜 안디옥에 갔는가? 누가의 기록에 따르면, 구레뇨 출신 유대인들은 예루살렘에서는 복음을 반대했지만(행 6:9) 사도행전 11장에 가면 복음을 선포하는 사람들 가운데 있었으며, 아프리카인 선교사들과 구브로인 선교사들과 함께 주후 35-39년에 안디옥에서 헬라어를 사용하는 지역으로, 아마도 상인과 무역업자처럼 사업차 여행하면서 복음을 전

---

144 Tereso Casiño, "Mission beyond the Diaspora" (Lausanne Global Diaspora Forum, Manila, March 2015)에서 발표한 논문 중 저자의 각주에서 인용.

　　　　　　　　　　　　　대형교회의 선교 책무

파했을 것이다.[145]

유대인 디아스포라를 넘어선 선교

북아프리카와 구브로에서 시작된 선교는 현대를 살고 있는 모든 신자들에게 심오한 의미를 지니고 있다. 그 선교는 직접적으로는 한 세대 안에 헬라어 사용자가 다수를 차지하는 교회를 탄생시켰고, 간접적으로는 복음서들이 히브리어나 아람어가 아닌 헬라어로 보존되는 결과를 낳았다.

이는 라민 사네(Lamin Sanneh)의 "번역 가능성(translatability) 개념"[146]의 초기 사례에 해당할 것이다. 복음은 만인에 의해서, 만인을 통해서, 만인에게 전달되기 위해, 만인이 사용하는 보통 언어로 쓰인, 만인을 위한 복음이다. 그것은 유대인만을 위해 놀라운 능력을 발휘하는 메시아의 이야기가 아니라 우리의 주, 우리의 그리스도, 우리의 기름 부음 받은 분이신 예수에 관한 이야기다.

테레소 카시뇨는 이런 종류의 선교를 권장하면서 디아스포라를 넘어서는 선교를 위한 몇 가지 논증을 나열했다. 그는 선교를 다음과 같이 표현했다.

· 의도적으로 구원론적이다 : 모든 인간은 하나님께 소중하며 구속

---

145 이 이주민들은 안디옥 출신의 개종자 니골라(Nicolaus, 행 6:5)와 구레네의 루시우스(Lucius, 행 13:1)를 포함했다. 루시우스가 사도행전 11장 19절 이전에 안디옥에 있었다는 사실은 구레네인들이 정기적으로 안디옥을 방문한 이유를 설명하는 데 도움을 줄 수 있다.

146 Lamin Sanneh, *Translating the Message: The Missionary Impact on Culture* (Maryknoll, N.Y.: Orbis Books, 1997), 54. 앤드류 월스(Andrew F. Walls)의 저서도 참조하라. Andrew F. Walls, *The Missionary Movement in Christian History: Studies in the Transmission of Faith* (Maryknoll, N.Y.: Orbis Books, 1996), 26.

이 필요한 존재다.

· 포괄적으로 선교학적이다 : 하나님이 사람들을 당신께로 인도하시는 것은 구원만을 위해서가 아니라 이 세상 가운데 당신의 구속 사명을 이루시기 위해서다.

· 결정적으로 종말론적이다 : 하나님은 언약 백성을 만드시고, 그들이 세상의 빛과 소금으로서 당신의 증인이 되도록 능력을 부으신다.

· 실행 가능하고 실천적이다 : 오늘날에는 성공적이고 효과적인 초디아스포라 선교 모델들이 수없이 많다.[147]

무명의 선교사들이 도착하기 전에 안디옥에서는 유대인과 이방인 사이에 구분이 있었다. 이 구분은 상대화되었고, 외부 사람들은 안디옥에 나타난 공동체를 "그리스도인"(그리스도의 잔당들, 행 11:26)으로 부르기 시작했다.

아이러니하게도 유대교가 로마법에 의해 합법적인 종교(religio licita)로서 누렸던 보호를 잃어버릴까 봐 두려워한 초기 신자들은 이 호칭을 거부했던 것 같다. 물론 반대자들이 초대교회 교인들에게 오명을 씌우기 위해서 '그리스도인'이란 호칭을, 마치 '마르크스주의자'라는 호칭을 이용한 사례와 비슷했다. 이는 아그립바 1세 치하에서 일어난 박해 가운데 표현된 비난과 증오의 특징이었던 것 같다.[148]

---

147 Casiño, "Mission beyond the Diaspora." 누가는 이러한 유대인 디아스포라를 넘어선 선교적 혁신의 전략적, 수리적 혜택을 사도행전 11장 21, 24, 26절에서 세 번 강조한다.

148 Rainer Riesner, *Paul's Early Period: Chronology, Mission Strategy, Theology* (Grand Rapids: Eerdmans, 1998), 112-113.

  대형교회의 선교 책무

민족적 다양성과 교회

안디옥에 출현한 '그리스도인'들은 전통적으로 나타나는 민족적인 특성이 잘 나타나지 않았다. 디아스포라들은 그러한 현상을 더 약화시켰으며, 그리스도를 향한 충성에 다시 초점을 맞추게 했다. 결과적으로 교회의 민족적 다양성이 불가피해졌다. 사도행전 11장 19-30절에 묘사된 안디옥 선교에 나타난 민족적 다양성의 세 가지 측면은 우리가 현대 선교의 특징을 고려하는 데 있어 특별한 계시가 된다.

민족적으로 다양한 교회가 그 지역에 적절할 수 있다 해당 지역에서 도심 사역을 수행한 베드로와 빌립과 달리, 바나바는 복음을 전파하고 새 신자에게 세례를 주려고 안디옥으로 간 것이 아니었다. 그는 무명 선교사들의 사역에 대한 반응으로 안디옥에 부임해, 단지 그들 가운데서 이미 역사하고 계시는 하나님의 은혜를 느꼈을 뿐이다(행 11:22-23).

사실 바나바는 적절한 신임장도 없이 안디옥에 들어와 사역한 아프리카 선교사들을 인정해 주지 않고, 그들에 대한 불평을 모교회인 예루살렘 교회에 보고할 수도 있었다. 그러나 바나바는 안디옥의 전략적 위치와 민족적으로 다양한 인구 특성 때문에 하나님 나라의 경륜 안에서 그러한 과정이 불가피하다는 점을 인정했다.

최근 복음적인 인류학자 몇 명이 도시의 민족적 다양성이 이전의 민족 언어학적 선교학 모델들에게 준 도전들에 대해 연구했다.[149] 선교학자들은 안디옥이 대도시의 상황을 잘 반영하는 도시적, 다민족적 교

---

149 예를 들면, 마이클 리키위치(Michael Rynkiewich)의 저서를 참조하라. Michael Rynkiewich, *Soul, Self, and Society: A Postmodern Anthropology for Mission in a Postcolonial World* (Eugene, Ore.: Cascade Books, 2011).

회의 모델이라고 해석해 왔다.[150] 사실 누가는 민족 언어학적 다양성이 안디옥 교회의 급성장을 방해하는 장애물이 될 수 있다는 사실을 전혀 인식하지 못한 것처럼 보인다(행 11:21, 24, 26).

다민족 교회는 다민족 선교에 더 적절할 수 있다 야콥 예르벨(Jacob Jervell)은 누가가 안디옥 교회 소속이었을 것이라고 추측한다.[151] 우리는 초대교회의 지도자들 중에 구브로 출신의 한 레위인(바나바), 리비야 출신의 두 아프리카인(시므온이라 불린 흑인 아프리카인 포함), 헤롯 안티파스의 소년 시절 친구(마나엔)가 포함된다고 분명하게 말할 수 있다. 그리고 가말리엘 문하에서 교육을 받은 한 바리새인(사울/바울, 행 13:1)도 곧 가세할 것이다.

단기간에 이 그리스도인 그룹은 제자도의 핵심뿐 아니라(행 11:26) 선교의 중심이 되었다(행 11:29-30). 리비야와 구브로에서 출발한 선교의 다민족적 특성은 교회의 본질적 틀이 되었다. 논란이 있긴 하지만, 안디옥의 그리스도인 회중 안에서 생겨난 선교 비전은 문화적, 민족적으로 다양하면서도 조화로운 그들의 교회 생활에서 기인한 것이다.

필자는 복음을 만민에게 전하는 선교 비전은 하늘 아래 모든 민족 출신의 남녀로 구성된 교회가 차고 넘치게 하는 것이라고 주장한다.

---

150   Norman E. Thomas, "The Church at Antioch: Crossing Racial, Cultural, and Class Barriers," in *Mission in Acts: Ancient Narratives in Contemporary Context*, ed. Robert L. Gallagher and Paul Herting (Maryknoll, N.Y.: Orbis Books, 2004), 144.

151   Jacob Jervell, *The Theology of the Acts of the Apostles* (Cambridge: Cambridge Univ. Press, 1996), 7. 필자는 여기서 이 견해를 잠정적으로만 주장하지만, 이 견해는 누가가 복음서에서 '갈릴리-예루살렘'에 초점을 둔 것과 구분되게, 사도행전의 내러티브에서 안디옥에 중요성을 부여한 점을 설명하는 데 도움이 될 것이다.

    대형교회의 선교 책무

다민족 교회를 개척하기 원한다면 다민족 팀을 사용하라. 당신이 바라는 교회의 미래 모습을 모델링하라.

다민족 교회는 물의를 일으킬 수 있다 변화와 쇄신이 보편적으로 환영을 받는다는 증거는 별로 없다. 헬라인 선교에 대한 새로운 강조는 틀림없이 의구심을 불러일으켰을 것이다. 바야흐로 다른 선교가 생겨난 것인가, 아니면 지금까지 사실상 두 선교, 즉 유대인 선교와 이방인 선교가 있었던 것인가?

야콥 예르벨은 "유대인 선교와 분리된 이방인 선교가 특별히 따로 있었던 것은 아니다"[152]라고 주장하면서, 구약성경을 통틀어 유일하신 참하나님을 예배하도록 열방을 인도하는 단 하나의 선교만이 존재한다고 논증했다. 피터 오브라이언(Peter O'Brien)은 "바울이 선포한 복음은 하나님이 아브라함에게 주신 약속과 동일하다(갈 3:8). 이방인들은 믿음을 통해 살아 계신 하나님과의 언약 관계로 인도됨으로써 아브라함에게 하신 언약이 성취되는 과정에 있었다"[153]고 부연했다.

이 문제가 예수님을 따르는 유대인들과 헬라인 형제자매들 사이에 큰 걱정거리로 남아 있었다는 것을 쉽게 상상할 수 있다. 이 일이 야기한 신학적, 전략적 문제를 일부 해결하기 위해 바나바는 특별한 일꾼을 부를 때가 되었다고 확신했다.

---

152 Ibid., 41.

153 Peter T. O'Brien, *Gospel and Mission in the Writings of Paul: An Exegetical and Theological Analysis* (Grand Rapids: Baker Books, 2000), 20.

세계를 향한 바울의 사도적 소명

바나바가 그 일꾼을 부른 것은 매우 모험적인 선택이었다. 바나바는 논란이 많은 개종자요 선포자인 다소의 사울(바울)을 영입하기로 확고히 결심했다. 바나바는 안디옥 교회의 제자훈련을 맡기기 위해 사울을 영입했다. 이것은 몇 사람이 이미 헬라인에게 주 예수를 전파했고(행 11:20), 또 바나바가 그 후속으로 그들에게 한결같은 헌신으로 주께 충성을 다하라고 권면한(행 11:23) 후에 이루어진 일이다.

바울은 다메섹 도상에서의 체험 직후에 일어난 일련의 사건들을 통해 이방인 선교 사명을 발견했다(행 26:15-18). 그러나 그가 사도적 증인이자 타 문화 선교사로 준비된 것은 주로 안디옥 교회에서의 경험 때문임이 분명해 보인다. 그렇다면 바울이 장차 감당하게 될 선교를 위해 준비되었다는 것에서 우리는 무엇을 배울 수 있는가? (〈도표 16.1〉 참조)

장소	성경	연도(주후)
다메섹	갈 1:17, 도시 근교에서 회심	
아라비아	갈 1:17	31/32
다메섹	갈 1:17	
3년 후		
예루살렘	갈 1:18	33/34
	행 11:26, 안디옥에서	
	'그리스도인' 호칭	약 37
시리아-길리기아	갈 1:21	34-42
안디옥	행 11:25	42/44
14년 후		
예루살렘	갈 2:1	57
바울이		
갈라디아서를 쓰다		

〈도표 16.1〉 갈라디아서, 사도행전의 연대기

<u>바나바가 한 유대인 선교사를 영입하다</u> 바울은 다메섹과 예루살렘의 헬라파 유대인들의 박해를 피해 다소로 도망가라는 신자들의 충고를 받은 적이 있었다(행 9:26-30). 라이너 리스너(Rainer Riesner)는 바울이 하나님의 선교가 이방인을 포함한다는 주장을 예루살렘의 신자들에게 제대로 납득시키지 못했다고 추측한다.[154] 실제로 바울 자신도 처음 예루살렘을 방문했을 때 사도 중 몇 명만 만났다고 시인했다(갈 1:18-19). 아마도 그는 당혹감과 실망감을 감추지 못하고 고향 다소로 돌아갔을 것이다.

바나바는 다소에서 바울을 만났다(행 11:25). 몇몇 주석가들은 바울이 다소의 유대인 선교에 관여했다고 하지만, 필자는 바나바가 바울의 재기를 돕는 역할을 했다고 주장하고 싶다.[155] 바울이 성공하지 못하고 힘겨워했을 법한 다소에서와는 대조적으로, 바울의 사역은 안디옥에서 새로운 방식으로 발전되었다(행 11:26). 이 부분에 대해 우리는 바나바의 격려가 매우 효과적이었다는 점을 인정해야 한다.[156] 필자는 윌리엄 라킨(William Larkin)이 다소에서의 사건을 해석한 것을 인용하겠다. 윌리엄 라킨은 누가가 누가복음 2장 44-45절과 사도행전 11장 25절에서 사용한 '아나제테사'(anazētēsa)(찾다)의 용법과 사도행전 9장 30절, 21

---

154 Riesner, *Paul's Early Period*, 264.

155 야콥 예르벨의 저서를 참조하라. Jervell, *Theology*, 117. 야콥 예르벨은 우리가 사도행전의 바울은 '유대인을 위한(예를 들어 다메섹, 예루살렘, 다소에서) 선교사'로 부를 수 있는 반면, 서신서의 바울은 '이방인의 사도'라고 부를 수 있다고 믿는다. 하지만 필자는 그의 대조법이 불필요하게 양극화되어 있으며, 그것도 누가가 바울의 다소에서의 활동에 대해 침묵한다는 점 때문에 전적으로 설득력이 있다고 보지 않는다.

156 다소의 바울에 대한 필자의 묘사가 사변적이라는 점은 인정한다. 하지만 바울이 다소에서 사도행전 9장 15절의 하나님의 말씀을 수행하지 못했을 때 낙담했으리라고 상상하는 것은 가능하다. 바울은 자기 생의 마지막까지 자신의 사역을 변호하면서 그 말씀을 자신의 사명과 비전의 중심에 두었다.

장 39절, 22장 3절에서 다소를 언급한 내용을 연구하고 난 후 이 부분은 바울을 철저하게 찾고 있음을 암시한다고 결론을 내린다.

바울이 이방인 선교로 부르심을 받다 바나바는 안디옥의 새로운 선교 상황에 바울의 신학적 통찰이 적절하다고 이해했기 때문에 바울을 찾았다. 바울은 또한 간접적이기는 하지만 실전 경험도 있었다. 테렌스 도널드슨(Terence Donaldson)은 바울의 이방인 선교가 이방인을 유대교로 개종시켰던 예전 경험에 기초하고 있다고 주장했다(갈 5:11).[157] 다메섹 도상에서 부활하신 예수님의 환상을 보기 전에 바울은 하나님의 선택받은 백성의 순결을 지키려는 열망으로 불타올랐었다.

이를 삶으로 드러내는 방법은 유대교의 율법인 토라에 대한 복종이었다. 그리고 바로 이 잣대가 유대인을 이방인으로부터 정확하게 구분해 주었다. 반면에, 하나님의 백성을 규정하고 그 범위를 정하는 경쟁적인 방법은 바로 메시아 예수에 대한 충성이었다. 이는 불가피하게 유대인과 이방인의 구분을 심하게 약화시켰다.[158] 이처럼 예수에 대한 충성이 정통 유대교에 미친 위협 때문에 바울은 스데반을 격렬히 반대할 수밖에 없었다.

그러면 우리는 바울의 이방인 선교 사명의 기원을 어디서 찾을 수 있을까? 폴 바워스(Paul Bowers)는 바울이 "이방인 선교 사역에 참여한 근거를 흔히 신자의 예수 체험에서가 아니라 지극히 개인적인 부르심에서 찾아야 한다고 제안한다"(살전 2:4, 갈 1:15-16, 2:7-9, 롬 1:5-6, 15:15, 골

157　Terence L. Donaldson, *Paul and the Gentiles: Remapping the Apostle's Convictional World* (Minneapolis: Fortress Press, 1997), 298-99.

158　Ibid., 251.

　　　　　　　　　　　　대형교회의 선교 책무

1:23).[159] 테렌스 도널드슨은 바울이 다메섹 도상에서의 회심을 통해 이 방인 세계에 대해 이전에 가졌던 확신을 새롭게 재구성하게 되었다는 데 동의한다.[160]

바울이 '비유대인'을 지칭했던 '민족'(ethnos)이란 용어는 이후 확대되어 '민족들'을 포함하게 된다. 이것은 예루살렘에서 일루리곤까지 상징적으로 아치형으로 펼쳐진(롬 15:19) '온 세상'(골 1:23, 그리스어 단어의 문자적 의미는 '하늘 아래 모든 피조물')으로 부름 받은 사도라는 바울의 자기 이해에 걸맞은 재해석이다. 바울이 제사장으로서 "이방인[민족들]을 제 물로" 드린다고 언급한 것은(롬 15:16)[161] 그가 아치형으로 펼쳐진 모든 민족에게 복음을 선포함으로써 적절해 보인다.

안디옥과 바울의 형성 이방인을 위해 부름 받은 유대인 사도는 안디 옥의 다민족 회중들 안에서 준비되고 형성되었다. 노만 토머스(Norman Thomas)는 바울에 대해서 "안디옥은 그를 양육하고, 그가 새로운 방식 을 실험할 수 있도록 허용했다"며, "안디옥에서 바울은 자신의 이방 인 선교 전략을 개발할 수 있는 시간을 가졌다"고 주목한다.[162] 이방

159　Paul Bowers, "Church and Mission in Paul," *Journal for the Study of the New Testament* 14, no. 44 (1991): 93.

160　Donaldson, *Paul and the Gentiles*, 271, 293-307. 테렌스 도널드슨은 우리가 회심을 단순한 인지적 측면뿐 아니라 문화, 사회, 종교, 개인적 측면을 모두 갖춘 복합적 현상이라고 이해하기만 한다면, 바울의 다메섹 환상이 회심이라기보다는 예언적-사도적 소명으로(그래서 세상 끝까지 향하는 것으로) 보아야 더 잘 이해된다는 크리스터 스탕달(Krister Stendahl)의 주장[참조. Krister Stendahl, *Paul among Jews and Gentiles* (Philadelphia: Fortress Press, 1976), 7-23.] 때문에 '회심'이란 용어를 사용하지 못하도록 금지할 필요는 없다고 주장한다. 추가로 루이스 R. 람보(Lewis R. Rambo)의 책을 참조하라. Lewis R. Rambo, *Understanding Religious Conversion* (New Haven: Yale Univ. Press, 1993).

161　Arland J. Hultgren, *Paul's Gospel and Mission* (Philadelphia: Fortress Press, 1985), 132.

162　Norman E. Thomas, "Church at Antioch," 146, 149.

인 선교는 바울에게 있어 핵심이 되었고, 그래서 그는 고린도 교회 교인들에게 "유대인에게나 헬라인에게나 … 거치는 자가 되지 말고 나와 같이 모든 일에 모든 사람을 기쁘게 하여 … 그들로 구원을 받게 하라"(고전 10:32-33)고 요구했다.

바울의 이방인 선교로의 회심은 매우 철저했다. 한번은 야고보와 예루살렘 교회가 안디옥으로 보낸 감시인들이 베드로와 바나바를 방문했다. 그때 베드로와 바나바가 이방인과의 식사 자리에서 물러나자 바울은 그 행동이 위선적이라고 단호하게 정죄했다(갈 2:11-14).[163]

선교 행위의 결과 시인 김지하는 "밥은 하늘입니다. 하늘을 혼자 못 가지듯이 밥은 서로 나눠 먹는 것"[164]이라고 썼다. 바울과 바나바는 안디옥 교회에서 유대인들이 복음을 위해 모든 민족적, 문화적 구분을 넘어서서 화해를 실천하고 사랑을 증명하고자 헬라인과 함께 먹는 것이 얼마나 중요한지를 체득했다.

이 행위는 당시의 사회적 인습을 뒤집어엎었다. 고대 세계에서는 한 민족 집단이 다른 민족 집단에게 관대하게 대하는 예가 매우 드물었다. 그러한 사랑을 베푼 것은 근본적으로 혁신적이었고, 아마 유일했을 것이다. 이러한 헬라인과 유대인 사이의 상징적인 식탁 교제는

---

163 아그립바 치하에서 일어난 핍박과 그로 인해 발생한 디아스포라는 이방인 선교에 관한 결정적 판단을 유보시켰다고 보는 것이 가능하다(최초로 사도행전 11장 1-8절에서 논의되었지만, 사도행전 15장의 예루살렘 공의회 때까지 해결되지 않았다). 이 문제를 연기한 것은 의심할 바 없이 뜨거운 논란의 원천이 되었다. 실제로 바울은 안디옥에 있었던 '할례당'을 언급했다(갈 2:12). 바울을 사로잡은 이러한 역동성이 가장 분명하게 나타난 것은 베드로와 바나바가 이방인과 식사하다가 물러났을 때 그들을 대적한 때였다.

164 Norman E. Thomas, "Church at Antioch," 152.

                                                    대형교회의 선교 책무

초대교회의 삶 속에서 경이로운 순간이었다. 틀림없이 세상이 뒤집힌 것처럼 보였을 것이다. 결과적으로, 안디옥 교회는 바울과 바나바를 신뢰하고 존경하는 가운데 성장하면서 그들에게 선교 자체를 위임했다(행 11:29, 13:2-3).

이러한 선교로의 파송은 결국 바울로 하여금 더 광범위한 선교 여행을 마친 후 열방을 통치하는 이방인 앞에서 재판을 받게 만들었다. 바울은 아그립바(와 다른 이들) 앞에서 자신을 변호하면서 다메섹 도상에서 자기에게 들려주신 예수님의 말씀이 자신이 '이방인들'에게 보냄을 받은 사실을 확신하게 해 주었다고(행 26:17) 증언했다.

바울은 자신이 이방인 선교를 하고, 그로 인해 성전에 있던 유대인들이 폭력적으로 반응한 사건 때문에 자신이 아그립바 왕 앞에 서 있다는 사실을 분명히 인식하고 있었다(행 21:27-31). 심지어 재판정에서조차 바울이 자신의 공개 변론을 이방인 선교로 마무리하자 예상대로 소동이 일어났다(행 22:21-22).

바울의 선교는 단지 그의 신학을 구현한 것이 아니었다. 바울의 신학은 그를 열방으로, 땅끝으로, 유대인과 이방인 모두를 향해 가도록 몰아 가는 선교 신학이었다.[165] 궁극적으로, 바울은 전 우주를 다스리

---

165 어떤 바울 연구가들은 바울이 개인이 아닌 회중으로서의 교회들이 자신의 선교적 모범을 어느 정도 따르기를 기대했는지에 대해 탐구했다. 폴 바워스는("Church and Mission in Paul") 바울의 선교 신학이 유대인의 하나님 백성의 빛 개념('열방의 빛')을 반영한다는 제안으로 이 역설을 해결하려고 시도한다. 바울이 자신의 회중들에게 한 선교적 권면은 전형적으로 "이방인 앞에서 선한 삶을 살라"는 것이었다. 폴 바워스는 다음과 같이 결론을 맺었다. "바울이 … 조사하고 추구하고 대적하고 사람들더러 그 말씀을 받아들이라고 강조하는 곳에서 교회들은 유인하고 유도하고 반응하고 그리고 수용하도록 기대된다. 바울은 원심적 선교를 촉진하고, 그의 교회들은 구심적 운동의 초점을 형성하게 된다. 바울은 보급하고 씨를 뿌리고, 그들은 받아들인다"(109). 필자가 여기서 이 입장을 언급하는 것은 반드시 폴 바워스에 동의하기 때문이 아니라, 현대의 진지한 바울 연구가라면 그의 선교사적 특성을 언급하지 않은 채 그의 신학을 논의하지는 않을 것이라고 보기 때문이다.

시는 그리스도의 주권적 통치의 복음을 전파하는 자신의 선교 신학 때문에 유대인 세계와 이방인 세계의 권세자들 모두와 그를 갈등으로 치닫게 만들었다.

세상 끝에서의 선교

디아스포라와 민족적 다양성은 가까운 미래에도 선교학자들과 선교 실천가들의 관심의 대상으로 남아 있을 것이다. 이것은 또한 대형교회를 연구하는 학자들에게도 중요한 문제다. 필자가 사역하면서 목격한 어떤 초대형교회들은 디아스포라 교회였다(영국과 우크라이나의 나이지리아인들). 문화적 다양성은 노르웨이에서 호주까지, 북에서 남까지, 수많은 교회들에 있어서 주일 예배의 내용과 행위 및 소통을 결정한다.

이러한 사례들은 복음이 유대인과 이방인 모두, 심지어 세상 끝까지 화해시키는 예수 그리스도의 기쁜 소식이라는, 안디옥 교회가 발견한 사실을 우리 시대에 보여 준다. 이것이 의미하는 바는 분명하다. 이주하는 기독교 선교 여행은 예전에 알지 못했던 민족 집단들과 변두리에 존재하는 문화권과 접촉하라는 부르심이었다. 알 수 없는 위험과 끝없는 기회들이 세상 끝에서 이주자로 살아갈 수 있을 정도로 순종적인 이들을 기다리고 있다. 바울은 그 위험과 기회에 대해 알고 있었지만, 끝까지 예수께 충성을 다했을 뿐만 아니라 다민족 디아스포라 교회인 안디옥 교회가 열정적으로 일궈 낸 선교 비전에 충실했다.

세상에 보냄을 받지 않는 교회는 교회가 아니고,

그리스도의 교회가 하는 선교가 아니면 선교가 아니다.

_요하네스 블라우

17장

힐송 교회 네트워크

: 글로벌 도시 속의 기독교

미란다 클라버

호주 시드니에 있는 오순절 교단의 힐송 교회(Hillsong Church)는 새로운 도시에 있는 교회 간에 글로벌 네트워크를 구축했다. 이 네트워크는 급속도로 확산되어 런던, 파리, 코펜하겐, 암스테르담과 같은 유럽의 도시들과 남아프리카의 케이프타운 그리고 최근에는 미국의 뉴욕시와 로스앤젤레스 등의 도심에도 힐송 교회가 출현했다.[166] 이와 같은 초국가적인 교회 네트워크는 기업가적 카리스마가 있는 리더십이 특징이며, 음악과 멀티미디어를 활용해 편안하고 매력적인 신오순절주

---

[166] 2015년 2월 8일 담임목사 브라이언 휴스턴(Brian Houston)은 비전 선언문 '힐송 교회 2015'를 제시할 때 힐송 네트워크를 부에노스아이레스와 상파울루와 같은 라틴아메리카 도시들에 확장한다고 선언했다. www.youtube.com/watch?v=22wRTk4g18I.

의 기독교의 활력 넘치는 모습을 보여 준다.[167]

선교학적 관점에서 볼 때 힐송 교회 네트워크는 수많은 질문들을 제기한다. 현재 세계 도처에 새로운 교회를 개척하는 대형교회들이 설립한 글로벌 오순절주의 네트워크의 확장을 우리는 어떻게 이해하고 평가해야 하는가? 게다가 이 글로벌 운동은 대체적으로 도시에서 일어나는 현상인데, 힐송 교회와 같은 하나의 대형교회 네트워크가 어떻게 여러 지역의 도시 상황에 적절하게 대처할 수 있는가? 힐송 교회의 성공을 선교적으로 인정된 상황화의 중요성에 비추어 볼 때 어떻게 이해해야 하는가?

이 사례 연구에서 필자는 2013-2014년에 암스테르담과 뉴욕 시의 힐송 교회들에 관해 조사한 자료에 기초하여, 글로벌 대형교회 네트워크의 상황화에 관한 질문을 제기하려고 한다.[168] 필자는 힐송 교회가 얼핏 보면 소비주의적이며 상품화된 기독교로 보이지만, 실제로는 현대의 글로벌 도시들에서 만나게 되는 특정 '종족'에게 사역하고 있다는 점을 논증할 것이다.

힐송 교회들 내부에서 선교학적, 신학적 성찰이 명시적으로 이루어진 것은 아니지만, 글로벌 대형교회 네트워크는 전 세계적으로 글로벌 도시들의 역동성과 신흥 계층의 출현을 인식하고 있다. 결과적으로 초국가적 대형교회들의 출현은 상황화 신학의 논의에 새로운 쟁점들을

---

167 1980년대 이후 독립교회들은 하나님의성회(Assemblies of God)와 같은 교단 소속 오순절교회들과 자신들을 구분하기 위해서 '새 오순절주의'와 '신오순절주의' 등과 같은 용어들을 사용하기 시작했다. Allan Anderson, *An Introduction to Pentecostalism: Global Charismatic Christianity* (Cambridge: Cambridge Univ. Press, 2004), 158.

168 이 논문은 필자가 릴리 재단(Lilly Endowment)의 후원을 받아 회중 연구 팀(Congregational Studies Team)의 연구원으로서 연구한 것이다. www.hirr.hartsem.edu/cong/congregational_studies_fellowship.html.

도입함으로써 선교학적 성찰을 심화시키는 중요한 도전을 던진다. 힐송 네트워크와 같은 글로벌 교회들은 세계가 역동적 방식으로 글로벌 네트워크화되어 간다는 점에 비추어 문화와 상황의 개념들을 이해해야 한다고 강조한다.

상황화와 글로벌 네트워크

선교 연구와 상황적 신학에서 복음 전파를 논할 때는 상황화가 핵심 개념이다. 문화 제국주의의 요소를 가지고 복음과 서구의 종교 문화를 함께 수출했던 과거의 선교 방법론을 바꾸는 역할이 바로 상황화다. 상황화는 교차 문화 사역의 필수 요소이며, 유럽과 미국 같은 세속화가 만연한 상황에서 교회를 개척할 때도 상황화가 중요하다는 인식이 점점 더 커지고 있다.[169]

이제는 복음을 듣지 못한 이들의 문화권과 세계관에 대해서 더 이상 당연시하지 않고, 그것들을 사회학적 개념과 인류학적 통찰과 유사한 연구 방법들을 활용해 중요한 연구 주제로 삼고 있다. 상황화의 필요성에 대한 인식이 커지면서, 오늘날 대도시 교회 개척자들은 주택가로 진출해 관계와 우정을 쌓는 데 투자한다. 그들은 복음을 전파할 대상과 더불어 삶을 나누면서 그들 가운데 복음을 실천하려고 애쓴다.

그런데 상황화란 다른 형태를 취할 수도 있고, 다른 의미를 전달할 수도 있다. 스티븐 베반스(Stephen Bevans)가 주장하듯이, 상황화란 성경, 경험, 전통, 상황 사이의 상호 작용을 다룬다. 복음을 상황화할 때 네 가

---

169 예를 들면, 티모시 켈러(Timothy J. Keller)를 참조하라. Timothy J. Keller, *Center Church: Doing Balanced, Gospel-Centered Ministry in Your City* (Grand Rapids: Zondervan, 2012). 티모시 켈러는 뉴욕 시에서 사역하는 리디머장로교회의 목사다.

대형교회의 선교 책무

지 요소들을 평가하고 고려하는 방식들은 신학 전통별로 서로 다르다.

억압받고 소외된 자들을 대변하는 해방신학자들의 예언자적 외침은 복음주의 신학자들이 제시하는 상황화 이해와 사뭇 다르다. 복음주의 신학자들은 복음을 타 문화권에 정직성 있고 적절하게 번역하면서 종종 커뮤니케이션 모델을 통해 상황화에 접근한다.[170]

세계적으로 고속 성장하고 있는 기독교 운동인 신오순절주의 내에서는 상황화에 대한 논의가 드문 편이다. 신오순절 운동은 하나님의 역사하심을 확증하는 것처럼 보이며, 신학적 성찰을 할 시간도 별로 없어 보인다. 어쨌든 신오순절주의는 추수하는 시기는 신학적 성찰을 하기에는 적기가 아니라고 (말은 안 하더라도) 생각할지도 모른다.

나아가 오순절주의의 설교에 대한 열심은 대중문화와 새로운 미디어를 창의적으로 활용하는 실천을 가져왔다. 이는 대중음악과 테크놀로지를 교회 예배, 전도 대회, 콘퍼런스 등에 접목시킨 것과 오순절주의가 복음 전파에 온라인 미디어를 활용하는 선두 그룹에 속해 있다는 데서 잘 나타난다. 그들의 이해에 따르면, 복음의 메시지는 동일하지만 그것을 제시하는 형식은 지역 상황과 미전도 그룹들에게 맞춰 적용시켜야 한다.

흥미롭게도 오순절주의는 (그리고 복음주의자들은) 자신들의 메시지를 대중에게 전달해 주는 미디어 기술을 긍정적 측면에서 받아들이곤 한다. 미디어를 사용함으로써 그들은 영향력과 복음 전파와 교회 개척의 사명을 확장할 수 있게 되었다. 종교 생활이 미디어의 상용과 네트워크의 다중성을 통해 표현되면서, 현대 미디어 혁명이 이러한 추세를

---

170 Stephen B. Bevans, *Models of Contextual Theology* (Maryknoll, N.Y.: Orbis Books, 2002), 47.

가속화하는 것 같다.

호주 시드니에 본부를 둔 암스테르담이나 미국 힐송 교회같이 미디어를 다방면에서 활용하는 다민족 교회의 성공적인 출현은 한 가지 트렌드를 보여 준다. 즉 글로벌 도시들이 새로운 양상의 글로벌 기독교를 위한 토양을 만들고 있다는 것이다. 호주에서 유럽, 미국, 남아프리카 그리고 이제는 라틴아메리카까지 진출한 힐송 네트워크는 도시들을 호주에 중심을 둔 하나의 신학적 구조 안에 결속시키고 있다.

힐송 교회의 사례는 지구촌의 다양한 지역에서 종교적 상상력, 메시지, 예배 양식 등을 형성하는 초국가적 미디어 회로망을 조작할 수 있는, 또 그에 속한 신오순절교회들의 역량을 보여 준다. 이러한 교회 네트워크들이 참여 도시들의 현지 상황을 반영하기보다는 하나의 공유된 글로벌 상황을 수용한다는 점은 주목할 만하다.

힐송 교회 네트워크

힐송 교회 네트워크는 1983년 브라이언과 바비 휴스턴(Brian and Bobbie Houston)이 개척한 시드니의 지역 교회에서 출발했다. 1990년대에 힐송 시드니 교회는 음악 사역을 통해 복음주의 교회들과 오순절 교회들 사이에서 세계적인 명성을 얻었다. 오늘날 힐송 시드니 교회는 음악 앨범들 덕분에 현대 기독교 음악의 유력한 제작사 중 하나로 사역하고 있다.

교회는 매주 2만 명 이상이 출석하는 대형교회로 성장했으며, 호주 안에 많은 지교회들을 세웠다. 20세기 말 즈음 힐송 교회는 호주 밖에서 최초로 런던에서 개척되어 유럽으로 진출할 수 있는 교두보가 되었다. 또한 힐송 교회는 남아프리카(2008), 최근에는 미국의 뉴욕 시(2010)와 로스앤젤레스(2013)에도 교회를 개척했다. 힐송 교회의 신념과 실천은 오순절주의에 기초하고 있으나 오순절주의의 정체성을 약화시키고, 오순절교회라기보다는 오히려 현대적이고 상황 적절한 복음적 교회라고 스스로를 규정하고 있다.[171]

힐송 교회는 첨단 멀티미디어 기술과 표준화된 음악과 음향을 통합함으로써 현지 상황을 크게 고려하지 않고, 심지어는 현지 상황을 무시하는 탈상황화의 형태를 제안한다. 즉 세계적으로 공유할 수 있는 교회 경험을 만들어 내는 독특한 입장을 취하고 있다. 힐송 운동의 지교회들은 예배 공간, 예전, 음향, 리더십 스타일 그리고 조직 구조면에서 눈에 띄는 유사성을 보여 준다.

글로벌 도시들에 자리 잡은 힐송 교회들의 특징은 모임 장소로 핵심 지역들을 선택한다는 점이다. 예를 들어, 힐송 뉴욕 시 교회는 브로드웨이 근처의 한 극장을 빌려 쓰며, 힐송 런던 교회는 런던의 극장가 중심에 위치하고 있다. 힐송 암스테르담 교회는 그 도시에서 가장 유명한 클럽인 '이스케이프'(Escape)에서 모이는데, 토요일 밤 파티 장소로 전국에서 가장 유명한 곳이다. 힐송 교회는 장소를 매우 중요시한다. 건물의 물리적 공간 덕분에 교회가 즐거운 곳이고, 신 나고 편안하고 재미있는 곳이라는 인상을 주려 한다. 힐송 교회가 선택한 장소는 그들이 도시 거주자들의 교제 방식을 파악하고서 도시 상황에 반응하

---

171 힐송 교회는 전에는 호주 하나님의성회 교단으로 알려져 있던 오순절교회 연맹인 호주기독교회(Australian Christian Churches)와 제휴한 교단이다(www.acc.org.au/about-us). 1997-2009년까지 동 교단의 총회장을 역임한 브라이언 휴스턴의 지도 아래 2007년 개명한 호주기독교회에는 '1천 개 이상의 교회와 28만 명 이상의 교인들'이 소속되어 있다.

고 있음을 나타내 준다.[172]

힐송 교회 예배에서 따르는 예전은 힐송 시드니 교회가 개발한 형식대로 표준화되어 있다. 힐송 교회의 전형적인 예배는 네 곡의 찬양으로 시작해 환영 인사, 찬양 한 곡, 봉헌을 위한 짧은 메시지, 힐송 교회의 행사 광고, 찬양 한 곡, 설교, 제단으로의 초청 그리고 마무리 찬양 순으로 진행된다. 힐송 네트워크 교회들은 똑같은 영감 어린 동영상을 상영하고, 똑같은 조명과 특수 효과를 사용하며, 심지어 무대 위 몸동작과 언어 표현까지 복사한다. 여기에 대해서는 다양한 힐송 교회들이 다른 시도를 해 보거나 즉흥적으로 변경할 여지를 거의 주지 않는다.

힐송 교회의 음악 표준화 방식은 초국가적 청중들과 소통해야 하는 문제를 해결하는 데 있어서 핵심 요소다.[173] 힐송 교회는 교회 예배의 음악 목록을 힐송 예배 찬양으로 제한함으로써 글로벌 음향을 만들어 냈다. 글로벌 음향은 새로운 예배 찬양을 담은 힐송 음악 앨범들을 스튜디오에서 녹음해 매년 발매함으로써 결정된다. 힐송 시드니 교회가 스튜디오에서 목소리, 악기, 기타 음향 트랙을 녹음해 제공하면 각 지역의 힐송 교회는 그것을 현지 예배 밴드의 음향과 조합해 글로벌 음향을 다시 제작한다.

아마 '힐송 음향'(Hillsong sound)의 제작은 미디어 기술이 글로벌 교회 네트워크 안에서 얼마나 기능적으로 응용될 수 있는지, 얼마나 전략적

---

172 Geraldo Marti, *Hollywood Faith: Holiness, Prosperity, and Ambition in a LosAngeles Church* (New Brunswick, N.J.: Rutgers Univ. Press, 2008), 114.

173 Tom Wagner, "Branding, Music, and Religion: Standardization and Adaptation in the Experience of the 'Hillsong Sound,'" in *Religion as Brands: New Perspectives on the Marketization of Religion and Spirituality*, ed. Jean-Claude Usunier and Jörg Stolz (London: Ashgate, 2014), 65.

대형교회의 선교 책무

으로 활용될 수 있는지를 보여 주는 가장 놀라운 예일 것이다. 힐송 음향은 공동체와 종교적 정체성을 확립하는 데 중요한 역할을 하고 있으며, 적절한 미학적 형식들이 공동체를 강력하게 결속시키는 방식이자 헌신을 이끌어 내는 수단이 될 수 있다는 사실을 확인해 준다.[174]

힐송 교회들에서 사역하는 힐송 목회자들이 예배를 인도하는 스타일에서도 놀라운 유사성을 또 한 번 찾을 수 있다. 젊은 힙스타일의 복장과 신체 이미지를 가진 목회자들은 코미디언과 동기부여 강사와 부흥회 설교자를 합해 놓은 듯하다. 브라이언 휴스턴 담임목사가 가끔 정장을 입긴 하지만, 일반적으로 젊은 힐송 목회자들은 최신 힙스타일에 맞게 착 달라붙는 찢어진 청바지, 검정 가죽 재킷을 입고 그럴싸한 문신들을 선호한다.

2014년에 미국 CNN 뉴스는 힐송 뉴욕 시 교회의 목사인 칼 렌츠 (Carl Lenz)를 뉴욕의 "힙스터 목사"[175]라고 언급했다. 그는 저스틴 비버 (Justin Bieber)의 친구이자 뉴욕의 프로 배구 팀 닉스(Knicks)의 비공식 담당 목사로 알려져 있다. 또한 다른 유명인사들처럼 힐송 목회자들은 소셜 미디어를 활용해 목사, 남편, 아버지 및 또래 중 '멋진' 친구 사이를 오가는 자신들의 다양한 역할을 소개하고 홍보한다.

힐송 목회자들은 격식 없는 유쾌한 방법을 제시함으로써 긍정적이고 고무적인 복음 메시지를 선포한다. 설교는 주로 하나님이 약속하신

---

174   Ibid., 63. Miranda Klaver, "Worship Music as Aesthetic Domain of Meaning and Bonding: The Glocal Context of a Dutch Pentecostal Church," in *The Spirit of Praise: Music and Worship in Pentecostal-Charismatic Christianity*, ed. Monique Marie Ingalls and Amos Yong (University Park: Pennsylvania State Univ. Press, 2015), 110.

175   "Mega Church Made in Manhattan," CNN, June 2, 2014. http://edition.cnn.com/videos/living/2014/06/02/ac-harlow-pastor-carl-lentz-long.cnn.

복과 기적, 삶을 완성하기 위한 일상에서의 투쟁을 다룬다. 메시지는 쉽게 이해되며, 기독교적 표현을 사용한다. 이것은 참석자들이 기독교 전통을 잘 안다는 전제에 기초한 것이다. 반복적인 제단으로의 초청은 힐송 교회 부흥주의의 뿌리를 강조하고 있다.

힐송 시드니 교회는 조직 면에서 힐송 네트워크의 공식적인 힘의 중심이다. 브라이언과 바비 휴스턴 부부는 힐송 시드니 교회의 장로회와 함께 전 세계 힐송 교회들을 감독한다. 지교회들은 모교회의 확장으로 인식된다. 이러한 관점이 힐송 교회의 사명 선언문에 "많은 방을 가진 집"[176]으로 표현되어 있다.

대부분의 힐송 목회자들이 힐송 성경 대학(Hillsong's Bible College)에서 훈련을 받기 때문에 힐송 시드니 교회와 브라이언과 바비 휴스턴 부부가 더욱 중심적인 역할을 맡게 된다. 그리고 그들의 자녀들이 교회의 핵심 직책을 맡고 있다. 벤저민 휴스턴(Benjamin Houston)은 힐송 로스앤젤레스 교회의 목사다. 조엘 휴스턴(Joel Houston)은 힐송 교회의 협동 목사이자 시드니 힐송 교회의 밴드인 힐송 유나이티드(Hillsong United)에서 주도적인 역할을 맡고 있다.

상황화라는 관점에서 힐송 교회 네트워크는 연예, 대중음악, 유명인사 문화의 요소들을 통합함으로써 복음을 의도적으로 대중문화의 양상에 맞추는 교회로 간주될 수 있다. 그런데 글로벌 대형교회 네트워크를 이해하려면, 글로벌 도시들과 그 거주민들을 더 가까이에서 관찰할 필요가 있다.

---

176 http://hillsong.com/vision.

   대형교회의 선교 책무

창의적 도시 계층에게 다가가기

암스테르담과 뉴욕 시의 힐송 교회들에 관한 필자의 민족지학적 연구 조사에 기초해 보건대, 힐송 교회들은 오늘날 글로벌 도시들에 거주하는 특정한 문화를 가진 종족에게 다가가고 있는 것이 분명하다. 두 힐송 교회를 방문한 사람들의 연령대는 주로 20대와 30대다. 방문자들은 모든 민족과 문화 배경을 대변하며, 놀라운 다양성을 보여 준다.

자원해서 교회에 출석하는 사람들과 적극적인 참여자들로 구성된 힐송 교회의 핵심 그룹은 소위 '창의적 계층'을 반영한다. 이들은 창의적 과제들을 다루는 전문직에 종사하는 사회적 계층이며, 최근에야 사회학자들이 이 계층을 인식하기 시작했다. 리처드 플로리다(Richard Florida)에 의하면, 창의적 계층의 구성원들은 지리적 유동성이 강하며, 다양하고 광범위한 생활양식을 선택할 수 있는 글로벌 도시들에 집중되는 경향이 있다.[177] 예를 들어, 그들은 미디어 산업에 종사하면서 앱 개발자, 웹 디자이너, 사진사 등을 겸업할 수 있다.

이렇게 교육을 잘 받은 '밀레니얼 세대'는 학사 학위를 소지해도 더 이상 직장을 구한다는 보장이 없는 노동시장과 맞닥뜨려 있다.[178] 그들은 이 세대에 중산층이 되고자 하는 꿈과 야망을 성취하기 위해서 자신의 경력을 필수적으로 관리해야 하며, 종종 자영업 외에는 선택의 여지가 없을 때가 많다. "개인들이 점점 자신의 공적 자아를 관리하는 기업가로 변신하면서" 밀레니얼 세대는 소위 "새로운 경제"의 유동성

---

177 Richard L. Florida, *The Rise of the Creative Class: Revisited* (Philadelphia: Basic Books, 2012), 285.

178 닐 하우(Neil Howe)와 윌리엄 스트라우스(William Strauss)는 '밀레니얼 세대'라는 개념을 도입해 1982년 이후에 출생한 세대 집단을 설명했다. Neil Howe and William Strauss, *Millennials Rising: The Next Great Generation* (New York: Vintage Books, 2000).

과 불확실성 때문에 자신을 "상품화"하고 자기를 홍보하게 된다.[179]

대부분의 힐송 교회에 나오는 사람들은 기독교 배경을 가지고 있으며, 공부를 하거나 직장을 구하려고 도시로 이사 온 이들이다. 그들은 전에 다녔던 복음주의 교회에서 음악을 통해 이미 힐송 교회에 대해 들은 적이 있었다. 도시로 새로 이사 온 그들은 힐송 교회가 따뜻하게 환영해 주고, 그곳에서 많은 친구들이 있는 광범위한 네트워크를 쉽게 접할 수 있다는 것을 발견하게 된다. 그들은 현대적인 예배 양식과 실질적인 설교들에 대해 매우 감사해한다.

흥미롭게도 필자는 암스테르담과 뉴욕 시 양쪽에서 이민자 자녀인 학생들과 청장년들을 계속 만날 수 있었다. 그들의 이야기에서 반복해서 나오는 주제는 이러했다. 자신은 이제 부모가 다니는 전통적 교회를 포함해 자신이 처했던 환경에서 벗어났고, 모교회의 문화적 규범과 실천이 불편해졌다는 것이다. 힐송 교회는 그들이 편안하게 느끼고 깊은 소속감을 느낄 수 있는 장소를 제공해 주었다. 그들은 이것을 "나는 힐송에서 진정한 내가 될 수 있다"는 말로 종종 표현한다.

이런 지리적, 교육적, 사회적, 직업적 이동성의 맥락에서, 사회적 네트워크는 자원 동원의 핵심 메커니즘이다. 이러한 네트워크는 밀레니얼 세대에게 살 곳을 찾고, 직장을 구하고, 새로운 사람들을 만나고, 새로운 사상과 접하는 접근성을 제공한다. 힐송 교회는 분명히 이 창의적 계층의 필요에 부응하고 있다.

일종의 '도시형 종족'으로서 창의적 계층인 밀레니얼 세대는 가족

---

179 Marti, *Hollywood Faith*, 180.

   대형교회의 선교 책무

의 역할을 대신해 주는 긴밀한 친구 집단으로 옮겨 간다.[180] 그들은 종
종 소위 '제3의 장소'나 공간, 즉 집도 아니고 직장도 아니지만 사람들
과 어울리고, 새로운 친구들을 사귀고, 공동체를 체험할 수 있는 도시
주택가에 있는 만남의 장소들에서 찾을 수 있다.[181] 커피숍, 서점, 미용
실, 지역 사회 센터 등이 제3의 장소로 종종 이용되곤 하는데, 힐송 교
회는 그 도시에 새로 온 사람들을 위해 그와 비슷한 필요를 충족시켜
준다. 힐송 교회는 그들이 '가정'이라고 부를 만큼 환영하는 장소이며,
불확실한 고용 때문에 불안정한 노동시장에 거대한 네트워크를 제공
해 준다.

또한 힐송 교회는 자원봉사자들이 다양한 자질을 개발할 수 있도록
무수한 기회들을 제공해 준다. 예를 들면, 사진 팀에 가입해서 창의적
기술을 발휘하거나, 제작 팀의 일원이 되어서 기술적 재능을 나타내
거나, 미디어 팀에 들어가 미디어 기술을 뽐낼 수도 있다. 교회 운영에
있어서 핵심적인 자원봉사자 집단이 필요한 것은 사실이지만, 자원봉
사자들이 얻는 보상은 새로운 기술을 배우는 특혜 이상이다. 자원봉사
자들 스스로가 소속의 중요성, 친구를 사귀는 것의 가치 그리고 '하나
님이 임재하고 역사하시는' 교회의 일원이 되었다는 특권을 강조한다.

매주 힐송 교회의 긍정적이고 고무적인 메시지는 개개인의 능력을
구하는 오순절주의의 설교 방식을 보여 준다. '하나님은 당신을 위한
놀라운 계획을 가지고 계신다'는 것과 '당신의 과거가 당신의 미래를

180　Nancy Tatom Ammerman, *Sacred Stories, Spiritual Tribes: Finding Religion in Everyday Life* (Oxford: Oxford Univ. Press, 2013).

181　'제3의 장소'란 개념은 레이 올덴버그(Ray Oldenburg)의 다음 저서에서 도입되었다. Ray Oldenburg, *The Great Good Place: Cafés, Coffee Shops, Community Centers, Beauty Parlors, General Stores, Bars, Hangouts, and How They Get You through the Day* (New York: Paragon House, 1989).

규정해서는 안 된다'는 것을 강조한다. 반복적인 제단으로의 초청은
새 출발이 언제나 가능하다는 점을 강조한다. 이처럼 힐송 교회가 새
로움과 과거와의 단절을 강조하는 것은 부흥을 추구하는 오순절주의
에 뿌리를 두고 있음을 드러낸다.

역사적 관점에서 본다면 힐송 교회가 오래전의 천막 부흥회를 21세
기에 도입한 것이라고 주장할 사람도 있을 수 있다. 하지만 제단으로의
초청에 반응한 이들이 새로운 회심자인지는 의심스럽다. 필자는 50명
의 힐송 교회 참석자들을 인터뷰하고 비공식적인 대화를 나눈 결과, 기
독교적 배경이 전혀 없었다가 힐송 교회에서 처음 믿게 된 사람들을 몇
명밖에 만나지 못했다. 선교적 관점에서 (종종 세속화된) 글로벌 도시들에
서 일어나는 교회 성장과 교회 개척을 평가할 때 이러한 발견은 상당히
실망스럽다.

분명히 힐송 교회가 신세대 신자들에게 제공하는 기독교 공동체는
그들에게 환영받고 있으며, 회복된다는 느낌을 주고, 그들의 신앙을
고무시켜 준다. 사실 힐송 교회는 글로벌 도시들에 살고 있는 이동성
높은 창의적 계층에 속한 그리스도인들, 즉 교회를 떠날 위기에 처한
집단을 위해 '가정'이라 부를 만한 장소를 제공해 준다.

하지만 불안한 고용 시장이 유목민적 생활양식을 조성하기 때문에
힐송 교회들은 높은 회전율이라는 어려움에 직면해 있다. 즉 사람들이
끊임없이 들어오고 나간다. 이로 인해 시간과 재능을 기꺼이 투자하
려고 하는 자원봉사자들이 제한된 기간 내에 단기 사역밖에 참여하지
못하는 독특한 상황이 벌어지곤 한다. 이처럼 글로벌 도시들에서 형성
된 공동체의 새로운 양상은 기존의 교회 성장 개념과 경계가 정해진

존속 가능한 공동체라는 교회관에 도전한다.

대형 교회 네트워크의 출현은 현대의 도시 환경에서 기독교가 사회적 관계와 구조 및 신앙의 유형이 점점 세계화되고 상호 연관되는 교류의 네트워크로서의 역할을 종종 수행한다는 것을 가리킨다.[182] 결과적으로, 상황화된 신학을 개발하기 위해서 글로벌 도시에서의 교회 개척 사역은 문화와 민족성 개념의 상황 적절성과 의미를 평가해야만 한다. 힐송 교회의 사례 연구에서 볼 수 있듯이, 글로벌 도시들에 나타나는 특정 집단의 역동성과 이동성은 민족적 시각을 초월하는 접근 방법을 요구한다.

---

182 Heidi A. Campbell, "Understanding the Relationship between Religion Online and Offline in a Networked Society," *Journal of the American Academy of Religion* 80, no. 1 (2012): 64-93.

1. 당신은 상황화를 이해할 때 어떤 문화와 민족적 개념을 사용하는가? 그것들은 오늘날 젊은 세대에게 접근할 때 얼마나 효과적일 수 있는가?

2. 당신이 사역하는 젊은 세대 가운데 창의적 도시 계층의 어떤 요소를 관찰할 수 있는가?

3. 새로운 미디어 기술은 당신의 사역에 어떤 영향을 미치는가? 새로운 미디어 기술의 지속적 발전은 젊은 세대가 신앙을 실천하는 데 어떤 영향을 미치는가?

4. 신앙의 유형이 점점 세계화되고 상호 연관되고 있다. 당신과 당신의 교인들은 이러한 현상에 대해 어떤 영향을 받고 있는가? 이러한 추세는 선교 사역과 지역 교회의 미래에 어떤 의미가 있는가?

기도보다 더 우세한 선교적 역량은 없다.

교회는 무릎을 꿇음으로써 세계를 복음화해야 한다.

_A. B. 심슨

18장

"힐송 교회 네트워크"
에 대한 논평

김경중

미란다 클라버(Miranda Klaver)가 발제한 "힐송 교회 네트워크 : 글로벌 도시 속의 기독교"는 필자에게 아주 인상적이었다. 지난 30여 년간 필자는 보수적 교단에 소속되어 한국과 말레이시아에서 사역해 왔다. 신학적, 목회적 배경의 차이점에도 불구하고, 힐송 교회 네트워크에 대한 토론을 통해 필자는 선교에 대한 이해를 넓히게 되었고, 대형교회 네트워크에 대한 새로운 안목을 갖게 되었다.[183]

---

[183] 김경중(Timothy Kim)은 말레이시아의 총회세계선교회(Global Mission Society) 소속 선교사로서, 2004년부터 페낭 성 안드레 장로교회(St. Andrew's Presbyterian Church Penang)에서 담임목사로 사역했다. 1851년에 설립된 페낭 성 안드레 장로교회의 배경을 알고 싶다면 다음 저서를 참조하라. Robert A. Hunt,

미란다 클라버는 세 개의 중요 핵심을 소개했다. 상황화와 글로벌 오순절교회 네트워크의 관계, 힐송 교회 네트워크의 특징 그리고 '도시의 창의적 계층'에 접근하는 방식에 대한 질문이다. 그녀가 규명한 특징들은 도시 선교 전략, 특히 도시의 창의적 계층과 대도시 이민자들에 대한 접근 방법을 개발하는 데 신선한 안목을 제공했다. 그러나 힐송 교회 네트워크의 긍정적인 부분들이 있음에도 불구하고 이런 운동에 대해 당연히 해야 할 신학적, 선교적 평가를 무시해서는 안 된다고 본다.

상황화인가, 글로벌 네트워크인가?

"힐송 교회는 … 현지 상황을 크게 고려하지 않고, 심지어는 현지 상황을 무시하는 탈상황화의 형태를 제안한다. 즉 세계적으로 공유할 수 있는 교회 경험을 만들어 내는 독특한 입장을 취하고 있다."(235쪽)[184]

미란다 클라버는 힐송 교회 네트워크의 성공적인 세계화를 지적하면서, 이런 세계화는 21세기에 새로 나타난 선교 현상이라고 한다. 세계화란 "경제, 금융, 무역 및 커뮤니케이션의 융합을 지향하는 전 세계적 운동"으로 기술되며 "지역적, 민족주의적 관점을 벗어나 자본과 상품, 서비스가 국가의 경계를 넘어 자유로이 유통되는 폭넓은 상호 연

Kam Hing Lee, and John Roxborogh, eds., *Christianity in Malaysia: A Denominational History* (Petaling Jaya, Selangor Darul Ehsan, Malaysia: Pelanduk Publications, 1992), 79.

184 미란다 클라버의 기록에서, 힐송 교회들은 예배 공간, 예전, 음향, 리더십 스타일 및 조직의 구조 면에서 거의 비슷하다.

관된 상호 의존적 세계관을 받아들이는 것을 함축"한다.[185] 이런 세계화는 비즈니스계에서만 일어나는 것이 아니라 세계 도처의 지역 교회들에서도 나타난다. 예를 들면, 유럽과 아시아, 북미에서 똑같은 주일학교 교재가 사용되는 것을 쉽게 볼 수 있다.[186]

기독교가 서구에서 비서구 국가로 확장되었기 때문에, 서구식 기독교는 토착 민족들의 문화와 사회에 영향을 미쳤다. 기독교는 서구의 교회당과 예배 형식과 음악과 유사해서 종종 '서구 종교'라고 불린다. 힐송 네트워크의 해외 교회들이 힐송 시드니 교회의 예배 형식이나 음악을 따른다면, 힐송 네트워크 교회들은 과연 그들의 사회에 토착화될 수 있을까? 이 문제는 상황화에 대한 의문을 제기한다. 하비 칸(Harvie Conn)은 어려운 상황화 작업을 회피한 채 기독교를 전파하려고 한 서구 기독교 선교 사역을 예리하게 비판했다. 그는 다음과 같은 고민을 했다.

> "만약 한국과 일본에서 참으로 적절한 기독교가 발전했다면 두 나라에 무슨 일이 일어났을까? 물론 수많은 한국인들이 그리스도께로 돌아왔지만 그들은 대부분 유럽-미국식 기독교를 믿고 있다. 그러나 약 70%의 한국인들은 그리스도를 받아들이지 않았다. 만약 한국 기독교가 진정으로 한국화되었다면 그 70%는 기독교에 긍정적

---

185 *Business Dictionary*, www.businessdictionary.com/definition/globalization.html.

186 이것은 캐나다, 스코틀랜드, 한국, 인도네시아 및 말레이시아에서 주일학교 학생들에게 동일한 미국 주일학교 자료로 가르쳐 본 필자의 개인적 체험이다. 요즘 말레이시아의 많은 주일학교들은 미국에서 주일학교 자료를 직접 수입한다.

   대형교회의 선교 책무

으로 반응했을까?"[187]

또한 여러 나라에서 발흥하는 민족주의와 현존하는 국가 간 갈등은 세계화 과정을 복잡하게 만들고 있다. 새뮤얼 헌팅턴(Samuel Huntington)의 주장처럼 냉전 이후 시대에 근본적인 재편성이 일어나고 있다.[188] 헌팅턴의 주장을 반박하는 이들도 있었지만, 2001년 9·11사태 이후 많은 사람들이 그 주장에 상당한 일리가 있다고 인정하고 있으며, 회의론자들조차 그에 동의한다. 화 융(Haw Young) 박사는 지정학적 재편성이 세계적으로 확대될 것이라고 예측한다.[189]

다양한 정치적, 사회적 변혁에 비추어 볼 때 힐송 네트워크 교회와 같은 '브랜드'의 세계화는 도시 선교 역사에 특별하고 영속적인 요소가 될 수 있을까, 아니면 일시적 성공에 그치고 말 것인가?

네트워크인가, 프랜차이즈인가?

2000년부터 힐송 시드니 교회는 호주의 타 도시와 해외에 힐송 네트워크 교회들을 개척하기 시작했다. 힐송의 신선하고 창의적인 도시 전도법은 젊은 세대에게 매력적으로 다가왔다. 힐송 교회 안에 젊은 층이 높은 비율을 차지한다는 사실은 이 매력을 반영한다.

---

187   하비 칸은 한국 선교사로 섬겼으며 나중에 〈도시 선교〉(Urban Mission)의 편집자가 되었다. Harvie M. Conn, Manuel Ortiz, and Susan S. Baker, *The Urban Face of Mission: Ministering the Gospel in a Diverse and Changing World* (Philipsburg, N.J.: P&R Publishing, 2002), 156.

188   Samuel Huntington, *The Clash of Civilizations and the Remaking of World Order* (London: Simon & Schuster, 1997).

189   Haw Young, "Mission Trends in the Twenty-First Century," in *Fiftieth Anniversary of Korean Mission Work in Malaysia* (Kuala Lumpur: n.p., 2015), 14-15.

흥미로운 사실은 힐송 시드니 교회에서 발표한 예배 양식을 대부분의 힐송 네트워크 교회들이 똑같이 사용한다는 점이다. 심지어 영감 넘치는 동영상과 조명과 특수 효과 및 몸짓까지 똑같이 사용한다. 이런 목회적, 예전적 유사성은 프랜차이징을 연상시킨다. 힐송 네트워크 교회들과 모교회인 힐송 시드니 교회의 관계는 맥도날드와 KFC, 스타벅스 프랜차이즈가 똑같은 실내장식과 메뉴판을 이용하는 것과 비슷하다.[190]

힐송 시드니 교회가 독자적인 예배 형식을 추구하는 독특한 방식은 신학적 질문을 제기한다. 힐송 시드니 교회의 예배 양식과 관련된 활동들은 사회 상황과 구성 민족이 전혀 다른 힐송 네트워크 교회들을 위해서 표준화될 수 있는가? 로잔세계전도위원회(Lausanne Committee for World Evangelization)의 1978년 "윌로우뱅크 보고서"(Willowbank Report)는 교회의 자유를 이렇게 강조했다.

> "만약 각 교회가 자신을 발견하고 표현하는 창의적 발전을 원한다면 그렇게 할 수 있는 자유가 있어야 한다. 이것은 빼앗길 수 없는 권리다. 각 교회는 하나님의 교회이기 때문이다. … 우리는 그런 '외래성'이 어디에서 나타나든 그것이 성숙과 선교의 심각한 걸림돌이 되고 하나님의 성령을 소멸시키는 것으로 보고 강력히 반대한다."[191]

---

190 프랜차이징(Franchising)은 규정된 기간 동안 회사의 영업 모델과 상품 브랜드를 사용할 권리를 부여하는 관행이다. 프랜차이저는 프랜차이즈 점에 상품을 분배하고, 양측은 공동의 영업 이익을 나눈다.

191 Ralph D. Winter and Steven C. Hawthorne, eds., *Perspectives on the World Christian Movement*, 4th ed. (Pasadena, Calif.: William Carey Library, 2009), 522.

    대형교회의 선교 책무

확신하건대, 힐송 네트워크 교회들은 그들만의 고유한 교회 사역을 꾸려 갈 권리가 있지만, "윌로우뱅크 보고서"의 조언에 귀를 기울이면 더 바람직할 것이다.

중립 지역인가, 신성한 장소인가?

"글로벌 도시들에 자리 잡은 힐송 교회들의 특징은 모임 장소로 핵심 지역들을 선택한다는 점이다."(235쪽)

예를 들면 힐송 네트워크 교회들은 예배 장소로 종종 극장이나 클럽을 빌리곤 한다. 미란다 클라버의 견해에 따르면, 힐송 네트워크 교회들은 도시 상황에 반응하고 도시 거주자들의 다양한 교제 방식을 인정하려는 의도에서 이렇게 한다고 한다. 이는 세속적인 사람들이 개종의 부담을 받지 않으면서 기독교를 접할 수 있는 중립 지역으로 모이도록 하는, 현대인에게 합리적인 접근법으로 인정받고 있다. 그렇다고는 하지만, 교회에는 예배와 교제를 위한 신성한 장소도 필요하다. 교회는 모든 사람에게 열린 곳이지만, 그리스도의 몸으로서의 정체성을 재확인하기 위해서도 모인다. 폴 히버트(Paul Hiebert)와 엘로이스 히버트 메니스(Eloise Hiebert Meneses)는 다음과 같이 경고한다.

"하나님에 관한 우리의 체험을 표현할 수 있는 신성한 장소와 시간이 없다면, 우리는 세속적인 도시 사회에 휩쓸려 우리 가운데 장엄하게 임재하시는 하나님의 모습을 망각하거나 그리스도를 구성

원 중에 한 명으로 취급하는 사교 클럽으로 전락할 위험에 빠지게
된다."[192]

하지만 로저 그린웨이(Roger Greenway)는 더욱 과감하게 지역 사회의
유익을 위해 교회 시설을 사용하라고 제안하면서 콜롬비아의 한 도시
교회를 모범으로 제시한다.[193] 분명 교회 건물은 예배만 드리는 장소가
아니다. 시설물은 지역과 사회에 유익을 주는 다양한 목적으로 사용될
수 있기 때문에 시설이나 건물을 관리하는 일은 매우 중요하다. 그러
므로 예배 장소로서 교회 건물의 가치를 과소평가해서는 안 된다.

창의적 도시 계층 vs. 일반 지역 시민

힐송 교회의 강점은 젊은 세대와 교회 사이를 가로막고 있는 전통
의 걸림돌을 부쉈다는 점이다. 그들의 예배 장소와 스타일, 목회자의
의상 및 언어는 도시 젊은이들에게 잘 맞는다. 힐송 네트워크 교회의
목회자들은 최신 유행 스타일을 따르고, 심지어 문신까지 한다는 세평
을 얻었다. 그들은 소셜 네트워크 사용에 있어서도 대단히 앞서 있다.

힐송 교회의 가장 영향력 있는 '상품'은 음악이다. 그들은 전 세계인
들이 애호하는 소위 '글로벌 음향'을 창조했다. 그러나 어떤 보수적인
교회들은 현대 기독교 음악 대신 여전히 전통적인 찬송을 선호한다.
필자의 교회를 포함한 어떤 교회들은 예배 중에 드럼이나 전자 기타

192　Paul G. Hiebert and Eloise Hiebert Meneses, *Incarnational Ministry: Planting Churches in Band, Tribal, Peasant, and Urban Societies* (Grand Rapids: Baker Books, 1995), 333.

193　Roger S. Greenway and Timothy M. Monsma, *Cities: Mission's New Frontier* (Grand Rapids: Baker Books, 1989), 236.

　대형교회의 선교 책무

와 같은 특정 악기의 사용을 허용하지 않는다. 그럼에도 불구하고, 힐송 음악이 폭넓게 수용되고 있는 사실은 교회 안에서 현대 음악을 사용하자는 주장에 큰 힘을 실어 준다.

현대 음악이 젊은이들에게 인기가 있기는 하지만, 모든 사람이 다 좋아하는 것은 아니다. 심지어 교회 예배에 현대 음악을 사용하고 있을지라도 그 음악 스타일이 회중들의 '마음에서 우러나오는 음악'인가에 대해서는 질문해 봐야 한다. 이런 관점에서 스탠리 무어(J. Stanley Moore)는 선교사들이 선교지의 현지 음악을 지나치게 무시한다고 비판했다.

> "선교사들은 당연히 현지인의 토착 음악 문제에 민감해야 하는데도 불구하고 항상 그렇게 하지는 못했다. … 교차 문화 상황에서 가장 효과적인 음악 언어는 대상 집단의 (마음에서 우러나오는) '첫' 음악 언어다. 도시 거주자들은 다른 음악 스타일을 잘 받아들인다. 이런 현상은 전 세계적으로 대도시 지역의 라디오 방송국들에 접수된 음악 선호도에 의해 입증된다. 사람들은 다양한 음악 스타일을 받아들일 수는 있지만 아마 특정한 한 가지 스타일, 곧 '마음의 음악'에 대해 자신을 표현하고 가장 깊은 관계를 맺게 될 것이다."[194]

그러므로 다양한 문화와 언어를 가진 모든 집단을 고려하는 것이 필요하다. 특정 집단에만 모든 초점을 맞춘다면 교회의 보편성을 잃을

---

194 J. Stanley Moore, "Strategies for Music in Missions," in *Missiology: An Introduction to the Foundations, History, and Strategies of World Missions*, ed. John Mark Terry, Ebbie Smith, and Justice Anderson (Nashville: Broadman & Holman, 1998), 565.

수 있다. 교회는 한 세대뿐만이 아니라 모든 세대를 위해 존재한다.

결론

힐송 교회의 글로벌 네트워크는 도시 선교 사역, 특히 세속적 환경에서 살고 있는 창의적 계층에게 전도하는 법에 대해 신선하고 창의적인 통찰력을 제공한다. 힐송의 음악 사역은 전 세계 수많은 교회들과 젊은이들에게 강력한 영향을 미치고 있다. 부정적인 측면을 본다면, 힐송 네트워크에 속한 교회들에 대한 목회 지침이 그 교회들의 개별성과 자치력을 약화시킬 수 있다는 점이다. 이것은 미묘한 균형 문제다. 그들은 똑같은 글로벌 비전을 공유하면서도, 힐송 네트워크 교회들이 각자가 처한 문화적 상황에서 그 사역을 상황화할 수 있도록 더 많은 재량을 부여하기 위한 방법을 찾을 수 있을까?

모든 교회는 성장의 잠재력을 갖고 있지만,

오직 교회가 생존에 대해 초점을 맞춘 교회가 될 때에만 가능하다.

_토머스 브레이덴탈

19장

역사적 관점에서 본 대형교회선교

: 대형교회 선교들은 희망인가, 기형인가?

안교성

대형교회들에 관한 서적은 넘칠 정도로 많아서, 대형교회들의 현상에 대한 거의 모든 측면이 다루어졌다 해도 과언이 아니다. 가령 신학에서 교회 생활에 이르기까지, 또한 종교성에서 사회정치적 함의에 이르기까지 다양한 측면이 조명되었다.[195] 그러나 아직까지 대형교회들이 수행하는 선교들에 대한 연구는 거의 없다. 대형교회들의 선교들을 포함한 선교들이 기독교의 세계화를 가속화하는 한편, 때로는 왜곡시켰기 때문에 선교학자들과 선교 전문가들은 당연하게도 다음과 같은 질문들을 제기했다.

---

195 Scott Thumma and Dave Travis, *Beyond Megachurch Myths: What We Can Learn from America's Largest Churches* (San Francisco: Jossey-Bass, 2007).

"대형교회들은 왜 그리고 어떻게 선교 사역을 해 왔는가? 대형교회들의 선교들의 특징은 무엇인가? 선교들은 대형교회들에 어떤 영향을 미쳤고, 또 대형교회들은 선교들에 어떤 영향을 미쳤는가?"

필자는 이 장에서 이 질문들에 대해 답하고자 한다. 그러나 가장 먼저, 우리가 인정해야 할 사실이 있다. 대형교회라는 현상이 매우 다양하고 유동적이어서 한 문장으로 정의하기가 매우 어렵다는 것이다. 그래서 필자는 여기서 '대형교회들'이란 복수형을 사용하고자 한다. 또한 '대형교회선교'(megamission)란 포괄적인 용어를 새롭게 소개하고자 한다. 이 용어는 '대형교회들의, 대형교회들에 의한 그리고 대형교회들을 위한' 선교들의 모든 측면을 가리킨다. 앞으로 이러한 현상들을 검토해 나가는 가운데 대형교회선교의 특징들이 보다 분명해질 것이라고 믿는다. 필자는 이 용어를 사용하면서, 사람들이 대형교회들의 선교들을 독특한 연구 분야 중 하나로 인식하기를 바란다.

둘째, 이 장은 대형교회들 자체가 아니라 대형교회들의 선교들에만 집중할 것이다.

셋째, 이 장에서 한국의 대형교회들을 다룰 것인데, 이는 대형교회들의 선교들에 관한 연구에 있어서 필수적이다. 그 이유는 세계 50대 대형교회들 가운데 4분의 1이 한국에 있으며, 특히 서울의 한강 주변에 위치한 한국 교회가 '대형교회주의'(megachurchism) 정신에 깊이 물들어 있기 때문이다.[196] 이 지역은 "한강 바이블 벨트"[197]라고 불리기도 한다.

---

196 Warren Bird, "The World's Largest Churches," www.leadnet.org/world/를 참조하라.

197 안교성, "총회 100주년 맞은 오늘날 한국 교회의 명암", 기독공보, 2012년 2월 28일, www.pckworld.com/news/articleView.html?idxno=52945.

대형교회선교의 대두 : 역사적 개관

대형교회선교의 대두는 3단계의 발전으로 요약할 수 있다. 즉 대형교회선교(1970년대) 이전에 흔히 나타났던 대규모 선교, 1970년대에 대두되기 시작한 대형교회선교 그리고 21세기로 전환되는 시기에 나타난 대형교회선교가 그것이다.

1970년대 이전의 대규모 선교 만일 우리가 대형교회선교를 단순히 대규모 선교들로 본다면, 그 역사는 기독교 초기까지 소급될 수 있다. 역사적 교회, 특히 감독제 전통을 지닌 교회에 소속된 선교들의 대부분은 일종의 대형교회선교로 간주할 수 있다. 그 이유는 이런 선교들이 교회를 대규모 차원에서 대표하는 감독(혹은 주교)이나 고위급 교회 지도자들에 의해서 수행되었기 때문이다. 6세기 말 가톨릭교회의 교황 그레고리 대제(Gregory the Great)에 의해서 파송된 아우구스티누스 수도회 영국선교단이 이런 범주의 대표적인 예라고 할 수 있다.

개신교계로 눈을 돌리면, 19세기에 런던이나 뉴욕 같은 도시에 대규모 교회들이 다수 출현하기 시작했는데, 이들 교회 중 여럿이 선교에 열심이었다. 가령 1856년 런던 메트로폴리탄 교회(Metropolitan Tabernacle)의 찰스 스펄전(Charles Spurgeon) 목사가 설립한 목회자신학교(Pastor's College)의 후신인 스펄전 신학교(Spurgeon's College)의 경우 선교 정신을 분명히 천명하고 있다.[198]

1970년대 대형교회선교의 대두 학자들은 대형교회를 '주일 예배에

---

198 www.spurgeons.ac.uk를 참조하라.

평균 2천 명 이상이 출석하는 개신교회'라고 정의한다. 이런 교회들이 1970년대부터 급속히 증가하기 시작했다.[199] 이 시기 동안 복음주의 진영과 에큐메니칼 진영의 선교학 사이에 화해가 일어났는데, 그 목적은 당시 존재하던 선교학적 양극화를 극복하면서 복음 전도와 인간화라는 각각의 유산을 유지하려는 것이었다.

혹자는 "대형교회들이 '교회가 되는' 진정한 방식이 될 수 있는가?"라는 질문을 던졌다. 그러나 이 질문은 동일하게 선교에 대한 질문이기도 하다. 즉 교회의 본질(*esse ecclesiae*)은 근본적으로 선교의 본질(*esse missionis*)을 규정하며, 나아가 선교의 최적화된 방식(*bene esse missionis*)을 규정한다. 다시 말해, 교회의 선교는 교회의 자아상을 반영한다. 대형교회들의 경우, 대형교회들의 선교들의 수행은 분명코 대형교회들의 자아상을 반영하는 것이다.

대형교회들은 자기 정당성이란 과제를 추구하면서 지속적으로 교회 내외의 다양한 도전들에 봉착했다. 주목할 사실은 대형교회들이 전통적인 교단 교회들의 쇠퇴 직후에 등장했다는 사실인데, 교단 교회들은 "소비주의, 물질주의 및 개인주의의 압력"[200] 아래 몰락했던 것이다. 사실 마크 드리스콜(Mark Driscoll)이 지적했듯이, 교회는 변화하는 도시적 맥락에 대해 나타냈던 다양한 반응에 따라 다음과 같이 세 가지 유형으로 분류될 수 있다.

· 교회 1.0 : 전통적이고, 제도적이며, 문화 속에서 중심 위치를 차지

---

199 Thumma and Travis, *Beyond Megachurch Myths*, xviii, 6.

200 Mark Hutchinson and John Wolffe, *A Short History of Global Evangelicalism* (Cambridge: Cambridge University Press, 2012), 245.

하는 교회

· 교회 2.0 : 현대적이고, 사역 위주이며, 문화 속에서 주변화된 위치
라는 현실과 싸우며, 목회자는 소비자에게 영적 상품과 서비스를
판매하는 CEO인 교회

· 교회 3.0 : 포스트모던적이고, 다원주의적이며, 문화 속에서 주변
화된 위치를 수용하며, 목회자는 지역 선교사인 교회[201]

대형교회들은 교회 2.0에 속한다고 할 수 있다. 대형교회들은 앞서
언급한 세상으로부터의 도전과 씨름하는 일 외에 진정한 교회론과 선
교론을 형성해야만 하는데, 후자에 대해서는 이후에 살펴보겠다.

21세기 전환기에 나타난 대형교회선교 대형교회들은 불확실한 형성
기를 벗어나자 21세기에 접어들면서 선교들에 매진하기 시작했다. 대
형교회들은 스스로의 선교 구조를 설립하면서 자기들의 선교들을 통
제하고자 하는 일종의 소유권을 주장했는데, 이로써 교회와 선교의 관
계에 대해 새로운 질문이 제기되었다. 게다가 세계 최대 대형교회로
손꼽히는 한국의 여의도순복음교회의 경우, 교회의 선교 자체가 세계
적 복음 전도자요 동 교회의 원로목사인 조용기 목사의 일인 선교와
병행해 수행되어 왔다. 2000년 3월, DCEM(David Cho Evangelistic Mission)
이 조용기 목사의 국제 사역을 후원한다는 분명한 목표를 천명하면서
설립되었다.

---

201 Hutchinson and Wolffe, *Short History*, 262에 다음 논문이 요약되어 있다. Mark Driscoll, "A
Pastoral Perspective on the Emergent Church," *Criswell Theological Review*, n.s., 3, no. 2 (Spring 2006): 87-
93, www.christianitytoday.com/assets/10362.pdf.

이 시기에는 또한 다양한 형태의 선교가 등장했는데, 가령 단기 선교, 동역 선교(특히 비정부기구와의 동역), 이주로서의 선교 등이다. 대형교회선교는 이런 다양한 선교들의 모든 형태에 깊이 참여했을 뿐 아니라, 그 밖에 거의 모든 혁신적인 선교 사역에 참여했다. 따라서 대형교회선교 자체를 연구하는 것도 필요하지만, 대형교회선교가 다른 선교 모델들의 토대 중 하나라는 점도 연구할 필요가 있다.

대형교회선교 : 주제별 개관

대형교회선교의 특징은 무엇인가? 첫째, 대형교회선교는 복음주의에 뿌리를 두고 있다는 점이 두드러진다. 둘째, 대형교회선교는 오늘날 세계적으로 확산되었지만, 미국에서 시작되었다는 점이 강하게 나타난다. 셋째, 대형교회선교는 교회, 특히 대형교회의 회중에 깊이 뿌리내리고 있다. 넷째, 대형교회선교는 충분히 예상되는 바이지만, 신학적인 자기 이해와 실천에 있어서 계속 진화하고 있다.

복음주의 선교의 부흥 대형교회 운동은 복음주의적 배경이 강하기 때문에 대형교회선교가 복음주의 선교의 부흥이라고 말하더라도 과장은 아니다. 선교들(missions)의 시대가 끝나고 선교(mission)의 시대가 시작됐다는 일반적인 결론과는 대조적으로, 20세기 후반에 복음주의 선교들, 특히 다수세계 선교들의 시대가 도래했다는 것은 분명하다.[202]

돌이켜 보건대, 복음주의의 배경을 지닌 선교사들이 1960년대 이래

---

202 Kyo Seong Ahn, "Mission in Unity: An Investigation into the Question of Unity as It Has Arisen in the Presbyterian Church of Korea and Its World Mission" (Ph.D. diss., Cambridge: Univ. of Cambridge, 2008), 146-148.

로 일련의 세계 선교사 대회를 개최하고 수많은 선교 구조를 설립해 왔다. 20세기의 마지막 사반세기에 나타난 대형교회들의 대두는 번창 하는 복음주의 선교라는 꿈을 현실로 만들었는데, 그 이유는 대형교회 들이 예수 그리스도를 모르는 사람들에게 구원의 복음을 전하고자 다 시금 노력하는 데 인력, 재정, 기타 수단을 제공했기 때문이다.

대형교회선교가 오늘날 복음주의 선교의 주력이라는 주장은 충분 히 입증될 수 있다. 안타깝게도, 복음주의 선교학이 상상했던 모든 것 이 개 교회들의 인식에까지 미치지는 못했다. 특히 로잔언약(Lausanne Covenant)이 교회의 사회적 사역에 대해 적극적인 자세를 천명했음에도 불구하고, 이와 같이 강조점이 변했다는 사실은 풀뿌리 차원에서 교회 의 삶과 선교에는 충분히 반영되지 못했음을 보여 준다.

같은 시기, 소위 에큐메니칼 운동에 겨울이라는 침체기가 도래해 에큐메니칼 선교가 크게 위축되면서 선교지는 오순절주의나 은사주 의 집단에 내맡겨졌다. 이들은 대체적으로 오늘날 가장 혁신적인 선교 들의 형태를 창출하는 집단이다. 따라서 오늘날 선교 판도가 점차 복 음주의자들에 의해 다시 점령되고 있는 것은 놀랄 일이 아니다.

글로벌한 성향이 있지만, 여전히 미국적인 선교 맥락 대형교회들이 미국 이외에 여러 지역에서도 출현했지만, 이들이 미국에서 시작되었 고 미국적 현상의 일부라는 점은 부인할 수 없다. 이 운동의 미국적 특 성은 전 세계의 대형교회들에서 여전히 드러나고 있다. 이런 점에서, 대형교회 운동과 대형교회 운동의 세계화 현상의 선봉인 대형교회선 교는 미국적인 교회의 일방적인 재생산이라는 비난에 노출될 수밖에

　　　　　　　　　　　　　　　대형교회의 선교 책무

없다.[203]

라민 사네(Lamin Sanneh)에 의하면, 전 세계의 기독교는 두 가지 형태로 존재한다. 즉 '세계화된 기독교'(global Christianity)와 '세계 기독교'(world Christianity)인데, "전자는 대서양 연안에 걸친 복음주의의 식민주의적 확장을 가리키고, 후자는 토착적인 수용을 가리킨다."[204] 물론 후자가 바람직한 선택이다.

그럼에도 불구하고 우리가 명심해야 할 것은 대형교회선교는 세계화의 맥락 속에서 진행된다는 사실이다.[205] 대형교회 운동의 전 세계적인 확산은 대형교회들과 대형교회선교의 다변화를 가능케 했다. 오늘날 대형교회들은 전 세계에 걸쳐, 곧 한국에서 우크라이나에 이르기까지, 스칸디나비아에서 남미에 이르기까지, 호주에서 아프리카에 이르기까지 등장하면서 자신들의 선교 구조를 조직함으로써 선교 기구로서의 면모를 속속 드러내고 있다.

그러나 사람들이 점차 인식하게 된 사실은, 이런 선교 운동의 후발주자들도 전통적인 서구 선교사들과 마찬가지로 선교의 병폐들로부터 자유롭지 못하다는 것이다. 새로운 대형교회들이 수행하는 대형교회선교의 다변화는 민족주의의 표출이라고 하는 선교의 오랜 망령을 다시금 불러일으키고 있다.

가령 한국 선교학자들은 세계 선교에 있어서 불건전한 한국화 현상

---

203 Steve Brouwer, Paul Gifford, and Susan D. Rose, *Exporting the American Gospel: Global Christian Fundamentalism* (New York: Routledge, 1996), 특히 186-192를 참조하라.

204 Hutchinson and Wolffe, *Short History*, 250.

205 Brian Stanley, *The Global Diffusion of Evangelicalism: The Age of Billy Graham and John Stott* (Nottingham: IVP Academic, 2013), 3장; Karla Poewe, ed., *Charismatic Christianity as a Global Culture* (Columbia: Univ. of South Carolina Press, 1994), 1-29.

에 대해 깊은 우려를 표한 바 있다.[206] 이와 유사한 맥락에서, 스콧 선키스트(Scott Sunquist)는 비서구 선교사들의 가부장주의 혹은 "기독교적 문화 제국주의"[207]를 경고했다. 그리고 대형교회들이 대형교회선교에서 주도권을 잡는 양상이 교회와 선교의 관계라는 문제를 다시금 야기시켰다.

대형교회 회중의 대형교회선교 우리는 대형교회선교를 어떻게 규정지을 수 있을까? 교회 중심적 선교인가? 선교회 내지 선교부 중심적 선교인가? 혹은 융합적 선교 기관인가? 우리가 대형교회선교를 어떻게 규정짓든지 간에 다음과 같은 몇 가지 질문에 답해야만 한다.

· 어떻게 자기 주도적 선교가 전통적인 교회 선교(mission of the church)라는 사고가 빠졌던 함정에 다시 빠지지 않을 수 있을까? 어떻게 이 선교가 이전의 강조점들을 극복하려는 하나님의 선교(*Missio Dei*)라는 틀이 제공하는 교훈에 충실할 수 있을까?

· 어떻게 교회 중심적 선교가 "상황화적 가치"(contextualization value)와 "교회론적 가치"(ecclesiology value) 혹은 현지 중심성(field-centeredness)과 선교 본국 중심성(home-base-centeredness) 간의 균형을 맞출 수 있을까?[208]

---

206 임종표, "21세기를 도전하는 한인 선교사의 대처", 임종표 편, 《한국 선교의 반성과 그 준비》 (서울: 한인선교사지도력개발회의, 1999), 176; Ahn, "Mission in Unity," 183.

207 Scott W. Sunquist, "Asian Mission to Asians," in *Christian Mission in the Third Millennium*, ed. Charles E. Cole (New York: General Board of Global Ministries, the United Methodist Church, 2004), 39.

208 Jonathan J. Bonk, ed., *Accountability in Missions: Korean and Western Case Studies* (Eugene, Ore.: Wipf & Stock, 2011), 67.

대형교회의 선교 책무

· 어떻게 선교 본국 중심적 선교가 예를 들어 허드슨 테일러(Hudson Taylor)가 중국내지선교회(China Inland Mission)를 결성할 때 천명했던 것과 같은 현장 주도성(field-directedness)을 고려할 수 있을까?[209]

· 어떻게 이 새롭게 출현한 선교 운동이 당면한 복합적 과제, 즉 선교 기관 운영에서 선교사 훈련, 나아가 선교사와 선교 사역 감독, 재교육 및 멤버 케어 등을 제공하는 일을 감당할 수 있을까?

· 어떻게 대형교회선교가 선교 기구로서 전문성을 담보할 수 있을까?

· 어떻게 교회 선교가 재건된 형태인 대형교회선교가 선교지에 교회의 복사판을 재생산하는 위험을 극복할 수 있을까?

무엇보다도, 마지막 질문은 "대형교회선교의 기초가 무엇인가?"라는 근본적인 문제로 이어진다. 우리가 명심해야 할 사실은 대형교회 운동의 대두는 교회가 제2차 세계대전 이후, 특히 1960년대와 1970년대에 최저점에 이르렀다가 다시 최고점을 향해 재도약한 현상으로 해석할 수 있다는 것이다.

잘 알려진 바와 같이, 20세기의 4분의 3분기 동안에 교회의 역할과 미래에 대한 심각한 회의론이 널리 퍼졌다. "하나님 없는 교회"(A Church without God) 혹은 "교회 없는 하나님"(Gott ohne Kirche?)과 같은 충격적인 제목을 단 책들이 '지속적인 쇠퇴'라는 메시지를 전달했던 것이다.[210] 게다가 하나님의 선교 운동은 교회 선교라는 입장을 비판하면

---

209 Klaus Fieldler, *The Story of Faith Missions* (Oxford: Regnum Books, 1994), 33.

210 Ernest Harrison, *A Church without God* (Philadelphia: Lippincott, 1967); Alfred A. Haesler, ed., *Gott ohne Kirche?* (Olten, Freiburg im Breisgau: Walter-Verlag, 1975).

서, 교회의 선교적 역할에 대한 광범위한 회의론을 비록 환영하지는 않았더라도 최소한 공유했다.

하나님의 선교론의 극단적 주창자 가운데 한 사람이었던 호켄다이크(J. C. Hoekendijk)는 "'교회주의'(churchism)에 대한 기본적인 회의"[211]를 표출할 정도였다. 이런 역사적 배경 속에서 대형교회 운동과 대형교회선교는 교회와 선교들의 재활의 나팔을 큰 소리로 불었던 것이다.

그러나 이 같은 교회와 선교들에 대한 긍정은 대형교회 운동의 교회와 선교의 정직성이란 질문을 제기한다. 사실 대형교회 운동은 승리주의와 번영 신학이란 오염에서 자유로운 적이 없다.[212] 따라서 대형교회선교에 대한 선교적 비판에 있어서 권력과 돈이라는 주제가 전면에 나타나는 것은 충분히 이해할 만한 일이다.[213]

그런 문제가 제기될 때 무엇이 대형교회선교의 진정성을 담보할까? 이제 모든 것을 논했는데, 과연 자기 주도적이고 자기중심적인 대형교회선교가 진정 대형교회가 수행하는 선교의 유일한 방식이거나 최선의 방식일까? 그러나 이런 염려들을 언급했다고 해서 대형교회선교의 문제점들이 대형교회선교가 개 교회 회중들을 선교에 동원하는 일에 크게 기여했다는 사실을 가린다고 말하려는 의도는 아니다.

진화하는 신학과 실천 선교의 다른 형태나 다른 시대와 마찬가지로,

---

211 Bert Hoedemaker, "The Legacy of J. C. Hoekendijk," *International Bulletin of Missionary Research* 19, no. 4 (October 1995): 166-170, 특히 167을 참조하라.

212 Kate Bowler, *Blessed: A History of the American Prosperity Gospel* (Oxford: Oxford Univ. Press, 2013).

213 Roger Finke and Rodney Stark, *The Churching of America, 1776-2005: Winners and Losers in Our Religious Economy* (New Brunswick, N.J.: Rutgers Univ. Press, 2005); Jonathan J. Bonk, *Missions and Money: Affluence as a Western Missionary Problem* (Maryknoll, N.Y.: Orbis Books, 1991).

대형교회선교도 진화한다. 앞서 간단히 언급했듯이, 대형교회선교는 선교들(missions)에서 선교(mission)로 나아가는 선교관에 나타난 성향을 반영한다.

예를 들어 조용기 원로목사와 '건강과 부의 복음'(the message of health and wealth)으로 유명한 여의도순복음교회는 국내외 선교 경험에 힘입어 복음에 대한 이해를 점차 확대했다. 즉 여의도순복음교회의 최근 선교 선언은 사회적 사역을 선교의 한 측면으로서 정당하게 여기며 충분한 관심을 보이고 있다.[214] 캘리포니아 주 레이크 포레스트에 있는 새들백 교회(Saddleback Church)와 릭 워렌(Rick Warren) 목사에게서도 진화하고 있는 선교 이해에 이와 유사한 변화가 나타났다.

그러나 지금 시점에서 대형교회선교가 어떤 방향을 취하게 될지 예측하는 것은 섣부른 일이 될 것이다.

대형교회선교의 책무

이제 대형교회의 선교 책무에 대해 간단히 언급하고자 한다. '책무'(accountability)라는 단어가 경제학에서 나왔기에 우리는 재정적 책임, 효율성 혹은 정직성 등에 초점을 맞추려는 경향이 있다. 그러나 선교들과 책무의 문제는 특히 대형교회선교를 염두에 둘 때 보다 광범위하고 심오한 관점에서 접근할 필요가 있다. 즉 선교학적 관심에서 경제학, 에큐메니칼 운동, 심지어 정치에 이르기까지 폭넓은 관점에서 말이다. 이미 선교학 분야에서 충분한 연구가 이루어진 만큼, 나머지 세 가지 주제에 대하여 주목해 보자.

214　여의도순복음교회 편,《여의도순복음교회 50년사》(서울: 여의도순복음교회, 2008), 359-369.

첫째, 우리는 교회와 선교가 경제학에 의해 불가피하게 영향을 받는다는 점을 주목한다. 흥미롭게도, 수잔 커티스(Susan Curtis)에 의하면, 극단적 자본주의에 맞선 대항 운동으로 부상했던 '사회복음'(social gospel)의 주창자들조차 대두되는 소비 문화의 중력으로부터 자유롭지 못했다.[215] 대형교회 운동과 밀접하게 연관된 대형교회선교도 선교 행위에 있어서 신중함이 요청된다.

둘째, 요한복음 17장에 나타난 예수 그리스도의 기도에 의하면, 교회, 일치, 선교는 분리될 수 없다(특히 21-23절을 참조하라). 널리 인정되듯이, 대형교회 운동은 일반적으로 에큐메니칼 운동으로부터 소원했고, 따라서 선교와 일치라는 주제에 대해 관심을 기울이지 않을 위험이 있다.

셋째, 앞서 살펴보았듯이, 대형교회 운동은 20세기의 4분의 3분기에 등장했다. 이 시기에 선교 본국, 즉 미국의 주류 교회들은 당대의 변화, 특히 정치적 변화에 대응하려고 씨름했다. 이런 변화의 결과, 주류 교회들은 선교의 사고와 실천에 있어서 엄청난 변화를 겪었다.[216] 바로 이 점에 있어서 대형교회선교를 포함한 복음주의자들에 의해 수행되는 재건된 형태의 선교의 정직성에 대한 질문이 전면에 나타나는 것이다.

---

215   Susan Curtis, *A Consuming Faith: The Social Gospel and Modern American Culture* (Baltimore, Md.: Johns Hopkins Univ. Press, 1991).

216   Daniel H. Bays and Grant Wacker, eds., *The Foreign Missionary Enterprise at Home: Explorations in North American Cultural History* (Tuscaloosa: Univ. of Alabama Press, 2003).

   대형교회의 선교 책무

결론

이 장은 대형교회들의 선교, 즉 필자가 '대형교회선교'라고 명명한 것이 독특한 선교 현상이라고 주장했다. 우리는 세 시기를 통해 대형교회선교의 대두를 살펴보았다. 즉 1970년대 이전, 1970년대에서 21세기 전환기까지, 그리고 21세기 전환기 이후다.

또한 대형교회선교를 요약하면서, 다음과 같은 특징들을 간추렸다. 복음주의적이고, 미국적인 교회에서 세계화적 성격으로 변모하며, 교회 중심적이며, 선교들(missions)에서 선교(mission)로 진화한다. 그리고 대형교회선교의 책무라는 개념이 선교사 개인의 정직성과 효율성 그리고 보다 일반적인 선교학적 주제들에 대한 관심을 넘어서 경제적, 정치적, 에큐메니칼적 책무까지 포함하도록 확대되어야 할 것을 제시했다.

1. 대형교회선교(대형교회들의 선교)가 독특한 현상일 수 있고, 독특한 현상이어야만 하는가?

2. 당신은 '대형교회선교'라는 신조어가 얼마나 유용하다고 생각하는가? 아니면 그렇지 않다고 생각하는가?

3. 대형교회들은 대형교회선교의 책무를 어떻게 보장하는가?

4. 일반적으로, 대형교회들이 왜 독자적으로 선교를 하려고 한다고 생각하는가?

5. 대형교회선교의 장단점은 무엇인가?

선교적 교회는 타인을 위한 교회다.

_존 스토트

20장

"역사적 관점에서 본 대형교회선교"에 대한 논평

J. 콰베나 아사모아-기아두

대형교회 현상은 현재 세계 기독교에 대한 의미 있는 연구이며, 이에 대한 선교 연구에 대해서 별로 들어 본 적이 없다는 안교성 교수의 관찰은 정확한 것이다. 사실 대형교회라는 주제는 이민 교회 연구와 더불어 선교학에 진입했으며, 곧 학계 최고 수준에서 진지한 연구 조사의 주제가 될 것으로 보인다.[217]

필자는 2004년에 우크라이나를 직접 방문했을 때 한 나이지리아인 목사가 2만 명의 회중을 인도하는데, 절반 정도 되는 사람들이 한 장소에 모인 모습을 보고서 큰 감동을 받았다. 그러나 그 교회는 10년 만

---

217 예를 들면, 조나단 제임스(Jonathan D. James)를 참조하라. Jonathan D. James, ed., *A Moving Faith: Mega Churches Go South* (New Delhi: Sage, 2015).

에 리더들의 의구심이 생기는 결정들 때문에 교인들을 잃고 있었다. 양적 성공은 종종 초대형교회 목회자들을 하나님을 섬기는 종보다 최고경영자로 바꾸어 놓는다.

우크라이나의 창의적 사역이 부흥했다가 눈에 띄게 쇠퇴한 현상은 본격적인 비판적 평가와 건전한 성찰을 요청한다. 건전한 평가와 성찰은 북미의 매우 성공적인 초대형교회의 목회자들이 재정적 책무의 결핍이나 성적 문제에 관한 도덕적 무분별 때문에 곤경에 빠진 몇 가지 사례들에 의해서 그 중요성이 강조된다.

해결해야 할 쟁점은 "대형교회들의 선교 방식은 분명코 대형교회들의 자아상을 반영하는 것이다"(259쪽)라는 안교성 교수의 주장이다. 그의 주장을 선교 사역을 수행하는 방식이나 유형이 대형교회마다 독특하다는 의미로 이해해야 할지는 불분명하다. 선교는 하나님이 전 우주 안에서, 전 우주를 위해 품으신 목적과 활동과 관련된다.

앤드류 커크(Andrew Kirk)가 "하나님의 실재에 헌신한 사람들은 하나님의 관심에 몰입하기 위해 하나님의 참여하심을 이해하려고 한다"[218]고 표현했듯이, 하나님은 하나님의 목적들을 이루기 위해 이 세상에 참여하신다. 즉 우리는 하나님이 대형교회를 포함한 모든 교회의 사역을 통해 무엇을 하실 수 있는지를 분별해야 하며, 그것을 선교의 우선순위로 삼아야 한다.

대형교회의 다양성과 상대적 가치

이런 대형교회들의 선교들의 특징을 정의하기 위해 '대형교회선교'

---

218 J. Andrew Kirk, *What Is Mission? Theological Explorations* (London: Darton, Longman & Todd, 1999), 21.

란 용어를 사용한 것은 분명 신선하지만, 모든 대형교회들이 선교를 똑같이 생각한다고 간주하는 것은 주제넘는 일일 수 있다. 대형교회들의 형성과 실재를 고려하면서, 대형교회로 가장 많이 알려진 사례들 중 하나인 조용기 목사의 여의도순복음교회가 있는 한국적 상황에서 안교성 교수의 연구가 도출되었다는 점을 주목하는 것은 유익할 것이다. 대형교회 현상이 역사적으로 개신교 복음주의 기독교와 연관되어 오긴 했지만, 동시에 안교성 교수가 분기점으로 삼고 있는 예배자 2천 명이 훨씬 넘는 가톨릭교회들이 특히 비서구권에 많다는 사실을 지적하는 것도 정당하다고 본다.

주목해야 할 점은 '대형'이라는 단어가 나라와 교단별로 달라지는 상대적이고 상황적인 개념이라는 것이다. 예를 들면, 아프리카에서 가장 작은 국가들 중 하나인 말리에서 대형인 것이 아프리카에서 인구가 가장 많은 나라인 나이지리아에서는 평균 축에도 끼지 못할 수 있다. 특정 교단들에 대해서도 같은 논리를 적용할 수 있다. 심지어 오순절주의자들이 가톨릭을 받아들이는 라틴아메리카에서도 여전히 가톨릭교회에는 매 주일마다 2천 명 이상의 예배자들이 모이고 있다.

우리가 대형교회선교라는 표현을 대형교회들의 사역에 국한시킬 수 있는지는 질문해야 할 문제다. 어느 경우든, 특정 교회에 결부된 엄청난 선교적 노력에 대해 어떻게 접근할 것인가? 비서구 세계가 기독교의 주요 핵심 지역으로 부상하면서 마음을 따뜻하게 하는 발전이 많이 일어났다. 그중 하나는 북미에 나타난 교회 규모와 비슷한 초대형교회가 설립된 것이다. 그러나 우리는 교회의 규모를 균형 있게 평가해야 한다. 하나님 나라에서는 최소한의 기여도 호평을 받기 때문이다. 예수께서 마태복음 20장에서 말씀하신 포도원 일꾼의 비유를 기억하라. 가장 늦게 채용된 일꾼들이 쏟은 시간이 온종일 수고한 이들과 같이 높은 평가를 받는다.

한국에서 나타난 대형교회들은 특히 글로벌 사우스와 글로벌 이스트의 기독교 성장에 대한 현대 부흥 운동을 대표하는 얼굴이 되었다. 대형교회들의 사역은 축하해야 마땅하다. 그러나 우리는 그들의 성취를 미화하지 않도록 조심해야 한다. 선교하시는 성령의 사역을 손상시키는 승리주의가 명백히 개입되어 왔음을 기억해야 한다.

대형교회들의 성공을 돌이켜볼 때, 필자가 이미 언급한 것처럼 미디어에 친숙한 리더들의 삶을 종종 뒤흔든 이목을 집중시키는 스캔들에 주의를 기울이는 것도 중요할 수 있다. 그런 스캔들은 몇 사람이 저지른 재정적 부적절함에서부터 역겨운 도덕적 선택에 이르기까지 다양하다. 필자가 보기에, 그리스도인 리더들은 양적 성공 때문에 종종 마귀가 선교 사역의 평판을 떨어뜨리기 위해 시도하는 아주 단순한 수단조차도 보지 못하는 것 같다.

교회 규모와 하나님의 복

우리가 대형교회를 축하할 때 주의해야 할 또 다른 문제는 종종 성령의 기름 부음과 대형 규모의 교회 사이에는 강력한 유대 관계가 있을 것이라고 짐작하는 것이다. 보수적인 복음주의 해석학은 종종 하나님의 은혜를 입은 지도자들이 인도하는 교회가 크게 성장한다고 전제한다.

창립자의 카리스마가 사람들을 모아들이는 것이 분명한데 왜 아프리카의 어떤 교회들은 5천 명 이상을 수용할 수 있는 건물들을 짓는 것인지 필자는 고민하기 시작했다. 어떤 대형교회 목회자들은 교인들에게 언제 교회를 비우는지 알려 주면 출석률이 떨어지기 때문에 비밀에 부치는 지경에까지 이르렀다! 미래에 이런 카리스마 있는 지도자들이 떠난다면 어떤 일이 일어날 것인가? 예를 들어, 1988년 나이지리아에서 벤슨 이다호사(Benson Idahosa) 부흥사가 사망했을 때 부흥하던 그의 대형교회가 쇠퇴하게 된 것을 우리는 알고 있다.[219]

필자가 이 쟁점들을 제기하는 이유는 세계 도처에서 오순절/은사주의 그리스도인들이 자기 교회의 대형 규모를 하나님의 인정과 복을 반영하는 성공의 표시로 해석하기 때문이다. 그럴지도 모른다. 하지만 우리는 매우 힘겨운 수많은 미전도 지역에서 소형교회들이 종종 박해의 한복판에서, 초대형교회들이 돌볼 능력도 없고, 심지어 관심조차 없는 사람들에게 전도를 하고 있다는 사실을 유념해야 한다.

많은 기독교 공동체 안에서 물질적인 것들이 하나님의 복을 나타내는 주요 지침들이 되었듯이, 대형교회의 규모와 다양한 프로그램들은 성공의 지표로 간주되어 왔다. 그러한 사고방식은 매우 위험하다. 이는 하나님을 위해 제국을 건설하려다가 문제에 부딪친 짐과 태미 베이커(Jim and Tammy Bakker)의 성공과 몰락에서 볼 수 있다. 그 프로젝트는 무산되었고, 많은 사람이 과연 주님이 그런 시도들을 승인하셨는지 의심하게 만들었다. 결국 짐 베이커는 겸허하게 《나는 잘못했다》(I Was Wrong)라는 책을 썼다. 그는 도입부에서 다음과 같이 교훈적인 진술을 적나라하게 밝혔다.

---

219 J. Kwabena Asamoah-Gyadu, "Doing Greater Things: Mega Church as an African Phenomenon," in James, *A Moving Faith*, 43-61.

  대형교회의 선교 책무

"내가 범한 실수는 사역, 교회, 사업, 결혼 및 가정 안에서 여전히 지속되고 있다. 더 많이 소유하고, 더 많이 행하고, 더 크게 건축하고, 영적인 것보다 물질적인 것들을 강조하고, 비용을 개의치 않고 이미지를 지키고, 잘못을 회개하기보다 다른 길을 바라보는 것, 이것들은 내 생각이 바뀐 영역들 중에서 몇 가지에 불과하다."[220]

경쟁과 책무

이외에도 필자는 이 논평을 쓰면서 "'대형교회선교'의 정반대는 무엇인가? 누구의 선교가 크고, 누구의 선교가 작은가?"라는 질문에 대해 스스로 고민했다. 필자가 살고 있는 가나에 있는 한 오순절교회는 스스로 '대형교회'라고 말하고, 또 다른 교회는 '비교가 되지 않는 교회'라고 홍보한다. 비판적 관찰자들은 그러한 홍보 내용에 깔려 있는 경쟁심을 놓치지 않는다. 숫자를 자랑하면서 경쟁하는 교회들은 선교의 핵심 요소, 즉 하나님이 당신의 세계 선교에 우리를 동참시키시는 것을 훼손할 수 있다.

대형교회들은 거액의 돈을 모금할 수 있으며, 십일조에 대한 가르침으로 막대한 자원을 끌어모은다. 하지만 필자는 그 돈을 모아들이는 사람들에게 책임을 요구하는 대형교회에 대해서는 아직 들어 본 적이 없다. 우리는 목회자들이 성공에 대해 설교하면서 하나님이 복을 주셨다는 표지로 자신들이 새로 얻은 사치스런 자동차, 전용 비행기, 궁궐 같은 저택에 대해 말할 때 그 자원들이 사용되는 방식에 대하여 논란이 일어나곤 한다는 것을 알고 있다! 이러한 관찰은 "대형교회 운동의

---

220 Jim Bakker, *I Was Wrong: The Untold Story of the Shocking Journey from PTL Power to Prison and Beyond* (Nashville: Thomas Nelson, 1996), xiv.

전 세계적인 확산은 대형교회들과 대형교회선교의 다변화를 가능케 했다"(263쪽)고 말한 안교성 교수의 설명에 불리하게 작용한다.

우리가 보기에 선교라는 명분으로 이루어지는 많은 일들이 명목상에 그치고 있다. 풍요는 하나님의 사역을 착수하기 위한 선행조건이 아니다. 도시 중산층 선교 사역 이외에도 예수 그리스도의 교회는 "명예와 권력과 풍요의 전당이 아니라 카타콤 교회가" 되어야만 한다.[221]

결론

교회는 그리스도의 몸으로서, 대형교회들 안에서 발견되는 성령의 승리하심과 거대한 숫자에 축하하는 것이 마땅하다. 하지만 대형교회를 포함한 특정 교회들이 책임을 지겠다고 결정한 내용에 선교를 국한시키지 않도록 조심해야 한다. 대형교회들의 규모를 볼 때, 가르침을 통한 제자도가 실천되도록 하는 데 필요한 조치들이 이루어지기를 소망할 뿐이다.

아프리카의 오순절 교단인 가나 아크라에 본부를 둔 가나 오순절교회(Church of Pentecost)는 엄청난 속도로 성장하고 있다. 그러나 교단 지도부는 대형 규모의 교회들을 설립하는 것을 의도적으로 만류하고 있으며, 어떤 지역 교회도 한 장소에서 500명이 넘도록 성장하는 것을 허용하지 않는다. 이러한 교단 방침에 따라 어떤 지역의 경우, 다른 오순절 교단들은 한 장소에 5천 명을 소집할 수 있더라도 가나 오순절교회는 500명의 교인이 모이는 지역 교회 10개를 가지고 있을 수 있다. 가나 오순절 교단의 장점은 교인들이 걸어갈 수 있는 거리에 지역 사회

---

221 Jonathan J. Bonk, *Missions and Money*, revised and expanded ed. (Maryknoll, N.Y.: Orbis Books, 2006), 162-163.

대형교회의 선교 책무

기반의 교회를 세울 수 있다는 점이다. 이런 방식으로 가나 오순절 교단은 수많은 서민들의 마음을 끌 수 있었다!

대형교회선교를 하는 대형교회는 중산층 회중을 지나치게 많이 세우는 바람에 서민들이 환영받는 느낌을 갖지 못하는 사례가 많다. 가나 오순절 교단에 속한 교회들처럼 규모가 작은 교회들의 선교도 '실제' 대형교회들처럼 '대형'이라고 묘사될 수 있다! 숫자와 무관하게 기독교 선교는 하나님의 방법으로 실행된다면 언제나 대단하다. 우리가 알다시피, 엄밀하게 말한다면 교회는 자신의 선교를 가지지 않는다. 교회는 하나님의 선교(*missio*)를 수행하기 위해 존재한다.

21장

카네시 교회
: 보통 규모 교회의 선교 사례

오포쿠 오니나

선교 사역은 오랫동안 사람들마다 다르게 이해해 왔다. 선교 사역을 영원한 저주에서 구원하는 것으로 이해하는 이들이 있는가 하면, 교회의 확장으로 이해한 이들도 있었고, 세상을 하나님 나라로 변혁하는 것으로 이해한 이들도 있었다.[222] 또 다른 사람들은 선교 사역이란 한 회중 또는 지역 교회의 삶을 벗어나 수행하는 사역을 의미한다고 보았다. 이 관점은 선교 사역을 아프리카, 아시아, 라틴아메리카 같은 지리적으로 먼 곳에서 전도하거나 집시, 부랑자, 소외 계층을 포함

---

222 David Jacobus Bosch, *Transforming Mission, Paradigm Shifts in Theology of Mission* (Maryknoll, N.Y.: Orbis Books, 2001), 389.

한 특수 집단 안에서 사역하는 것으로 이해하게 한다.[223]

이 모든 견해들을 종합해 세계교회협의회(WCC)의 세계선교와전도위원회(CWME)는 선교 사역을 복음 전도, 말씀(*kerygma*), 행위(*diakonia*), 기도와 예배(*leiturgia*), 기독교적 일상생활의 증거(*martyria*) 등을 통해 복음을 나누어 결과적으로 한 개인이 하나님과 인간 이웃과 피조물과의 관계를 회복하고 강화하도록 하는 것이라고 본다.[224] 이 장에서 필자는 선교 사역이라는 범주에 교회가 예수 그리스도의 기쁜 소식을 미전도 종족에게 나눠 주기 위해서 또 타 지역에서 사역하는 교회의 대표들(즉 선교사들)의 사역을 후원하기 위해서 지역적, 국제적으로 수행하는 모든 사역들을 포함할 것이다. 이 배경에 비추어 대형교회와 보통 규모 교회들의 선교 노력도 살펴볼 것이다.[225]

이 장은 보통 규모의 교회가 참여하는 선교에 대한 사례 연구로서 가나의 카네시에 소재한 한 지역 교회인 카네시 교회(Church of Pentecost Kaneshie)에 초점을 맞추고 있다.[226] 카네시 교회는 가나에 본부를 둔 오순절 교단의 교회다. 1952년에 7명의 교인들이 설립한 카네시 교회[227]는

---

223 Lesslie Newbigin, *The Open Secret: An Introduction to Theology of Mission* (Grand Rapids: Eerdmans, 1995), 1.

224 Commission on World Mission and Evangelism, Preparatory Paper No. 3: Theme, Thematic Area, and Signposts on the Journey towards the Athens Conference, May 10, 2005, www.oikoumene.org/en/resources/documents/other-meetings/mission-and-evangelism/preparatory-paper-03-theme-thematic-area-and-signposts.

225 필자가 일관되게 사용하는 '보통 규모'란 말은 구체적인 수치를 염두에 두지 않고 소형에서 중형 규모인 교회들을 지칭하는 것이다.

226 카네시 교회는 카네시 국제오순절예배센터(Pentecost International Worship Centre-Kanashie)와 다르다는 점에 유의하라. 후자는 카네시 교회에서 분리된 교회들 중 하나다.

227 www.thecophq.org.

아크라 주에 위치한 한 지방 도시에 자리를 잡았다. 2013년 말에 그 교회와 지교회들은 전체 교인 수 17만 5,470명으로 성장했다. 이러한 경이적인 성장이 어떻게 가능했는가?

이 질문에 대답하기 위해서 우리는 먼저 가나 오순절 교단 운동의 역사와 구조와 예배를 살펴보고 나서 카네시 교회의 설립과 성장을 간략하게 정리한 후, 이를 토대로 본 교회의 선교 방법을 조사하게 될 것이다.[228] 이 장에서 필자는 대형교회에 대한 포괄적인 연구를 제공하지는 않지만, 카네시 교회를 배경으로 삼고 몇 가지 질문을 제기할 것이다.

가나 오순절 교단 : 간략한 역사와 현재 상황

카네시 교회가 소속된 가나 오순절 교단의 시작은 제임스 맥키운(James McKeown) 목사의 사역에서 유래된다. 그는 1937년 영국 브래드포드에 소재한 사도교회(Apostolic Church)가 황금 해안(현재의 가나)에 파송한 아일랜드 선교사였다. 제임스 맥키운은 아사만케세라는 작은 마을에서 사역하는 피터 뉴만 아님(Peter Newman Anim) 목사가 인도하는 사도적 신앙(Apostolic Faith) 교단에 소속된 신자들을 도우러 왔다.

신유에 대한 교리적 의견이 달라서 그 그룹은 1939년에 그리스도사도교회(Christ Apostolic Church)와 황금해안사도교회(Apostolic Church, Gold Coast)로 분열했다. 1962년 8월까지 황금해안사도교회는 가나사도교회(Apostolic Church of Ghana)와 가나 오순절교회(Church of Pentecost)로 분열했다. 제임스 맥키운 선교사는 후자 그룹을 인도했다. 전술한 대로 카네

---

228 필자는 이 연구의 자료를 수집해 준 가나 오순절 교단의 사무엘 각페토(Samuel Gakpetor) 목사에게 특별한 감사를 표한다.

시 교회는 제임스 맥키운 선교사 진영에 속한다. '오순절교회'라는 명칭은 카네시 교회에서 모인 기도회에서 시작된 광범위한 교회 운동을 가리키는 것이라고 한다. 이와 같이 교단의 역사에서 카네시 교회의 중요성이 드러난다.

최근 가나 오순절교회는 가나 개신교의 최대 교단이 되었다.[229] 1989년에 이 교단은 자국 내 최대 교회 출석률을 기록했으며, 아프리카에서 가장 빨리 성장하는 교단들 중 하나로 인정받았다.[230] 아크라에서 개최된 제14회 특별협의회모임(Extraordinary Council Meeting)에서 교단 총회장이 발표한 2013년도 교단 백서에 따르면, 이 교단은 가나 전역에서 1만 7,242개 지역 교회들에 전체 교인 207만 8,166명이 모이고 있다. 게다가 국제적으로 이 교단은 아프리카, 북미, 남미, 아시아, 유럽 및 중동 88개국에 걸쳐서 2,456개 교회에 20만 9,185명의 교인을 추가로 보유하고 있다.[231]

가나 오순절 교단의 행정 구조 및 예배

가나 오순절 교단의 행정 구조는 '회중'(assemblies)으로 불리는 지역 교회들에 기초하고 있다. 각 지역 교회는 장로, 남집사, 여집사 및 교인들로 구성된다. 지역 교회의 수장은 '수석 장로'(presiding elder)라 불린

---

229 Emmanuel Kingsley Larbi, "The Nature of Continuity and Discontinuity of Ghanaian Pentecostal Concept of Salvation in African Cosmology," *Cyberjournal for Pentecostal-Charismatic Research*, www.pctii.org/cyberj/cyberj10/larbi.html.

230 Ghana Evangelism Committee, *National Church Survey: Facing the Unfinished Task of the Church in Ghana* (Accra: Ghana Evangelism Committee, 1989), 16-17.

231 Opoku Onyinah, *2013 State of the Church Address, Given at 14th Extraordinary Council Meetings of The Church of Pentecost* (Accra: Pentecost Press, 2014), 25.

다. 각 지역 교회는 소재한 마을에 따라, 교세가 대략 300명으로 성장하면 두 교회로 분립시키고 새로운 수석 장로를 임명해 새 교회를 주관하게 한다. 한 명의 목회자가 한 교구(district)를 관장하는데, 교구는 1-30개 회중으로 이루어진다. 4-30개 교구가 모여 소위 '지역'(area)을 형성하며, 지역의 수장은 선임 사역자(senior minister)다. 선임 사역자는 목사나 전도자, 선지자 혹은 사도가 맡는다.

교회는 중앙집권적 구조를 가지고 있다. 위계 조직의 상층에는 (교단의 모든 목회자들로 구성된) 총평의회(General Council), 지역상임위원회(Area Executive Committee) 회원들 그리고 이사회와 위원회의 위원장들이 있다. 총평의회 밑에는 9명의 상임평의회(Executive Council)가 있으며, 이들이 교단 행정을 책임진다. 상임평의회 다음으로 지역 노회들과 국가 노회들이 있다. 그다음엔 목사들이 관장하는 교구 노회들(district presbyteries)이 따른다. 교단 행정 구조의 마지막은 지역의 노회들이며, 그 수장은 지역의 수석 장로들이다.

가나 오순절 교단의 예배는 다른 전통적 오순절교회들과 비슷하지만 약간의 문화적 변형이 가미되어 있다.[232] 이 변형에는 간증, 찬양, '예배'라 불리는 기도회 그리고 설교와 같은 사역에서 분명하게 드러난다.[233] 교회의 예배 형식은 예배 참석자들이 하나님 앞에서 기도, 워십 댄스 및 간증을 포함한 다양한 방법들로 자신을 자유롭게 표현할 수 있는 기회를 허용한다.

---

232 Walter J. Hollenweger, *The Pentecostals* (London: SCM Press, 1972), 130, 149.

233 예를 들면, 설교 중에 성령의 영감을 받은 누구라도 설교를 중단시키고 찬양을 시작할 수 있다.

대형교회의 선교 책무

카네시 교회의 간단한 역사와 현재 상황

아크라 도심에서 약 4킬로미터 떨어진 카네시는 6만 2천 명의 인구가 밀집된 지역 사회다. 부산하고 다양한 소득층이 혼재하는 그곳은 서부 아프리카에서 최대 상권 중 하나인 카네시 시장을 자랑으로 여긴다. 카네시 교회는 이 지역 사회 안에 위치하고 있다.

전술한 대로 카네시 교회는 1952년에 7명의 교인들로 시작되었고, 현재 가나 오순절 교단 안에서 매우 건강한 교회다. 본 교회는 기도와 (당시 '증인 운동'으로 불린) 전도 사역을 통해 설립되었다.[234] 1982년 당시 카네시 교회의 교인은 250명이었고, 18명의 안수 받은 평신도 리더들 (즉 자비량 안수 사역자들)이 있었다. 아크라와 그 주변 지역에서 온 수백 명의 사람들이 교회의 역동적인 토요 기도회에 참석했다. 이 기도회는 수석 장로들이 인도했다. 여기서 많은 기적, 표적, 기사가 일어났다는 기록이 있다.

성경 공부는 수요일에 이루어졌다. 교회가 보통 규모였기 때문에 교인들끼리 서로의 가정을 방문할 수 있었다. 이 심방 사역 덕분에 그들은 기독교 신앙에 튼튼하게 뿌리를 내릴 수 있었다. 개리 코르윈(Gary R. Corwin)이 정확하게 관찰한 것처럼, "기초가 튼튼한 그리스도의 제자들은 어떠한 선교 아웃리치도 감당할 수 있는 건축 자재들이며, 오직 교회만이 그 제자들을 준비시킬 수 있다."[235] 그리스도 안에서 기초가 견고하게 놓인 제자들은 자연스럽게 주변의 모든 지역 사회에서 열정적

---

234 (현재 '전도 사역'으로 알려진) '증인 운동'(Witness Movement)은 가나 오순절 교단의 복음 전도 진영이다.

235 Gary R. Corwin, "Training for the Frontiers: Who Does What?," *International Journal of Frontier Missions* 11 (January 1994): 2, www.ijfm.org/PDFs_IJFM/11_1_PDFs/Corwin.pdf; "The Church's Primary Role in Training for the Frontiers," *IJFM* 11 (July-August 1994): 170, www.ijfm.org/PDFs_IJFM/11_3_PDFs/12%20Corwin.pdf.

으로 복음을 선포했다. 이로써 많은 회중 혹은 교회들을 새로 개척하게 되었다.

그 와중에 그들의 모교회 또는 선교 기지도 성장하고 있었다. 2014년 말까지 카네시 교회의 교세는 2,801명(성인 2,533명과 어린이 268명)으로 성장했다. 77명의 안수 받은 평신도 리더들(장로 25명, 남집사 27명, 여집사 25명)이 인도해 온 이 교회는 개척한 수많은 지교회들을 계산하지 않더라도 32년 안에 1,120%나 증가했다. 교회가 받은 많은 복들 가운데 몇 개를 꼽는다면, 1천 석의 예배당 건축, 목회자 사택 마련, 버스 한 대 구입 등을 들 수 있다. 교회는 유능하지만 가난한 학생들을 후원하는 장학금 제도를 운영하고 있다. 또한 가나의 지역 선교는 물론이고 해외 선교도 후원한다.

카네시 교회가 경험한 눈에 띄는 성장의 원인은 기도, 전도, 제자훈련 및 교회 구조에 기인한다고 볼 수 있다. 그 밖에도 헌신된 리더십, 평신도 리더십의 최대한 활용, 성결의 강조, 말씀의 존중, 토착화된 즉흥적 예배, 강력한 교회 훈련 그리고 재정 자립 정책 등의 요인들이 포함된다.[236]

카네시 교회의 선교

<u>지역 선교 사역</u> 카네시 교회는 지역 선교와 해외 선교에 다 참여하고 있다. 지역적으로 본 교회는 전도와 교회 개척에 왕성하게 참여하고 있다. 교회 안에서는 전도가 삶의 방식이다. 교인들이 항상 자신의 지역 사회를 전도하기 위해 개인적으로나 소그룹별로 활동하고 있기

---

236 Alfred Koduah, "The Church of Pentecost in a Post Modern Society," in *James McKeown Memorial Lectures: Fifty Years of the Church of Pentecost*, ed. Opoku Onyinah (Accra: Church of Pentecost, 2004), 110.

  대형교회의 선교 책무

때문이다. 교단의 창시자인 제임스 맥키운 선교사처럼, 그들의 철학은 "오직 전도하자"다.

예를 들어, 몇몇 교인들은 매주 수요일 밤에 만나 철야 예배를 드리고 난 후 지역 사회로 가서 복음을 선포한다. 또한 3-4일 동안 전 교회를 총동원하는 전도 아웃리치를 기획한다. 그들은 이 아웃리치를 영적 과제로 여기며, 교회를 개척하기 위해서는 기도해야 한다고 믿기 때문에 아웃리치를 나가기 전에 먼저 열정적인 중보기도회를 가진다.

교회 개척은 카네시 교회의 전도에 대한 열심에서 자연스럽게 흘러나온 결실이다. 실제로 가나 오순절 교단의 전략은 지역 교회들과 사역 팀들이 성장해 미전도 지역 사회에 침투함으로써 교회를 개척하도록 장려하는 것이다. 그에 맞게 카네시 교회의 교회 개척 사역은 즉흥적인 측면과 기획된 측면을 모두 다 가지고 있다.

전형적으로 본 교회는 복음이 전혀 선포되지 않은 지역을 '새로운 땅'으로 규정하고, 한 팀을 조직해 그 지역에 한 주간 파송한다. 그 기간 동안 팀은 기도하고 복음을 선포하며, 그다음엔 개종한 신자들을 데리고 지역 교회를 설립한다. 그러고 나서 카네시 교회나 다른 모교회의 리더십들과 협력하고, 또한 5명으로 구성된 카네시 지역 노회와 협의해 개척 교회에 대한 책임을 떠맡는다. 새 교회에 기본적인 장비 물품들을 제공하기 위해 모교회는 교인들로부터 후원금을 모금한다.

그 후 팀은 새 교인들이 최소한 첫 3개월 동안 교회의 기초 교리를 배우도록 해 주며, 성령 세례를 받도록 중보 기도를 해 준다. 또한 잠재적인 리더들을 찾아내고 양육하고 훈련시킨다. 6개월에서 일 년의 기간이 지나면 교회는 외부 후원이 없어도 성장할 수 있다고 인정을 받는다. 바로 그때 훈련받은 지역 리더들에게 교회를 맡기고, 모교회의 성숙한 리더들은 간헐적인 방문을 지속적으로 반복한다. 새 교회들도 미전도 지역 사회들에 들어가서 또 다른 교회를 개척하라는 권면을 받는다. 교회 수가 늘어나면 새로운 목사가 파송되어 그들을 양육한다. 이 주기가 계속 반복된다.

이런 방식으로 카네시 교회는 배가를 거듭해 전술한 바와 같이 2013년 말까지 가나 오순절 교단의 아크라 지역 87개 교구들에 속한 513개 지역 교회에 출석하는 17만 5,470명의 교인 규모로 성장했다. 이 교회들을 이끄는 지도자들은 5명의 감독 사역자, 92명의 안수 사역자 그리고 7,179명의 평신도 직분자들이다.[237] 이 지역 교회의 성장과 영향력은 탁월하다.

해외 선교 카네시 교회는 지역적인 복음 전도와 교회 개척에 참여할 뿐 아니라, 가나 오순절 교단의 해외선교이사회(International Missions Directorate)를 재정적으로 후원함으로써 해외 선교에도 관여했다.

카네시 교회는 선교 지향적이 되고자 하는 강권적인 비전을 가지고 있으며, 교인들에게 선교 사역을 위해 정기적으로 기도하고 후원하도록 장려한다. 실제로 카네시 교회 안에는 모여 기도하고 교회의 선교 사역에 관해 목회자와 협의하여 결정을 내릴 수 있는 선교 팀이 있다. 교회는 각각의 교인들에게 선교 사역 달력을 활용해 선교사들을 위해 매주 기도하도록 권면한다. 교회는 매달 첫째 수요일이면 선교 사역에 대한 가르침을 베풀고, 중보 기도로 헌신하며, 매년 1회, 소위 '맥키운

---

237 Church of Pentecost Information Management Department, Summary Statistics, June, 2014, pp. 19-20.

 대형교회의 선교 책무

선교 주간'을 지정해 선교에 대한 가르침을 제공하고 있다. 또한 교인들은 선교사들을 위해 기도하고, 선교 사역을 위해 헌금하라는 도전을 받는다. 그리고 매달 첫 주일에는 선교를 후원하기 위한 선교 헌금이 모금된다.

교인들은 전체 또는 특정 선교사들에게 개인적으로 (예를 들어 헌금, 의류, 자전거 등) 물건들을 기부하도록 권고를 받는다. 2014년 1-6월까지 카네시 교회가 세운 모든 지역 교회들과 교구들과 지역이 가나 오순절 교단의 선교 사역을 후원하기 위해 기부한 선교 헌금 총액은 약 1,209만 가나 세디(미화 300만 불)였다.[238] 2014년 한 해 동안 카네시 모교회는 가나 오순절 교단의 선교 사역을 후원하는 데 자체적으로 총액 7만 9천 가나 세디(미화 2만 4천 불)를 기부했다.

배워야 할 교훈들

카네시 교회는 2,801명의 교인이 소속된 보통 규모의 회중이다. 하지만 지교회들을 고려하면, 17만 5천 명 이상의 교인 규모다. 전부 합한 교세는 카네시 교회를 훨씬 비중 있는 규모의 대형교회 중 하나로 만들 것이다. 그러나 (가나 오순절 교단의 관행을 따라) 교인들의 선교 참여와 제자화를 위한 구조를 위해, 카네시 교회는 지교회들이 어느 수준 이상으로 성장할 때마다 분립시켜서 새로운 회중으로 세우는 쪽을 선택했다.

소규모 회중의 숫자를 늘리는 것이 교인들을 제자화하는 데 있어서는 더욱 적격이다. 교인들 간의 친교가 더 친밀해지고, 새로운 리더들

---

238 Church of Pentecost International Mission Directorate, Financial Report, January-June, 2014.

의 훈련과 멘토링도 더 직접적이 되며, 은사가 있는 교인들이 리더의 자리에 설 기회도 더 풍성해질 수 있다. 그리고 기도회, 아웃리치 사역들, 총체적인 회중 참여 및 새로운 예배 처소를 얻으려는 노력에 동참할 가능성도 훨씬 더 크다.

가나 오순절 교단의 한 사례인 카네시 교회는 보통 규모 교회가 모방할 수 있는 일련의 과정을 보여 준다. 그것은 바로 교인들을 선교에 동참시키고, 동원하고, 동기를 부여하고, 훈련을 제공하고, 확실한 목적에 부합하는 팀으로 파송하는 순서를 밟는 것이다.

카네시 교회의 경험이 보여 주듯이, 보통 규모 교회들도 새로운 그리스도인들을 권면하고 양육해 새로운 회중이나 교회로 발전시키고, 정해진 개척 기간 동안 초창기 리더십과 운영상에 있어서 도움을 제공할 수 있다. 카네시형 훈련과 후원의 결합, 카네시 교회들이 제시하는 회중 구조의 모델은 새로운 회중들이 신속하게 스스로 책임을 지도록 도와준다. 또한 이 방법은 새로운 회중들도 서둘러 주변의 여러 지역 사회에서 자체 선교 아웃리치에 참여하도록 독려한다.

분명 모든 회중들을 획일화시켜서는 안 된다. 동일한 규격으로 짜 맞추어서도 안 된다. 그런데도 카네시 교회의 경험에서 우리는 무슨 교훈을 얻을 수 있을까?

종종 대형교회들은 카리스마 있는 담임목사 주변에서 번창한다. 그의 참여와 활동을 통해 많은 사람들이 교회로 이끌려 온다. 동시에 대형교회들은 교회 생활과 회중을 위한 사역과 그 이상의 사역을 위해 효과적인 역할을 감당하는 수많은 스태프들과 부사역자들을 고용할 수 있다. 하지만 그렇다고 해서 카네시형 분산 리더십보다는 집중화를 추구하고, 한 명의 탁월한 리더에게 과부하가 걸리는 것을 선호하는 현상이 당연시되어야 하는가? 전 교인을 선교에 더 많이 동참시키기 위해 한 명이나 소수의 중심인물이 주로 혹은 탁월하게 동원하는 방식보다 더 효과적인 방법은 무엇인가?

상황에 따라 대형교회를 분류하는 경계선이 달라진다. 어떤 상황에서는 매 주일 예배에 2천 명의 교인들이 모이는 교회를 대형교회라고 부르지만, 다른 상황에서는 그 분류를 1만 명 이상의 교세를 가진 교회에게 넘겨준다. 세계 최대의 대형교회인 여의도순복음교회는 놀랍게도 매 주일 예배 평균 출석 인원이 48만 명이다.[239] 초대형교회들은 그 규모에 걸맞게 자체 교회 건물들을 소유하고 주일 예배를 총 2부에서 7부까지 드리기도 한다.[240] 그런 교회들은 보통 규모 교회들의 역량을 초월하는 규모로 다양한 친교 및 아웃리치 사역을 운영할 것이라고 기대할 수 있다.

확실히 그 소재한 지역 사회 안에서 교회들은 막대한 영향력을 미치지만 동시에 의혹도 제기한다. 그중 한 가지는 교회를 여러 지역들로 파송하는 것과 대조적으로, 지역 사회의 사람들을 특정 지역으로 데려오는 것의 가치에 관한 것이다.

이것은 '모음' 대 '흩음'의 문제다. 즉 교회를 집중시킬 것인가, 아니면 교회의 실재를 여러 지역 사회로 분산시킬 것인가의 문제다. 그것은 종합 경기장을 채울 만큼 많은 사람들을 종합 경기장 규모의 대강당에 모으는 것과 여러 곳에서 끈끈한 친교 모임을 갖게 하는 것의 가

239　Hong Young-gi, "The Backgrounds and Characteristics of the Charismatic Mega-Churches in Korea," *Asian Journal of Pentecostal Studies* 3, no. 1 (2000): 100, 104.

240　http://hirr.hartsem.edu/megachurch/megachurches.html, accessed January 5, 2015, 11:00 p.m.

치를 비교하는 문제다. 솔직히 인정하자면, 초대형교회들은 수많은 셀 그룹과 가정 교회 친교 모임들을 조직함으로써 거대 규모가 가진 약점을 극복하려고 노력한다. 하지만 처음부터 과밀 집중이 일어나지 않았더라면 그런 처방이 꼭 필요했을까?

대형교회 문화는 "신학적 피상성, 지루한 예배 음악, 구도자에 민감함, 소비주의 풍조" 등으로 의심받고 있는 비판들을 극복할 수 있을까? 대형교회는 "공동체적 연대와 제자 양성보다 출석 숫자 늘리기를 강조하는 교회 성장 전략"을 넘어설 수 있을까?[241]

대형교회와 보통 규모 교회의 선교 사역 비교

대형교회에는 어떤 선교 모델이 있는가? 대형교회 모델은 어디서 실제로 기능하는가? 예를 들어 이미 암시된 출석 교인들에 관한 문제는 한 가지 질문을 제기한다. 인구밀도가 극도로 높은 환경에서는 초대형교회 모델이 가장 잘 기능하는가, 혹은 그저 잘 맞는 것일 뿐인가? 이 모델은 땅값이 극도로 비싼 지역에서만 적절한가?

이런 질문은 초대형교회들의 선교 참여에 관한 것이다. 교인들이 새 교회를 세우고 싶어 할 때 교회들은 옳든 그르든 교회의 모델을 제시하게 되는데, 대형교회들은 세계의 많은 곳에서 그 모델이 적합하지 않고 잘 기능하지 않는다는 사실에 대해 어떻게 대처하는가? 모든 공동체가 1만 명, 1만 8천 명, 4만 명 혹은 6만 명의 교세를 가진 교회를 설립할 수 있는 좋은 후보지가 될 정도로 큰 인구 규모나 인구밀도를 가진 것은 아니다. 바꿔 말하면 이렇다. 세계에서 가장 인구가 많은

---

241 www.christianitytoday.com/ct/topics/m/megachurches.

 대형교회의 선교 책무

메갈로폴리스들 중 일부에서는 초대형교회만이 그리스도의 이름으로 땅을 구입하고, 교회를 건축하고, 또 예배를 드릴 수 있는 재정과 영향력을 가진 유일한 교회 형태인가?

대형교회들이 보통 규모 교회들보다는 인력, 재정, 기술 면에서 더 많은 자원을 보유하고 있다는 점은 당연하다. 하지만 그들의 재정과 인적자원 수단의 비율 면에서 본다면, 대형교회의 선교 참여는 카네시 교회와 같은 보통 규모 교회의 선교 참여와 어떻게 비교되는가? 선교 참여가 주로 담임목사와 그가 세계 도처에서 수행하고 있는 사역에 집중되어 있는가? 교인들은 어떻게 선교에 동원되는가? 선교가 교회 비전의 핵심 부분인가? 선포된 메시지의 몇 퍼센트가 선교 중심적인가? 교회는 선교를 위해 얼마나 자주 기도하는가? 교회의 예산 중 얼마나 많은 부분이 선교 사역을 후원하기 위해 집행되는가? 교인들은 선교에 동참하도록 어떻게 도전받는가?

결론

제기한 질문들에도 불구하고, 대형교회들과 보통 규모 교회들은 각각 장단점이 있다. 보통 규모 교회들은 성도들의 보다 쉬운 참여와 교회 개척을 통해 한 나라의 다양한 지역에서 양질의 아웃리치에 참여할 수 있는 한편, 대형교회는 자체 규모만으로도 더 많은 사람들을 끌어올 수 있다. 양측 다 새로운 개종자들을 하나님 나라로 인도하는 데 쓰임 받을 수 있다. 이 점에 대해서 우리는 하나님께 감사드린다.

1. 한 교회가 선교지향적 교회 혹은 선교사 파송 교회라는 것을 보여주는 것은 무엇인가?

2. 선교 사역이 교회 생활이 되는 방식들은 무엇인가?

3. 당신의 교회가 대위임령을 완수하고 있는 실질적인 방법은 무엇인가?

4. (보통 규모의 교회든 대형교회든) 교인들에게 선교 사역의 중요성을 깨닫도록 권면할 수 있는 방법들은 무엇인가?

5. 보통 규모의 교회 혹은 대형교회가 선교 사역에서 맞닥뜨릴 가능성이 많은 도전들은 무엇인가? 어떻게 이 도전들을 효과적으로 처리할 수 있는가?

중보 기도는 아버지께 영광을 돌리는

열매를 낳는 숨은 사역이다.

_오스왈드 챔버스

22장

"카네시 교회"에 대한 논평

김경술

하나님의 교회가 바로 세워져서 잃어버린 세상을 향한 그분의 사명을 성취해 가는 것을 보는 것은 특권이요, 그것만큼 우리 가슴을 뛰게 하는 일은 없다! 특히 필자와 가족은 가나의 선교 공동체에서 여러 해를 보냈기 때문에, 가나의 한 교단이 선교 참여의 모델로 소개되는 것에 대해 기쁘다. 필자는 오포쿠 오니나가 가나 아크라 지역에 소재한 카네시 교회에 관해 쓴 귀중한 발제문에 대해 논평할 수 있는 기회를 갖게 되어 감사를 드린다.

오포쿠 오니나가 기술했듯이, 카네시 교회는 선교적 아웃리치에 의존하던 미숙한 상태에서 성장해 선교적으로 성숙해진 모범적인 모델이다. 카네시 교회는 선교사에 의해서 개척 또는 양육된 교회로서 출발, 성장해 선교의 동역자로서 중요한 역할을 감당하는 지점까지 발전할 수 있다는 것을 보여 준다. 그들은 많은 다른 교회들이 외부 선교단체에 의존적인 채 세계 선교 운동에는 별로 참여하지 않는 상황에서 혁신적으로 그렇게 할 수 있다.

카네시 교회의 배경과 전망

역사적으로 수용된 선교 개념을 요약하는 세계교회협의회의 세계선교와전도위원회의 주장에 기초해, 오포쿠 오니나는 "교회가 예수 그리스도의 기쁜 소식을 미전도 종족에게 나눠 주기 위해서 또 타 지역에서 사역하는 교회의 대표들(즉 선교사들)의 사역을 후원하기 위해서 지역적, 국제적으로 수행하는 모든 사역들을 포함"(281쪽)하는 자신의 선교 정의를 제시한다. 이 이해에 기초해 그는 카네시 교회를 본 교회가 소속된 가나 오순절 교단과 더불어 보통 규모 교회가 선교하는 사례 연구로 제시한다.

가나 오순절 교단은 1937년 영국에서 황금 해안으로 파송된 아일랜드 출신 선교사의 사역에서 성장한 것이다. 카네시 교회 자체는 1952년에 설립되었다. 60년 뒤인 2013년까지 카네시 교회의 교세는 지교회들까지 합해 17만 5,470명으로 성장했다. 이 교회의 두드러진 성장의 열쇠는 무엇인가? 오포쿠 오니나는 교회의 역사에서 출발해 카네시 교회가 오순절 교단으로부터 받은 강점들인 교회 구조와 예배 참여의 일부로 간주되는 세계 선교 참여를 지적한다.

카네시 교회의 간단한 역사는 카네시 교회가 어떻게 초라하게 시작해 1989년에 아프리카에서 가장 빨리 성장한 교단의 핵심이 되었는지를 보여 준다. 2013년까지 오순절 교단은 가나와 88개국에 있는 수많은 교회들을 포함해 200만 명 이상의 교세를 가지게 되었다. 교단은 초기에 신유 사역과 다른 문제들에 대한 교리적 이견 때문에 고통스러운 분열을 겪었음에도 불구하고 성장했다.

카네시 교회의 행정 구조와 예배 역시 매우 인상적이다. 행정 구조는 오순절 교단의 기본적인 모범을 따르고 있지만, 그 구조는 단순히 더 큰 교단을 복사한 것이 아니다. 카네시 교회는 교인들이 복음을 전하기 위한 일념으로 적극적으로 모든 은사와 장점을 발휘하도록 권장하려고 애쓴다. 또한 대형교회가 되고자 하는 데 관심이 없다는 점도 인상적이다. 그 대신, 카네시 교회는 복음을 다른 마을에 전하기 위해 보내심을 받은(눅 4:43 참조) 예수님의 모범을 따라 각 개척 교회가 독립해 자립 회중이 되기를 권면한다. 카네시 교회는 교회를 개척하면 수석 장로를 임명하고, 교인이 300명으로 성장하면 새로운 회중을 분리, 독립시키고 새로운 수석 장로를 임명한다. 이렇게 카네시 교회는 급성장을 계속하고 있다.

카네시 교회의 독특한 성격

카네시 교회의 예배 형태는 다른 전통적인 오순절 교단과 유사하지만 나름의 독특성을 가지고 있다. 다양한 문화적 배경에서 유래한 선교사들의 종교적 의례와 관행을 모방하는 대신, 카네시 교회는 고유한 문화를 반영하는 예배 형식을 개발했다. 이는 교인들이 하나님 앞에서 간증과 찬양과 '예배'라 불리는 특별 기도회를 통해 자신을 다양하게 표현할 수 있는 기회를 제공해 준다.

기독교 역사를 통해 경험된 것처럼, 아크라와 인근으로부터 수백 명이 역동적인 기도회, 기도 응답, 성경 공부와 성도들을 함께 성장시켜 성숙하게 하는 가정 심방은 교회 성장의 원천이자 교회 개척의 모태가 되었다. 성경적인 제자훈련, 열정적인 복음 전파, 헌신된 리더십, 헌신된 평신도, 성결에 대한 강조, 자발적 토착화, 강력한 치리 그리고 재정 자립 정책과 같은 다른 요인들도 강력한 성장을 뒷받침했다.

카네시 교회는 지역 선교 사역에 활발하게 참여해 왔으며, 열정적인 복음 전도가 그리스도인의 삶의 일부로 기대되게 만든다. 교회는 전략적인 교회 개척, 교회를 총동원하는 복음주의적 아웃리치 그리고 전 회중의 집중 기도회를 조직한다. 다양한 상황에서 복음 전도, 새 교회 개척, 훈련, 지원 및 자립을 가르치고 실천한다. 교회는 교단의 선교 활동을 지원하는 재정적 기부, 선교 팀이 기획하고 인도하는 기도회 그리고 선교 사역에 대한 기도와 가르침을 제공하는 연례행사인, 일주간의 '맥키운 선교 주간'을 통해 세계 선교에 참여하고 있다.

카네시 교회의 교훈

오포쿠 오니나는 카네시 교회에서 배워야 할 한 가지 교훈은 개 교회의 규모를 의도적으로 제한한 것이라고 제시한다. 카네시 교회는 쉽게 대형교회가 될 수 있음에도 불구하고 보통 규모 회중으로 남아 있기로 구조적인 결정을 내렸는데, 그 이유는 제자훈련과 선교에의 참여를 위해서다. 지교회들은 자립과 자전이 가능한 특정 단계까지 성장을 하면 가능한 한 빨리 모교회로부터 독립하도록 권면을 받는다. 회중의 규모가 작을수록 전 공동체 안에서 친밀한 교제가 가능하며, 새로운 리더를 직접 훈련하는 것이 용이해진다. 그것은 또한 은사를 가진 사람들에게 더 많은 리더십의 기회를 열어 준다.

대형교회와 보통 규모 교회를 비교하면서, 오포쿠 오니나는 대형교회의 강점과 약점을 지적하고, 도전적인 질문을 제기한다. 그러나 그는 모든 규모의 교회가 다 하나님 나라를 위해 쓰임 받을 수 있음을 밝히고 결론을 내린다.

카네시 교회 모델의 평가

전술한 바와 같이, 오포쿠 오니나가 묘사한 카네시 교회는 기도로 준비하고 열정적인 복음 전도를 통해 다른 지역에 새 교회를 개척하기 위해 편안한 상태에 머무르지 않기로 의도적으로 선택한 모범적 사례다. 카네시 교회는 또한 새 교회들이 따를 수 있는 자립과 자전의 모범을 제공한다. 이는 교회가 더 크고 중요한 역할을 하기 위해 교회 규모를 키우려는 대신에, 복음을 더 많은 지역에 전파하기 위해 교회를 분할하는 비전에 신실했다는 것을 보여 준다. 또한 교인들에게 사역 훈련을 제공하고, 교회 선교에 동참할 수 있는 문을 열어 줌으로써 카네시 교회는 교인들이 목회자(들)만 의존하는 것을 피하려고 애쓴다.

랄프 윈터가 지적했듯이, 서구 교회가 주도해 온 선교 역사에 나타난 치명적 실수 중 하나는 선교적 구조를 조성하고 성장시키지 못했다는 것이다.[242] 한국 교회의 사례처럼, 새로 세워진 교회들은 처음부터

---

242 Ralph D. Winter, "The Two Structures of God's Redemptive Mission," in *Perspectives on the World Christian Movement: A Reader*, ed. Ralph D. Winter and Steven C. Hawthorne, rev. ed. (Pasadena, Calif.: William Carey Library, 1992), 45–57.

 대형교회의 선교 책무

하나님 나라 운동의 동력이 되기 위한 훈련을 받아야 한다. 그러나 선교지의 교회들은 선교 사역이 선교사들만을 위한 것이고, 자신들이 해야 할 일은 없다는 생각을 지나치게 당연시해 버렸다. 이 점에 있어서 카네시 교회의 선교 참여는 다른 교회들에게 가치 있는 모범이 된다.

카네시 교회 모델이 가진 모든 장점에도 불구하고, 몇 가지 질문을 제기한다.

첫째, 선교 사역에 있어서 카네시 교회는 스스로 전통적인 교회 사역의 한계를 인정하고 고수함으로써 스스로를 제한했는가? 달리 말하면, 교회의 사역과 선교가 오직 영혼 구원과 종교 기관을 설립하는 데만 제한되었는가? 평범한 직업과 전문 직종에 종사하는 이들이 복음과 천국 원리를 가지고 자신들의 사회 상황에 영향을 미쳐 그들의 직장과 직업 가운데서 하나님 나라를 보여 주는 사례는 어디에서 볼 수 있는가?

예수께서 마태복음 16장 18절에서 '내 교회'를 언급하실 때, 이는 단지 종교 기관만 지칭하신 것이 아니라 당신의 제자들이 다양한 삶의 영역에서 당신의 왕국을 대표하는 제자 공동체까지 가리키신 것이다. 카네시 교회의 교인들이 다양한 직업을 가지고 있음에도 불구하고 다양한 직업 그룹들이 그들의 직업 영역을 '하나님의 나라로 바꾸는' 전문적 기술을 사용할 수 있는 방법을 발견하기 위한 전략은 전혀 언급되지 않았다. 정부가 여전히 부패와 싸워야 하는 가나에서 교회는 정치, 경제, 문화, 교육, 의료, 법률 안에 존재하는 필요들을 직접 대면해야 한다. 영혼을 구원하는 선교 사역은 사회가 간절히 필요로 하는 근본적인 변화가 포함된 구원이 되어야 한다는 사실을 기억해야 한다.

둘째, 카네시 교회는 가나의 세속사에 영향을 크게 받은, 가나 기독교 전체 역사 속에 도사리고 있는 상흔과 우매로부터 자유로운가? 과거에 가나 남부의 다수 부족은 북부의 소수 부족들을 노예로 삼았다. 이 역사는 남부 교회들의 사고방식에 심각한 악영향을 미쳤다. 남부인들은 북부인들에 대한 복음 전도를 어느 정도는 의도적으로 무시하거나 공공연히 거부했다. 이런 종족 우월감은 오늘날에도 현존한다. 예를 들면, 남부인들이 북부에 개척한 교회들은 대부분 북부로 이주한 남부인들을 위한 예배만 드리는 기능을 하고 있다. 소수 부족들을 포용하는 화해의 모델이 절실히 필요하다. 이런 식으로 교회는 계속 성장하면서 지리적, 종족적 한계를 뛰어넘는 교회 성장 모델을 제시할 수 있다.

셋째, 교회 간 협력은 어떤가? 오포쿠 오니나는 다른 교회나 선교단체와의 협력, 네트워킹, 파트너십에 대해 아무것도 언급하지 않는다. 카네시 교회의 선교 협력에 대한 그의 논의는 단지 그 자체 교단만 포함했을 뿐이다. 그와 대조되게, 오늘날 선교에 관한 생각은 교단의 장벽을 넘어서는 사역의 파트너십과 네트워크의 창조에 더 많은 초점을 두고 있다. 그 예로 수년째 활동하고 있는 가나복음주의선교협회(Ghana Evangelical Missions Association, http://ghanaglobal.org/)와 아프리카 대륙 전체에 걸쳐 결성되어 아프리카 내외에서 효과적인 초문화 사역을 하고 있는 아프리카민족이니셔티브운동(Movement for African National Initiatives, http://maniafrica.com/)이 있다.

결론

필자의 진지한 바람과 기대는 카네시 교회가 (그리고 그 모범적인 모델을 벤치마킹한 많은 교회들이 그 크기와 상관없이) 하나님 나라를 실현하기 위해 전진하며, 문화 장벽을 넘어서 약자들도 포용하는 화해의 모델이 되고, 그 모델을 전파하며, 그리스도의 영화로운 왕국을 위해 그리스도의 몸의 다른 지체들과 협력자가 되는 데 앞장 서는 모습을 보게 되는 것이다.

23장

한국 대형교회들의 선교

: 한국 목사와 선교사의 고찰

김창주

해외에 파송을 받아 사역하는 선교사와 그를 파송한 교회의 관계는 우주인과 우주선, 혹은 우주인과 우주 본부의 관계에 비교해 설명할 수 있다. 우주인에게 필요한 모든 것은 우주선과 우주 본부로부터 공급된다. 모선(母船)인 우주선으로부터의 지원이 없다면 우주 공간에 떠 있는 우주인은 단 몇 초도 살아남을 수 없다. 비유적으로 묘사하면, 선교사의 위치는 마치 모선인 우주선으로부터 산소를 공급받아 숨 쉬는 우주인과 같고, 우주인은 본부에서 전달되는 원칙과 행동 규칙에 따라 움직여야 하기 때문에 항상 그 명령을 주목해야 한다.

이 장에서 필자는 선교사로서, 또 한국 교회에서 담임 목회를 했던 경험에 비추어 선교사들과 그들이 관계를 맺고 있는 한국 대형교회들의 관계에 대한 성찰을 나누고자 한다. 필자는 이런 발제를 할 수 있는 기회를 주신 것에 대해 진심으로 감사하는 바다. 또한 이 글과 다른 경험을 했거나 다른 의견과 평가와 비판을 가진 이들을 이해한다. 이어지는 단락들에서 필자는 선교 현장에서 직접 경험하고 오랫동안 고민하며 생각해 온 대형교회의 선교 활동에 대한 개인적인 평가를 제시할 것이다.

필자는 한국 교회가 하나님의 은혜로 피선교국에서 선교사 파송국으로 바뀌었기 때문에 감사하는 마음으로 "한국 대형교회들의 선교"라는 주제로 토론하는 것이 가능해졌다는 사실을 지적하고 싶다. 1970년대 이후로 한국 교회는 본격적인 선교 사역에 참여했다. 서구 교회의 선교 역사에 비하면 한국인들이 선교 사역에 참여한 기간은 짧다. 그러나 오늘날 한국 선교사들은 전 세계에서 섬기고 있다.[243]

솔직히 말해서, 한국 교회와 대형교회의 선교 책무에 대해 정직하게 분석하는 일은 고통과 후회를 가져올 수도 있다. 우리 중에는 불편하고 실망할 사람도 있을 수 있다. 그러나 이런 분석이 우리의 성장을 동력화하고, 신선한 출발점을 제공해 한국 교회의 미래를 위한 새로운 길을 제시할 수도 있다.

필자는 교회학교를 포함해 교인 1,850명이 넘는, 서울에 소재한 중형교회인 예닮장로교회에서 12년 동안 부목사로, 그다음에는 담임목사로 시무했다. 그리고 지난 9년 동안 마다가스카르에서 선교사로 사역하고 있다.

---

243 동아시아에서 그리스도인의 비율은 한국이 필리핀 다음으로 두 번째로 높다. 개신교 선교사를 해외에 파송하는 나라들 중에서 한국은 미국 다음으로 많다.

필자는 선교 동역자요 교회 목회자로서의 살아 있는 경험으로부터 선교사와 파송 교회 사이에서 일어나는 어려움과 문제들을 잘 알고 있으며, 양자의 관점의 차이에 대해서도 이해하고 있다. 의미 있는 질문을 제기하는 것 자체가 해답을 주지는 않지만, 우리는 "적을 알고 나를 알면 백전백승"이라는 고사성어를 알고 있다. 선교사와 파송 교회가 적대적인 관계는 아니지만, 상대방의 생각과 기대를 더 많이 알면 더 잘 이해할 수 있고, 더 잘 도울 수 있을 것이다!

숫자를 너무 자랑하지 않는가?

대단히 중요한 질문 몇 가지를 던지고 싶다. 선교사란 누구인가? 선교사라고 불리기 위해 필수적인 기준은 무엇인가? 교회들은 사람들을 선택하고 그들을 '선교사'라고 부르거나 그 호칭을 부여하는 과정을 어떻게 진행하는가? 역사적으로 한국에서 '선교사'는 그리스도인들뿐만 아니라 다른 사람들도 존경하던 호칭이었다. 그런데 최근 한국 교회는 선교사가 되는 것을 너무 쉽게 만들어 버려서 그 호칭이 긍정적인 의미를 상당히 상실하게 되었다.[244]

지난 수년 동안, 필자는 한국의 대형교회들의 파송을 받고 세계 여러 지역에서 사역하고 있는 선교사들을 만나 볼 수 있었다. 그러나 부끄럽게도 그 선교사들 중에는 자격을 갖추지도 않고, 선교 훈련 과정을 밟지도 않고 파송 받은 이들이 적지 않았다. 필자가 아프리카에서

---

244 1979년에 한국은 93명의 선교사를 파송했다. 해가 가면서 이 숫자는 511명(1986), 1,645명(1990), 2,576명(1994), 8,103명(2000), 1만 2,159명(2004), 1만 9,413명(2008) 그리고 2만 5,745명(2013)으로 늘어났다. 1979-2000년의 기록을 보려면 한국일의 책을 참조하라. 한국일,《세계를 품는 선교》(서울: 장로회신학대학교출판부, 2004), 19; 그 이후의 연대를 보려면 조명순의 글을 보라. 조명순, "2013 선교사 파송 현황/2013년 각국의 선교사 통계", KWMA 문서, p. 2; www.kwma.org.

                                      대형교회의 선교 책무

만난 한 외교관은 자신이 서울에 있는 한 대형교회의 파송을 받은 선교사라고 소개했다. 한국 정부가 그를 외교관으로 임명하자마자, 그가 다니던 교회의 담임목사가 그를 불러서 한국의 모 선교단체가 발행한 선교사 임명장을 주었다. 그가 수요일 저녁 기도회 때 가진 파송식에서 받은 임명장이 그에게 '선교사'란 호칭을 부여한 것이다.

필자가 만난 또 다른 선교사는 교회와 국제 선교단체의 연합으로 파송을 받았다. 처음부터 그는 이중 멤버십을 가지고 있었던 것이다. 첫 임기가 지나고 파송 교회와 문제가 발생해 교회의 재정적 지원이 중단되었다. 그는 새로운 후원자들을 찾는 동안 신임을 얻기 위해서 자신의 의사 전문직을 이용했다. 많은 교회들이 그의 직함에 끌려 그를 파송하기로 동의했다. 곧 그는 대형교회들과 선교단체들로부터 임명을 받게 되었을 뿐만 아니라 더 많은 단체들로부터 협력 멤버십을 받았고, NGO 단체들로부터도 후원을 받았다. 교회는 기간마다 그와 그의 아내를 자체 파송 선교사 명단에 올렸다. 불행하게도 이처럼 중복되는 선교 멤버십의 관행이 한국인 선교사들의 숫자를 부정확하게 계산하도록 만들고 있다.[245]

대형교회들이 선교사 숫자를 늘리려는 바람은 선교사들을 평가하고 준비시켜 해외에 파송하는 데 분명한 영향을 미친다. 어떤 교회는 "전 교인을 선교사화하여 전 세계로 파송한다"는 표어를 내걸고 사업가, 외교관 또는 회사 주재원으로 해외에 나가는 모든 교인에게 '선교사'라는 호칭을 부여하고, 이들은 '전문인 선교사'(professional global

---

[245] 이 의료 선교사와 그의 아내는 한국 선교사 통계에서 최소한 12명으로 집계되어 있다!

missionaries, PGMs)라고 부른다.[246] 이와 같이 자격을 갖추지 못한 많은 사람들이 스스로를 선교사라고 소개하거나 다른 사람들에게 자신을 선교사로 불러 달라고 요구함으로 기독교 선교사의 숫자가 늘어나게 된 것이다.[247] 선교사 숫자의 비현실적인 합계는 전혀 도움이 되지 않는다.

많은 교회들은 매 주일 파송 선교사들을 위해서 기도하고, 선교사들의 사역지를 주보에 싣는다. 분명히 그들은 선교사의 숫자와 선교사들이 사역하는 나라들의 숫자에 대해 자랑스러워한다. 어떤 교회들은 자체 파송 선교사들이 사역하는 국가의 국기들을 전시하고, 미전도 종족들의 이름과 명단을 게시한다. 이러한 노력은 교인들로 하여금 선교와 전도에 관심을 가지도록 도전하고, 언젠가는 그들도 선교사로 참여하도록 권유한다.

그러나 이런 열정에도 불구하고, 한국 교회는 선교사의 자질과 선교사를 모집하고 훈련하고 파송하는 과정에 대해서 재평가하는 것이 적절하다. 진실로 한국 교회가 수많은 선교사들을 전 세계에 파송한 것은 하나님의 복이요 한국 교회의 자랑이기도 하다. 그러나 이제는 한국 대형교회 선교사들의 과잉 파송, 심지어 대량 생산을 줄여야 할 때가 되었다.

결실을 보려고 너무 서두르지 않는가?

지난 50년 동안 한국 경제와 한국 사회는 놀랍게 변했다. 한국은 전

246　대형교회는 선교사들에게 전임 선교사, 단기 선교사, 협력 선교사, 보조 선교사, 평신도 전문인 선교사, 시니어 선교사, 해외에서 섬기는 종 등 여러 호칭을 제공한다.

247　해외에서 1–2년을 봉사하는 기독교 NGO의 회원들, 심지어 한국국제협력단(KOICA)의 일부 회원들도 선교사들로 불린다.

　　　　　　　　　　　　　　대형교회의 선교 책무

세계에서 가장 빨리 성장하는 나라 중 하나다. 일반적으로 한국인은 '빨리빨리' 정신 구조를 가지고 있다. 대형교회뿐만 아니라 대부분의 한국 교회들은 선교사들에게서 빠른 결실을 기대한다.

1945년 한국은 일제 35년간의 식민통치를 끝내고 독립국가가 되었다. 5년 뒤 북한이 남한을 침공했고, 양측은 3년 1개월 2일 동안 싸우면서 모든 것을 파괴해 버렸다. 한국이 이러한 내전의 잿더미에서 신속하게 변화한 것은 실로 놀라운 일이다. 1953년 전쟁이 끝났을 때 극심한 빈곤 상태였던 한국의 경제는 지속적으로 성장했고, 현재 세계 10대 경제 대국이 되었다. 경제의 비약적인 발전과 함께 한국의 다른 모든 것도 신속하게 바뀌었다. '빨리빨리' 정신이 없었다면 한국의 경제 회복과 사회 변화는 그렇게 놀랍도록 빠르게 성취될 수 없었을 것이다. 이 시기에 한국 교회도 근대화와 조국 발전에 크게 영향을 미쳤다.[248]

한국 교회는 선교사들을 다른 나라에 파송할 때 전형적으로 똑같은 결과를 기대한다. 한국인들이 여러 영역에서 경험한 것과 동일한 변화와 발전에 관한 이야기를 선교지에서도 펼치고 싶어 한다. 이러한 기대는 큰 프로젝트를 시작해서 좋은 결과를 신속하게 보고해야 한다는 부담을 선교사들에게 준다. 선교사들은 새로운 환경에 적응하고 정착하기도 전에 파송 교회가 기대하는 만큼의 큰 결실을 보고해야 한다는 스트레스를 해결해야 한다. 많은 국제 선교단체들의 추정에 의하면, 한국인 선교사들은 사실 부지런히 사역한다. 그러나 그들은 때때로 비현실적으로 많은 결실을 빨리 보여 주려는 기대를 가지고 전시

248　임희국 외 편저, *Christianity in Korea: Historical Moments of Protestant Churches* (Seoul, NCCK, 2013), 6.

성 사역을 하는 데 지나치게 열심을 부린다.

은퇴자들을 선교사로 보내려고 너무 서두르지 않는가?

여러 나라에서 은퇴가 빨라지면서 건강하고 능력 있는 인력층이 많아졌다. 이런 현상은 한국에도 해당되며, 특히 한국 교회에는 세계 선교의 자원이 되기를 열망하는 헌신된 은퇴자들이 많다. 대부분의 한국인 그리스도인들은 해외의 원조와 구제를 받았던 사실을 분명히 기억하고 있다. 그래서 이 사랑을 다른 사람들에게 나누어 줌으로써 은혜에 보답하고자 하는 이들이 많다. 그리스도인으로서 그들은 복을 나누는 것이 자연스럽다고 느낀다.

많은 대형교회 리더들은 교인들이 생활 기술과 전문성을 가지고 장단기 선교사로 자원하도록 설득하려고 애쓴다. 대개 이러한 교회들은 이미 은퇴했거나 은퇴하게 될 인력을 많이 보유하고 있다. 그중에는 목사, 교사, 기술자, 외교관, 의사 및 다양한 분야의 전문가들이 포함된다. 선교 열정이 있는 헌신된 은퇴자들은 축적된 경험과 전문 자격증으로 어디든 가서 다른 사람들을 섬길 수 있다. 이런 사람들을 선교사로 모집하기 위해 교회들은 "가는 선교사가 될 생각이 없습니까?"라는 표어를 이용한다. 그들을 '평신도 전문인 선교사' 혹은 '실버 선교사'라고 부른다.

여기서 우리는 다시 질문해야 한다. 이들은 선교 사역을 하기 위한 특별한 준비와 훈련을 갖추었는가? 그들은 선교지에서 동역자들과 어떻게 소통할 것인가? 비록 그들이 한국에서는 전문가이고, 한국 자격증을 가지고 있다 하더라도 현지에서도 전문 서비스를 제공할 수 있는 자격을 갖추었는가? 한국인 은퇴자들은 외국어로 소통을 잘하는가? 그들은 현지어를 구사할 수 있는가?

대형교회들은 실버 선교사들을 적극적으로 모집하기 전에 이런 우선순위를 먼저 고려해야 한다. 정상적인 준비 과정을 생략한 채 현지에 파송한다면 많은 갈등과 어려움을 일으키게 될 것이다. 대형교회들이 동기부여와 모집에서 시작해 훈련, 파송 및 후원에 이르는 모든 과정을 좀 더 신중하게 고려한다면 모든 사람이 혜택을 입게 된다.

그러나 그림이 전적으로 부정적인 것만은 아니다. 필자는 선교사로 파송되기 전에 잘 훈련받고, 외국어에도 능통한 은퇴자들의 사례를 알고 있다. 이 평신도 전문인 선교사들은 선교지에 이미 정착한 훌륭한 선배 선교사들과 동역하기에 알맞은 현장에 배치되었다. 그들의 협력 정신은 환상적인 시너지와 놀라운 결실을 맺었다.

단기 선교의 부작용

일반적으로 한국 그리스도인들은 선교에 대한 종교적 열정과 의욕이 강한 헌신된 사람들이다. 많은 면에서 한국 교회는 기독교 역사상 이례적이다. 한국의 경제적 성장에 힘입어 교회들은 거액의 돈을 가난한 자들과 선교와 전도에 할애하는 것을 큰 자랑으로 여긴다. 한국 그리스도인들은 교회 예산의 상당한 부분을 다른 사람들에게 기부하는 교회가 훌륭하고 올바르고 건강한 교회라고 생각한다. 그러므로 한국 교회에서 선교와 전도가 강조되고, 교회 생활의 우선순위가 된 것은 놀랄 일이 아니다.

교회가 선교지와 선교사들을 후원하고 예배를 드릴 때마다 그들을 위해 기도하기 때문에 교인들도 선교지와 선교 사역에 관심을 가진다. 그들은 세계 곳곳의 선교지들을 방문할 계획을 세우고 '단기 선교'라는 명목으로 그곳에 간다.[249] 이러한 체험을 통해 참가자들, 특히 젊은 세대들은 선교 비전을 발견하며 많은 교육적 혜택을 얻는다.

그러나 부작용도 있다. 소위 단기 선교사들을 맞아 주고 환영하는 이는 선교사다. 어떤 교회들은 파송 선교사가 현지에 도착한 지 일 년이 되자마자 단기 선교 팀을 보내려는 계획을 세운다. 그 선교사는 단기 선교 팀의 일정을 준비해 주어야 하고, 10-15일간의 체류를 위해 숙박 시설과 교통편을 마련해야 한다. 필자가 아는 한국의 한 대형교회는 한 해에 100팀 이상을 보내는데, 그 총 수가 약 1,300명에 달한다.[250]

예를 들어, 일 년에 한 선교사에게 6팀 이상의 단기 선교 팀이 방문한다면 그 선교사의 사역에 심한 지장을 주게 된다. 필자가 만난 한 선교사는 한 해에 자기를 찾아오는 단기 선교 팀이 10팀이 넘는다고 불평했다.[251] 그러나 단기 선교 팀과 선교사의 파송 교회나 기관 사이의 긴밀한 관계 때문에 선교사들은 단기 선교 팀의 방문 요청을 거절하지 못한다.

어떤 선교사들은 스스로를 선교사라기보다 여행 가이드로 여긴다는 말을 했다. 슬픈 현실은 단기 방문자들이 종종 자기들의 일정과 여

---

249 단기 선교는 단기 팀, 비전 트립 팀, 선교지 방문 팀, 지역 탐사 팀, 정탐(여호수아 2장) 팀, 땅 밟기 팀 등 다양한 명칭으로 불린다.

250 이 교회는 여름에 대략 1천 명, 겨울에 300-400명의 단기 선교사들을 보낸다. 매년 대략 15개국에 파송하는데, 2-3개월 동안 훈련과 준비를 해야 한다.

251 필자는 단기 선교 여행을 오려는 사람들에게 미리 개인적인 요구를 하는 선교사들을 많이 만났다. 그들 중 대부분은 중국과 인도를 포함해 동남아시아와 동아시아에서 섬기고 있다. 이제 많은 단기 선교사들이 한국에서 직항으로 갈 수 있는 케냐와 남아프리카로도 여행한다.

행 계획이 얼마나 잘 짜여졌는지, 방문 시간이 얼마나 잘 계획되었는지에 근거해서 '장기 선교사'들을 평가한다는 점이다. 단기 선교 프로그램이 잘 진행되면 장기 선교사는 훌륭하고 능력 있는 선교사로 평가된다. 계획이나 진행이 단기 방문자들이 원했던 만큼 잘되지 않으면 무능한 선교사로 보고된다. 사실 선교지 방문자들은 보통 선교 사역을 위해 돈과 약품, 의류 혹은 생활필수품 등을 기증한다. 수치스러운 언급이지만, 선교사들은 이러한 관계 때문에 자신들이 타락한 느낌이 들지라도 단기 팀의 방문을 거절하는 것이 여전히 힘들다.

이 딜레마는 선교지의 불편한 현실이다. 선교사들은 이에 대처하는 지혜를 어떻게 찾는가? 수많은 한국인 현장 선교사들은 단기 선교 팀 문제에 관해 여러 해 동안 자체 논의를 했지만 해결책을 제안할 수 없었다. 이것은 선교사들의 노력만으로는 해결될 수 없는 주제이기 때문이다. 그것은 민감한 주제여서 선교사들이 파송 교회와 공개적으로 논의하자고 제안하기 어렵다. 그러나 교회와 선교단체가 이 문제를 선교사들과 상의하자고 먼저 의견을 낸다면 해결책을 찾을 수 있다고 필자는 확신한다. 단기 선교 팀 프로그램에 관한 기대감은 쉽게 바뀌지 않을 것이다. 그러나 시간이 걸리더라도 자제와 절제와 이해를 통해 바람직한 해결책이 나올 것이다.

담임목사의 압도적 영향력

한국의 개신교회에서 담임목사는 구조적으로 위계질서에서 가장 중요한 사람이다. 특히 대형교회가 그러하다. 한국의 개신교회는 극도로 개별화된 지역 교회 중심적이며, 각 교회는 엄청난 자율성을 가진다. 그 결과 각 지역 교회는 요새와 같고, 담임목사는 성채와 같다. 담임목사(담임목사가 여성인 경우는 아주 드물다)는 교회에서 중요한 의사 결정권자이며, 그의 생각과 권위는 종종 절대적이다. 담임목사가 해외 선교를 강조하기로 결정하면, 교회의 모든 열정과 에너지는 그 방향으로 움직이는 경향이 있다.

1980년 초부터 1990년대까지 한 대형교회의 담임목사가 아프리카 선교에 큰 관심을 가졌다. 이 대형교회는 엄청난 예산을 해외 선교, 특히 아프리카 선교에 할애했으며, 아프리카 대륙에서 대규모 부흥 집회를 여러 번 개최했다. 그 교회는 아프리카 전역에서 수많은 교회 지도자들을 한국으로 초청해 세미나와 선교 대회에 참석시키고, 한국 교회의 전도와 교회 성장에 관한 성공 이야기를 나누었다. 그러나 20년 후 담임목사의 관심과 목양적 강조점이 아프리카에서 다른 곳으로 바뀌면서 교회의 아프리카에 대한 재정 후원과 관심이 줄어들었다. 이 대형교회가 개척한 교회들과 재정 후원으로 시작된 프로젝트들이 어떻게 되었을지는 분명하다. 이러한 영적, 재정적 투자의 만개와 쇠퇴가 지난 30년 동안, 즉 한 세대 만에 아프리카에서 일어났다.[252]

필자가 이런 일과 관련된 아프리카 지역들을 방문하면 그들은 왜 그 한국 교회가 더 이상 과거와 같이 자신들을 지원해 주지 않는지 필자에게 묻는다. 이 교회들은 거의 항상 그 한국 교회의 지속적인 도움을 필요로 한다. 그 대형교회가 선교 정책을 바꾸었다는 것을 선교사

---

252 필자는 키베라(나이로비의 최대 빈민촌 중 하나)와 나망가(케냐 남부의 소도시, 나이로비에서 남쪽으로 240킬로미터 떨어져 있으며 탄자니아의 아루사와 국경을 맞대고 있다)에서 한국의 대형교회들과 연결되어 한국을 방문한 적이 있는 케냐 목회자와 교회 지도자들을 많이 만났다. 필자는 한 한국인 담임목사의 이름과 직함이 기록된 기념패와 기념석이 후원이 끊기자 제거되는 모습을 보았다.

대형교회의 선교 책무

는 그들에게 어떻게 설명할 수 있겠는가?

선교사는 두 교회 사이에서 해석의 다리 역할을 하면서 양자 간의 협력을 촉진하는 사람이지만, 모교회를 존중하고 파송 교회의 새로운 정책을 따라야 하는 존재다. 모교회의 기본적인 선교 전략이 바뀔 때마다 그 변화는 선교지에 원치 않는 일들이나 어려움을 일으킬 수 있다. 이런 상황에 처하게 되면 선교사들은 좌절감에 빠지고, 결과를 통제할 수 없다는 무력감을 느낀다. 이 이야기는 단순히 파송 교회의 리더십이 바뀔 때 긍정적이든 부정적이든 그 영향이 선교 현장에 직접적으로 미친다는 사실을 예시해 준다.

결론

비록 한국 교회가 많은 문제와 고민을 가지고 있었고, 여전히 가지고 있으며, 아직도 시행착오를 통해 배우고 있지만 희망의 여지는 존재한다. 긍정적인 측면에서 한국 교회는 자체적으로 개선하려는 노력을 기울이고 있다. 동시에 우리는 한국 교회의 수적 성장이 멈췄다는 것을 인정해야 한다. 교회는 안팎으로 비판에 직면해 있다. 교회 안팎에서는 세속화와 목회 세습, 물질주의를 비판하고 있다. 한국 교회가 너무 빨리 쇠약해지고 있다고 염려하는 이들도 있다.

개신교 선교사들이 한국에 온 지 130년이 지났는데, 한국 교회가 세계 선교 사역에 동참한 것은 겨우 40여 년에 지나지 않는다. 이렇게 상대적으로 짧은 기간에 나타난 한국 그리스도인들의 신앙심과 선교 사역에의 열정은 타의 추종을 불허한다. 그들은 복음을 전하려는 놀라운 사명감을 가지고 있으며, 이 헌신은 미래에도 계속될 것이라고 우리는 확신한다.

지금의 한국은 그 역사적 경험 덕분에 선교적 역할을 맡을 준비가 되었다. 특히 식민 지배를 받은 피선교지였던 경험이 복음으로 무장한 선교사를 파송하는 데 기여했다. 한국과 비슷한 식민통치로 고난을 겪은 아프리카와 아시아의 여러 나라들에게 복음을 전하는 일은 한국 교회의 특별한 권리요 사역이다.

필자는 아프리카 선교사로 있으면서 아프리카 현지인들이 서구보다는 한국의 교회와 선교사들에게 더 친밀감을 표현하는 것을 관찰했다. 이러한 태도의 차이는 어떻게 설명되는가? 한국과 아프리카는 고통스러운 식민통치의 역사를 똑같이 경험했기 때문에 현지인들이 한국 교회를 더 받아들인다. 한국 교회가 체험한 하나님의 사랑과 은혜는 아프리카의 민족들이 필요로 하는 것이다. 마찬가지로, 세계의 많은 민족들은 한국 교회가 미전도 종족에게 복음을 전하고, 미접촉 종족 그룹을 입양하고, 교회를 개척하고, 사회 개발 프로그램을 운영하고, 학교를 세워 교육을 제공하고, 병원과 의과 대학을 세우는 등의 선교 사역을 감당해 주기를 열망하고 있다.

한국 그리스도인들의 희생적 노력과 태도는 공산권 국가들에도 미쳐 북한과 다른 문화권에서도 선교 사역이 확장될 것이다. 한국의 대형교회들은 이 부름을 의식하고 있으며, 필요한 기본 정책을 세울 수 있게 될 것이다. 그들은 훈련을 제공하고, 새로운 형태의 선교에 대한 방향을 제시할 수 있는 잠재력을 보유하고 있기 때문에 적절한 선교사들을 동원하고 파송한다면 그 장점과 가능성이 무한할 것이다. 대형교회는 계속해서 전문인 선교사들을 파송하는 것과 더불어 현재 사역

     대형교회의 선교 책무

중인 선교사들에게 적절한 멤버 케어를 제공해 그들의 복지에도 동일한 관심을 보여야 한다. 선교사들의 건강을 위한 의료 진료는 물론이고 그들의 안전과 노후 계획도 포함되어야 한다.

대형교회는 또한 한국인 선교사 자녀들의 교육을 위해 중요한 역할을 할 수 있다. 지금 한국 교회는 세계에서 두 번째로 많은 개신교 선교사들을 파송했지만, 선교사 자녀들을 교육할 수 있는 한국 교회의 인프라는 그에 미치지 못하고 있다. 한국 교회가 선교사 자녀들을 위해 세워졌으나 어려움을 겪고 있는 학교들을 후원하고 운영하는 데 동참한다면 이상적일 것이다. 대형교회들의 재정 자원과 인력은 이런 종류의 지원을 제공하는 데 적합할 것이다. 그러한 투자는 선교사들을 격려함으로써 선교사들과 세계 선교를 직간접적으로 강화시켜 줄 것이다.

한국 그리스도인들은 신앙심과 열정으로 가득해 기도와 전도와 세계 선교 그리고 하나님의 사랑을 다른 사람들과 나누는 데 참여한다. 이 장에서 발제한 내용을 통해 필자는 대형교회와 선교사들 사이의 협력이 더 커지는 데 기여하길 바란다. 이 발제가 구체적, 실천적, 호혜적 방식으로 기대와 반응뿐만 아니라 책임과 의무를 분명히 함으로써 각자의 장점과 은사를 발전시킬 수 있기를 바란다.

1. 한국 개신교회 선교의 전략과 방법의 다양성에 비추어 볼 때 모든 교회와 교단과 선교단체를 포용하는 선교 모델을 구성하기 위해 어떤 조치들을 취할 수 있을까?

2. 폭넓은 선교 모델은 어떤 모습일까? 한국 교회가 그러한 모델을 추구하는 데 실패한다면 미래 한국 교회의 선교 사역에 어떤 문제점이 나타날 것이라고 예측하는가?

3. 선교사와 교회(특히 대형교회)는 어떻게 그들의 단기 선교에 대한 열정을 유지할 수 있는가? 그들은 결실이 있는 단기 선교 사역을 위한 정책을 어떻게 논의하고 개발할 수 있는가? 교회들은 교인들의 선교 경험을 더 참여적이고 만족스럽게 만들기 위해 무엇을 할 수 있는가?

우정은 기독교 선교의 기초적인 실천이다.

선교를 위해서는 아마 전도나 봉사보다

'글로벌 우정'이 더 강렬한 자극제가 될 것이다.

_데이나 로버트

24장

"한국 대형교회들의 선교"
에 대한 논평

조셉 샤오

경험 있는 목회자요 선교사인 김창주 목사의 솔직한 관찰과 성찰은 한국 대형교회의 선교와 관련된 여러 가지 중요한 쟁점을 명시해 준다. 그러한 쟁점들은 한국 대형교회뿐만 아니라 선교에 참여하는 한국 교회의 (전부는 아니더라도) 대다수에 관련된 것이다. 김창주 목사는 선교사를 현장에 파송하는 이유와 문제, 필요한 후원 그리고 선교를 후원하는 담임목사들의 관심사를 명료하고 매우 정직하게 그리고 엄밀하게 살펴보았다.

숫자와 준비

비교적 짧은 선교 역사에도 불구하고 한국인 선교사들은 이제 세계의 모든 대륙에서 만날 수 있다. 통계가 보여 주듯, 오늘날 한국인들은 170개 이상의 나라에서 사역하고 있다. 그들은 하나님 나라를 위해 쓰임 받기 위하여 준비된 거대하고 인상적인 세력이 되었다. 그러나 선교사의 숫자가 늘어나면서 선교사의 섬김이 과연 탁월한가에 대해서도 함께 고려해야 한다. 김창주 목사는 해외에서 사역하는 한국인 그리스도인들이 오늘날 글로벌 사회가 제기한 교차 문화적인 도전들에 대해 대부분 자격 미달인데도 불구하고 그들을 성급하게 '전문인 해외 선교사들'로 신임해 줌으로써 야기된 문제들에 대해 솔직하게 평가하고 있다.

신자들을 교차 문화적 사역을 위해 준비시키는 데는 시간이 소요된다. 김창주 목사가 언급한 '전통적 선교사'는 사역과 문화화 기술을 신중하게 훈련받은 남녀를 전제한다. 잘 훈련된 개인들을 파송하는 것은 어려운 환경 속에서 어설프게 실패할 수 있는 위험을 감소시킨다. 게다가 선교사로 섬기는 사람들은 성경 훈련 외에 다른 전문적 기술에 관해 어느 정도 창의성을 보유하고 있어야 한다. 전통적 선교사들, 즉 파송된 현지의 문화적 도전과 종교적 다양성을 인정하고 이해할 수 있는 사람들이 헌신을 보여 줄 필요가 있다.

오늘날 세계화된 세상에서 전통적 선교사들과 전문인 선교사들이 함께 어우러질 수 있다면 하나님 나라에 유익한 글로벌 선교 과업을 위한 시너지를 발휘하게 될 것이다. 만약 모집된 전문인 해외 선교사들이 하나님의 말씀을 나누는 기초적 기술을 훈련받는다면 전통적 선교사들과 동역하면서 그들의 전문 기량의 혜택도 얻게 될 것이다. 전통적 선교사들은 10/40 창에 있는 여러 나라들과 창의적 접근 국가들에 입국하기가 힘들며, 그러한 나라에서는 전통적 방법으로 그리스도의 복음을 전하는 것이 용이하지 않다는 것으로 나타났다. 그러한 환경에서 자신의 신앙을 공개적이지만 신중하게 나누려는 소명과 의지에서 이중 직업을 유지하기 원하는 전문인 해외 선교사들은 진정한 힘이 될 수 있다. 그들을 모집하고, 훈련하고, 파송해야 한다.

필자는 이슬람 샤리아법을 강요하고, 어떤 기독교적인 증거도 허용하지 않는 아시아의 어떤 나라에서 한 관리직 은행가가 사람들을 모아 성경 공부를 인도하는 모습을 목격한 적이 있다. 그런데 한국계 다국적 기업들은 세계 모든 대륙에 진출해 있다. 그 기업들은 전통적 선교사와 전문인 해외 선교사 모두를 파송할 수 있는 꼭 필요한 사역의 통로가 될 수 있다.

지구촌의 생활 현장에서 우리 주인이요 주님이신 예수 그리스도에 대한 신앙을 삶으로 실천하는, 모든 직종에서 온전히 헌신된 제자들은 대위임령을 완성하는 사역자들이 될 수 있다. 해결책은 전임 선교사냐 전문인 선교사냐는 양자택일이 아니다. 양측 모두 함께 섬길 수 있다. 주의 깊게 기획하기만 한다면, 전문인 해외 선교사들은 전통적 선교사들에게 이미 문을 닫아 버린 여러 창의적 접근이 필요한 국가들에서 사역하는 일차적인 선교 역량이 될 수 있다.

지속적인 후원

현장에서 적절한 멤버 케어를 받고, 파송 교회의 중보 기도를 확실

　　　　　　　　　　　　　　　대형교회의 선교 책무

히 받으며, 적당한 재정 후원을 받는 선교사들은 현장에서 더 안정적으로 사역할 수 있을 것이다. 김창주 목사는 선교사 후원이 선교 열매에 따라 결정되어서는 안 된다는 정확한 지적을 우리에게 해 준다.

이 지적이 유용한 이유는 많은 이슬람 국가들에서 사람들을 그리스도께 인도하려면 오랫동안 지속적으로 관계 형성 과정을 거쳐야 하기 때문이다. 때때로 하나님의 말씀을 전하는 사역자들이 신뢰를 구축하려고 할 때는 우선적으로 땅을 갈아야 한다. 우정과 생활 전도는 신속한 결과나 상당한 결실을 맺지 못할 수도 있다. 따라서 파송한 사람들은 선교 사역에 필요한 지속적인 후원을 해야 한다.

오늘날에는 이슬람 국가들에서 사역하면서 대규모로 예수님께 인도하는 결과를 얻지 못할 수도 있다. 또한 미전도 종족 그룹을 사역하면서 현대 선교 노력에서 크게 강조하는 개종자들의 양적 부흥을 보기가 어려울 수도 있다. 선교지의 실상에 정통한 김창주 목사와 같이 우리는 힘겨운 지역에서도 복음을 진보시키는 지혜로운 승리자들이 되어야 한다. 우리는 윌리엄 캐리(William Carey)와 같은 선구자들의 확고한 신앙을 붙들어야 한다. 윌리엄 캐리는 하나님의 백성들에게 결과가 쉽게 보이지 않는다 하더라도 "하나님으로부터 위대한 일들을 기대하고, 하나님을 위해 위대한 일들을 시도하라"고 권면했다.[253]

은퇴자들

은퇴자들의 경우, 특별한 기술과 유용한 능력이 있지 않는 한 그들

---

[253] 우리는 윌리엄 캐리와 다른 선교사들의 전기를 다시 읽고서 그들이 이와 같은 결과와 관련된 문제들을 어떻게 처리했는지 깨달아야 한다. 그들은 사람의 칭찬을 기대하지 않은 채 신실하게 계속 사역했다.

을 선교 사역자로 모집하는 것을 지나치게 강조해서는 안 된다. 동시에 건강과 장수가 보편화된 현대 교회 안에 선교 사역을 권면할 만한 '실버' 성도들이 많다는 사실은 이해할 수 있다.

한 선교지의 모든 필요를 조사해 보면 실버 성도들이 가치 있는 기여를 할 수 있는 기회가 분명히 발견될 것이다. 그들의 성숙한 영적 생활양식과 인생 경험은 젊은 선교사들에게 유익을 주는 모델을 종종 제공한다. 그들은 선교 환경에서 실천적 일들을 지원해 줄 수 있다. 예를 들어, 기숙사에서 아버지와 어머니 역할로 봉사하는 등의 지원 사역을 할 수 있다. 어떤 이들은 선교지 회계원, 사업 매니저, 데이터 입력자 등과 같이 빈번히 요구되는 필수 행정직을 수행하는 실력을 구비하고 있을 수도 있다. 선교사 측에서 분명한 계획과 적절한 훈련을 준비한다면 실버 성도들은 현장에서 실제적인 힘과 도움이 될 수 있다.

단기 선교

김창주 목사가 다룬 중요한 한 가지 문제는 단기 선교가 제기하는 함정이다. 이러한 함정은 단기 선교를 가는 사람의 입장은 물론이고, 그들을 받아들이는 현장 선교사들의 입장에서도 존재한다. 우리는 문화적 진입에 대한 준비가 전혀 되어 있지 않고, 삶이 미성숙하며, 자기 잇속만 차리거나, 선교 경험을 주로 문화적 모험으로 치부하는 단기 선교 '참가자들'에 대한 두려운 이야기를 너무나 자주 듣는다. '수용자' 입장인 현장 선교사들은 보통 방문 팀들을 맞이하고, 관리하고, 돌보기 위해 준비하는 노동을 추가로 해야 한다.

더 중요한 질문은 파송자-참가자-수용자 '삼자가 다 만족하는' 상황을 어떻게 만들어 내는가다. 800명 이상의 교회 지도자, 선교사 및 연구자들이 모인 한 컨소시엄에서 단기적 경험이 관련자 전원에게 가치 있게 여겨지도록 하는 7가지 기준을 세웠다.

- 하나님 중심 : 성취나 모금, 문화 관광보다는 하나님의 영광과 나라에 집중하기
- 위임하는 협력 관계 : 파송자와 수용자 사이에 건강하고 상호 의존적이며 지속적인 관계 수립하기
- 상호 기획 : 모든 참가자에게 혜택을 주려는 의도로 공동 기획해 파송자와 참가자, 수용자 모두의 상호 기대와 책임을 고려하는 계획 세우기
- 포괄적 행정 : 진실한 홍보, 재정 및 결과 보고를 포함하는 모든 활동에 대해 신뢰할 만한 조직과 행정을 통해 청렴성 표현하기, 적절한 위기관리와 적절하게 지원하기
- 자격을 갖춘 리더십 : 팀 사역을 위해 선발되어 멘토링, 문화적 의식, 위기관리, 보고 절차가 포함된 훈련을 받은 유능한 리더들이 인도하기
- 적절한 훈련 : 팀 구성, 영적 전쟁 준비, 기도와 하나님의 말씀으로 영적 훈련을 모범적으로 실천하는 일을 포함해 과업에 적절한 기술들을 갖추도록 참가자들을 준비시켜 탁월해지기
- 철저한 후속 관리 : 모든 참가자들을 위한 확실한 평가, 사후 보고, 적절한 후속 조치 취하기[254]

---

254 http://globalmissionspodcast.com/002에서 편집 인용함.

지속성

김창주 목사가 지적하듯이, 많은 한국 교회의 담임목사들은 상당한 권력과 강력한 리더십을 행사한다. 그러나 그의 지적대로, 리더가 새로 바뀌거나 리더가 가진 선교 열정이 새로운 방향으로 바뀔 때 문제가 발생할 수 있다. 안전장치로서, '선교 사역을 위한 5-10년 계획'과 같은 장기 목표 시스템이 필요하다. 그런 시스템은 파송자와 수용자 사이의 책임 있는 협력을 포함하고, 구체적인 환경에서 하나님의 사역을 발전시키기 위해 상대방의 기대와 의도를 인정하고 융합할 수 있어야 한다.

한국 교회는 많은 장점을 가지고 있다. 많은 한국의 대형교회들은 넘치는 선교 열정으로 선교지에 교회들을 세웠다. 어떤 한국 교회들은 신학대학원을 세우고 후원하기도 한다. 글로벌 선교 분야에서 그러한 열정과 이타적 사랑은 칭찬할 만하다.

모든 선교적 노력에 대한 질문은 새로 세워진 교회가 자신이 속한 문화의 상황에서 얼마나 잘 번창하는가다. 이 교회들은 현지 신자들의 간절한 필요(예를 들면, 예배 형식, 음악에 대한 문화적 감수성, 언어, 지역의 가치 등에 대한 필요)를 채워 주는 교회 생활을 제공하는가? 한국의 선교단체들과 선교하는 대형교회들은 개신교의 선교 역사에서 줄곧 나타난 도전에 동일하게 직면해 있다. 그 도전이란 바로 기독교 신앙의 근본 진리를 고수하면서 지역 사회 안에서 정직성 있는 성장을 계속해서 격려하는 방식으로 자신을 드러내는 토착 교회를 어떻게 세울 것인가다.

우리는 선교지에 교회를 세우기 위해 바울의 모델로 되돌아가야 한다. 우리가 세우려고 하는 교회들은 일관된 모델을 제공하며, 살아 계

   대형교회의 선교 책무

신 하나님께 지속적으로 영광을 돌리는 신약 교회를 닮아야 한다. 한국 교회의 장점을 성경적 선교 모델과 결합시키자. 우리는 서로 연결되어 있고, 같은 마음을 가진 선교 기관들과 협력해 신약의 원리와 일치하는 가장 뛰어난 선교 사역을 실천해야 한다.

25장

대형교회와 선교단체

: 선교학적 공생에 대한 연구

크리스토퍼 드웰트

"앞에 어떤 길이 놓여 있는가?"

이 질문은 필자의 배경을 형성하는 교회의 특수한 운동, 즉 미국의 집단 분류에서 '그리스도의교회'(Christian churches/churches of Christ, Cc/coC)[255]로 알려진 선교단체, 대학 그리고 지역 교회들의 전망을 조사할 때 한 귀국하는 선교사가 필자에게 던진 질문이다. 그것은 관련 요인

---

[255] '그리스도의교회'라는 표현은 일반적으로 복음주의 교회로 인식되는 그룹을 가리킨다. 여기서 '그리스도의 교회'(churches of Christ)는 '악기를 사용하지 않는' 교회를 가리키지 않으며 '그리스도적인 교회들'(Christian churches)도 '그리스도의 제자들'(Disciples of Christ) 교회(교단)를 가리키는 것이 아니라는 점을 주시해야 한다. 물론 세 그룹이 공통된 역사적 유산을 공유하고 있기는 하다. 그리스도의교회(Christian churches/churches of Christ)는 미국 서부와 중서부 지역에 있는 5,400개 이상의 교회에 약 120만명의 교인들로 이루어져 있다.

들과 최근 동향에 비추어 볼 때, 특정 교회들만 아니라 복음주의 전체 스펙트럼에 해당되는 질문이었다.

서구 선교단체는 생존을 위해 버둥거리고 있다. 현대 선교단체는 심각한 자원 경쟁, 선교사 후보층의 사회학적 변동 그리고 후원 교회와 개인들이 손쉽게 접촉할 수 있는 편을 더 선호하는 강한 시대적 흐름에 직면해 있다. 이와 같은 어려운 도전들은 전통적 선교단체들의 현재 성격을 위협하고, 강력한 미래 지향적 실행 계획을 주도하는 선교단체의 역량에 그림자를 길게 드리운다.

대형교회와 선교단체와의 관계에서 정치적 측면을 부인할 수는 없다. 대형교회가 이끄는 서구 교회는 지역적, 국내적, 국제적 기관들로부터 자원에 대한 부탁을 끊임없이 받고 있다. 교회가 보유한 자원들은 헌금과 같은 물질적 문제, 선교사와 후원 관리와 같은 인적자원 그리고 때때로 간과되곤 하는 지혜, 기도, 성령의 인도와 계시 같은 영적 자원을 포함한다.

한편 선교계에서는 서구 교회의 매우 영향력 있는 (그리고 강력한) 대형교회의 요소가 활기를 띠면서, 때로는 효과적인 파트너십을 발휘하는 새로운 조직으로서의 면모를 보여 주고 있다. 문제는 그것이 종종 적절한 선교학적 성찰이라는 과정 없이 이루어지고 있다는 것이다. 선교 사역에서 대형교회의 역할이 특히 Cc/∞C에게 흥미로운 이유는 대형교회가 그 순위 가운데 상대적으로 높은 비중을 차지하기 때문이다.[256]

---

256 Cc/coC의 대형교회 대 비대형교회 비율은 미국 복음주의 교회의 평균보다 적어도 2배 이상이다. 한 주일에 Cc/coC 교인들 21%가 대형교회에서 예배를 드리고 있다. 켄트 필링거(Kent Fillinger)의 개관을 참조하라. Kent Fillinger, "Megachurches: A Year in Review," *Christian Standard* 145, no. 15 (April 2010): 280-81.

미국에서 매 주일 예배 출석 교인이 2천 명 이상인 교회는 대형교회로 분류된다. 복음주의 스펙트럼 전반에 속해 있는 미국 대형교회의 총 수는 2005년에 1,210개였고, 2015년에는 대략 1,600개쯤 된다.[257] 선교학자들이 볼 때 대형교회 운동이 전통적 선교 후원과 파송 과정에 미치는 영향력은 상당하다. 대형교회의 유례없는 번창은 최근 Cc/coC 네트워크 가운데 일어나고 있는 흐름이며, 숫자적으로나 시간상으로 복음주의적 데이터에 부합된다.

초대형교회들은 수백 년간 존재해 왔다. 하지만 현대 대형교회의 규모는 과거에 대형으로 간주되었던 교회들을 모두 난쟁이처럼 보이게 만든다. 이런 급작스런 변동은 20세기의 마지막 30년 동안(〈도표 25.1〉을 참조하라), 특히 빌 하이벨스(Bill Hybels)의 윌로우크릭 교회(Willow Creek Church, 1975)와 릭 워렌(Rick Warren)의 새들백 교회(Saddleback Church, 1980)가 창립된 후로 그들의 리더십 및 영향력과 관련된 모든 네트워크에 일어났다.[258]

---

257 Hartford Institute for Religion Research, http://hirr.hartsem.edu/megachurch/definition.html.

258 미국 대형교회에 대한 중요한 데이터와 그에 대한 일반적 반응에 대해서는 스콧 쑤마(Scott Thumma)와 데이브 트라비스(Dave Travis)를 참조하라. Scott Thumma and Dave Travis, *Beyond Megachurch Myths* (San Francisco: Jossey-Bass, 2007).

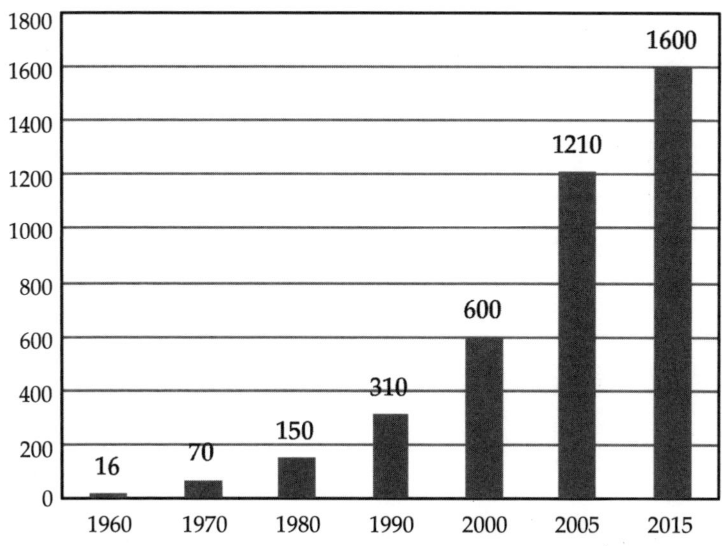

<도표 25.1> 미국 개신교 대형교회의 총 수(1960-2015)

    저명한 사회학자 로버트 푸트남(Robert Putnam)은 미국의 대형교회가 "20세기 후반의 가장 흥미로운 사회적 발견"이라고 말한다.[259] 피터 드러커(Peter Drucker)는 "1980년 이후로 미국에서 가장 빨리 성장해 왔으며, 최근 30년 동안 미국 사회에서 가장 중요한 사회 현상인 대형교회에 대해 고찰하라"고 요구한다.[260] 스콧 쑤마(Scott Thumma)와 데이브 트라비스(Dave Travis)는 대형교회 운동이 미국의 종교 지형 전체를 바꿨다고 확신한다.

---

259 Madeleine Bunting, "Capital Ideas," *The Guardian* (July 2007), http://society.guardian.co.uk/communities/story/0,,2128343,00.html. 또한 다음을 참조하라. Robert Putnam, *Bowling Alone: The Collapse and Revival of American Community* (New York: Simon & Schuster, 2000), 407-10.

260 Peter Drucker, "Management's New Paradigm," *Forbes*, www.forbes.com/global/1998/1005/0113052a.html.

"그것[대형교회]은 교단, 신학교, 종교 언론, 출판 등과 같은 이전의 중요한 영향력들을 앞질러 버렸다. 사실 대형교회에 대한 대부분의 저항은 자신의 영향력이 줄어드는 것을 내다본 기관 지도자들에게서 나온다."[261]

후원과 운영을 위해 본질적으로 교회에 전적으로 의존하게 되어 있는 선교단체와 같은 기관들은 권력 문제에 있어서 대형교회에 구체적인 영향을 받는다.

대형교회 선교의 파송 절차 및 실천

필자는 연구를 진행하면서 Cc/coC 네트워크에 속한 대형교회들의 선교사 파송이나 후원에 관한 주제에 대하여 실질적으로 어떤 문헌도 찾지 못했다. 복음주의 대형교회 분야에서는 대체로 '대형교회 선교 프로그램'이라는 주제를 다루는 자료가 간혹 있기는 하다. 그럼에도 불구하고 '대형교회의 선교사 파송'이라는 측면에 초점을 둔 경우는 거의 없다. 대조적으로, 20세기 후반 미국의 현상인 서구의 복음주의 대형교회의 근원과 발전 역사에 관한 문헌은 상당히 많다.

대형교회와 보다 광범위한 선교 공동체, 특히 선교단체의 관계에 관해 로버트 프리스트(Robert Priest), 더글러스 윌슨(Douglas Wilson) 그리고 아델 존슨(Adelle Johnson)은 대형교회의 선교 참여에 관한 학문적 정보가 부족하다는 점을 구체적으로 확인한다.

---

261 Thumma and Travis, *Beyond Megachurch Myths*, 2.

"대형교회와 그 목회자들은 북미의 교회가 세계 선교에 참여하는 방식을 새롭게 만들어 내는 영향력을 발휘하고 있다. 선교 방식에 미치는 그들의 영향력은 종종 교단 지도자, 선교회 임원 혹은 저명한 선교학자들의 영향력을 능가하고 있다. 그런데 우리는 선교학계나 대형교회에 대한 최신 연구 조사에서 대형교회의 세계 선교 참여에 대한 조직적 연구를 아직 발견하지 못했다."[262]

그들은 2007년 후반에 실시한 자체 연구 조사 결과를 인용해 "선교단체의 중심과 의사결정"이 선교 현장에서 파송 교회로 이동하면서 눈에 띄는 변화가 일어나고 있다고 밝힌 바 있다.[263] 관련된 경제적 실재를 고려해 본다면, 이 변동이 전통적 선교단체들을 통해 후원을 받는 장기 선교사들에게는 구조적인 변화에 지나지 않는다.

현재 미국 대형교회들의 총수입은 70조 원으로 추정된다. 그 금액 중 10-30%가 선교 사역과 후원금에 지출된다.[264] '돈을 추적하는' 단순한 사회학적 방법을 활용한다면, 우리는 결과적으로 7-9천억 원 중에서 많은 부분이 전통적 선교단체들을 지원하는 데 지출되지 않는다는 점을 알 수 있다. 이 문제가 전통적 선교단체들의 관심사라고 말하

---

262 Robert J. Priest, Douglas Wilson, and Adelle Johnson, "U.S. Megachurches and New Patterns of Global Mission," *International Bulletin of Missionary Research* 34, no. 2 (2010): 97.

263 Ibid., 102. 로버트 프리스트와 더글러스 윌슨 그리고 아델 존슨은 우선순위 변동의 네 가지 초점에 대해 다음과 같이 제시한다: (1) 대형교회와 단기 선교, (2) 교회 대 교회 협력 관계, (3) 사회적 참여의 우선순위 대 복음 전파의 우선순위, (4) 선교 목사의 핵심 역할.

264 Thumma and Travis, *Beyond Megachurch Myths*; Priest, Wilson, and Johnson, "U.S. Megachurches"; Scott Thumma and Warren Bird, *Changes in American Megachurches: Tracing Eight Years of Growth and Innovation in the Nation's Largest-Attendance Congregations* (Hartford, Conn.: Hartford Institute for Religion Research, 2008).

는 것은 상당히 삼가서 표현한 것이다.

필자의 연구 조사도 이 분석을 확인해 준다. 대형교회의 강력한 성
장과 함께 Cc/coC 운동에 참여하는 전반적 인원이 다소 줄어든 것도
선교단체의 위기를 더 가속화하고 있다.[265]

대형교회의 선교 사역 데이터

2010년에 필자는 대형교회의 선교 프로그램을 조사하는 연구 작업
에 착수했다. 2011년 오자크 크리스천 칼리지(Ozark Christian College)가
허락해 준 안식년 덕분에 필자는 대형교회 선교 지도자들과 선교단
체 인사들과 인터뷰를 진행하기 시작했다. 주요 연구 핵심은 Cc/coC
로 분류되는 대형교회들이 선교사를 현장으로 파송하는 데 있어서 선
교단체들과 어떻게 혹은 어느 정도까지 협력했는가를 밝히는 것이었
다.[266]

필자는 주로 정성적 조사 방법을 사용했기에, 인터뷰가 중요한 역
할을 차지했다. 모두 55회에 걸쳐서 일대일 인터뷰를 진행했고, 29회
는 선교단체 인사들을, 26회는 대형교회 선교 사역 리더들을 인터뷰했
다. 대형교회 쪽은 Cc/coC 대형교회 중에서 약 50%를 인터뷰했다.

인터뷰한 선교단체 리더급 인사들에는 팀 확장 국제선교회(Team
Expansion International), 기독교선교사국제선교회(Christian Missionary Fellowship
International), 파이오니어 성경 번역회(Pioneer Bible Translators), 겨자씨 글로벌

---

265 Fillinger, "Megachurches."

266 필자의 연구 조사는 캘리포니아 라미라다에 소재한 비올라 대학의 선교학 박사 학위의 필수
과정을 충족시킨 것이다. 박사 학위 논문에 무료 접속하기 원하는 독자들은 필자에게 이메일을 보
내 요청해 주기 바란다(cdewelt@occ.edu). 링크를 요청하는 독자들에게 바라는 유일한 조건은 필자가 쓴
글을 다 읽고 나서 약간의 피드백을 보내 주는 것이다.

　　　　　　　　　　　　　　　　대형교회의 선교 책무

펠로우십(Mustard Seed Global Fellowship), 새로운 선교 시스템 국제선교회(New Missions Systems International), 크리스천 미션 국제연합체(Alliance of Christian Missions International), 콘탁트미션 USA(Kontaktmission USA), 프론티어스(Frontiers) 그리고 다른 몇몇 '초소형 단체들'의 리더들이 포함되었다.[267] 그리고 필자는 단체들에 관련되었거나 참여한 다양한 이들도 인터뷰했다. 여기에는 (주로 인도 출신의) 토착 단체들의 일부 지도자들이 포함되었다.[268] 이 연구 조사를 성찰하면서, 필자는 다음과 같은 결론을 내렸다.

대형교회의 선교에 대한 지속적인 관심 많은 사람들이 두려워하는 것 중에 하나는 대형교회가 주로 자신을 위해 존재할 뿐 이타적인 일에는 별로 관심이 없다는 것이다. 이 쓸모없는 오해는 대형교회를 이기적인 어린아이에 비유한다. 크든 작은 모든 교회가 자기 이해를 위해 씨름하고 있는 것은 사실이지만, 그렇게 일반화하는 것은 분명히 불공평하다. 사실상 데이터는 정반대의 입장을 보여 주고 있다.[269]

미국 대형교회가 선교에 관심이 있다는 사실은 필자의 연구 조사뿐만 아니라 다른 사람들의 연구에서도 나타난다. 물론 대형교회의 초기 시절에 일부 대형교회들은 선교 사역, 특히 해외 선교에 별 관심이 없

---

267 겨자씨 글로벌 펠로우십은 주로 일본에서 사역했고, 나중에 교회 개척 기관인 오처드 그룹(orchardgroup.org 참조)과 합병했다. '초소형 선교단체들'은 매우 작은 선교단체로서 대개 1-2개 선교사 단위로 구성되어 있다. 그들의 이사회는 종종 매우 가까운 (그리고 폐쇄적인) 그룹으로 이루어져 있다. 1970년대와 1980년대 초반에 그 방법으로 필자는 아내와 함께 선교지에 갔다. 초소형 기관들은 Cc/coC 교회 역사의 일부인 직접 후원 선교 운동에서 나온 것이다.

268 필자는 오하이오에서 캘리포니아까지 여행했다. 어떤 인터뷰는 한 사람 이상이 참여했다. 이 인터뷰들은 대개 25분 정도 소요되었고, 다 합해서 행간 여백 없이 대략 A4로 900페이지 분량이 나왔다. 필자는 전통적 조사 방법(도서관과 다른 형태의 보관 자료 조사 방법)을 활용했지만, 이 연구 조사의 본체는 인터뷰에서 작성된 데이터에 있다.

269 Thumma and Travis, *Beyond Megachurch Myths*, 특히 78-90을 참조하라.

었던 것처럼 보이며, 이 사실은 고립된 몇 교회들에게 여전히 해당될 수 있지만, 대체적으로 말해서 Cc/coC 대형교회들은 세계적 초점에 헌신되어 있다. 특별히 필자는 그들이 국내 및 해외 교회 개척에 대해 깊은 관심을 공유한다는 점을 발견했다.

대형교회의 선교 목사는 사실 '문지기'다 '선교 목사' 또는 '선교 사역자'는 새로운 용어다.[270] 오랫동안 지역 교회에서는 선교위원회와 선교 사역이라는 용어를 주로 사용해 왔다. 그러나 청소년 사역자처럼 선교 사역자도 새로운 현상이다. 로버트 프리스트, 더글러스 윌슨 그리고 아델 존슨은 복음주의 대형교회에 관한 연구 조사에서, 대형교회에서 이 역할을 맡은 사람을 "문지기"라고 부른다.[271] 문을 지키는 역할은 Cc/coC에도 마찬가지로 해당된다. 일반 시행 수칙으로서, 그 호칭은 특히 대형교회의 선교 자원에 접근할 때 적절하게 적용된다.

선교 목사가 담임목사에 대해 직접 책임을 진다는 것은 주목할 만하다. 이 관계가 필자의 연구에서 변함없이 나타났다. 선교 목사가 담임목사가 직접 지시하지 않은 특정 선교 프로그램을 직접 만들어 내기를 원할 경우에는 선교 목사와 담임목사와의 관계가 열쇠다. 선교 사역에 혁신적 프로그램을 도입하려는 선교 목사는 그 프로그램을 자신의 것으로 만들기 위한 공간을 창출하기 위해 대형교회 리더십 구조의 전형적 긴장에 부딪쳐 밀어붙일 수 있을 만큼 충분한 자신감을

---

270   필자가 '선교 목사'와 '담임목사'란 용어를 사용한 이유는 단지 인터뷰에 응한 이들이 그 용어들을 가장 빈번히 사용했기 때문이다. 자신을 '선교 사역자'(missions minister)라고 지칭한 이들도 있었지만 소수였다. 많은 이들이 두 호칭을 교환해서 사용했다.

271   Priest, Wilson, and Johnson, "U.S. Megachurches."

   대형교회의 선교 책무

지녀야 한다. 이 공간에서 그들은 자신의 프로그램을 구축할 수 있다. 실제로 이런 종류의 공간 창출과 혁신이 특별히 초대형교회의 선교 사역에서 그리고 자체 선교사 파송 절차를 구비하고 있는 교회들에서 일어난다.

대형교회는 국가 주도의 현지 교회 네트워크를 더 많이 신속하게 수용하고 있다 한 선교단체 리더는 대형교회들이 선교단체를 일종의 '중매 서비스' 정도로 여기는 것처럼 느껴진다고 설명했다. 필자는 그가 교회와 선교사 사이에 관해 말한 것이라고 추측하고 그렇게 말했다. 그러자 그는 재빨리 정정하면서 자신이 말한 의도는 교회와 국가 주도의 네트워크 사이의 관계에 대한 것이라고 했다.

확실히 세계화의 시계는 돌이킬 수 없는 것처럼 보인다. 통신의 발달, 이동성 증가, 인류사에 유례없는 전달 시스템 그리고 전반적인 지구촌의 축소가 미래의 구조를 결정한다.[272] 대형교회와 현지인 네트워크의 연결에 있어서 흥미 있는 특징은 대형교회 선교 목사들이 여러 번 느끼고 표현한 정서적 연결이다. 필자는 세계 곳곳의 현지인 교회 지도자들의 유능함과 강력한 사역 윤리에 대한 이야기들을 여러 번 들었다. 이러한 유대 관계의 상당 분량은 비행기를 타고 몇 시간 후면 세계 방방곡곡 어디서나 현지인 목사들과 함께할 수 있는 담임목사의 역량에 의해 발생되었다.

---

272 미국 교회에서 유래한 선교에 관해서는 로버트 우트나우(Robert Wuthnow)의 저서를 참조하라. Robert Wuthnow, *Boundless Faith: The Global Outreach of American Churches* (Berkeley: Univ. of California Press, 2009), 244-50.

대형교회는 더 강력한 선교 교육 과정을 원한다 필자가 현장을 관찰한 바에 따르면, 거의 모든 남성과 여성들이 교육과 자신의 선교적 통찰을 개선하는 데 매우 개방적이었다. 사실 필자는 책을 추천해 달라는 부탁을 자주 받았다.[273] 이와 같은 확실한 필요에 대해 대형교회를 돕는 것은 (성경 대학뿐만 아니라) 선교단체에도 유익이 된다. 이 일은 도움을 제공하는 측에서 아젠다를 배제하고 접근하는 자세를 필요로 한다.

새로운 상황에 적응해야 할 쪽은 바로 선교단체다 어떤 선교단체의 경우에는 새로운 상황에 이미 적응했다. 반면에 단지 대기실에 앉아서 대화에 열심히 참여하지 않기로 선택한 선교단체들은 자신들이 그 주제에 대한 유일한 전문가이며, 그래서 자신들을 전문가처럼 대해 달라는 암시를 하고 있다. 그러한 태도는 잘 통하지 않는다. 온정주의 정신은 협력 관계에 치명적이다. 대부분의 단체들은 이 경고를 기꺼이 인식하고, 그럭저럭 적응하고 있다. 이제 제도적 사고방식의 시대는 지나갔다.

많은 대형교회들은 '전통적 선교사'들을 파송하는 데 관심을 가지고 있다. 이에 대해 필자가 인터뷰한 26개 대형교회들의 현황을 보고하면 다음과 같다.

· 8개 교회는 적극적으로 자체 인력을 모집하고 선교지에 파송하고 있었다.

273　선교 목사들이 자발적으로 가장 빈번하게 언급한 책은 스티브 코르벳(Steve Corbett)과 브라이언 피커트(Brian Fikkert)의 책이다. Steve Corbett and Brian Fikkert, *When Helping Hurts: Alleviating Poverty without Hurting the Poor—and Yourself* (Chicago: Moody Publishers, 2009).

 대형교회의 선교 책무

- 6개 교회는 선교사 모집과 파송에 상당한 관심을 가지고 있었다.
- 6개 교회는 찬성하기는 하지만, 실행하려는 즉각적인 계획은 없었다.
- 6개 교회는 자체 선교사를 파송하는 데 관심이 없고 현지인 네트워크를 후원하는 것만 자신들의 사명으로 여기고 있었다.

대형교회와 선교단체 간의 긴장 관계

그렇다면 여기에 공생의 가능성이 있다. 데이터는 대형교회가 자체적으로 파악한 필요를 위해 주로 실용적인 방식으로 선교단체를 활용한다는 것을 보여 준다. 동시에 선교단체는 대형교회를 선교지에 유능한 선교사를 파송하려는 선교단체의 목적을 성취하기 위한, 다소 변덕스럽긴 하지만 바람직한 협력자로 바라본다.

최근의 연구 조사는 선교사를 현장에 파송하는 사안에 대해 대형교회와 선교단체 사이에 의미심장한 긴장이 존재한다는 것을 보여 준다. 주로 발생하는 긴장은 권력과 영향력에 관한 것이다. 선교단체는 선교 사역에 연관된 모든 것을 인도하는 데 익숙해 있다. 그러나 대형교회의 실상이 경제력뿐만 아니라 광범위한 영향력에 의해 현장의 운영 방식을 바꾸어 놓는다는 사실은 부인할 수 없다.

선교단체가 본래는 교회 본연의 선교 활동 수행을 돕기 위해 설립되었지만, 오늘날에는 교회가 급진적으로 변했다. 특히 대형교회는 과거 교회에서 일반적으로 보았던 것보다 훨씬 더 많은 경제력과 영향력을 확보했다. 결과적으로 대형교회는 선교단체의 협력이 있든 없든 자체적으로 원하는 일들을 이룰 수 있게 되었다. 경제적 측면에서 대형교회의 독단성은 교회와 유대 관계를 맺고 있는 선교단체가 당면한 사역과 그들의 생존 문제에 곧바로 영향을 미친다.

대형교회와 선교단체 간의 긴장 관계 분류법

대형교회와 선교단체 간의 긴장 관계를 진단하는 방법 중 하나는 변수들을 표기하는 2축 좌표 그래프를 그려 보는 것이다. 1차 변수는 '대형교회의 선교사 파송 헌신도'를 표시한다. 2차 변수는 '대형교회와 선교단체 간의 교류 정도'를 표시한다(〈도표 25.2〉 참조).

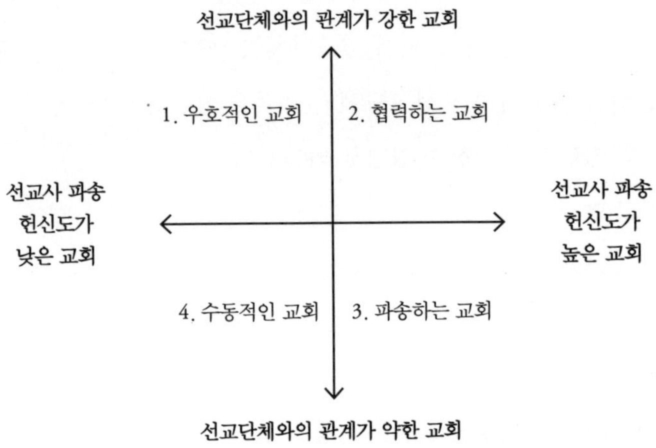

<도표 25.2> 대형교회의 선교사 파송 유형

대형교회와 선교단체 간의 교류 정도와 대형교회의 선교사 파송 헌신도 사이의 긴장 관계에 대한 단순한 축 분석(axial analysis)을 통해 대형교회의 선교 프로그램을 도표로 작성할 수 있었다. 이런 종류의 모든 그래프와 변수들이 만들어 내는 네 개의 사분면은 '대형교회의 선교사 파송유형'으로 해석할 수 있다(〈도표 25.2〉에서 번호가 매겨진 네 종류의 교회

에 주목하라). 네 개의 사분면은 선교사 파송에 연관된 교회와 선교단체 간의 관계에 대한 네 가지 철학을 보여 준다고 할 수 있다.

1. **우호적인 교회** 이 교회들은 선교단체에 우호적이지만 선교사를 파송하지 않는 교회다. 즉 선교사 후원에는 관여할 수 있지만 파송 과정에 참여하지는 않는다. 헌신과 참여도가 낮다. 대형교회의 사례 연구에 따르면, 이 교회들의 선교단체와의 교류는 종종 비파송 프로젝트의 측면에서 이루어진다는 점이 입증된다.

2. **협력하는 교회** 이 교회들은 선교사 파송 과정에서 선교단체들과 춤은 추되 자신이 더 큰 역할을 맡으려고 한다. 협력 관계에서 이러한 시도를 하게 되면 여러 긴장을 초래할 수 있다.

3. **파송하는 교회** 선교사를 단독으로 파송하면서 선교단체의 참여를 최소화하거나 아예 무시하는 것을 선호하는 교회들이다. 이 교회들의 경우 공식화된 책무 절차가 필요한 기존의 선교 협력 관계를 관리하기 위해 자체적으로 초소형 선교 기관을 설립하는 경우도 있다.

4. **수동적인 교회** 이 교회들은 꼭 필요한 재정만 보내고 자체 선교사 파송이나 선교단체의 활동에 대해서는 관심도가 낮다. 현장 선교사들과 선교단체들은 이런 유형의 교회들에서 별로 힘을 받지 못한다.

결론

오늘날 Cc/coC 운동 안에 있는 대형교회가 선교 사역에 상당히 관련되어 있다는 것은 필자의 연구 조사에서 매우 명백해졌다. 대형교회와 선교단체 (그리고 기독교 사회단체) 사이는 노력이 필요한 관계다. 소통이 원활해지면 특히 선교단체 쪽에서 상호 지원을 개선하기 위한 기초를 제공할 수 있게 된다. 선교단체는 프로그램을 확대할 수 있는 자원을 발견하고, 대형교회는 선교학적 통찰을 향상시키는 귀중한 자료를 발견할 수 있기 때문이다.

선교사, 교회 그리고 선교단체 간의 삼각관계에는 이 땅의 모든 민족들 가운데 하나님의 뜻을 이루기 위해 헌신한 것을 포함해 수많은 공통된 가치들이 배어 있다. 소통이 활발해지고, 사람들이 함께 사역하려는 의지를 갖게 되기를 바란다!

1. 대형교회 선교 담당자와 선교단체들은 특히 방향과 전략의 철학적 쟁점들에 관한 공개 토론을 활발하게 하기 위해 어떻게 소통할 것인가? 구체적인 방법이 있는가?

2. 미국의 대형교회는 비서구 선교단체와의 교류를 어떻게 강화하고 개선할 수 있는가?

3. 비서구 대형교회와 미국 대형교회의 선교 프로그램에서 가장 유사한 점 3-4가지와 가장 다른 점 3-4가지는 무엇인가?

4. 선교단체와 대형교회 간의 효과적인 협력 관계의 특징은 무엇인가? 어떻게 규명되고, 평가되는가? 이 관계에서 누가 중요한가?

5. 선교단체와 대형교회 간의 교류가 어떻게 정치적 토론 이상으로 성숙할 수 있는가? 특별히 그들 안에 내재된 긴장들을 인정하면서도 이 긴장이 전체 논의를 지배하지 않게 하는 방식으로 경제적 문제들을 어떻게 처리할 수 있는가?

6. 대형교회와 선교단체 사이의 교류에서 심화 연구가 필요한 영역은 무엇인가?

26장

"대형교회와 선교단체"
에 대한 논평

박명수

한국에는 대형교회가 많다. 1983년에 쓴 논문에서 엘머 타운스(Elmer Towns)는 세계 최대의 대형교회 10개 중 4개가 한국에 있다고 말했다.[274] 이 비율은 더 이상 타당하지 않지만, 한국에서 대형교회들은 숫자나 자랑거리 이상이다. 대형교회는 한국 개신교 내에서 상당한 세력이며 교단, 연합 운동 그리고 해외 선교에 결정적인 영향을 미치고 있다.

한국인들은 대형교회의 존재와 영향을 인정하기는 하지만, 그 평가가 항상 긍정적이지만은 않다. 재정 비리와 친족 편중에 연관된 문제들로 비판을 받고 있다. 일부 대형교회는 세습으로 인해 비판을 받고

---

274 Elmer Towns, "The World's Ten Largest Churches," *Christian Life*, January 1983, pp. 60–66.

있다. 심지어 일부 비평가들은 한국 교회에서 대형교회는 사라져야 한다고 주장한다. 여기에 한국 교회의 문제가 있다. 대형교회들의 실질적 영향력과 결부시켜 생각할 때 그런 비판은 한국 기독교에 문제를 제기한다.

그러나 필자는 대형교회를 윤리적으로 평가하기 전에, 먼저 한국 교회의 대형교회 현상을 사회적, 역사적으로 설명해야 한다고 생각한다. 크게 본다면 한국에서 대형교회가 등장한 것은 한국 사회의 도시화와 일종의 대중화의 산물이다. 도시화는 인구를 고도로 집중시켰고, 대중화는 대중의 기호에 맞게 온갖 종류의 교회를 포함한 소비 상품의 증가를 가져왔다. 어떤 면에서는 복음주의 기독교가 여기에 잘 적응했다고 말할 수 있다. 기독교 복음은 도시 사회에 대규모로 전달되기 위해 단순화되었다. 게다가 한국의 복음주의와 오순절주의 기독교는 한국 사회에 만연한 비관론의 흐름을 뒤집는, 독특하면서 낙관적인 희망의 메시지를 제공했다. 이것은 한국 사회의 산업화를 지지해 주었고, 대형교회의 출현에 기여했다.

필자는 크리스토퍼 드웰트의 대형교회와 선교단체의 관계에 대한 논의가 매우 유익하다고 본다. 필자는 크리스토퍼 드웰트의 주장에 대해 논평할 만큼 미국의 대형교회와 선교단체에 대한 구체적인 지식을 갖고 있지 못하지만, 그의 글을 읽으면서 그가 발제하는 바가 한국 교회에서 나타나고 있는 현재 상황에 부합되는지 자문하게 되었다.

미국 대형교회와 한국 대형교회와의 차이점

필자는 우선 대형교회가 현대 교회에서 중요한 역할을 하고 있다고 한 크리스토퍼 드웰트의 주장에 동의한다. 과거 국가교회 시대에서 교파주의 시대로 변화한 것처럼, 지금 우리는 대형교회 시대에 들어섰다.

그런데 필자는 미국의 사례와 한국의 사례가 약간 다르다고 생각한다. 미국 대형교회가 현저하게 늘어나는 현상은 교단 기관이 쇠퇴하는 와중에 독립교회가 늘어나는 추세 가운데 나타났다. 미국의 대형교회 중에서 40%가 독립교회다.[275] 그러나 한국에서는 거의 모든 대형교회가 자기 교단 소속으로 남아 있다. 한국에서 대형교회의 목사는 교단의 지도자로 섬길 수 있다. 사실 그들 대부분이 소속 교단의 지도자로 섬겼다. 이런 점에서 미국 교회와 한국 교회의 대형교회는 구조적으로 다르다. 미국 대형교회는 고유한 폐쇄적 기관이 되었지만, 한국의 대형교회는 다양한 교단 안에 존재하며, 교단의 구조를 대형교회의 취향에 맞게 변화시키고 있다.

크리스토퍼 드웰트는 대형교회의 영향력이 훨씬 더 멀리 미치고 있으며, 교단의 역할만 접수한 것이 아니라 전통적으로 신학교와 기독교 출판사가 행사하던 신앙 형성의 영향력까지 접수했다고 지적한다. 이 요점에 대해 필자는 전적으로 동의한다.

그러나 대형교회의 영향력은 한국에서 훨씬 더 크다고 필자는 생각한다. 왜냐하면 한국 교회는 미국 교회에 비해서 대형교회의 기부금에 훨씬 더 많이 의존하기 때문이다. 사실 한국에서 교회의 주요 행사들과 신학교 건축 등은 모두 대형교회에 직접 의존하고 있다. 어떤 경우에는 신학교 교수들도 대형교회에 소속되어 있으며, 소속된 교회로부터 정기적으로 월급을 받는 경우도 있다. 확실히 대형교회가 한국 교

275　http://hirr.hartsem.edu/megachurch/definition.html.

　　　　　　　　　　　　대형교회의 선교 책무

회에 미치는 영향력은 그 어느 단체나 개인보다도 더 높다.

미국 교회들은 하트포드 종교연구소(Hartford Institute for Religion Research)에서 진행한 지속적인 대형교회 연구를 통해 유익을 얻고 있다.[276] 그러나 한국 교회는 대형교회가 많음에도 불구하고 대형교회를 연구하는 기관이 없다. 이 점에서 한국 교회는 미국 교회로부터 배워야 한다. 한국의 대형교회들은 특히 해외 선교에 강한 관심을 보여 왔다. 크리스토퍼 드웰트는 미국의 교회들은 처음에 전통적 방법과 선교단체를 통해 선교에 참여했다가, 대형교회가 해외 선교를 수행하는 자체 기관을 설립함으로써 커다란 패러다임의 변화가 있었다고 주장한다. 한국의 사정은 전혀 다르다. 사실 한국 교회에서 해외 선교는 시작과 발전이 대형교회의 출현과 거의 동시에 일어났다. 한국에서는 대형교회가 교단의 이름으로 해외 선교를 시작했다.

여의도순복음교회의 사례가 이 점을 잘 예시해 준다. 여의도순복음교회는 처음에 교단보다 먼저 해외 선교에 참여했으며, 지금도 교단의 선교 역량보다 훨씬 더 큰 역량을 가진 자체 선교 기관들을 보유하고 있다. 또 다른 대형교회인 전라북도 전주의 안디옥(장로)교회는 '바울선교회'라는 독자적인 선교단체를 설립했다. 전주의 바울(성결)교회는 교단 선교부와 다른 선교단체들과 함께 사역했다.

따라서 미국에서 확연히 나타난 교단적 선교 기관과 대형교회 사이의 큰 갈등이 한국에는 없다. 대형교회의 힘이 너무 강하기 때문에 선교단체를 자기 의지대로 조종할 수 있고, 선교단체도 감히 대형교회와 마찰을 빚지 않으려 한다.

---

276 http://hirr.hartsem.edu/.

크리스토퍼 드웰트의 결론

크리스토퍼 드웰트는 자신의 발견을 몇 가지 결론으로 요약한다.

첫째, 대형교회는 적어도 Cc/coC 전통 안에서는 실제로 선교에 깊은 관심을 갖고 있다. 많은 사람들은 대형교회가 그 규모 때문에 이기적이고 내부 지향적이라고 생각하지만, 사실 미국 대형교회는 선교에 큰 관심을 갖고 있다. 이것은 한국의 대형교회도 마찬가지다. 실제로, 대형교회가 이기적이라고 비난하는 것은 대형교회 밖에 있는 사람들에게서 나온 생각이라고 필자는 확신한다. 대형교회 내부의 사람들은 대형교회가 스스로 직면한 모든 문제와 도전을 다루는 데 책임을 지고 있다고 본다. 한국의 최신 통계에 의하면, 대형교회 교인들은 출석교회가 한국 사회와 기독교를 위해 수행하는 사역에 만족하고 있다.

둘째, 대형교회는 선교단체의 도움으로 선교 현장의 현지인 교회들과 네트워크를 형성하고 현지인 아젠다에 인정될 수 있을 만한 학교와 병원을 건축하는 등 많은 활동을 수행한다. 선교지에서 대형교회 담임목사의 힘은 한 교단의 지도자의 힘과 비등하다. 한국에서 대형교회 목사의 힘은 이 수준을 훨씬 넘을 수 있다. 여의도순복음교회의 조용기 원로목사는 선교지에서 종종 국빈대우를 받으며, 명성교회의 김삼환 목사도 현지인이 보기에는 국가적 사역을 수행해 왔다.

셋째, 대형교회는 선교단체들로부터 선교 실무에 관해 많은 것을 배울 수 있다. 대형교회에서 새로운 사역을 개발하려는 계획을 세울 때 지도자들은 현지 상황에 필요한 것을 정확하게 알아야 한다. 한국 교회는 과거에 겪었던 어려운 시절을 기억한다. 그에 필적하는 경험이 없는 서구 교회에 비해 한국 교회는 다양한 상황에 처한 해외 현지

교회들의 필요를 더 잘 이해할 수 있다. 덕분에 한국 교회는 더 노련한 선교를 할 수 있다.

마지막으로, 대형교회와 선교단체는 다양한 선교적 상황에 잘 적응하기 위해 전반적으로 더 잘 협력하는 법을 배워야 한다. 양쪽은 새로운 춤 스텝을 함께 배워야 할 필요가 있다고 말할 수 있다. 이 부분에서 한국 교회가 한 가지 사례를 제공할 수 있다. 한국 교회는 처음부터 대형교회가 춤을 주도했기 때문에 선교단체가 새로운 관계에 이미 적응한 상태이기 때문이다.

대형교회와 선교단체와의 관계

크리스토퍼 드웰트는 대형교회와 선교단체와의 관계를 네 가지 유형으로 나눈다. 선교단체를 돕지만 자체적으로는 적극 참여하지 않는 '우호적인 교회', 선교단체를 동역자로 여기며 선교 사역에 참여하는 '춤추는 교회'(협력하는 교회), 선교 사역은 하지만 선교단체와의 관계는 중요시하지 않는 '파송하는 교회' 그리고 선교단체를 돕지도 않고 선교가 교회에 별로 중요하지 않다고 보는 '수동적인 교회'가 그것이다. 그의 연구와 비슷한 작업이 한국에서 수행되지는 않았지만, 필자는 그가 말한 네 가지 유형이 한국 교회 안에도 나타날 수 있다고 확신한다.

그가 밝힌 네 가지 유형들 중에서는 '춤추는 교회'가 바람직하다. 그 안에서 대형교회와 선교단체가 공생 관계를 형성하고 서로를 보완하기 때문이다. 선교단체가 그런 관계가 가져다줄 수 있는 유익에 대해 대형교회를 설득하기 위해서는 양자 간의 협력 관계를 주도적으로 발전시켜 나가야 할 것이다.

결론

미국을 제외하면 세계 어느 나라보다 많은 대형교회들이 한국에 있다. 하지만 대형교회에 대한 연구의 수준은 별로 만족스럽지 못하다. 기초적인 수준에서 볼 때, 대형교회의 구성 요건에 대한 정의도 불분명하다. 미국의 경우에는 주일 예배 장년 출석이 2천 명 이상인 교회를 대형교회라고 부른다. 하지만 한국에서는 얼마나 많은 교회들이 최소한의 정의에 부합하는지 말해 줄 통계가 없다. 또한 대형교회가 한국 개신교에 끼친 영향을 정확하게 파악하기 위해서는 대형교회 공동체와 한국 문화에 대해 연구해야 한다. 그런 연구는 주로 역사적이지만, 관련된 모든 사회적 관점들에 대한 이해를 제공하는 데까지 확장되어야 한다.

이런 연구를 통해 대형교회와 선교단체와의 관계가 이전보다 더 상세하게 드러날 것이다. 이제까지 대형교회와 선교단체는 동역해 왔다. 그러나 더 나은 관계로 나아가기 위해서는 더 많은 연구가 필요하다. 크리스토퍼 드웰트의 연구가 이 추가 연구를 위한 자극이 될 것이라고 본다.

대형교회의 선교 책무

선교는 교회의 본질에 속한다.

_토머스 토랜스

기도

: 선교의 연료

찰스 아기나사레

그리스도의 영은 선교의 영이다. 우리가 그분께 가까이 갈수록 우
리는 더 맹렬한 선교사가 된다.

– 헨리 마틴(Henry Martyn, 인도 선교사)

선교 사역은 구원받지 못한 이들에게 복음을 전하고, 그 구원받은
자들을 똑같이 복음을 전하는 제자로 만드는 것이다. 구원받지 못한
이들에게 전도하는 것은 하나님의 마음의 중심이므로, 선교 사역은 하
나님의 전적 승인을 받는다. 그리스도의 영이 선교의 영이시라면 가장
위대한 선교사이신 그리스도보다 더 잘 사역할 수 있는 사람이 세상

에 어디 있겠는가. 이어지는 토론은 그리스도의 완전한 모범에서 유추한 것이다.

무엇을 위해 기도해야 하는가?

선교가 효과적이 되려면 하나님의 능력이 인간의 영혼 위에 임해야 한다. 구원은 하나님의 초자연적인 개입의 산물이기 때문이다. 그러므로 선교사는 자신의 선교적 성공이 하나님과 그분의 능력 외에는 아무것도 취하지 않는 것임을 알아야 한다. 시편 127편 말씀을 기억하라.

> 여호와께서 집을 세우지 아니하시면 세우는 자의 수고가 헛되며 여호와께서 성을 지키지 아니하시면 파수꾼의 깨어 있음이 헛되도다(시 127:1).

모든 시대를 통틀어 가장 위대한 선교사 중 한 사람인 바울은 "나는 심었고 아볼로는 물을 주었으되 오직 하나님께서 자라나게 하셨나니"(고전 3:6)라고 말했다. 집을 짓는 이도 하나님이시요, 자라게 하는 이도 하나님이시다. 그러므로 인간이 애쓰는 일은 하나님의 능력이 수반되어야 완료될 수 있다. 이 능력은 기도의 힘을 통해 온다. 크리스천선교사연합(Christian and Missionary Alliance, C&MA)의 창설자 A. B. 심슨(A. B. Simpson)은 "기도보다 더 우세한 선교적 역량은 없다"는 유명한 말을 했고, "교회는 무릎을 꿇음으로써 세계를 복음화해야 한다"고 표현했다.[277] 그리고 우리는 우리 주요 구세주이신 예수 그리스도께서 기도하

---

277 A. B. Simpson, Jonathan Graf, "Passionate Prayer for Missions Is Biblical," Church Prayer Leaders Nerwork, www.prayerleader.com/resources/prayer-leader-central/missions-prayer/prayer-for-missions.에

셨다는 사실을 알고 있다.

> 새벽 아직도 밝기 전에 예수께서 일어나 나가 한적한 곳으로 가사 거기서 기도하시더니(막 1:35).

그리스도께서는 기도하신 후에야 제자들에게 "우리가 다른 가까운 마을들로 가자 거기서도 전도하리니 내가 이를 위하여 왔노라"(막 1:38)고 말씀하셨고, 기도하신 후에야 온 갈릴리에 다니시며 여러 회당에서 전도하시고 또 귀신들을 내쫓으셨다(막 1:39). 그리스도께서는 기도하신 후에야 선포하셨다. 예수께서 능력 있는 설교자요 위대한 영혼의 의사이시라는 것은 놀랄 일이 아니다. 예수께서 당신의 선교 사역에서 성공을 거두신 것은 놀랄 일이 아니다. 기도는 하나님의 손을 움직이는 유일한 것이다. 우리는 기도로 구하지 않으면 어떤 결실도 얻지 못한다.

예수님은 어떻게 그런 능력을 얻으셨는가? 그분은 기도하셨다. 그런데 예수님은 무엇을 위해 기도하셨는가? 우리는 무엇을 위해 기도해야 하는가? 이 장에서는 선교를 위한 기도의 핵심에 대해 다룰 것이다.

더 많은 사역자들을 위해 기도하라

마태는 그리스도께서 제자들에게 "추수할 것은 많되 일꾼이 적으니 그러므로 추수하는 주인에게 청하여 추수할 일꾼들을 보내 주소서 하라"(마 9:37-38)고 하신 말씀을 기록했다. 이와 비슷하게 요한복음에

서 인용.

     대형교회의 선교 책무

서 예수님은 "너희 눈을 들어 밭을 보라 희어져 추수하게 되었도다"(요 4:35)라고 말씀하셨다.

대위임령의 범위는 "모든 민족"(마 28:19)을 포함하는 "온 천하"와 "만민"(막 16:15)을 망라한다. 하지만 그리스도께서 잃어버린 영혼들에게 파송하신 일꾼들은 소수다. 그러므로 하나님은 열방에게 다가갈 더 많은 사역자를 필요로 하신다. 하나님은 연예인이나 광대들이 아닌, 유창한 자나 수다스러운 자가 아닌 그리고 확실히 '왕복을 입은' 자들이 아니라 일꾼들을 필요로 하신다(마 11:8). 일꾼들은 화해의 사역을 감당하는 하나님의 동역자들이다.

선교 사역을 도와줄 일꾼들이 필요할 때 우리는 종종 인간적 자격을 먼저 따진다. 오늘날 많은 교회들은 사역자들을 임명할 때 단순히 학문적 자격증만 심사하기 때문에 리더십의 도전에 직면하게 되었다. 이 사역을 하도록 우리를 파송하신 주님은 당신의 사역을 수행할 훈련을 받게 될 견습생이나 선교사들을 임명할 때 기도하며 온 밤을 지새우셨다(눅 6:12). 마찬가지로 안디옥 교회는 복음을 이방인에게 전할 선교사들을 뽑기 전에 주님을 경배하고 금식했다(행 13:2). 교회가 기도한 후에 바울과 바나바는 선교사로 성령의 파송을 받았다.

일꾼들을 위한 기도는 다음과 같아야 한다.

· 잃은 자들을 향해 진정한 긍휼의 마음을 가지도록
· 적절한 기회가 주어졌을 때 그리스도를 위해 말할 용기를 가지도록
· 말씀을 담대하게 전할 수 있도록(행 4:29, 31 참조).

더 많은 영혼들이 구원받도록 기도하라

인도 선교사인 존 하이드(John Hyde)는 주님께 "오 하나님, 제게 영혼들을 주시옵소서. 아니면 제가 죽습니다!"라고 애원했다. 존 녹스(John Knox)는 "제게 스코틀랜드를 주시옵소서. 아니면 제가 죽습니다!"라고 울부짖었다. 그리고 조지 휘트필드(George Whitefield)는 "오 주님, 제게 영혼을 주시옵소서. 아니면 제 영혼을 취하십시오!"라고 외쳤다. 이 저명한 선교사들의 공통분모는 영혼을 구원하기 위한 열정적인 기도다. 기도를 통해 그들은 모두 하나님께 영혼들을 달라고 간구했다.

주님은 "내게 구하라 내가 이방 나라를 네 유업으로 주리니 네 소유가 땅끝까지 이르리로다"(시 2:8)라고 말씀하신다. 죄 없이함을 받아서 새롭게 되는 날이 주 앞으로부터 이르게 되기를 바라는(행 3:19-20) 기도는 영혼의 회심을 위한 것이다.

선교 사역의 주요 목표, 즉 성공적인 영혼 구원은 또한 기도로 올려져야만 한다. 영혼을 위한 기도는 다음과 같이 드려야 한다.

· 모든 적대감과 반대와 무관심이 부서져 내리도록
· 마음 밭이 씨앗을 뿌릴 준비가 되도록
· 먼눈이 열리도록(고후 4:4 참조)
· 사탄의 능력으로부터 해방되도록

A. B. 심슨은 이에 동의하면서 다음과 같이 말했다.

"오직 소수만이 위대하고도 가장 충만한 능력을 가진 기도의 기술을 배웠다. 하나님께는 위대한 대제사장의 중보 기도를 공유하며 거룩

 대형교회의 선교 책무

한 손을 가지고 보좌의 발등상에 서 있는 남녀 제사장들이 있다. 언젠가 이들이 모든 이들 가운데서 가장 위대한 선교사들이라는 것이 밝혀질 것이다.”[278]

새로운 회심자들을 위해 기도하라

바울은 빌립보서에서 “너희 안에서 착한 일을 시작하신 이가 그리스도 예수의 날까지 이루실 줄을 우리는 확신하노라”(빌 1:6)라고 썼다. 그러나 많은 새로운 회심자들과 방문자들이 교회나 전도 집회에 오지만 정착하는 이들은 소수에 불과하다. 선교 사역의 가장 큰 도전들 중 하나는 복음 전파의 뒷문을 닫는 것이다.

한 개인이 그리스도께 나오는 것은 그리스도인으로서의 삶의 시작에 불과하다는 것을 기억하라. 새로운 회심자가 그리스도 안에서 세워지고 성장하도록 도와주는 과정이 뒤따라야 한다. 사도 바울은 자신이 개종시킨 사람들의 삶 속에서 그리스도를 빚어내기 전까지는 사역지를 옮기지 않았다. 바울은 갈라디아에 있는 교인들에게 “나의 자녀들아 너희 속에 그리스도의 형상을 이루기까지 다시 너희를 위하여 해산하는 수고를 하노니”(갈 4:19)라고 썼다. 그는 새로운 회심자들의 영혼을 보존하는 핵심 요소들 중 하나가 기도라는 것을 알았다. 그래서 그들을 위해 ‘다시 해산하는 수고’를 겪었다.

선교사는 자신의 새로운 회심자들을 위해서 다음과 같이 기도해야 한다.

278　A. B. Simpson, “New Testament Missionary Types,” chap. 3 in *Missionary Messages*, www. swartzentrover.com/cotor/e-books/holiness/Simpson/Missionary/Missionary%20Messages.pdf.

· 그리스도의 형상을 닮아 가도록

· 성장하고 영적으로 성숙해져서 "그리스도의 장성한 분량이 충만
  한 데까지"(엡 4:13) 이르도록

· 악에 저항하고 죄를 극복하도록

· 가르침과 훈련에 마음이 열리도록

· 하나님 나라와 교회를 위해 자신들의 은사를 발견하고 활용하도록

· 교회 공동체 안에 정착하고 안정을 얻도록

우리가 전도한 사람들이 정착하도록 돕는 사역을 시작하자.

하늘이 열리도록 기도하라

구약의 마지막 예언자와 그리스도의 초림 사이, 즉 말라기와 마태
복음 사이에는 주님의 말씀을 전해 줄 하나님의 예언자나 하나님의
사람이 전혀 없었다. 그들의 부재는 하늘이 닫혔다는 징후였다. 다르
게 말하면, 우리는 하나님의 음성이 희귀할 때 하늘이 닫혔다고 결론
을 내릴 수 있다. 게다가 그리스도를 위해 취하려고 하는 도시들의 통
치자들 중 일부는 사역을 방해하거나(고전 16:9) 방해하는 영들을 보낸
다(살전 2:18). 하늘이 열리지 않고는 그 적대자들을 압도하는 권세를 행
사할 수 없다. 그러므로 교회가 성장하려면 하늘이 열려야 한다.

하늘이 열리면 천사들이 오르락내리락한다(창 28:12, 요 1:51 참조). 천
사들은 기도를 가지고 올라가고, 해답과 계시, 권세, 복, 해결책 등을
가지고 내려온다. 열린 하늘 아래서 "여자와 어린이 외에 오천 명"(마
14:21)을 먹일 수 있다. 다른 말로 하면, 열린 하늘 아래서는 가장 적은

                                    대형교회의 선교 책무

자원도 가장 큰 과업들을 위해 엄청나게 유용하게 쓰일 수 있다.

심지어 예수님도 성공적인 선교 사역을 착수하기 전에 하늘이 그분 위에 열리는 체험을 하셨다.

> 백성이 다 세례를 받을새 예수도 세례를 받으시고 기도하실 때에 하늘이 열리며 … 하늘로부터 소리가 나기를 너는 내 사랑하는 아들이라 내가 너를 기뻐하노라 하시니라(눅 3:21-22).

마찬가지로 우리에게 하늘이 열릴 때에만 교회 성장과 효과적인 선교가 이루어질 수 있다. 그리고 열린 하늘은 우리가 기도할 때에만 가능하다. 필자가 《천국의 대사들》(Ambassadors of Heaven)에서 주장했듯이, "기도하지 않는 목회자의 사역에는 하늘 문이 닫힐 것이다. 우리가 기도하지 않을 때 사역의 문은 닫힌다. 하늘이 닫히면 하나님이 가져다 주시는 기회들을 선용하는 일이 힘겨워진다."[279]

하늘의 구원

현지인은 파송받은 선교사를 저절로 받아들이거나 좋아하지 않는다. 선교사는 악하고 불합리한 사람들의 공격에서 면제되지도 않는다. 사도 베드로는 하늘이 열리는 체험을 하고 나서 이방인 개종자 고넬료를 섬겼다(행 10장). 그러나 그 경험이 베드로를 반대와 공격으로부터 면제시켜 주지는 못했다. 그는 체포되었고 투옥되었다. 사도 야고보를 칼로 죽인 것처럼 선교사를 해치거나 죽이고서 기뻐하는 사람들이 있

---

279 Charles Agyinasare, *Ambassadors of Heaven* (Accra: Charles Agyinasare, 2013), 60.

을 수도 있다(행 12:2-3).

바울은 로마에 있는 교인들에게 "형제들아 내가 우리 주 예수 그리스도와 성령의 사랑으로 말미암아 너희를 권하노니 너희 기도에 나와 힘을 같이하여 나를 위하여 하나님께 빌어 나로 유대에서 순종하지 아니하는 자들로부터 건짐을 받게 하고"(롬 15:30-31)라고 썼다.

바울은 기도의 중요성을 우리에게 보여 줌으로써 데살로니가 교회의 교인들에게 했던 자신의 요청을 반향하고 있다.

> 끝으로 형제들아 너희는 우리를 위하여 기도하기를 주의 말씀이 … 퍼져 나가 영광스럽게 되고 또한 우리를 부당하고 악한 사람들에게서 건지시옵소서 하라(살후 3:1-2).

베드로는 기도의 결실을 경험했다.

> 이에 베드로는 옥에 갇혔고 교회는 그를 위하여 간절히 하나님께 기도하더라 헤롯이 잡아내려고 하는 그 전날 밤에 베드로가 두 군인 틈에서 두 쇠사슬에 매여 누워 자는데 파수꾼들이 문밖에서 옥을 지키더니 홀연히 주의 사자가 나타나매 옥중에 광채가 빛나며 또 베드로의 옆구리를 쳐 깨워 이르되 급히 일어나라 하니 쇠사슬이 그 손에서 벗어지더라(행 12:5-7).

우리가 기도할 때 우리 형제들도, 예를 들어 여행 중 재앙으로부터, 사악한 자들로부터, 비신자들로부터 그리고 사탄이 넘어뜨리려 설치해 놓은 모든 궤계와 도구로부터 위대한 구원을 체험하게 될 것이다.

기도는 선교를 추진하는 연료다. 기도가 없는 선교는 전적으로 무기력한 고역이자 땀만 흘리는 노력으로 그치고 말 것이다. 음부의 문을 막고, 열정적인 사역자들을 파송 및 유지하고, 천국이 열리게 하고, 잃어버린 영혼의 구원에 천국이 개입하게 만들려면 기도의 능력이 필요하다.

누가는 예루살렘 교회 신자들의 말과 경험을 다음과 같이 자세히 기술했다.

> 그들이 듣고 한마음으로 하나님께 소리를 높여 이르되 ⋯ 주여 이제도 그들의 위협함을 굽어보시옵고 또 종들로 하여금 담대히 하나님의 말씀을 전하게 하여 주시오며 손을 내밀어 병을 낫게 하시옵고 표적과 기사가 거룩한 종 예수의 이름으로 이루어지게 하옵소서 하더라 빌기를 다하매 모인 곳이 진동하더니 무리가 다 성령이 충만하여 담대히 하나님의 말씀을 전하니라(행 4:24, 29-31).

지도자들이 기도의 자리에 있게 되기를 기도한다. 새로운 계절이 되었다. 기도하고, 기도하고, 기도하자!

28장

하트포드에서 땅끝까지

: 하트포드 제일장로교회의 선교 사역

김선만

세계적으로 이주 인구가 꾸준히 증가해 2014년 6월 현재 2억 3,200만 명에 달하고 있는 요즘 시대를 스탠리 존(Stanley John)은 "이주 시대"[280]라고 적절하게 묘사한다. 미국의 이주자 수는 10억 명이 넘는다고 한다. 아프가니스탄 난민 약 250만 명은 이란에, 300만 명은 파키스탄에 살고 있다. 시리아 난민 약 64만 9천 명은 터키에, 약 62만 명은 요르단에, 약 110만 명은 레바논에 살고 있다. 필라델피아에도 캄보디아 난민 공동체가 있고, 코네티컷 주 하트포드 지역에도 멀리 미얀마와 태국의 국경

---

[280] Stanley John, "Missiology"(unpublished lecture material on missiology, Alliance Theological Seminary, New York, 2014). www.un.org/en/development/desa/population/migration/publications/wallchart/index.shtml. U.N. Department of Economic and Social Affairs, Population Division, "International Migration,"

지역에서 온 카렌족 난민이 필자가 사는 곳 가까이에 정착했다.

2010년 로잔세계복음화대회에서는 이 같은 세계적 민족 이동에 대해 세 가지 선교 방향을 제시했다. "디아스포라를 위한 선교, 디아스포라를 통한 선교, 디아스포라를 넘어선 선교"[281]가 그것이다. 우리는 디아스포라가 다른 디아스포라들의 처지를 이해하고, 그들에게 도움의 손길을 내밂으로써 모든 민족들을 위한 하나님의 관심을 나타내야 하는 시대를 살고 있다.

> 여호와께서 하늘에서 굽어보사 모든 인생을 살피심이여 곧 그가 거하시는 곳에서 세상의 모든 거민들을 굽어살피시는도다(시 33:13-14).

하나님의 섭리로 하나님 나라의 확장을 위해 세계 도처에 디아스포라들이 살게 된 것이다.

스탠리 존의 "이주 시대", 크리스토퍼 라이트(Christopher Wright)의 "다국적 교회와 다방향 선교 시대", 필립 젠킨스(Philip Jenkins)의 "세계화된 기독교 시대"는 성경 해석학과 선교적 해석학에 대한 다문화적 접근을 요구한다.[282] 이 발제문은 한 한인 이민 교회가 선교 사역에 회중을 동참시키기 위해 동원하고자 하는 선교 동원 이니셔티브의 사례를 개관한다.

코네티컷 주의 주청 소재지인 하트포드의 인구는 대략 12만 명이다 (2010년 인구조사). 경제적 기반은 보험업, 제조업 및 방위산업에 있다. 주

---

281 Lausanne Committee for World Evangelization, *Scattered to Gather: Embracing the Global Trend of Diaspora* (Manila: LifeChange Publishing, 2010), 24-28.

282 Christopher J. H. Wright, *The Mission of God* (Downers Grove, Ill.: IVP Academic, 2006), 38; Philip Jenkins, *The Next Christendom: The Coming of Global Christianity* (Oxford: Oxford Univ. Press, 2002).

전체 인구는 약 359만 명(2013)으로, 한인 인구는 1만 1,760명(2010)이고, 그중에서 2,396명은 혼혈 한인이다. 하트포드 지역에는 약 5천 명의 한인이 거주하는 것으로 추산된다.

하트포드 제일장로교회는 1984년에 김만풍 목사를 초대 목사로 세워졌다. 현재 세례 교인 586명, 신입교인 138명, 비입교 유아 세례 교인 53명 등의 등록 교인이 있으며, 2014년 현재 아이들을 포함해 약 450명이 매주 교회에 출석하고 있다. 선교 예산으로는 연간 예산의 약 25%를 지출하고 있다.

기도 : 지역 교회의 선교적 동기

마크 스핀들러(M. R. Spindler)는 성경적 선교의 의미를 재평가해야 한다고 주장한다.

> "모든 현대 '선교' 활동의 근거를 성경에서 찾으려는 것, 다시 말해 현대의 모든 선교 활동에 대한 성경의 전례나 문자적이고 성경적 명령을 찾으려는 것은 시대착오적이고 무의미하다. 그보다 오늘날의 선교는 근본적인 것, 세상을 향한 하나님의 백성의 기본적인 활동(즉 예수 그리스도를 통한 구원의 기쁜 소식을 갖고 하는 일)에서 나오는 것으로 보아야 한다."[283]

그의 지적과 같이, 모든 종류의 선교 활동을 성경을 바탕으로 재평

---

283 Wright, *The Mission of God*, 37; Marc R. Spindler, "The Biblical Grounding and Oriention of Mission," in *Missiology: An Ecumenical Introduction*, ed. A. Camps, L. A. Hoedemaker, and M. R. Spindler (Grand Rapids: Eerdmans, 1995), 124-25.

     대형교회의 선교 책무

가해 인간의 잘못이나 실수를 바로잡아야 할 것이다. 그럼에도 불구하고 성경적 선교 사역의 핵심 요소로서 초대교회가 크게 중요시했던 예배 중 기도와 중보 기도를 간과해서는 안 된다.

예루살렘 교회가 흩으시기 위해 모이게 하신 교회라면, 안디옥 교회는 흩어진 자들이 세운 교회였다. 안디옥 교회가 선교의 중심이 된 것은 하나님의 선교 명령을 위해 기도한 데서 기인한다. 사도행전 13장 2절에서 안디옥 교회가 "주를 섬겨[예배하며] 금식할 때에 성령이 이르시되"라고 하였는데, 그들은 금식할 때 기도했다. 즉 그들은 예배와 기도 중에 "바나바와 바울을 최초의 선교사로 파송하라"는 성령의 음성을 들었다.

성경이 모든 유형의 선교 활동의 근거를 다 말해 주지는 않는다. 그러나 성경적 의미의 선교를 이해하고, 선교 사역에 더욱 효과적이며 순종적으로 참여하기 위해서는 기도가 필수적이다. 바나바와 바울이 부르심에 순종하기 전에 안디옥 교회는 깊은 기도를 드렸다.

하트포드 제일장로교회는 선교를 위해 쉼 없이 기도하는 교회가 되려고 노력한다. 주일 예배 시간, 수요 예배 및 금요 기도회에 기도를 통합시키고, 주중에 중보기도실을 운영하고 있다. 주일 예배 시간에는 설교 직전에 세계 도처의 협력 선교사들을 위해 온 회중이 통성으로 기도한다. 주보에 선교사들의 편지를 싣고 영상으로도 소식을 함께 나눈다. 이 기도 시간에 선교사 가족들의 고충을 나누고, 그 사역에 동참할 뿐만 아니라 선교 의식을 고취시키려 한다.

2014년 7월, 파라과이 협력 선교사가 선교 편지를 통해 현지에 폭우로 인해 이재민이 발생했고, 선교사 가정이 도난을 당한 후 영적으로 스트레스를 겪고 있다는 소식을 알려 왔다. 2014년 10월, 터키 협력 선교사는 테러 조직 대쉬(ISIS)가 저지르는 학살을 피해 쿠르드족 난민 20만 명이 터키 남동부의 폐쇄된 국경에 모여 있다는 소식을 전해 왔다. 온 교인은 이러한 기도 제목과 필요를 위해 기도하고, 이를 통해 다른 이들의 고통을 나누며 선교의 소명에 동참한다. 교회는 한 주간 내내 선교사들과 열방을 위해 기도한다.

오스왈드 챔버스(Oswald Chambers)는 "중보 기도는 아버지께 영광을 돌리는 열매를 낳는 숨은 사역"[284]이라고 했다. 선교를 위한 기도는 단순히 선교 사역을 위한 준비 행위가 아니라 그 자체로 선교 사역이다.

지역 교회의 선교 동원

우선, 지역 교회의 선교 동원 이니셔티브는 성경적 교회의 비전과 밀접한 관련이 있다. 이 비전은 창세기에서 출발해 아브라함을 통해 성취되기 시작한 하나님의 구원 역사를 망라하고 있다.

하나님은 아브라함을 부르실 때 "땅의 모든 족속이 너로 말미암아 복을 얻을 것이라"(창 12:3)고 하며 선교적 약속을 하셨다. 그리고 예수님은 당신을 통해 아브라함의 자손이 된 모든 그리스도인들에게 "너희는 가서 모든 민족을 제자로 삼아"(마 28:19)라고 명령하셨다. 하나님은 요한계시록에서 선교의 종말론적 성취의 비전을 계시하셨다. "각 나라와 족속과 백성과 방언에서 아무도 능히 셀 수 없는 큰 무리"가 "보좌 앞"에서 하나님의 어린양을 "큰 소리로" 찬양하고 있는 것이다(계 7:9-10).

지역 교회가 이러한 성경적 비전을 품고 있는 한 모든 족속을 향한

---

284 Oswald Chambers, *My Utmost for His Highest* (Grand Rapids: Discovery House Publishers, 1992), June 7.

복음의 문을 열게 될 것이다. 버지니아 주에 소재한 와싱톤 중앙장로교회의 이원상 원로목사는 "교회는 선교를 위해 세워졌다. 선교하지 않는 교회는 교회가 아니다"[285]라고 했다. 교회는 모든 민족에게 복음을 전하기 위한 하나님의 선교 전략이다.

지역 교회의 선교 동원 이니셔티브의 형태와 방법은 상황에 따라 달라진다. 하트포드 제일장로교회의 선교 사역에는 선교 동원 집회, 선교 부흥 콘퍼런스, 선교 학교, 선교 바자회 그리고 선교 음악회 등이 포함된다. 선교 동원 집회는 매년 1월 둘째 주에 3일 동안 열린다. 세계 각처에서 사역하는 선교사를 강사로 초대해 선교 사역은 물론이고 교회가 직면한 쟁점에 관한 주제들에 대해 경청한다. 그들의 선교 사역 보고와 설교를 들음으로써 교인들은 선교 의식이 고취되고, 자발적 참여에 박차를 가하게 된다. 그러나 선교 집회만으로 모든 신자가 선교에 동원되지는 않는다. 반복적이며 계속적인 선교 동원 이니셔티브를 활용해야만 한다.

지나간 선교 동원 집회에서 다뤄진 다양한 주제들은 교회에게 복과 도전을 준다. 그 주제들은 "자기 자녀를 찾으시는 아버지의 열정"(2005), "북한 선교는 왜 해야 하나?"(2006), "나를 따르라"(2007), "나도 너희를 보내노라"(2008), "교회의 생명, 선교"(2009), "교회의 사명, 선교"(2010), "선교, 성령의 역사"(2011), "선교, 하나님 나라의 실현"(2012), "선교, 하나님의 일"(2013), "선교, 하나님의 은혜"(2014) 등이다.[286]

---

285 이원상, "와싱톤 중앙장로교회의 선교 동원 이니셔티브"(김선만의 인터뷰 중 질문에 대한 답변, 2014년 9월 29일), 7; Christopher J. H. Wright, *The Mission of God's People* (Grand Rapids: Zondervan, 2010), 73; Patrick Johnstone, *The Church Is Bigger than You Think* (Pasadena, Calif.: William Carey Library, 1998), 23.

286 이희열, "선교 기도 합주회"(하트포드 제일장로교회의 미간행 세미나 자료. 2008년 1월); 박상배, "하나님 나라를 실현하는 선교"(하트포드 제일장로교회의 선교 동원 집회, 2012년 1월). 현재 박상배 선교사는 글로벌

선교 동원 집회 마지막 날에는 세계지도에 협력 선교사 가족들을
국가별로 배치한 영상을 보여 주고 선교 헌금 작정 시간을 갖는다. 이
는 엄숙한 시간이다. 선교 참여에 헌신한 마음을 물질로 표현하는 시
간이기 때문이다. 간절히 기도한 후 각자 미리 나눠 준 작정서에 감동
받은 대로 작정한 금액을 쓴다. 개인이 선교의 소명에 헌신하는 결정
은 성령의 역사로 돌발적으로 일어날 수 있다. 하지만 일반적으로 지
역 교회의 선교 헌신은 오랜 과정을 필요로 하며, 개인의 성화도 마찬
가지다.

지역 교회의 선교 헌신

2011년 1월 7-9일까지 선교 동원 집회 기간에 하트포드 지역에는
두 번의 폭설이 쏟아졌다. 그러나 폭설이 선교 동원 집회를 통한 선교
헌신을 막지는 못했다. 놀라운 섭리로 두 차례의 폭설은 모두 예배 전
이나 도중이 아니라 예배 후에 내렸다. 따라서 집회를 기적적으로 마
칠 수 있었다. 하나님이 생명을 구하는 선교 사역에 참여할 천금의 기
회를 허락하신 것이었다. 교회는 케냐 투르카나에서 사역하는 박홍순
선교사를 통해서 큰 은혜를 받았으며, 성도들은 기쁨으로 선교 사역에
헌신했다. 특히 케냐 현지 교회와 미국의 본교회를 위하는 박홍순 선
교사의 큰 사랑에 감동을 받았다.

하나님의 뜻은 모든 민족 가운데 교회를 세우시는 것이다(계 7:9, 마
24:14). 여기서 '모든 민족'은 우리가 알고 있는 모든 정치적 국가를 의
미하는 것이 아니라 모든 종족 그룹에 교회를 세우기 원하시는 하나

파트너(Global Partners)의 말레이시아 동남 지역 디렉터로 섬기고 있다.

 대형교회의 선교 책무

님의 소원을 의미한다.[287] 요한계시록 7장 9절을 보면 "각 나라와 족속과 백성과 방언"이 보좌와 어린양 앞에 선다. 이 기록에서 분명하게 알 수 있는 것은 하나님은 실제로 개개인만이 아니라 온 세상의 모든 민족 백성들을 구원하기 원하신다는 것이다.

존 스토트(John Stott)는 교회는 예배 공동체로 부름을 받았을 뿐만 아니라 증거하고 봉사하도록 세상으로 다시 보냄 받은 백성이라고 지적했다. 이 "이중적 정체성"에 충실하기 위해서 선교적 교회는 비그리스도인들이 교회로 찾아올 것을 기대하고 안주하고 있는 소극적인 "오는 구조"의 위험을 피해야 한다. 그리고 선교 사역을 수행함으로써 "가는 구조"의 특성을 발휘하도록 최선을 다해야 한다. 한마디로 "선교적 교회는 타인을 위한 교회다."[288]

크레이그 밴 겔더(Craig Van Gelder)에 의하면, 선교적 교회를 표시하는 네 가지 신학적 관점이 있다. (1)하나님은 세상에 교회를 보내는 선교사 하나님이시다. (2) 세상에서의 하나님 선교는 하나님의 통치(나라)와 관계되어 있다. (3) 선교적 교회는 탈근대적, 탈기독교적, 글로벌 상황에 개입하도록 보냄을 받은 하나의 성육신적 사역이다. (4) 선교적 교회의 내부 생활은 선교에 참여하는 제자로 살아가는 모든 신자에게 초점을 맞추고 있다.[289]

따라서 선교적 교회는 하나님이 선교로 파송하는 교회라는 기본적

---

287 John Piper, *Desiring God* (Portland, Ore.: Multnomah Press, 1986), 192.

288 John Stott, *The Living Church* (Downers Grove, Ill.: IVP, 2007), 55.

289 Craig Van Gelder and Dwight J. Zscheile, *The Missional Church in Perspective: Mapping Trends and Shaping the Conversation* (Grand Rapids: Baker Academic, 2010); Rick Richardson, "Emerging Missional Movements: An Overview and Assessment of Some Implications for Missions(s)," *International Bulletin of Missionary Research* 37, no. 3(2013): 131.

인 정체성과 선교 프로그램들을 결단코 혼동해서는 안 된다.

지역 교회의 단기 선교

이재환 선교사는 "단기 선교 팀은 선교지를 위한 것인가, 자신과 교회를 위한 것인가?"라는 제목의 강연에서 단기 선교의 복과 위기에 대해 논했다.[290] 그러나 단기 사역의 기간이나 팀의 규모, 또는 '선교 사역'이란 말을 사용할 것인지 말 것인지보다 더 중요한 것은 단기 선교의 진정한 동기와 목적이다. 랄프 윈터는 어떤 단기 선교 프로젝트든 그 목표에 대한 현실적 평가를 하도록 요구한다.

> "수천 명의 젊은이들을 병원에 2-3주 보낸다고 가정해 보자. 그것이 병원의 의사 수를 증가시켜 줄 것인가? 만일 그렇게 함으로써 병원에서 실제 일어나고 있는 일들을 이해할 수 있고, 그들이 만난 직원들을 알 수 있다면 대답은 긍정이다. 하지만 만일 그들이 병원에 있는 2주 동안에 환자들을 치료해야 한다고 생각한다면 대답은 부정이다."[291]

우리는 단기 선교의 목적 중 하나는 선교지의 현지인을 섬기는 것뿐만 아니라 파송 교회의 신자들을 훈련하는 것이라고 믿는다. 그러기 위해서는 현장 선교사들과의 사전 협의와 기도도 필요하지만 철저한 사역 준비가 요구된다. 방문 팀은 현지의 풍습과 문화와 상황에 관한

---

290 Jae hwan Lee, "Mission Possible"(목회자 선교 전략 미간행 실라버스, 2004), 46-52.

291 Ralph D. Winter, "Editorial Comment," *Mission Frontiers* 26, no. 2(2004): 5.

  대형교회의 선교 책무

현장 선교사의 안내와 지시 사항을 철저히 이해하고 협력해야 한다.

하트포드 제일장로교회는 1992년에 최초로 서아프리카 감비아에 일 년간 단기 선교사(이엘리사벳, Elizabeth Lee)를 파송한 이래 멕시코 오하카에 단기 선교 팀을 파송했으며(1994), 이어서 마이크로네시아에 단기 선교 팀(1995년 6월 5일-7월 25일)을 파송했다. 이 단기 선교에 힘입어 마이크로네시아에 단기 선교사를 파송해 일 년간 섬기게 했다(1995년 7월 30일). 이어서 중국(1998, 2003), 알래스카(2001), 에리트레아(2004, 2007), 인도네시아(2008), 페루(2011), 케냐(2011), 태국(2011) 그리고 멕시코(1996, 1998, 2010-2014) 등으로 단기 선교사들을 파송했다. 이러한 사역은 교인들에게 선교적 책무를 강조해 주었으며 선교 사역에의 참여를 확대시켰다.

하트포드 제일장로교회는 1999년까지 단기 선교 사역을 한 해에 한 선교지로 제한했다. 1999년에 여러 지역으로 사역 팀들을 파송하면서부터는 러시아, 중국, 필리핀, 에리트레아 등의 국가들과 미국 내에서는 애틀랜타(조지아) 도심 선교, 알래스카 그리고 뉴멕시코 인디언 보호구역에 팀을 파송했다. 2004년부터 멕시코 유카탄과 필라델피아 캄보디아 난민 공동체를 섬기기 시작했다.

2007년에는 8개 지역에 단기 팀 총 50명이 자원했다[러시아, 에리트레아, 멕시코, 페루, 태국, 중국(장백, 하얼빈, 허난성), 필라델피아 및 뉴멕시코]. 2008-2014년까지 총 322명이 5개 지역에서 단기 사역으로 섬겼다. 원래 대학생 자원자들이 주류였던 단기 선교 사역 팀은 점차 고등학생과 평신도에게로 확산되었고, 1992-2014년까지 총 561명, 연평균 약 24.4명이 단기 선교 여행에 참가했다.

이러한 단기 선교 사역에의 참여는 타국에서 온 선교사들과의 관계를 구축하는 촉매 역할도 했다. 2014년 현재 하트포드 제일장로교회는 44명의 해외 선교사들과 선교지, 28개국, 6개의 국제 선교 기관[라틴아메리카선교프로젝트(Latin America Mission Project, LAMP), 맘(Messengers of Mercy, MOM) 선교회, SEED국제선교회, WEC국제선교회, 물한그릇선교회(A CUP OF WATER), OMSC], 4개의 특수 선교지(JOY장애사역, AGAPE홈리스, 보스턴 지역의 한국 유학생들을 위한 캠퍼스 사역을 하는 소망 채플) 등과 선교 협력 관계를 이룩했다.

글렌 슈발츠(Glenn Schwartz)의 지적대로, 단기 선교 사역 자원자들은 행함보다 존재 됨이 중요하다는 사실을 기억해야 한다.

> "예수님은 제자들을 단기 선교 사역에 파송하기 전에 그들에게 '너희는 뱀같이 지혜롭고 비둘기같이 순결하라'(마 10:16)고 말씀하셨다. 단기 선교사와 모든 선교사는 교차 문화 상황에 들어갈 때 이 말씀을 잘 기억해야 할 것이다. 그들은 경청과 학습과 '존재 됨'이 효과적 사역에 필수적이라는 사실을 발견하게 될 것이다."[292]

예수께서 제자들에게 주신 가르침은 우리로 하여금 단기 선교 및 제반 선교 사역에 참여하는 것이 무엇을 의미하는지를 되새기게 해 준다. 예수님은 선교 사역 참가자들이 지혜롭고 순결하기를 원하신다.

---

292 Glenn Schwartz, "Short-Term Mission Trips: Maximizing the Benefits," *Mission Frontiers* 26, no.2(2004): 12; 또한 다음을 참조하라. John R. W. Stott, "The Living God Is a Missionary God," in *Perspectives on the World Christian Movement*, ed. Ralph D. Winter and Steven C. Hawthorne (Pasadena, Calif.: William Carey Library, 1981), 17-18.

대형교회의 선교 책무

지역 교회의 연합 선교 추구

윤형중 목사가 OMSC에서 강의한 "선교적 디아스포라 교회 : 홍콩 한국선교교회 이야기"는 한 지역 교회가 세계 선교에 얼마나 효과적으로 기여할 수 있는가에 대한 감명 깊은 이야기였다.[293] 홍콩한국선교교회는 1984년 서울충현교회(합동)의 지교회로 홍콩에 설립된 이래 2014년 현재 60여 명의 선교사들을 중앙아시아 선교를 위해 파송하며 협력하고 있다. 무엇보다 2001년에 선교 사역을 삶의 일부가 되게 하려는 사역으로 생명길선교회를 조직하기도 했다.

강의 참가자인 이명석 가나 선교사는 지역 교회의 선교 사역은 타 교회들과의 연합과 협력 안에서 이루어져야 한다는 좋은 지적을 했다. 그는 또한 자신이 참여하고 있는 한국-가나-독일 교회 선교와 같은 에큐메니칼 선교 사역과 한국-독일 청년 선교 리더십 사역과 같은 연합 사역, 현지 교회 동역자 사역 등을 사례로 제시했다.

이원상 목사는 SEED국제선교회의 조직은 지역 교회 연합 선교의 결핍 때문이었다고 지적했다.

> "2000년 6월 CMF(Central Missionary Fellowship)는 12개국에 25개 가정을 파송한 선교단체로 자라 왔습니다. … 그러나 한 교회의 해외 선교로는 성공적일지 모르지만 초교파적, 범교회적인 관점에서 볼 때 이것은 문제가 있는 일이었습니다."[294]

---

293 윤형중, "선교적 디아스포라 교회 : 홍콩 한국선교교회 이야기"(한인 목회자 및 교회 선교위원회 오찬, Overseas Ministries Study Center, New Haven, Conn., September 22, 2014).

294 이원상, "와싱톤 중앙장로교회의 선교 동원 이니셔티브", 8.

이에 와싱톤 중앙장로교회[미국 장로교단(PCA) 소속]와 뉴욕 장로교회가 연합함으로 SEED국제선교회가 설립되었고(2006), 이것이 점차 발전해 SEED 미국, SEED 한국, SEED 캐나다 그리고 SEED 브라질 등으로 사역이 확장되었다.

1973년에 워싱턴 DC 지역에 설립된 와싱톤 중앙장로교회는 미국에서 가장 큰 규모의 한인 이민 교회 중 하나로서 2014년 현재 매주 5천 명이 출석하고 있다. 교회는 1986년 고광철 파라과이 선교사를 초청해 선교 현장의 소식을 직접 듣고 감동과 도전을 받았고, 이듬해인 1987년 7월 파라과이에 단기 선교 팀을 파송한 이래 거의 매년 지속하고 있다. 이즈음에 교회는 홍콩과 태국 그리고 인도네시아에서 선교사를 강사로 초청해 선교 부흥회를 개최했다. 이원상 목사에 따르면, 지역 교회의 선교 동원 이니셔티브는 담임목사가 예수께서 대위임령을 수행하기 위한 선교 전략으로 교회를 세우셨다는 점을 깊이 이해하는 일을 반영한다.[295]

하트포드 제일장로교회는 2008년 멕시코 유카탄의 미완성된 선교 센터 건축 프로젝트를 기증받아 2009년 10월 선교 센터와 예배당을 완공해 봉헌하였다. 이 센터의 비전 세 가지는 다음과 같다.

- 유카탄의 그리스도인들을 위해 : 목회자, 선교사 및 지역 지도자 양성(직업 훈련 및 영성 훈련)
- 하트포드 제일장로교회를 위해 : 중남미 선교의 기지로 선교 훈련 센터 건축

---

295 Ibid., 6.

    대형교회의 선교 책무

· 북미주 교회들을 위해 : 미국과 중남미 한인들의 영적 자원 활성
화(예를 들어, 단기 선교 센터로 개발, 다른 교회들에 개방)

하트포드 제일장로교회는 이 삼중 비전과 함께 네 가지 목표를 세
웠다.

> · 영성 훈련원 확장(대규모 기숙사 운영)
> · 직업 기술 및 교육 커리큘럼 보충(현 주정부 실시 과목에 보충)
> · 현지인 복지 센터 운영(예를 들어, 고아원, 기독교 학원 등)
> · 미국과 중남미 한인 이민 교회 단기 선교 및 영성 훈련 프로그램
>   개발

한편 2014년 재미 한인교회 8곳, 멕시코 한인교회 1곳, 파라과이 한
인교회 1곳 등 모두 10개 교회가 연합해 개 교회 차원에서만 운영되는
선교 사역이 가지는 한계를 벗어나기 위해 라틴아메리카선교프로젝
트(LAMP) 선교회를 설립했다.

선교는 하나님의 비전

로렌 커닝햄(Loren Cunningham)은 선교 사역에 관해 한국 그리스도인
들을 자상하게 격려하면서, "영국은 19세기 미국 선교에, 미국은 20세
기 아시아 선교에, 이제 21세기와 마지막 시대에는 한국 교회가 선교
에 귀감이 되는 일을 하고 있다"[296]고 했다. 그러나 우리는 수많은 디

---

296 Loren Cunningham, "People of Destiny," in *The Sixth Korean World Mission Conference Manual*
(Valley Cottage, NY: Korean World Mission Council, 2008), 4-13.

아스포라들이 존재하는 시대에 글로벌 사우스에서 일어난 하나님의 비상한 역사에 특별한 주의를 겸손히 기울여야 한다.

근본적으로 예수께서 교회를 세우신 목적은 "모든 민족"(마 28:19)에게 복음을 전하기 위한 것이다. 마태복음 28장의 마지막 세 구절에 나타난 대로 예수께서 승천하기 전에 제자들에게 당부하신 대위임령은 교회에 당부하신 선교 전략이기도 하다.[297] 이것에 부응해 지역 교회는 종말론적인 천국 비전을 품고 '모든 민족'에게 복음을 전할 수 있는 가능한 모든 방법을 다 동원해야 한다.

성경과 역사를 통해 우리는 제자들이 예수님의 대위임령을 수행하기 위해 치른 대가가 무엇인지 알고 있다. 그들은 명령을 순종하는 데 헌신했고, 그 일에 목숨을 걸었다. 모든 신자에게 신앙이 성장할 수 있는 가장 확실한 방법은 선교에 온전히 동참하는 것이다. 우리의 신앙 생활에서 가장 확실한 방향은 선교 참여다. 또한 가장 확실하게 하늘에 상을 쌓아 두는 길도 선교 참여다. 선교 사역은 이 세상과 우리 모두를 위한 하나님의 비전이다.

---

297 이원상, "교회 설립의 근본적인 목적은 대사명을 수행하기 위함이다. 그것은 주님의 전략이다"("선교 동원 이니셔티브", 8).

    대형교회의 선교 책무

1. 지역 교회가 사도행전 13장 2절의 안디옥 교회의 사례를 따르려면 선교 동원을 위해 어떤 선교적 동기와 실행 계획을 고려해야 하는가?

2. 지역 교회가 취할 수 있는 선교 동원의 실행 계획에는 구체적으로 어떤 것들이 있는가? 이 실행 계획은 교회나 상황에 따라 어떻게 달라질 수 있는가?

3. 크레이그 밴 겔더에 의하면, 선교적 교회를 표시하는 네 가지 신학적 관점은 무엇인가? 이 관점들은 당신의 교회에 어느 정도 해당되는가?

4. 글렌 슈발츠는 단기 선교 사역 자원자들(그리고 모든 선교사들)이 교차 문화 상황에 참여할 때 어떤 조언이나 주의를 기억하라고 충고하는가? 그 이유는 무엇인가?

29장

"하트포드에서
땅끝까지"에 대한 논평

벤 토레이

코네티컷 주 맨체스터에 소재한 하트포드 제일장로교회의 김선만 목사는 마태복음 28장 19절의 대위임령에 순종하기 위해 노력하는 모습을 탁월하게 기술했다. 이러한 북미주 한인 디아스포라 교회가 대위임령에 직접 참여하는 것을 목도하는 것은 대단히 고무적이다. 김선만 목사가 인용한 이원상 목사에 의하면, 그리스도께서는 대위임령, 즉 선교를 위해 당신의 교회를 세우셨다(374쪽). 또한 김선만 목사는 2010년 로잔세계복음화대회가 제안한 '디아스포라를 넘어선 선교'에 하트포드 제일장로교회가 얼마나 깊이 동참하는지를 지적한다.

방대한 주류 문화(미합중국) 속에 있으면서 한 소수 민족(한국인)이 주도하는 하트포드 제일장로교회는 교차 문화적 사역의 여러 도전들을 잘 인식하고 있다. 김선만 목사의 진술대로, 그들은 책임을 진지하게 감당했을 뿐만 아니라 "오랜 과정을 필요로" 하는 "지역 교회의 선교 헌신"과 "개인의 성화"를 이끄는 데 상당히 성공적이었다(368쪽).

하트포드 제일장로교회는 선교의 소명에 잘 응답하고 있다. 교인들은 미국 내 다른 디아스포라에게 다가가는 것뿐만 아니라 해외 선교 사역에도 점점 더 많이 관여하고 있다. 김선만 목사는 발제문에서 회중을 동기부여하는 데 있어서 큰 부분을 형성하는 성경적 뼈대와 명령에 주의를 환기시킨다. 그는 또한 선교 사역을 성육신적 사역이라고 기술한다. 필자는 이 요점을 탐구하고 싶다. 필자는 사랑으로 공급되는 성육신적 사역이 선교 사역의 근본적인 동기라고 믿기 때문이다.

동기 : 순종인가, 사랑인가?

누구든 두 가지 근본적 동기가 '순종'과 '사랑'이라고 단정할 수 있을 것이다. 궁극적으로 순종과 사랑은 필수적이지만, 사랑이라는 근본 동기가 부족하면 순종도 고갈된다. 순종과 사랑에 덧붙여 다른 많은, 주로 심리학적인 동기들도 확인할 수 있지만 그것은 부차적인 것들이며, 그 자체로는 선교 사역을 장기간에 걸쳐 유지하기에는 궁극적으로 부적절하다.

그리스도께서 자신의 사도들, 즉 '보냄 받은 자들'을 파송하실 때 그들에게 마지막으로 말씀하신 "가라", "삼으라"는 명령을 따라 하나님께 굴복하는 것이 순종이다. 확실히 사도들과 그들을 계승한 우리는 전진 명령을 받았다. 우리가 어떻게 순종하지 않을 수 있겠는가.

기쁨, 코이노니아 그리고 사랑

그러나 필자는 전혀 다른 동기를 언급하고 있는 다른 구절에도 주의를 기울이고 싶다.

> 우리가 보고 들은 바를 너희에게도 전함은 너희로 우리와 사귐이 있게 하려 함이니 우리의 사귐은 아버지와 그의 아들 예수 그리스도와 더불어 누림이라 우리가 이것을 씀은 우리의 기쁨이 충만하게 하려 함이라(요일 1:3-4).

여기서 '사귐'으로 번역된 단어는 헬라어로 '코이노니아'다. 이 단어는 다양한 형태로 거의 50회나 나오며, '친교', '나눔', '참여', '공유', '소통', '연합', '기여' 등으로 번역된다. 성경에서 이 단어의 용법을 철저히 조사해 보면 매우 깊은 헌신에 관련된다는 것을 알게 된다. 그것은 고대 그리스어에서 혼인으로 인한 결합이나 개인들 간의 법적 계약을 지칭할 때 사용되었다. (한국어, 중국어, 기타 언어에서도 마찬가지이지만) 코이노니아를 영어로 번역한 단어들이 너무 많이 사용되기 때문에 그 단어 이면에 있는 사상의 무게와 능력이 모호해졌다.

필자는 종종 코이노니아의 의미를 상호 간의 절대적이며 끝까지 가는 헌신으로 표현한다. 그리고 기독교의 코이노니아는 사랑의 결합 안에서 이러한 종류의 헌신이라고 덧붙인다. 사랑의 포용하는 실재가 코이노니아를 가능케 한다.

요한은 그의 독자들이 자신의 말을 받고 그와 더불어 전적으로 헌신된 사랑의 관계에 합류할 때 그의 기쁨이 충만해진다고 말했다. 그

 대형교회의 선교 책무

리고 이것이 그와 성부 하나님의 관계의 본질이기 때문에 요한의 독자들도 그분과 사랑을 나눔으로써 성부의 사랑을 알게 될 것이다. 간단히 말해서, 요한이 복음을 선포하는 동기는 사랑이다. 그는 더 많은 사람들이 사랑하기를 원한다. 그의 전반적인 동기는 사랑이며, 사랑에서 흘러나오는 코이노니아다. 여기에 의무나 복종은 암시조차 되지 않으며, 서로를 위한 사랑만 드러난다.

사랑과 기쁨을 복음 전도와 연결시키는 구절들을 몇 개 더 살펴보자.

> 새 계명을 너희에게 주노니 서로 사랑하라 내가 너희를 사랑한 것같이 너희도 서로 사랑하라 너희가 서로 사랑하면 이로써 모든 사람이 너희가 내 제자인 줄 알리라(요 13:34-35).

> 내가 아버지의 계명을 지켜 그의 사랑 안에 거하는 것같이 너희도 내 계명을 지키면 내 사랑 안에 거하리라 내가 이것을 너희에게 이름은 내 기쁨이 너희 안에 있어 너희 기쁨을 충만하게 하려 함이라 내 계명은 곧 내가 너희를 사랑한 것같이 너희도 서로 사랑하라 하는 이것이니라 사람이 친구를 위하여 자기 목숨을 버리면 이보다 더 큰 사랑이 없나니(요 15:10-13).

> 내가 비옵는 것은 이 사람들만 위함이 아니요 또 그들의 말로 말미암아 나를 믿는 사람들도 위함이니 아버지여, 아버지께서 내 안에, 내가 아버지 안에 있는 것같이 그들도 다 하나가 되어 우리 안에 있게 하사 세상으로 아버지께서 나를 보내신 것을 믿게 하옵소서 내게

주신 영광을 내가 그들에게 주었사오니 이는 우리가 하나가 된 것같이 그들도 하나가 되게 하려 함이니이다 곧 내가 그들 안에 있고 아버지께서 내 안에 계시어 그들로 온전함을 이루어 하나가 되게 하려 함은 아버지께서 나를 보내신 것과 또 나를 사랑하심같이 그들도 사랑하신 것을 세상으로 알게 하려 함이로소이다(요 17:20-23).

하나님의 사랑이 선교의 동기다

우리가 서로 사랑함으로써 세상은 우리가 그리스도께 속한 것을 알게 될 것이다. 또한 이 지식을 통해 세상은 그리스도의 복음을 알게 될 것이다. 그들은 우리 삶 가운데서 하나님의 사랑의 증거를 볼 뿐만 아니라 이끌려 갈 것이고, 그것을 스스로 체험하고 싶어 하게 될 것이다.

하지만 그러한 사랑은 그저 아무 사랑이 아니다. 그것은 우리더러 이웃을 자신처럼 사랑하라고 강요하는 '옛 계명'(레 19:18, 마 5:43-44)이 아니다. 예수님은 우리에게 '새 계명'을 주시면서 우리가 새 계명에 순종하면 만인이 깨닫게 될 것이라고 말씀하신다. '새 계명인 사랑'은 무엇으로 이루어지는가?

그것은 예수께서 우리를 위해 품으신 (십자가에서 죽기까지 사랑하신) 그 사랑이다. 이 요점은 요한복음 15장에서 분명해진다. 일치로 표현된 이 사랑의 중요성은 그리스도께서 자기 제자들을 위해 또한 그들의 말을 통해 믿게 된 우리를 위해 당신의 아버지께 기도드릴 때 다시 강조된다.

이것이 성육신적이 된다는 것이 뜻하는 바다. 즉 삼위 하나님이 사랑하시듯이 사랑하는 것이요, 요한복음 3장 16절에서 표현된 사랑이다.

                           대형교회의 선교 책무

하나님이 세상을 이처럼 사랑하사 독생자를 주셨으니 이는 그를
믿는 자마다 멸망하지 않고 영생을 얻게 하려 하심이라(요 3:16).

이것이 바로 대위임령의 배후에 있는 하나님의 동기인 사랑이다.
이것이 바로 대위임령에 순종하는 것을 큰 기쁨으로 만들어 주는 사
랑이다. 우리가 이 사랑 안에서 다른 사람들이 우리와 하나 되도록 우
리의 안락과 쾌락과, 심지어 생명까지 희생하는 것을 순조롭게 해 주
는 것이 바로 사랑이다. 우리가 하나님의 사랑에 사로잡힌다면 다른
모든 것은 제2의 본성처럼 되어 쉬워진다.

그리고 우리의 관심사는 예수 그리스도의 몸인 그분의 교회의 선교
를 효과적으로 수행하기 위해 필요한 모든 것을 이해하는 것이다. 우
리는 이해하려고 애쓰며, 준비하고, 연구하게 될 것이다. 한 여인과 사
랑에 빠진 청년이 그녀에게 기쁨을 선사하기 위해 어떻게 연구하고,
계획하고, 희생할 것인지 생각해 보라. 하나님의 사랑은 능력과 열정
면에서 그보다 훨씬 더한 것이다. 또한 그것은 우리 평생에 우리의 선
교 사명을 지탱시켜 줄 영원한 사랑이다.

필자가 아내와 함께 장차 있을 북한의 개방을 준비하기 위해 한국
에 돌아오라는 부름을 받았을 때 하나님이 아내의 마음속에 감동을
주신 말씀이 고린도후서 5장에 있는 바울의 말에 표현되어 있다.

우리가 만일 미쳤어도 하나님을 위한 것이요 정신이 온전하여도
너희를 위한 것이니 그리스도의 사랑이 우리를 강권하시는도다
(고후 5:13-14).

NIV성경에는 이 구절의 마지막 문장이 "하나님의 사랑이 우리를 강요하고 있다"라고 기록되어 있다. 바로 이 사랑의 강요가 아내와 필자를 하나님의 부르심에 응답하도록 움직였다.

그렇다면 우리는 어떻게 이 사랑을 얻는가? 그 사랑은 어디에서 오는가? 진실로 우리는 이런 식으로 그리 많이 사랑하는 것처럼 보이지 않는다. 그리고 진실을 말하자면, 우리는 그리 많이 사랑하지 않는다. 또한 우리가 이런 사랑을 우리 안에서 만들어 내는 것도 불가능하다. 진실로 이것은 하나님의 사랑이다. 그리고 이것 자체는 그분에게서 나올 수밖에 없다.

김선만 목사는 또 자신의 논문에서 기도의 중요성에 대해 썼다. 기도는 핵심 요소다. 또 다른 핵심 요소는 하나님의 성령으로 우리 마음에 이 사랑을 쏟아부으시도록 우리가 하나님만을 바라보는 것이다. 바울은 이렇게 썼다.

> 소망이 우리를 부끄럽게 하지 아니함은 우리에게 주신 성령으로 말미암아 하나님의 사랑이 우리 마음에 부은 바 됨이니(롬 5:5).

선교의 동기를 부여하고자 한다면 우리는 마땅히 사랑을 위해 기도하고, 간구하고, 실천할 수밖에 없다. 선교를 위한 노력으로 이런 사랑을 보여 준 김선만 목사와 하트포드 제일장로교회에 감사드린다.

    대형교회의 선교 책무

선교하는 교회는 참된 교회로 성장하고,

교회다운 교회로 발전한다.

_찰스 밴 엥겐

30장

미주 한인 대형교회들의 선교 사역

: 최신 동향

이원상

필자는 조용한 아침의 나라 한국에 그리스도의 복음을 전파하기 위해 선교사들을 보내시어 한국을 향한 사랑을 보여 주신 하나님께 감사드리지 않을 수가 없다. 한민족이 강대국들에 에워싸여 진정한 소망이 없었던 1866년에 로버트 저메인 토머스(Robert Jermain Thomas)가 27세의 나이로 북한의 평양 근처 대동강에서 처형을 당했다.[298] 한국 땅에 흘린 그의 헌신적인 선혈은 무의미하지 않았고, 한국에 대한 기독교 선교의 새 시대의 여명을 이끌었다.[299]

---

298 Stella Price, *Chosen for Choson (Korea)* (Essex, Mass.: Emmaus Road Ministries, 2010), 87.

299 Kenneth Scott Latourette, *A History of Christianity* (Peabody, Mass.: Prince Press, 1999), 2:1327.

16년 뒤인 1882년 대한제국과 미합중국이 조미수호통상조약을 체결함으로써 1884년 최초의 의료 선교사인 호러스 알렌(Horace Allen, 1859-1916)이 한국에 입국했다. 이 획기적인 사건을 필두로 1885년 4월 5일 부활주일에 개척 선교사들인 호러스 언더우드(Horace G. Underwood, 1859-1916)와 헨리 아펜젤러(Henry Appenzeller, 1858-1902)가 가족들을 데리고 한국에 상륙했다.[300] 또 다른 한국 선교사인 루비 켄드릭(Ruby Kendrick, 1883-1909)의 묘비에는 "내가 천 개의 생명을 줄 수 있다면, 모두 한국에 주겠다"라는 문구가 적혀 있다.[301]

하나님의 명령에 순종해 한국을 위해 희생한 고귀한 생명들이 우리 주님에 의해 기억된 바 되었다. 시편 기자는 "눈물을 흘리며 씨를 뿌리는 자는 기쁨으로 거두리로다"(시 126:5)라고 노래했다. 선교 개척자들은 참으로 눈물로 씨앗을 뿌렸고, 우리는 지금 기쁨으로 그 열매를 거두고 있다. 우리가 거두는 열매는 한국 교회의 무수한 증식뿐만 아니라 170개국에 2만 6,677명의 선교사들을 파송해 세계 선교의 강력한 협력자가 된 사실도 포함한다.[302]

그러나 한국인들을 통한 기독교의 확장은 한국 교회가 파송한 공식 선교사들의 사역에만 제한되지 않는다. 한국인들은 이민을 통해서도 복음을 전달했다. 나중에 주한 미국 외교관으로 근무했던 호러스 알렌 박사는 하와이에 한국인의 이민을 주선한 최초의 사람이었다. 그는 대한제국의 고종 황제와 계약을 맺고 준비 작업을 도와주기 위해서 직접

---

300 백낙준,《한국 개신교회사, 1832-1910》(서울: 연세대 출판부, 1998), 116-118.

301 루비 켄드릭의 묘비는 대한민국 서울시에 위치한 양화진외국인묘지에 있다.

302 2만 6,677명이란 수치는 한인세계선교협의회(KWMA) 선교조사개발 팀이 2014년 12월 31일에 발표한 것이다.

하와이를 방문하기도 했다. 그가 맺은 계약을 통해서 최초로 102명의 한인 이민자들이 1903년 1월 13일 하와이 호놀룰루를 통해 미국 영토에 입성했다.

1965년에 린든 존슨(Lyndon Johnson) 대통령이 서명한 이민법은 미국 내 한인 인구가 더욱 성장할 수 있는 문을 열어 주었고, 이제는 200만 명 이상에 달한다. 2003년 조지 W. 부시(George W. Bush) 대통령은 "우리는 미국 한인 이민 100주년을 기념하면서 한국계 미국인들이 미국의 풍성한 문화적 다양성, 경제적 강점 그리고 자랑스러운 유산에 기여한 소중한 공헌을 인정한다"[303]라고 축하의 말을 했다.

이 유산의 적지 않은 부분은 북미주 한인 이민사 112년 동안 세워진 4,303개의 한인교회들이다. 설립된 교회의 숫자는 다른 민족 공동체들에 비해 이례적이다.[304] 미국에 이민 온 한국인들이 하나님 나라 확장에 기여한 중요한 역할을 부인하기는 힘들다.[305] 이것은 미주 한인들이 한국에 온 개척 선교사들이 남긴 성경적 가르침과 희생을 통해 받은 영적 유산을 배운 그대로 실천한 선교적 현상이다.

하와이에 도착한 최초의 이민자 102명 중에는 한국의 인천내리감리교회 교인 50명이 포함되어 있었다. 그 교회는 헨리 아펜젤러가 내한한 지 불과 3개월이 지난 1885년 7월 29일에 시작한 교회였다. 인천내리감리교회는 이민을 떠나는 교인 50명을 위한 목회적 돌봄을 제공하기 위해 홍승하 목사를 하와이로 파송했다. 거기서 그들은 한인 최

---

303 http://2001-2009.state.gov/p/eap/rls/ot/16606.htm.

304 *Christian Today Weekly*, January 1, 2015.

305 오상철, 《이민 신학》(서울: 쿰란출판사, 2008), 16-17.

  대형교회의 선교 책무

초의 그리스도연합감리교회를 설립했고, 1903년 11월 10일에 첫 예배를 드렸다. 그 예배가 바로 현재 4천 개가 넘는 미주 한인교회의 출발점이다.

미주 한인교회는 한국에 온 미국인 선교사들의 노고와 희생의 열매이기 때문에, 미국인 선교사들을 떠나서 미주 한인교회에 대해 생각하는 것은 불가능하다. 100년이 흐르는 동안 미주 한인교회는 새로운 문화와 사람들에게 적응하는 과정을 거치면서 자신들의 고유한 정체성을 정의해 왔다. 그런데 너무 많은 사례에서, 한국계 미국인들은 여러 세대가 지났음에도 불구하고 여전히 자신들을 외국인으로 보고 있으며, 다른 사람들도 그들을 그렇게 보고 있다.

필자는 이 장에서 미주 한인교회가 직면한 선교적 쟁점들을 제시하고자 한다. 많은 경우 그들은 교회 부흥을 위해 몸부림치고 있으며, 대형교회들도 이에 포함된다.

조용한 탈출

차세대가 없다면 우리는 그리스도의 선교 명령을 계속 수행할 수 없다. 이 사실이 던지는 근본적 도전은 쇠퇴하는 유럽 교회들이 입증해 주고 있다. 미주 한인의 차세대는 이 역사적 실상으로부터 면제되지 않는다. 이와 관련해 이미 20년 전에 우리는 "도심의 한인 청년 전문인들"과 동역하기 위해서 "선교지"인 맨해튼에 선교사를 파송하자고 제안한 송민호 선교사의 의견을 들었다.[306] 1996년에 헬렌 리(Helen

---

306 Minho Song, "Constructing a Local Theology for the Second Generation Korean Ministry," *Urban Mission* 15, no. 2 (December 1997): 24, www.torontoyoungnak.com/bbs.php?table=board_67&home=song_en&query=view&uid=3.

Lee)는 "교회에서 자란 [한국계 미국인] 청년들이 자신들의 이민 교회가 부적합하고, 문화적으로 갑갑하고, 다문화적인 1990년대에 자신들의 영적 삶을 개발시켜 줄 준비가 안 되어 있다고 여기고 조용히 탈출하는 것"[307]에 대해 썼다.

20년 전에 염려했던 것이 오늘의 현실이 되었다. 놀랍게도 한국계 미국인 청소년의 82%가 고등학교를 졸업한 후 교회를 떠나기 원한다.[308] 이런 이유에서 미주 최대 한인교회 중 하나인 남가주 사랑의교회의 노창수 담임목사는 존 맥스웰(John Maxwell)의 명언인 "후계자가 없는 성공은 결코 성공이 아니다"를 인용하면서 "차세대 세우기"를 2015년 교회의 주제로 정했다.[309]

선교와 차세대 세우기는 함께 가야 한다. 예를 들면, 버지니아 주 센터빌에 소재한 와싱톤 중앙장로교회는 "차세대"를 주제로 한 이틀간의 콘퍼런스에 피터 차(Peter Cha)와 스티브 강(Steve Kang)을 강사로 초청했다.[310] 그들은 조용한 탈출의 주요 원인으로 두 가지를 지적했다. 성경적으로 건강하지 못한 교회와 부모들의 위선적인 신앙생활이 그것

---

307 Helen Lee, "Silent Exodus: Can the East Asian Church in America Reverse the Flight of Its Next Generation?," *Christianity Today* 40, no. 12 (August 12, 1996); reprint in *Asian American Christianity Reader*, ed. Timothy Tseng and Viji Nakka-Camma (Castro Valley, Calif.: Pacific Asian American & Canadian Christian Education Project and the Institute for the Study of Asian American Christianity, 2009), 99-103; www.christianitytoday.com/ct/1996/august12/6t9050.html에서 구할 수도 있음.

308 오상철, 〈크리스찬 타임스〉, 2012년 5월 17일자 참조. Jeff Schapiro, "America Is One of the Fastest Growing Mission Fields in the World," *Christian Post*, October 10, 2012, www.christianpost.com/news/america-is-one-of-the-fastest-growing-mission-fields-in-the-world-82985.

309 Danny Changsoo Ro, Annual Congregational Report, Sa-Rang Community Church, Anaheim, Calif., October, 2014.

310 콘퍼런스는 버지니아 주 센터빌에 소재한 와싱톤 중앙장로교회에서 2015년 3월 13-14일에 개최되었다. 피터 차는 트리니티복음주의신학대학에서 가르치고, 스티브 강은 매사추세츠 주 사우스 해밀턴에 소재한 고든 콘웰 신학대학원(Gordon-Conwell Theological Seminary)에서 가르친다.

이다. 역설적으로 미주 한인 2세들은 자녀(3세)들의 정체성 형성을 위해서 점차 모교회로 되돌아가고 있다.

미주 한인교회가 한인 2세와 3세를 받아들이고 대위임령에 순종하는 선교적 교회가 되려면 건강하게 성장해야 한다. 교회의 정체성은 파송자뿐만이 아니라 파송 받은 자이기도 하다.[311] 교회는 성령의 능력 안에서 대위임령에 순종하는 선교사가 되어야 한다.[312] 교회는 부모들이 선교적 명령을 따라 자녀를 기독교 신앙으로 양육할 의무를 진지하게 받아들이도록 권면할 책임이 있다.[313]

우리 이웃 가운데 있는 미전도 종족

'사명 완수'(Finishing the Task, www.finishingthetask.com)에서 2015년 2월 6일에 업데이트한 미접촉 미전도 종족 그룹 목록에 따르면, 인구 1만 명 이상을 가진 그룹이 722개 이상이다. 그러나 다른 척도에서 본다면, "지구 상에는 3천 개 이상의 미접촉 미전도 종족 그룹이 있고, 이 그룹들 중 230개는 남미와 북미에 살고 있다."[314]

2003년 와싱톤 중앙장로교회는 미접촉 미전도 종족 그룹 중의 한

---

311 David Jacobus Bosch, *Transforming Mission: Paradigm Shifts in Theology of Mission* (Maryknoll, N.Y.: Orbis Books, 1991), 370. 보쉬는 하나님의 선교(*Missio Dei*)가 교회의 정체성에 대한 우리의 이해를 선교 파송자에서 피파송자로 변화시킨다고 믿는다. 그러나 필자는 두 개념 모두 성경적이라고 믿는다. 선교로 파송을 받는 이는 거룩한 품성을 지녀 그리스도를 드러내야 한다. 하나님의 백성인 교회는 그리스도의 진정한 제자가 되고, 성령을 통해 그분의 품성을 닮아 가야 한다.

312 Charles E. Van Engen, *God's Missionary People: Rethinking the Purpose of the Local Church* (Grand Rapids: Baker, 1991), 133.

313 Christopher J. H. Wright, *The Mission of God's People* (Grand Rapids: Zondervan, 2010), 72.

314 www.finishingthetask.com. 에밀리 피어슨 참조. Emily Pearson, "Church 'Embraces' Unreached People Group at Home and Abroad," http://stories.imb.org/americas/stories/view/church-embraces-unreached-people-group-at-home-and-abroad.

종족, 즉 워싱턴 시에 살고 있는 3천 명의 쿠르드족을 입양하고 선교사를 한 명 파송했다. 쿠르드족 가운데 한 사람이 예수 그리스도의 제자가 되었으며, 계속해서 주일 예배에 출석하고 있다. 입양은 지역의 무슬림을 보듬고, 이민자 가정 교회들이 자신의 종족 그룹들과 접촉하도록 권면하는 기회가 되었다. 한국계 미국인 선교사 중에는 선교지에서 자유롭게 접촉하지 못하던 종족을 섬기기 위해 미국으로 돌아오는 이들도 있다.

미접촉 미전도 종족 그룹을 더 가까이 데려오고 그들과 접촉할 가능성을 높여 주는 지역 사회에서 미주 한인 대형교회들은 추수 밭을 볼 수 있을 만큼 충분히 성숙하다. 미주 한인 대형교회들은, 팀 켈러(Tim Keller)가 "세계 선교의 일부"라고 묘사하는 "도심 복음 운동"에 참여하기에 유리하다.[315] 바야흐로 그들은 복음을 위해 다양한 민족 그룹들 간의 화해에 시간과 자원을 투자할 때가 되었다.[316]

미주 한인 선교단체의 발전

우리의 소명은 하나님의 음성을 분별하는 것이다. 하나님은 절대 주권자이시며 행하는 모든 일에 이유가 있으시다. 미주 한인 디아스포라 교회가 받는 도전은 문화적으로 다채로운 외국에 존재하는 선교적 이유를 깨닫는 것이다. 우리는 어떤 경로를 추구하는가?[317]

---

315 Timothy J. Keller, *Center Church: Doing Balanced, Gospel-Centered Ministry in Your City* (Grand Rapids: Zondervan, 2012), 21.

316 Chadler H. Im, "The Korean Diaspora Churches in the USA: Their Concerns and Strengths," in *Global Diasporas and Mission*, ed. Chandler H. Im and Amos Yong (Eugene, Ore.: Wipf & Stock, 2014), 146.

317 에녹 완(Enoch Wan) 선교사는 미주 한인 디아스포라가 "명백히 하나님 나라 사역의 거룩한 사역을 위해 그들을 '조용한 나라 한국'에서 흩으시는 하나님의 방법"이라고 해석한다. Enoch Wan,

   대형교회의 선교 책무

인터버시티(InterVarsity)가 1946년부터 후원하기 시작해 3년마다 개최되는 어바나 학생 선교 콘퍼런스(Urbana Student Missions Conference)를 예로 들어 보자. 2012년 콘퍼런스에서 1만 6천 명의 학생 중 7천 명이 아시안계 미국인이었고, 콘퍼런스 디렉터인 톰 린(Tom Lin)도 아시아인이었다. 어바나 기간 중에 많은 참석자들은 하나님이 선교로의 부르심을 느낀다. 그러나 선교지에 도착하기 전까지 그들 앞에는 여러 단계가 놓여 있다. 선교사 훈련, 후원 교회 파송식, 기금 모금, 선교단체에 의한 임명 등이 그것이다.

미주 한인 디아스포라 교회들이 성장하면서 이 학생들이 사역할 수 있는 미주 한인 선교단체의 설립에 대한 필요성도 분명해졌다. 한국에서 사역했던 많은 서구 선교단체들은 문화적, 전략적 차이점들을 피하기 위해서 한국의 독립 선교단체들을 국제 이사회 아래 통합시켰다. 한국의 독립 선교단체들 역시 성공을 거두었다. 몇 가지 예를 든다면, 1961년에 설립된 대학생성경읽기선교회(University Bible Fellowship, UBF) 소속 선교사 1,670명은 99개국에서 사역하고 있으며, 인터콥선교회(Intercorp Mission)는 900명의 전문적 자질을 갖춘 평신도 선교사들이 중앙아시아와 중동에서 사역하고 있으며, 두란노해외선교회(Tyrannus International Mission)는 50개국에서 511명의 선교사가 사역하고 있다.[318] 한국인의 선교 참여에의 비전은 확장되고 있다. 2014년에 3,358명의 평신도와 592명의 목사들이 한국 내 인터콥 비전 스쿨(Intercob Vision

---

"Korean Diaspora: From Hermit Kingdom to Kingdom Ministry," in *Korean Diaspora and Christian Mission*, ed. Sung-hun Kim and Wonsuk Ma (Eugene, Ore.: Wipf & Stock, 2011), 106.

318 도육환, "Between Two Hours," in *Tyrannus International Mission* [in Korean], ed. 하용조 편 (서울: 두란노서원, 2015), 6-8.

School)에 참여했으며, 추가로 530명이 미국에서 열린 비전 스쿨에 참여했다.[319]

비슷한 특성을 가진 열정적인 미주 한인 대형교회들은 어바나나 다른 집회에서 선교사로 소명을 받은 이들을 훈련하고 파송하는 전략적 계획들을 개발했다. 1986년에 LA 은혜한인교회는 "선교는 기도요, 선교는 전쟁이요, 선교는 순교다"라는 삼중적 기치 아래 GMI(Grace Ministries International)를 출범시켰다. 이 선교단체는 특별히 구소련 국가들에 초점을 맞추고 있으며, 연 예산의 50%를 교회에서 지원하고 있다. 2013년까지 이 선교회는 256명의 선교사들을 58개국에 파송했다. 현재 교회는 2020년까지 1천 명의 선교사들을 파송할 비전을 가지고 있다.[320]

이 모든 노력은 (1) 은혜한인교회가 GMI를 설립했고, (2) 와싱톤 중앙장로교회가 1990년에 CMF(Central Missionary Fellowship)를 설립했고, (3) 뉴욕 장로교회가 1993년에 ROW(Reaching Out to the World)를 설립했기 때문에 가능했다. 와싱톤 중앙장로교회의 이원상 담임목사(당시)와 뉴욕 장로교회의 이영희 담임목사는 각각 두 선교단체의 통합에 동의했고, 두 교회 모두 교회가 대위임령에 순종해 선교하는 교회가 되어야 한다는 같은 비전을 공유했다. 따라서 이 통합을 통해 2000년에 SEED국제선교회가 탄생했다. SEED국제선교회는 산하에 SEED 미국, SEED 한국, SEED 캐나다 및 SEED 브라질을 포함하고 있으며, 북미주선교연합회(Missio Nexus)의 회원이며, 136개 단위의 선교사들을 36개국에서 섬기고

---

319 필자는 이 통계를 제공해 준 서동찬에게 감사한다. 그는 이 자료를 인터콥 기획 팀의 이영훈에게서 얻었다. 2015년 2월 23일.

320 Daniel Taichoul Yang, *Called Out for Witness* (Oxford: Regnum Books International, 2014), 67-75.

   대형교회의 선교 책무

있다.

또 다른 예는 1999년에 필라델피아 안디옥 교회(the Antioch Church of Philadelphia)가 설립한 세계전문인선교회(Professionals for Global Missions, PGM)다. PGM은 디아스포라에 집중하고, 교회 중심적이며, 전문인을 위한 비전으로 시작했다. 2015년 현재 PGM은 30개국에 121개 단위의 선교사(229명의 선교사)들을 보유하고 있다. 뉴욕의 프라미스 교회(Promise Church)는 4-14세의 어린이와 청소년 연령에 초점을 맞추기 위해 2009년에 '4/14 창 선교 운동'(4/14 Window Mission Movement)을 출범시켰다. 버지니아 주 헤른돈에 소재한 열린문장로교회(Open Door Presbyterian Church)는 누가복음 15장 7절을 비전의 기초로 삼고 의료 선교 사역에 특별한 강조점을 둔 한인 1세와 2세가 상호 의존하는 독특한 회중 모델을 개발했다.[321]

이 모든 미주 한인 대형교회들은 교회의 일차 목적은 국내외에서 대위임령을 성취하는 것임을 깨달았다. 선교적 목적이 소홀히 되면 교회는 성장할 수 없고, 교인들은 자신의 삶을 그리스도의 몸인 교회에 헌신할 수 없을 것이다.

캐나다에 있는 세 한인교회, 즉 토론토 영락교회(송민호 목사), 큰빛교회(임현수 목사) 그리고 그레이스 한인교회(박신일 목사)는 담임목사들의 선교적 성취 때문에 특별히 언급할 만한 가치가 있다. 그들이 추구하는 선교적 교회 개념은 전인적 선교 개념이다. 각 교회의 비전은 잘 정의되어 있어서 누구라도 교회가 지향하는 방향을 놓칠 수 없다.

토론토 영락교회는 2015년 예산의 25%를 선교 사역과 전도를 위해

321　Yong Hoon Kim, Church Directory, Open Door Presbyterian Church, Herndon, Va. (2014), 5.

편성했다. 이것은 대형교회로서는 이례적인 일이다. 이 교회는 구체적인 선교 사역의 목표를 가지고 구소련 국가들에 있는 종족 그룹이나 무슬림과 불교도 같은 미전도 그룹을 입양하는 것을 특별히 강조한다. 전인적 선교 철학을 가진 그레이스 한인교회의 종합적 계획인 '그레이스 선교 목표 2030'(Grace Mission Target 2030)은 자체 교회에서 200명의 선교사들을 파송할 목표를 세웠다. 큰빛교회는 진정한 선교적 교회로서 전 회중이 북한, 북인도, 중국에 집중해 미전도 종족 네 그룹을 입양했다.

단기 선교 사역의 증가

대형교회들뿐만 아니라 미주 한인교회들은 일반적으로 선교 동참을 격려하는 데 더 적극적이 되고 있다. 특별히 단기 선교 여행에 대한 강조가 전 회중을 선교에 동참시키는 데 유용하다는 것을 발견하고 있다.

그러한 선교 여행은 특히 청소년, 대학생 및 청장년에게 자신의 구원 체험을 다른 사람과 나누도록 동기를 부여하는 데 효과적이며, 그렇게 함으로써 그들은 그리스도에 대한 신앙 안에서 더 깊이 자라 갈 수 있다. 그들은 타 문화권 사람들이나 혜택을 받지 못하는 이들과 2주간을 보낸다. 이 체험들을 통해서 청소년 중 일부는 선교 사역에 전문적으로 헌신하고 장기 선교사로 섬기게 된다. 훈련과 모금 활동 가운데 전 회중이 선교적 목표를 위해 동원된다. 교인들은 잃어버린 자들을 찾으시는 하나님의 마음을 깨달으면서 영적으로 성장하는 열매를 맺을 수 있다. 미주 한인들은 이미 다문화 사회에서 살고 있기 때문에 이런 종류의 선교에 잘 준비되어 있다.

실버 성도의 동원

고령층의 숫자가 점점 늘어나는 것이 글로벌 추세다. 이것은 적절한 훈련을 통해 이 그룹을 선교 사역에 동원할 수 있는 기회를 제공한다.[322] 실버 성도들이 영적으로 잘 준비되면, 선교지를 위한 지원 그룹으로서 쓰임 받을 수 있는 최적의 자원이 된다. 선교사 자녀 학교들은 고급 자격을 갖춘 실버 전문인들을 환영한다. 미주 한인 대형교회들은 그러한 실버 성도들을 동원하고, 모집하고, 훈련하고, 적재적소에 배치하기 위한 탁월한 현장이다.

결론

전반적으로 미주 한인교회들은 선교 사역을 그리스도의 교회가 가진 일차 목적으로 이해하는 성경적으로 건강한 교회들이다. 이렇게 교회를 이해하는 자세는 한인 디아스포라가 한국에 파송된 초기 개신교 선교사들로부터 물려받은 선교 정신에서 나온 것이다. 그러나 세계적 흐름이 세속화를 지향하고, 미국이 세속 국가로 변하는 과정에 있으므로 미주 한인들은 점점 더 차세대에게만 집중하는 경향을 보여 왔다.

결과적으로 우리는 한편으로는 차세대를 잃어버리면 기독교 선교 사역이 지속되지 못할 수 있다고 말할 수 있다. 다른 한편으로는 미전도, 미접촉 종족 그룹이 모두 미국에 와 있으며, 우리 지역 사회에서 쉽게 접할 수 있다고 말할 수 있다. 사회적, 문화적, 세계적 변화는 새로운 선교 전략에 대한 필요를 우리에게 경고해 준다.

전문화된 선교 사역을 추구하고 자원을 더 잘 투자하기 위해서 미

---

322 See-Young Lee, "Mobilizing Senior Christians in Korea and among the Korean Diaspora for Mission," in *Korean Diaspora and Christian Mission*, ed. Kim and Ma, 260-263.

주 한인 대형교회들은 선교단체들을 설립하고, 특수한 지역이나 미전도 종족 그룹들에 집중하고 있다. 그들은 또한 지속적인 단기 선교 사역과 실버 성도들의 더 깊은 참여를 강조하는 선교 전략을 채택해 왔다. 교회들은 대위임령을 완수하기 위해 선교 사역 방법과 전인적 선교 방법을 추구하는 데 있어서 더욱 특화하고 있다. 현대의 교회는 분명히 공격당하고 있으며, 성령께서 선교를 진정 우선적인 목표로 삼게 하시는 능력을 받지 못하면 철저히 패배할 것이다.

그러나 미주 한인 대형교회들은 선교단체 및 다른 교회들과 더 긴밀하게 협력하는 것이 바람직할 것이다. 비록 대형교회가 자체 선교단체를 조직할 만한 충분한 자원이 있다고는 하지만, 다른 교회와 선교단체들과 협력하고 네트워킹하게 되면 더 효율적인 선교사 멤버 케어와 글로벌 전방 선교를 수행하기 위한 더 전문적인 기획이 가능할 것이다.

     대형교회의 선교 책무

1. 청년들이 모교회를 떠나는 '조용한 탈출'은 전 세계적인 추세다. 교회는 부모들과 협력해 청년들이 교회를 떠나지 않도록 권장하기 위해 어떤 조치를 취할 수 있는가?

2. 교회의 주요 목적은 세계 선교인데(마 28:18-20, 요 20:21), 그 선교적 목적을 달성하기 위해서 선교단체가 지역 교회를 도울 수 있는 구체적 방안은 무엇인가?

3. 단기 선교 팀은 때때로 선교지에 피해를 끼친다. 지역 교회의 선교 팀이 현장 선교사의 사역에 부정적인 영향을 끼치지 않기 위해 숙지해야 할 이슈들이 있다면 무엇인가?

4. 계속 증가하는 '실버' 그룹이 효과적인 국내외 선교 사역을 감당하도록 선교단체와 지역 교회는 어떻게 공조할 수 있는가?

5. 미국에는 약 4천 개의 한인 디아스포라 교회가 있으며, 거기에 소속된 청년 세대는 이중 언어 및 이중 문화권에 속해 있다. 따라서 그들은 선교지에서 섬길 준비가 잘되어 있다. 선교단체와 지역 교회 목회자와 평신도들이 그들에게 선교 동기를 부여하는 데 효과적인 전략은 무엇인가?

31장

"미주 한인 대형교회들의
선교 사역"에 대한 논평

카를로스 L. 말라베

교부 터툴리아누스(Tertullian)는 "순교자들의 피가 교회의 씨앗"이라는 유명한 주장을 펼쳤다. 이 주장의 진실을 한국 교회가 입증해 주고 있다. 기독교가 한국에 최초로 접촉한 사건은 17세기로 거슬러 올라간다. 역사적 기록에 따르면, 1세기 이상 계속된 박해 속에서 1만 명 이상의 순교자들이 죽어 갔다고 한다. 이 신앙의 영웅들의 사역과 증거와 선혈에 의해서 한국 기독교의 성장과 강점이 빚어졌다. 21세기에 한국의 그리스도인들은 자유롭게 신앙생활을 할 수 있을 뿐만 아니라, 2014년도 퓨 리서치센터(Pew Research Center)의 조사에 따르면, 기독교인

은 남한 인구의 약 30%를 구성하고 있다.[323]

이들 신앙의 선구자의 공헌을 고찰하면서, 21세기에도 북한을 포함해 남아시아 국가들과 특히 아프리카와 중동에서 목숨을 잃은 수많은 순교자들에 대해 우리는 숙고한다. 오늘 우리는 한민족 형제자매들의 역사에서 많은 것을 배울 수 있다. 성령의 능력으로 예수님의 제자들이 최악의 시련에서 일어나 하나님의 약속된 나라가 온전히 도래하도록 계속해서 전진하고 있다.

새로운 그리스도인 세대들은 과거의 한민족 교회와 다른 박해받는 교회들의 이야기를 들어야만 한다. 이 이야기들은 오늘날 박해받고 있는 이들의 결의를 강하게 하는 데 기여할 것이다. 그보다 훨씬 더 중요한 것은 우리 가운데 서구에서 안락하고 평안한 삶을 누리고 있는 이들은 안일함에서 깨어날 필요가 있다는 것이다. 요한계시록의 사데 교회와 라오디게아 교회처럼 우리도 회개하고 오랜 영적 낮잠에서 깨어나야 한다.

필자는 교회의 역사가 바뀌기를 바라지만, 박해와 순교는 예외가 아니라 규범인 것 같다. 한국인들과 한국계 미국인들과 미국 내 모든 민족의 그리스도인들은 오늘 우리가 누리는 자유를 최대한 활용해야 한다. 우리는 이 자유를 당연시해서는 안 된다.

대형교회들의 사회정치적 영향력

여기서 우리는 정치와 종교의 교차점을 고찰한다. 이원상 목사가 표현한 대로, 한국과 미국이 1882년에 조미수호통상조약을 체결함으

---

323 www.pewresearch.org/fact-tank/2014/08/12/6-facts-about-christianity-in-south-korea.

로써 1884년에 최초의 의료 선교사가 한국에 입국할 수 있게 되었다. 교회는 속해 있는 국가의 정치적 삶에서 고립되지 않는 것이 매우 중요하다. 우리는 정치적 과정을 좌우할 수 있는 우리의 능력과 영향력을 오로지 개인의 유익만을 위해서 사용해서는 안 된다. 하지만 우리의 기본권을 보호하기 위해 조심할 필요는 있다.

이 요점이 특별히 시의적절한 이유는 미국의 대형교회들이 정치적 삶으로부터 동떨어져 지내는 경향이 있기 때문이다. 교회가 사회정치적 분야에 참여하거나 소홀히 하는 것은 중대하고 광범위한 영향을 미칠 수 있다. 우리가 한민족의 경험에서 목격하듯이 그리스도인들은 바람직한 정치적 결정으로부터 혜택을 받을 수 있다. 그런 결정은 장기적으로 엄청난 영향을 미치기 때문이다. 교회는 깨어 있어야 하며, 속해 있는 국가의 사회정치적 논쟁에서 적절한 역할을 수행해야 한다.

대형교회들은 이따금 자신들의 신학적 입장에 배치되는 정치적 결정들을 비판하고 정죄하는 경향이 있다. 그렇지만 오히려 지역 사회의 정치 생활에 적극적이고, 지혜롭고 전략적으로 참여하는 것이 필요하다. 이것은 대형교회들의 물량적 힘이나 가능한 영향력을 볼 때 특히 중요하다. 이원상 목사가 서술한 캐나다에 있는 세 교회들은 전인적 선교(holistic mission)를 추구하는 선교적 교회 개념을 가지고 있다. 그러한 선교는 지역 사회나 그 나라의 정치적 삶에 교회가 적절히 참여하는 것을 포함한다.

영적 유산과 현황

이원상 목사는 한국에 온 초기 선교사들이 물려준 영적 유산에 대

 대형교회의 선교 책무

해 말한다. 그는 그것이 "성경적 가르침과 희생을 통해 받은 영적 유산"(388쪽)임을 우리에게 상기시켜 준다. 한국의 초대 그리스도인들도 소중한 유산을 남겨주었다. 오늘날 세계 도처의 그리스도인들은 한국 그리스도인들의 기도에 대한 헌신을 인정하고 감탄한다. 기도에의 헌신은 여러 면에서 독특하다. 날마다 종일토록 기도하는 개인들이 있고, 새벽 기도회나 저녁 기도회를 갖고, 심지어 대규모 기도 집회를 개최하는 교회도 많다. 미국의 한인들은 종종 기도 대회를 여는데, 2014년 11월 11일, 캘리포니아 주 얼바인에 소재한 버라이즌 와이어리스 공연장에 약 6천 명이 모여서 나라를 위해 8시간 동안 기도했다.

대부분의 한국인들은 성장을 위해 기도하지 않는 교회는 성장하지 않는다고 믿는다. 그들은 기도가 하나님의 마음뿐만 아니라 자신의 마음을 움직이는 데도 필수적이라고 본다. 한국인 신자에게 신앙의 토대는 하나님과 교제하는 매일의 기도라고 할 수 있다. 대부분의 한국인 그리스도인들은 예배드리는 교회의 규모와 상관없이 기도 생활을 일반적으로 실천하고 있다.

대부분의 한국인 그리스도인들에게 물어보면, 그들은 신앙의 활력이 매일 실천하는 성실한 기도에서 나온다고 주장할 것이다. 전통이나 민족이 다른 교회들도, 크든 작든 규모를 막론하고 한국인 형제자매들로부터 배울 것이 많다. 오늘날 대부분의 미국인 그리스도인들은 일상 기도를 실천하는 것을 어려워하고 있다. 퓨 리서치센터의 2013년도 조사에 따르면, 미국인의 절반 이상(55%)이 매일 기도한다고 한다.[324] 필자는 퓨 포럼(Pew Forum)이 실시한 조사의 정당성에 이의를 제기하지

---

324 www.pewresearch.org/fact-tank/2015/05/06/5-facts-about-prayer.

는 않는다. 하지만 동시에 지역 교회의 목회자로 사역한 경험에 비추어, 교인들이 규칙적인 기도를 드리려고 몸부림쳤다는 사실을 증언할 수 있다.

필자는 미국 기독교가 일반적으로 한국인 형제자매들의 과거와 현재의 모범적인 기도 생활로부터 많은 것을 배워야 한다는 매우 강렬한 느낌을 받는다. 필자가 자주 고민하는 것은 만약 미국인 그리스도인들도 한국인 그리스도인들처럼 기도에 헌신한다면 미국에 어떤 영향력을 미칠까 하는 점이다.

대형교회들은 큰 규모와 복잡한 구조 때문에 모든 사람이 모여서 기도하기에는 환경이 매우 열악해 보인다. 이런 현실은 대형교회들에게 도전을 준다. 하지만 많은 대형교회들은 소그룹들을 역동적이고 강력한 네트워크로 조직해 왔다. 바로 이 친밀한 소규모 모임들 속에서 기도가 활성화될 수 있다. 한국의 여러 대형교회들은 이런 수준의 기도를 이루는 데 매우 성공을 거두어 왔다.

차세대를 붙잡아야 한다

필자는 이원상 목사가 "차세대가 없다면 우리는 그리스도의 선교 명령을 계속 수행할 수 없다. 이 사실이 던지는 근본적 도전은 쇠퇴하는 유럽 교회들이 입증해 주고 있다"(389쪽)고 주장한 바에 동의한다. 이원상 목사가 제공한 데이터에 따르면, "놀랍게도 한국계 미국인 청소년의 82%가 고등학교를 졸업한 후 교회를 떠나기 원한다"(390쪽). 밀레니얼 세대와 더 어린 세대들이 교회를 떠나는 현상에 대해서는 자세하게 알려져 있다. 연구 자료에 따르면, 오늘날 특정 신앙에 속해 있

대형교회의 선교 책무

는 이들 중에 청장년이 장년층보다 그 수가 더 적다고 한다. 오늘날의 청장년은 부모나 조부모 세대가 젊었을 때보다 교회에 소속될 가능성이 훨씬 더 낮다. 밀레니얼 세대의 네 명 중 한 명은 어떤 신앙도 가지지 않고 있다.[325]

이렇게 교회 생활을 벗어나는 이유는 다양하고 복잡하다. 필자는 "교회는 부모들이 선교적 명령을 따라 자녀를 기독교 신앙으로 양육할 의무를 진지하게 받아들이도록 권면할 책임이 있다"(391쪽)고 말한 이원상 목사의 주장에 동의한다. 부모들은 자녀의 신앙과 영성을 형성하는 데 중대한 역할을 맡고 있다. 서구 기독교에서 소홀히 여기는 중요한 요소 중 하나는 공동체 의식의 결핍이다. 오늘날 젊은 세대는 소속에 대한 욕구가 더 크다. 한국 문화가 가족을 중시하고, 효도를 매우 강조하는 것은 서구인들에게 건강한 모델을 제공한다. 이 모델이 항상 완벽하고 성공적이어서가 아니라 튼튼한 토대를 제공하기 때문이다.

우리의 현재 문화적 상황에서 볼 때 대형교회들은 그들의 사치스럽고 미디어가 범람하는 콘텐츠들 때문에 젊은 세대들에게 성공적으로 접근하기에 더 유리한 위치에 있는 것처럼 보인다. 하지만 미디어 자체만으로는 젊은이들의 필요를 만족시키지 못할 것이다. 대부분의 조사 결과에 따르면, 밀레니얼 세대는 의미와 진정성을 추구하는 데 참여한다고 한다. 그들은 변화무쌍한 현재에 대한 안내자로서 과거를 의지한다. 퓨 포럼 연구가 밝혀 낸 내용에 따르면, "밀레니얼 세대는 연장자들을 존경한다. 대부분이 도덕 가치와 직업윤리를 고려할 때 구세대가 신세대보다 더 우월하다고 말한다. 또한 10명 중 여섯 또는 그 이

---

325 www.pewforum.org/2010/02/17/religion-among-the-millennials.

상은 연로한 부모가 자신들과 함께 살기를 원한다면 그렇게 해야 할 책임이 가족에게 있다고 말한다."[326]

대형교회들은 젊은 세대를 인도할 만한 좋은 위치에 있다. 하지만 일단 대형교회에 인도된 그들에게 공동체적 삶을 강조하는 전인적 신앙과 영적 경험을 제공해 주어야 한다. 대형교회는 청년과 노인이 함께 그리스도의 형상대로 자라 가는 공동체가 되어야만 한다.

잘 협력하는 교회들

필자는 한인 교회들이 "복음을 위해 다양한 민족 그룹들 간의 화해에 시간과 자원을 투자할"(392쪽) 필요가 있다고 주장한 이원상 목사의 인식에 동의한다. 필자는 다른 민족 단체들뿐만 아니라 한국인들도 인종적 일치와 화해를 장려할 책임이 있다는 점에서 동의한다.

이와 같은 반성을 위해 기독교적 일치와 화해도 필수적이라고 제안하고 싶다. 필자의 관점에서 본다면, 한국 개신교는 수백 개의 교단으로 분열함으로써 부정적인 공헌을 했다. 이 분열은 예수님과 사도들이 그린 교회의 일치에 대하여 도전하는 것이다(요 17:20-23). 2012년에 필자는 한국 부산에서 개최된 세계교회협의회(WCC) 총회에 참석할 기회가 있었다. 거기에서 필자는 한국 그리스도인들 사이에 존재하는 격렬한 분열을 목격하며 마음이 아팠다.

또한 필자는 대형교회들이 다른 그리스도인들과 고립되어 사역하려고 하는 경향 때문에 실망스럽다. 대형교회들은 자체적으로 풍성하게 사용할 수 있는 온갖 자원들 때문에 내부 지향적이 되려는 경향이 있

---

326 www.pewsocialtrends.org/files/2010/10/millennials-confident-connected-open-to-change.pdf.

  대형교회의 선교 책무

다. 이원상 목사가 지적한 것처럼, "미주 한인 대형교회들은 선교단체 및 다른 교회들과 더 긴밀하게 협력하는 것이 바람직할 것이다"(398쪽). 미국 내에서 교회 성장의 미래는 대체적으로 우리의 차세대 전도 역량에 달려 있다. 대부분의 차세대는 구태의연한 민족적, 사회적, 신학적 분열을 버리고 떠난다.

마치는 말

결론적으로, 필자는 "현대의 교회는 분명히 공격당하고 있으며, 성령께서 선교를 최우선순위로 삼게 하시는 능력을 받지 못하면 철저히 패배할 것이다"(398쪽)라고 말한 이원상 목사의 말에 동의한다. 또 우리는 선교 사역뿐 아니라 사람도 우리의 우선순위임을 인식해야 한다.

오늘날 우리는 복음을 만민에게 전하는 데 필요한 모든 신학적, 조직적 수단들을 쉽게 얻을 수 있다. 우리에게 부족한 중요한 영역은 공동체적 신앙의 전파와 실천에 대한 헌신이다. 작가인 크리스천 피아트(Christian Piatt)는 우리에게 의도적인 공동체가 필요한 이유를 다섯 가지로 규명한다. (1) 우리는 알려지기를 바라고, 다른 사람과 삶을 나누고 싶어 한다. (2) 우리는 서로의 짐을 나눠야 할 필요가 있다. (3) 우리는 거룩한 시간을 정할 필요가 있다. (4) 우리는 서로에게 책임을 부여할 필요가 있다. (5) 우리는 거룩한 장소를 사모한다.[327] 우리는 평화롭고, 차별되고, 고요하고, 특별한 무언가를 간직하고 싶어 한다.

우리의 선교는 교회 성장뿐 아니라 의미와 소속감과 통전성(wholeness)을 간절하게 원하는 세상에서 교회가 되어 주는 것이다.

---

327 Christian Piatt, www.patheos.com/blogs/christianpiatt.

대형교회와 선교

: 교훈과 도전

여섯 명의 선교단체 및 교회 지도자들에게 "대형교회와 선교"를 주제로 한 짧은 글을 준비해 달라는 부탁을 했다. 발제문의 주제는 그들이 선택하거나 또는 포럼의 코디네이터들이 정해 주었다. 다음 내용은 그들이 포럼에서 발표한 순서대로 편집한 것이다(편집인 일동).

대형교회 선교 책무의 주제

J. 넬슨 제닝스

필자는 포럼 주제와 관련된 세 가지 질문에 답변해 달라는 요청을 받았다. 하나씩 순서대로 답변하겠다.

2년 전 필자가 제3회 KGMLF의 주제로 "대형교회의 선교 책무"를 제안하게 된 동기는 무엇인가?

OMSC는 평소에는 모이지 못하는 다양한 선교계 인사들을 한자리에 모이게 하는 데 중요한 역할을 했다. 한 가지 중요한 사례는 1970년부터 로마가톨릭 학자들과 전문가들이 OMSC의 초청을 받아, 엄밀히 말하면 개신교적인 사역에 참석했다는 것이다. 또 다른 중대한 동기역시 1970년대에 시작되었는데, 이 연구 그룹은 나중에 '선교 리더십 포럼'(Mission Leadership Forum)으로 명명되었다.

6개월마다 초청받은 이들만 참석해 비공개로 진행되는 이 주말 모임은 당시에는 보통 함께 만나지 않았던 복음주의와 주류 교단(미국에서 복음주의, 오순절주의, 근본주의와 대조되며 루터교, 장로교, 침례교, 성공회, 감리교, 개혁교단 등 전통적 교단들을 통칭한다)의 선교 지도자들이 공통된 관심사들을 토론하면서 서로 신뢰하는 관계를 형성하게 되었다. OMSC의 역할은 다양한 기독교 전통을 배제하지 않는 포용적 태도를 유지하는 것이었다. OMSC는 우호적인 소규모 조직이기에 이렇게 다양한 사람들을 안식과 토론과 친교의 시간을 위해 초청할 수 있는 특징이 있었다.

OMSC의 또 다른 특징은 다른 기관에서는 다룰 만한 입장이 아닌, 중요하면서도 민감한 선교 주제들에 대한 연구였다. 다시 말해서, OMSC는 특정 교단이나 기독교 전통에 소속되지 않은 위치 때문에 예민한 문제를 솔직하고 개방적으로 토론할 수 있는 역량을 무력화하는 교단 간 영역 싸움과 정치적 지뢰밭에서 자유로울 수 있었다. 처음 두 번에 걸친 KGMLF는 한국인의 선교 사역의 핵심 주제들인 "선교 책무"와 "선교사 가정에 대한 책무"를 다루었다.

필자는 한국의 교회들과 선교단체들에게 긴급하고, 굉장히 중요하고, 극도로 민감한 한 가지 주제가 있다면 대형교회에 관한 것이라고 이해했다. 사실 그 주제의 폭발적 민감성은 2년 전 서울에서 모인 오찬 모임에서 기획 팀 참가자들이 소스라치게 놀라는 모습을 보면서 확연해졌다. 하나님의 은혜로, 그 주제를 고찰하는 것이 중요하고 긴급하다는 판단이 반발이나 관계 훼손에 대한 두려움을 이겨 냈다.

이 포럼에 대한 필자의 기대는 어떻게 충족되었나?

무엇보다도 (특히 한국에 초점을 둔) "대형교회의 선교 책무"라는 민감하면서도 중차대한 제목을 다루는 포럼이 여하튼 실제로 현실이 되었다는 사실은 매우 감사한 일이다. 필자는 이 포럼이 과연 개최될 수 있을지 줄곧 의혹을 품고 있었다. 2년 전의 그 잊지 못할 기획 팀 오찬 모임에서 한 번 이상 의혹을 품었던 것까지 포함해서 말이다. 게다가 우리는 주로 북미 측 인사들이 참여했던 두 번의 KGMLF보다 훨씬 더 넓은 범위의 비한국계 인사를 포함하려는 의도를 가지고 있었다.

필자가 우리의 역량보다 훨씬 더 광범위하게 거의 모든 지역의 대표를 초청하고 싶은 바람을 가지고 있었다는 것은 인정하지만, 사실 이번 포럼 그룹은 처음 두 포럼 때보다 더 세계적이다. 자명한 예를 몇 개만 언급하자면, 필자는 중국, 인도, 동남아, 남미, 불어권 아프리카, 일본 등에서 더 많은 참가자들을 초청하고 싶었다. 그렇다 하더라도 최선의 노력과 많은 기도를 통해 결국 하나님의 인도하심에 따라 가장 뛰어난 그룹이 모였다고 필자는 믿는다.

이번 KGMLF의 여러 발제자와 논평가를 포함한 참가자들의 우수성과 세계적 범위는 필자의 소망과 기대를 충분히 만족시켜 주었다. 참석했더라면 유익했을 몇 개 지역 대표들은 초청하지 못했지만, 그 실패는 노력이 부족했기 때문이 아니었다.

게다가 포럼의 부주제가 결정되는 것을 보면서 필자는 발제자들과 논평가들이 기여한 논문의 범위에 대해 매우 기뻤다. 논문들은 계획했던 제목을 충분히 다루었기 때문에, 참가자들과 포럼 출간물을 읽는 독자들은 대형교회 선교 사역에 연관된 주제들을 훨씬 더 폭넓게 이해할 수 있을 것이다.

본래 필자는 새들백 교회와 힐송 교회 등과 같이 널리 알려진 다른 비한국계 대형교회들의 대표 몇 명이 참석하기를 바랐다. 그러나 세계적으로 유명한 대형교회들에 방대하게 초점을 맞추게 되면, 나름대로 중요한 사역을 실천하면서 예측 가능한 미래에 엄청난 영향력을 행사할 수 있는 위치에 있는 다른 교회들에 대한 소중한 정보를 방해할 수 있겠다는 것을 깨달았다. 하나님의 지혜는 필자의 어리석은 포부보다 더 위대했음이 입증되었다.

포럼을 준비하는 동안 대부분의 논문들이 (최소한 영어로는) 이미 출판을 위해 편집된 상태라는 점은 필자를 놀라게 했다. 논문을 모으고 영문판과 한글판 책 편집 작업에 헌신한 김진봉 선교사와 영문판 편집 책임자인 드와이트 P. 베이커의 신실함을 인정하고, 감사하며, 크게 칭찬하는 바다. 한글판을 작업한 고구경 목사에 대해서도 마찬가지다.

지난 9월 초부터 온누리교회를 섬기고 있는 필자는 이 특별한 국제적 콘퍼런스를 주최하는 데 필요한 물품 준비 작업을 눈앞에서 목격하는 특권을 누렸다. 온누리교회가 크기는 하지만 보유 인력이나 재정이 무한한 것은 아니다. 편안하고, 의미 있고, 기억될 만한 협의를 이끌어 내기 위해 무수한 세부 사항까지 엄청난 노력이 투입되었다. 필자는 이 KGMLF를 모든 사람의 소원을 만족시키는 것 이상으로 만들기 위해 쉬지 않고 자신을 희생한 온누리교회 스태프들보다 더 잘, 더 열심히 일하는 그룹을 본 적이 없다.

심화 연구가 필요한 주요 주제들은 무엇인가?

필자는 대형교회를 다루는 이 포럼의 제목에 관해 세 가지 주제를 언급하고 난 후에 우리 비전의 한계를 확장시킬 세 가지 제목들을 제안할 것이다.

먼저, 이번 KGMLF의 한 가지 중요한 목적이 대형교회 선교 사역에 직접 참여하거나 간접적으로 연관된 선교 지도자들 사이에 신뢰를 쌓는 것이기는 하지만, 이 중요한 신뢰에 관한 주제는 분명히 검토가 더 필요할 것이다. 여러 해 동안 쌓인 불신이 한 번의 포럼으로 불식될 수는 없다. 대형교회 일반에 관한 불신은 선교 활동까지 포함해서 상당한 시간과 집중적인 기도가 필요할 만큼 깊고 넓게 깔려 있다. 필자는

이 콘퍼런스가 끝난 후 곧 갖기로 예정된 대형교회 선교 목사들과의
만남을 매우 기대하고 있다.

둘째, 세계의 가난하고 주변화되고 압제받는 인구들 가운데서 수행
되는 대형교회의 선교와 사역은 이 특별한 KGMLF가 제공할 수 있는
것보다 더 많은 집중적인 연구를 필요로 할 것이다. 선교사, 선교 기
관, 중소형교회를 포함하는 비대형교회 선교 참여자들은 대형교회가
"대형교회의 책무"라는 주제를 통해 자성할 수 있도록 자극한다. 그 주
제는 매우 중요하다. 그러나 주변화된 종족들 사이에서의 선교도 그러
하다. 대형교회들은 본질상 인적, 물적, 프로그램이라는 자원을 훨씬
더 많이 보유한 입장에서 세계의 가장 낮은 종족들에게 접근한다. 대
형교회가 설립한 NGO 단체들을 통해서 그러한 일들이 어떻게 잘 일
어나느냐는 문제에 대하여 계속적인 주의를 요할 것이다.

셋째, 사례 연구와 토론을 통해 등장한 한 가지 주제는 대형교회 선
교 참여의 특수성과 복합성이다. 예를 들면, 호주의 힐송 교회, 과테말
라의 그리스도 형제애(Christian Fraternity) 교회, 케냐의 마부노 교회는 서
로 상당히 다르다. 그러므로 대형교회와 선교에 대한 일반적인 특징을
단정 짓는 것은 어렵다. 그러나 다양한 대형교회 활동들의 공통적인
특성에 대해서는 공동의 검토가 필요하다.

미래의 KGMLF와 같은 회의에서 다루어질 만한 중요한 선교 주제
를 꼽으라면 가장 먼저 선교사의 민족적, 문화적 정체성 문제다. 즉 자
기가 이해하고, 실제로 실천되며, 타인이 파악한 선교사의 정체성 말
이다. 그 문제는 어느 경우에나 중요하겠지만, 한국 선교사들의 한국
식 선교 방식에 대해 자주 비판이 제기되는 것을 감안할 때 한국인 선

교사들의 처신에 있어서 특별히 중요해 보인다.

두 번째 주제는 여러 교단 사이의 협력이다. 많은 보수적 그리스도인들은 '에큐메니칼'이란 용어가 비신앙적인 타협을 암시하기 때문에 싫어한다. 그럼에도 불구하고 이 용어 자체는 자기 교단의 테두리를 벗어난 모든 그리스도인들을 언급할 때 유용한 것이 사실이다.

세 번째로 숙고할 가치가 있는 주제는 기독교 전통, 기관, 교회 및 선교사들이 다른 이들에 의해서 어떻게 인식되는가에 대한 것이라고 생각한다. 선교에 참여하는 그리스도인으로서 우리는 우리의 신념을 공유하지 않거나 우리의 목적을 승인하지 않는 이들의 눈을 통해 스스로에 관해 엄청나게 많은 것을 배울 수 있다. 예를 들면, 우리는 자신의 내적 차이점이 생각했던 것만큼 크지 않다는 것을 보게 될 수도 있다. 또한 우리 안에 숨겨진 동기들이 얼마나 순수하다고 믿는지와 상관없이, 숨겨진 동기들을 깨닫는 것 자체만으로도 괜찮다.

전반적으로 KGMLF 2015는 간단한 해답을 제공하기보다 더 많은 질문을 제기했다. 이러한 확장된 과정을 통해 우리가 실질적으로 맞닥뜨린 의미심장한 문제들이 분명하게 드러났기를 소망한다.

라틴아메리카 대형교회들 사이의 유사점과 차이점

호르게 H. 로페스

필자는 선교 주제에 대한 전문가는 아니지만 이 패널에 참석해 달라는 초청을 받은 후 1980년대 초반 랄프 윈터와 함께 가졌던 저녁식사를 기억하게 되었다. 선교 동원 전문가인 루이스 부쉬(Luis Bush)가 랄프 윈터에게 필자를 선교에 참여하도록 설득해 달라는 부탁을 했다. 랄프 윈터는 "모든 대형교회의 담임목사는 이미 선교에 참여하고 있습니다. 사역을 통해 많은 사람들에게 전도하고 있기 때문입니다"라고 말했다.

필자의 부탁으로 중앙아메리카선교회(Central American Mission)의 신학교 학장인 카를로스 로페스(Carlos López)가 라틴아메리카의 대형교회에 대한 관찰 분석을 준비했다. 다음은 그의 글을 있는 그대로 발제한 것이다.

> "라틴아메리카의 대형교회들 : 간단한 분석"
>
> _ 카를로스 로페스

이 간단한 분석은 두 가지 질문을 고찰함으로써 나온 것이다. 라틴아메리카의 대형교회는 어떤 방식으로 서로 비슷한가? 그리고 그들은 어떤 방식으로 서로 다른가? 이어지는 관점은 외부 관찰자의 시각에서 나온 것이다. 필자는 대형교회의 설립자가 아니며, 수많은 라틴아메리카 대형교회 중 한 곳에서 사역하는 목회자도 아니다. 그러나 필자는 1980년대에 시작되어 복음주의 그리스도인의 이미지와 그들의 '교회 됨'의 방식을 급격하게 바꿔 놓은 현상을 목격한 사람 중에 하나다. 대형교회의 등장 이전과 이후 사이의 균열에 대해 언급하지 않은 채 복음주의 기독교를 적절하게 논하는 것은 불가능하다. 그것은 중요한 역사적 표지이다.

이 간단한 분석의 초반에 제기한 질문들에 대하여 요약 형태로 답변하기 전에, 필자는 우선 대형교회들이 우리 시대의 복음주의 교회에 각인시킨 다섯 가지 중요한 표지를 언급하겠다. 이 요점들이 중요한 이유는 대형교회들 간의 유사점과 차이점이 거기서 비롯되기 때문이다. 필자는 오늘날의 대형교회들이 전통적 복음주의의 특성들 중에서 거부한 것들에 비추어 이 표지들을 언급할 것이다.

복음의 즉흥성 남용 전통적 복음주의에서는 복음의 즉흥성을 남용했다. 하지만 대형교회들은 현대적이고 잘 준비된 예전을 사용함으로써 '복음의 즉흥성'에 도전해 왔다. 최신의 현대 음악 스타일, (준)전문 음악가, 최고 품질의 악기와 음향 시스템 사용, 최고 품질의 오디오, 조명, 강단, 플랫폼 등은 모두 다른 교회들이 부러워하는 전문성을 반영한다. 대형교회들이 생겨난 이후로 현대 교회의 예전은 더 이상 과거와 같을 수 없다.

성령과 설교자만이 언제 끝날지 아는 '늘어진 예배' 전통적 복음주의에서는 늘어진 예배를 드렸으나 대형교회의 예배는 역동적이다.

 대형교회의 선교 책무

대형교회에서는 회의도 짧게 한다. 대형 스크린은 광고와 소식을 전달하는 시간을 절약한다. 섬기는 사람들은 자신들이 그곳에 있는 목적이 하나님을 찬양하고 설교자가 전하는 말씀에 경청하는 것이라고 알고 있다. 다른 모든 것(예를 들어, 대화, 교회의 한 가족으로서 함께 먹기, 교회의 다른 사역에 참여하기 등)은 다른 시간대로 미루거나 성전이나 예배당의 부속 건물과 같은 다른 장소로 옮겨질 수 있다. 오늘날 도시 교회들의 예배와 회의는 대형교회가 출현하기 이전과 같이 길게 진행되지 않는다.

예배당 장식에 관한 무관심 전통적 복음주의에서는 예배당 장식에 미약했으나 대형교회들은 예배당 장식에서 미학의 가치를 재발견했다. 모든 장식은 그날이나 그달의 설교나 교훈의 주제에 맞게 기획되는 듯하다. 수많은 디자인 예술 전문가 형제자매들은 시간을 들여서 미학적 조언을 제공함으로써 원하는 내용을 청중에게 시각적으로 전달한다. 오늘날 도시 교회들은 예전보다 성전의 미관에 더 많은 관심을 쏟는다.

여성 사역에 대한 금기 전통적 복음주의에서는 여성 사역이 금기시되었다. 하지만 대형교회들은 복음주의 교회 내 여성들의 프로파일을 더 가치 있게 평가한다. 여성 목회자를 포함해 여성 사역은 대형교회 리더십 구조에서 중요한 축이다. 그 변동의 중대성은 특정 사역의 리더들이 반발함에도 불구하고, 여성이 설교와 공개적 가르침과 주일 예배 인도에 참여하는 데서 나타난다. 많은 사람들이 이를 갈고 있음에도 불구하고 여성들의 사역은 새로운 도시 교회들 안에서 올바른 자리를 찾아가고 있다.

설교자의 둔감한 설교 전통적 복음주의에서는 설교자의 설교가 둔감했다. 대형교회 설교자들은 능숙하고 역동적인 소통자들이다. 그들은 모든 사람이 이해할 수 있는 언어로 말한다. 그들은 자신들이 섬기는 사람들이 직면한 현실에 대해 말한다. 그들은 덤불 속을 헤매고 다니지 않는다. 그들은 언어를 이용해 자기 교인들을 두들겨 패지 않는다. 설교자가 능숙하고 역동적인 전달자가 아니라고 하더라도, 설교에 할당된 시간은 사람들을 졸리게 할 만큼 길지 않다. 도시 교회의 설교자들은 대형교회로부터 (40분을 넘지 않는 설교에서) 이해 가능한 짧은 단어로 말하는 법을 배웠다.

이러한 특징적 표지들과 다른 많은 표지들을 보면서 우리는 대형교회 운동 때문에 하나님께 감사한다. 하나님이 이 운동을 시작하신 다음부터 복음주의 교회는 달라졌다. 대형교회의 급증으로 말미암아 복음주의 교회의 이전과 이후가 쉽게 구별이 된다.

유사점과 차이점

필자는 개인적 관찰에 기초해 라틴아메리카의 대형교회들 사이의 유사점과 차이점을 다음과 같이 열거해 보았다.

 대형교회의 선교 책무

〈유사점〉

· 현대적인 예전을 사용한다.

· 회의를 짜임새 있고 간결하게 한다.

· 악기와 전문 음향 시스템과 조명이 중요한 역할을 한다.

· 세련된 미적 감각을 시설에 반영한다.

· 여성 사역 리더십을 자유롭게 발휘할 수 있다.

· 담임목사가 창립자이거나 장기간 그 목회직에 있다.

· 예배 참석자를 위한 시설만큼 주차 시설도 방대하다.

· 라디오나 TV나 소셜 네트워크 등 다양한 테크놀로지를 활용해 예
  배드리는 횟수를 늘린다.

· 사람들의 필요에 부응하기 위해 전임 직원을 둔다.

· 전 교인(즉 어린이, 청소년, 장년, 청년, 미혼자, 과부, 이혼자, 노인)의 필요를
  채우기 위해 사역을 다변화하고 증대한다.

〈차이점(모든 대형교회가 해당되지는 않는다.)〉

· 오순절주의, 신오순절주의, 혹은 은사주의자들이다.

· 신사도 네트워크에 소속되어 있다.

· 번영 신학을 지향하는 경향이 있다.

· 학교를 운영하거나 사회에 다른 봉사를 제공한다.

· 독립적이거나 해외 운동에 의존하는 교회들도 있다.

· 신학적 훈련을 받은 목사들이 있다.

· 자체 연구소나 신학원이 있다.

· 소그룹 덕에 성장한다.

대형교회의 선교적 역할 :
여의도순복음교회의 선교 사역

엄태욱

성령 세례는 복음을 전하는 그리스도인들에게 능력을 공급해 주는 체험이다. 또한 성령 세례는 상이한 배경을 가진 그리스도인들을 연합시켜 성령 안에서 하나가 되게 한다. 성령 세례의 체험은 그리스도를 믿는 자들의 공동체에 대한 비전을 조성하고, 사람들을 변화시키고, 공동체적인 문화 가치를 창출한다.[328] 성령께서는 신자들이 다양한 영적 은사를 통해 이웃들을 사랑하고 섬기도록 하신다.[329]

과거 여의도순복음교회는 한국과 세계의 성령 운동에 기념비적인 공헌을 했고, 오늘날에도 계속해서 이 운동의 중추적 역할을 하고 있다. 여의도순복음교회의 성령 운동은 광범위한 한국 부흥 운동의 성격을 계승하고 있다.[330] 1903년과 1907년의 부흥 운동으로 시작된 한국 교회의 성령 운동은 교단과 교리를 초월해 그리스도인으로서 연합하

328　Shane Clifton, "Ecumenism from the Bottom Up: A Pentecostal Perspective," *Journal of Ecumenical Studies* 47 (2012): 578.

329　Jeffrey T. Snell, "Beyond the Individual and into the World," *PNEUMA: Journal of the Society for Pentecostal Studies* 14 (1992): 44.

330　Young hoon Lee, *The Holy Spirit Movement in Korea: Its Historical and Theological Development* (Oxford: Regnum Books International, 2009).

고, 사회 문제에 참여하는 전통을 확립했다. 한국 교회의 성령 운동은 처음부터 개인의 구원뿐만 아니라 만인을 위한 공동체적 마음은 물론이요, 그리스도인이 그리스도의 사랑을 실천하는 중요한 방법으로서 사회봉사의 정신도 포함하고 있었다.

한국의 성령 운동의 유산을 계승한 여의도순복음교회는 계속해서 전도를 위한 열정을 가지고 사랑하고 나누는 사역에 활발히 동참하고 있으며, 개인적 차원과 사회적 차원에서 계속 성장하고 있다. 1958년에 설립된 이후로 64개국에 661명의 선교사를 파송했고, 전 세계에 개척한 1,187개의 교회에 12만 7,330명의 성도들이 출석하고 있다.

여기서 필자는 여의도순복음교회의 사역을 세 가지 측면, (1) 이웃과 함께하는 교회, (2) 사회 속의 교회, (3) 나라를 위한 교회를 중심으로 나누고자 한다.

이웃과 함께하는 교회

여의도순복음교회는 1999년 7월에 국제적인 구호 및 개발을 위한 방편으로 설립된 NGO 재단인 굿피플(Good People)을 통해 국내외에서 활발한 봉사 활동을 하고 있다. 굿피플은 이웃들의 필요와 실정을 모든 사람에게 알릴 뿐만 아니라 그들에게 체계적이고 전문적인 도움을 제공한다. 굿피플의 사역에는 아동 보호와 교육, 질병 예방, 응급 구호, 해외 아동 결연 그리고 기존 정부와 프로그램에서 소외된 지역의 빈곤 퇴치 노력 등이 포함된다.

굿피플은 국내에서 북한 출신의 새터민들, 다문화 가정, 국내에 체류하는 외국인들을 위한 사역을 하고 있다. 그리고 전 세계에서 태풍,

가뭄, 자연재해, 지진, 쓰나미와 같은 천재지변이 발생하는 곳마다 응급 구호 팀을 파견해 재난 구호, 인명 구조, 재난 지역 탈출 및 의료 봉사와 전염병 방지 등의 활동을 하고 있다.[331] 또한 우물물 정화 사업, 어린이 보호 센터 건축 및 운영 등의 후속 사역을 통해 재난 지역의 복구가 신속히 이루어지도록 돕고 있다. 굿피플은 2004년에 인도네시아에서 발생한 쓰나미, 2005년 파키스탄의 지진, 2010년 지진으로 원자로가 파괴되었던 일본의 피해 지역을 복구하는 데 큰 역할을 감당했다.

또한 굿피플의 해외 사역은 교육 사업, 의료 봉사, 지역 사회 개발 그리고 아동 지원 등의 사역을 포함하고 있다. 교육 사업은 주로 동남아시아 지역에서 집중적으로 이루어지고 있다. 예를 들면, 굿피플은 2012년에 라오스 렁싼 지역에 대규모 중고등학교를 세웠고, 베트남에 유치원을 설립했다.[332] 또한 케냐의 투르카나에서 28년 동안 그곳 사람들을 섬기다 순교했고 '투르카나의 어머니'로 불리는 임연심 선교사를 기념해 그곳에 굿피플 연심 미션 스쿨을 건립했다.

굿피플은 의료 선교의 일환으로 2009년 필리핀의 소수민족인 이타족을 위한 카파스 시립병원을 건립했고, 2010년 아이티 지역의 콜레라 환자들을 위한 진료소를 건립했으며, 2012년 케냐의 몸바사에 있는 진료소에 의료 기기를 지원했다.[333] 맹인이 될 위기에 처해 있던 베트남, 몽골 및 타지키스탄을 비롯한 9개국의 1,619명의 환자들에게 백

---

331 1999년에 코소보 난민과 터키의 이재민을 위한 구제 활동을 하면서 굿피플긴급구호팀이 출범했다.

332 국민일보, 2012년 5월 12일, 2012년 9월 27일.

333 "굿피플, 케냐 '몸바사 보건소' 개원", 뉴스 파워, 2012년 12월 19일.

  대형교회의 선교 책무

내장 무료 수술을 해 주었다. 굿피플은 또한 심장병으로 고통당하는 여러 나라의 많은 아이들의 수술을 후원해 주었다.

굿피플은 다른 세계적인 사역도 활발하게 하고 있다. 이란의 지진 이후 재건 사업차 IT 교육 센터를 설립했고, 스리랑카에 고아원을 설립해서 운영하고 있으며, 인도네시아의 자카르타에서는 무너진 학교를 재건해 주었다. 2012년 1월 필리핀의 이타 종족을 위해 70개의 현대식 가옥과 7개의 오수 정화조 및 태양열 시설을 지어 주었다.[334] 2010년 4월에는 케냐의 일마르바 지역 주민들을 위한 우물 파기 프로젝트를 시작했다.[335]

이처럼 여의도순복음교회는 굿피플을 통해 한국과 그 지역을 넘어 그리스도의 사랑을 실현하고 있다. 그러한 실천을 통해 교회는 차별과 시기, 가진 자와 가지지 못한 자 사이의 적대감을 극복하면서 그리스도의 사랑으로 하나가 되는 비전을 이루고 있다.

사회 속의 교회

여의도순복음교회는 가난과 질병으로 고통당하는 이웃을 위한 다양한 사회복지에 힘쓰고 있다.

먼저, 1992년부터 안수집사회를 통해 '은혜의 빵' 나눔을 진행하고 있다. 안수집사회에서는 100원짜리 동전 300개가 들어가는 작은 빵 모양의 저금통을 성도들에게 나눠 준다. 3만 원 정도면 아프리카의 어린이 한 명에게 한 달 분 식량을 제공할 수 있다. 이 작은 은혜의 빵 저

---

334 국민일보, 2012년 3월 1일.

335 뉴시스, 2010년 4월 5일.

금통은 가난과 질병 및 전쟁의 위험에 처한 아프리카의 수많은 어린 이들에게 그리스도의 사랑을 전달하고 있다.

또한 여의도순복음교회는 1984년부터 심장병 어린이 환자들에게 무료 수술을 해 주고 있다. 이것은 심장병으로 죽어 가고 있는 한 명의 가난한 어린이를 위해 수술비 전액을 마련해 준 것으로부터 시작되었다. 이후 성도들이 폐지, 우유 팩, 헌 옷 모으기 등을 통해 심장병 어린이를 위한 수술비를 지원하는 운동에 참여하게 되었다. 2000년부터는 심장병 어린이 수술 대상이 중국, 캄보디아, 몽골, 필리핀, 이라크, 말레이시아 등 여러 나라로 확대되었다. 심장병 무료 수술을 통해 2014년 1월까지 4,532명의 심장병을 앓고 있는 어린이들에게 새로운 삶을 선물해 주었다.[336]

1985년 12월 여의도순복음교회는 독거노인과 소년 소녀 가장을 돕기로 결정했다. 1986년 1월 엘림복지타운을 설립하기로 결정하고 건축에 들어가서 1988년 7월 26일에 완공했다. 엘림복지타운은 노인 회관, 엘림직업훈련원, 회의 공연장, 복지 센터, 그리고 주거용 아파트를 포함하고 있다. 1994년 미션 센터와 1997년 양로원이 문을 열게 되면서 엘림복지타운은 아시아에서 가장 큰 복지 센터가 되었다. 엘림직업훈련원은 젊은이들에게 숙식을 제공하면서 기술을 가르치고, 동시에 기독교 신앙 안에서 미래를 향한 비전과 구체적 목표를 세울 수 있도록 가르치고 있다. 학생들에게는 모든 비용이 무료이고, 전 과정을 이수한 이들에게는 국가 기능 2급 자격증을 수여함과 동시에 직업을 찾을 수 있도록 돕고 있다.

336　복음가족신문, 2014년 2월 2일.

　　　　　　　　　　　　대형교회의 선교 책무

2001년 1월에 시작한 순복음호스피스는 호스피스 자원봉사자 교육을 실시하고 있다. 현재까지 1,272명의 자원봉사자가 호스피스 훈련을 받았고, 612명이 실제 자원봉사 사역에 참여하고 있다. 현재 훈련된 사역자들이 샘물호스피스, 한국국립암센터부속병원, 이화여대부속목동병원, 수동요양병원 및 엘림복지타운에서 환자들을 돌보고 있으며, 그 밖에도 현재 중구청과 영등포구청에 소속된 50명의 자택 치료 암 환자들도 돌보고 있다. 2012년 11월 23일에는 병실, 요양실, 휴식 공간, 세탁실, 목욕실을 갖춘 굿피플복지센터가 문을 열었다. 또한 구급차와 의료 장비가 갖추어진 시설에서 의료 팀과 사회복지사, 간호사, 목사들이 환자들을 돌보고 있다.

나라를 위한 교회

여의도순복음교회는 북한 선교와 통일을 준비하기 위해 굶주림으로 고통당하고 있는 북한 주민을 돕는 사역을 실천했다. 이 사역의 일환으로 여의도순복음교회는 옥수수 씨와 비료를 공급하고, 콩기름 공장을 설립해 운영하고, 기아에 직면한 북한 아이들에게 식량을 지원하고, 결핵 약을 공급하는 형식으로 지원하고 있다. 아이들의 성장을 돕기 위해 북한의 많은 학교에 미숫가루를 지속적으로 보내고 있다.

여의도순복음교회는 북한을 위한 전반적인 의료 지원의 일환으로 2007년 12월 4일 평양에 심장병 전문 병원인 평양조용기병원을 짓기 시작했다.[337] 이 병원은 20억 원의 예산이 소요될 예정이며, 연면적 2만 평 규모에 260개의 병실을 갖추게 될 것이다. 여의도순복음교회에서

---

[337] 평양조용기병원에 대한 세부 정보를 원하면 순복음가족신문, 2007년 12월 2일자와 30일자를 참조하라.

모래와 노동력을 제외한 모든 비용을 부담하고, 평양의 건설 회사가 건축을 맡고 있다. 평양조용기병원은 북한의 심장병 환자들을 위한 치료와 보살핌을 통해 그리스도의 사랑을 드러내고 남북한의 인적 교류, 미래 통일 시대로 가는 데 공헌할 것을 기대하고 있다. 지금은 정치적 긴장이 고조된 관계로 공사가 중단된 상태이지만 7층까지 골조 건축을 마친 상태다.

굿피플은 탈북 이주민들의 정착을 돕기 위한 자유시민교육센터를 설립했다.[338] 자유시민교육센터는 탈북 이주민들이 경제적으로 독립하는 데 필요한 여러 가지 프로그램을 실시하고 있다. 탈북 이주민들은 북한의 공산주의에 익숙해 있기 때문에 전혀 이질적인 자유민주주의와 자유 시장경제를 바탕으로 한 남한의 사회제도에 적응하는 데 어려움을 겪고 있다. 여의도순복음교회는 자유시민교육센터를 통해 그들에게 맞춤형 교육을 제공해 새로운 환경에 적응할 수 있도록 돕고 있다. 현재 자유시민교육센터는 8개월 기간의 교육을 12회 실시해 520명의 졸업생을 배출했다. 교육 과정은 한국 사회에 적용할 수 있도록 도와주는 6개월의 기본 교육에 뒤이어 직업을 얻을 수 있도록 준비시키는 2개월의 고급 교육으로 구성되어 있다.

자유시민교육센터는 탈북 이주민들이 자립할 수 있는 전인적 믿음을 가진 그리스도인이 되도록 도우며, 통일 시대를 이끌어 갈 미래의 지도자들이 되도록 그들을 양육하고 있다. 굿피플은 그들의 재정적인 자립을 위해 '굿피플 가족 마트'라는 사업을 통해 자영업을 시작할 수 있도록 돕고 있다. 첫 사업장이 시작된 이후 18개의 사업장이 설립되

---

338 자유시민교육센터에 대해 더 자세히 알기 원하면 굿피플과 자유시민교육센터의 웹사이트를 참조하라. yfgc.fgtv.com.

　　　　　　　　　　　　　　　　　　대형교회의 선교 책무

었다.

결론

나눔의 영성, 다른 그리스도인과의 협력 그리고 부흥 운동은 대형교회인 여의도순복음교회의 성령 운동의 특징이다. 여의도순복음교회의 부흥은 복음 증거와 성령의 능력을 통해 하나님의 사랑을 드러내고자 하는 성도들의 열심 덕분이다. 그 결과 여의도순복음교회는 현저한 교회 성장, 개인적 회심, 성도들의 영적 성장 그리고 다른 사람들을 섬기고 나눔으로써 영적 열매를 맺는 교인을 얻을 수 있었다.

모든 교회가 대형교회가 될 필요는 없다. 교회는 크든지 작든지 하나님이 그분의 나라를 위해 허락하신 역할을 감당하는 데 충실하면 된다.

대형교회로서 여의도순복음교회는 교회 일치와 협력에 공헌해 왔으며, 국내외에서 사회 구제 사업과 복지 활동을 통해 하나님의 사랑을 실천하고 있다. 여의도순복음교회는 세계와 개인, 사회를 변화시키기 위한 사역과 다른 교단과의 일치와 협력을 통해 복음을 온 세계에 전하는 사역을 계속하고 있다.[339]

◇◇◇◇◇◇◇◇◇◇◇◇◇◇◇◇◇◇◇◇◇◇◇◇◇◇

---

[339] 여의도순복음교회의 아웃리치 사역의 전체 목록은 동 교회의 선교부에 신청하면 얻을 수 있다. yfgcpr@hanmail.net로 신청서를 보내면 된다.

선교단체와 대형교회와의 관계

박경남

필자는 초교파 국제 선교단체의 대표로서의 경험과 선교사로서의 경험을 토대로 선교단체와 대형교회와의 관계에 대한 논평을 요청받았다. 선교지에서 필자가 사역할 당시에는 30개 이상의 단체들이 함께 구성한 NGO(국제비정부기구)에 소속되어 있었다. 이것은 그리스도 안에서 형제와 자매로서 얼마나 잘 동역할 수 있는지를 볼 수 있는 귀한 경험이었고, 이를 통해 동역의 힘과 그리스도의 몸 된 공동체의 아름다움을 볼 수 있었다.

그러나 한국에서 사역을 시작하기 전까지는 이러한 동역이 선교단체 간에 필요할 뿐만 아니라 그 이상으로 확대되어야 한다는 것을 인식하지 못했었다. 지난 7년 동안 한국 WEC국제선교회에서 섬기면서, 만약 우리가 건강하며, 회복력이 있고, 효과적인 하나님 나라의 사역을 감당하기 원한다면 동역이 매우 중요하다는 것을 깨닫게 되었다. 왜냐하면 선교는 어떤 특정 단체가 행하는 것만이 아니라 선교단체와 지역 교회를 아우르는 글로벌 교회를 통해 이루어지는 하나님 나라의 사역이기 때문이다. 이 소고는 WEC국제선교회 한국 본부에서의 지난 7년간의 경험을 개인적으로 반추한 결과임을 밝혀 둔다.

비결 : 동역

《교회는 당신의 생각보다 큽니다》(The church is bigger than you think)에서

패트릭 존스톤(Patrick Johnstone)은 하나님 나라를 위해서는 지역 교회, 선교단체, 훈련 기관의 동역이 매우 중요하다고 역설했다.[340] 한국 WEC 국제선교회의 대표로서의 경험도 마찬가지다. 동역은 매우 중요하다. 동역이 없이는 우리의 선교적 노력은 비효율적이 되고, 목표를 이루지 못할 것이다. 만약 우리가 독자적으로 사역하려고 한다면 교회의 크기나 선교단체의 노력, 또는 개인의 역량이 출중하다 해도 예수께서 명하신 대로 선교가 이루어질 수 없다. 주님이 명하신 대로 선교를 이루기 위해서는 '하나님 나라의 동역'이 필수적이다.

개인적으로 관찰한 바로는, 소형교회와 대형교회의 주요한 차이점을 단순하게 표현한다면 '갖고 있는 자원의 양과 발전시킬 수 있는 체계의 차이'라고 말할 수 있다. 일반적으로 대형교회는 막대한 양의 인적, 물적 자원을 갖고 있어서 보다 활발한 선교 사역을 할 수 있는 개연성을 갖고 있고, 이는 하나님 나라를 섬기는 데 큰 강점으로 작용한다. 그럼에도 대형교회는 선교단체나 다른 지역 교회와의 동역이 여전히 필요하다. 물론 독자적으로 선교 체계와 구조를 만드는 것이 대형교회가 갖고 있는 선교의 개념을 실행에 옮기기 위한 가장 쉬운 길처럼 보이기도 한다. 그러나 개 교회만의 체제 구축은 다른 교회나 선교단체들의 체계와 중복될 가능성을 안고 있기 때문에 동역이 여전히 필요하다 할 것이다.

예를 들어, 어느 선교지의 한 도시에 이미 두 개의 교육 센터가 존재하고 있었다. 그러나 이를 알지 못했던 한 교회의 선교부가 교육 센터를 시작할 목적으로 같은 도시에 대지를 구입하게 되었고, 그 결과

---

340 패트릭 존스톤, 《교회는 당신의 생각보다 큽니다》, 6판, WEC출판부, 2010, pp. 232-235.

과연 이것이 적절한 것이었는지에 대해 계속되는 질문에 직면하게 되었다. 만약 사전에 서로 협의하고 동역했다면 보다 효과적인 사역이 가능했을 것이다.

필자는 이런 최근의 경험에 비추어 하나님 나라를 위해 보다 효과적인 사역을 가능하게 하는 몇 가지 긍정적인 동역 방법을 제시해 보려고 한다.

선교사 준비의 측면에서 대형교회와 선교단체는 선교사 준비와 훈련에서 협동할 수 있다. 전통적으로 선교 후보자는 선교단체에 와서 단체의 안내에 따라 준비 과정을 진행해 왔다. 그리고 이 과정의 중간이나 마지막 순간에 자신이 속한 지역 교회에 알렸다. 그 결과 선교단체는 후보자에 대해 이해하는 데 오랜 시간을 보내야 했고, 그가 속한 대형교회는 과정에 참여하지 못하는 어려움이 있었다. 이와 같은 단절을 예방하기 위해서 한국 WEC국제선교회는 교회 지도자들의 추천서를 요구하며, 지원 초기 단계에서부터 후보자의 선교 담당 목사와 상의하도록 노력한다.

대형교회가 선교사 후보자의 선발을 위해서 자기 주도적으로 선교단체와 협의할 수도 있다. 예를 들어, 한국 WEC국제선교회는 교회가 요청할 때 WEC국제선교회가 선교지에서 어떻게 사역하는지, 선교사 후보자의 훈련 과정은 어떻게 진행되는지, 어떤 종류의 준비가 필요한지에 대해 다양한 정보를 제공하고 있다. 또한 어떤 교회는 해당 교회의 파송 선교사가 되기 위해서는 선교사 멤버 케어와 전략을 갖고 있는 교회가 인정한 적절한 선교단체에 반드시 속해야만 한다. 이런 노력의 결과 대형교회와 선교단체는 선교사 후보자들이 보다 잘 준비되도록 도울 수 있다.

2-3년 전에 한 대형교회가 한국 WEC국제선교회와 함께 한 가정을 준비시켜 선교지로 보내고자 했다. 대형교회의 담임목사와 필자가 만났는데, 그의 말이 매우 인상 깊었다.

"하나님 나라에서 우리는 서로 다른 역할을 갖고 있습니다. 지역 교회의 역할은 성도들을 목양하고 성숙시키는 것이며, 선교단체는 과업을 완수하는 데 집중하는 것입니다. 그러기에 저는 한국 WEC국제선교회와 동역하는 것이 매우 기쁘고, 앞으로 더 많은 젊은이들을 파송할 수 있게 되기를 바랍니다".

그는 모달리티(양육 중심의 구조)와 소달리티(과업 중심의 구조)의 특징적 역할을 강조했을 뿐만 아니라 두 조직이 서로 동역해야 함을 역설했다. 이처럼 상당수의 대형교회는 한국 WEC국제선교회와 동역의 관계를 통해 선교의 효과를 극대화시키고 있다.

선교사 멤버 케어 측면에서 대형교회와 선교단체는 선교사들의 멤버 케어와 재교육 면에서 협동할 수 있다. 좋은 멤버 케어가 없으면 선교사들은 오랫동안 사역하거나 그들이 할 수 있는 만큼 효과적으로 사역할 수 없다. 은퇴한 한 목회자는 이런 이야기를 했다.

"저는 많은 선교사를 보내고 후원했습니다. 저는 보내는 것이 중요하다고 생각했습니다. 그러나 선교사 멤버 케어와 재교육은 생각하지 못했던 것 같습니다."

그는 20년 이상의 선교 사역 후에 파송 교회가 멤버 케어와 그 효율성을 제공하지 못했음을 깨닫게 되었다고 고백했다. 교회에 의해서 직접 파송된 많은 사역자들은 불충분한 책무 구조 속에서 해외로 나갔었다. 이제 그 교회는 모든 선교사들이 선교단체에 소속되어야 한다는 정책을 만들었다. 하지만 이런 변화는 사역자들의 반대에 부딪혀 매우 더디게 진행되고 있다. 이것은 대형교회가 가져야 하는 관점이 무엇인지를 보여 주는 아주 작은 사례다. 만약 교회가 적절한 멤버 케어와 책무 체계를 갖추지 못하면 많은 인적, 물적 자원이 오용될 수 있다.

선교사 멤버 케어는 대형교회와 선교단체가 나누어 책임져야 한다. 기본적으로 선교단체는 선교지에서 선교사들의 멤버 케어에 대해 책임을 지고, 대형교회는 고국으로 귀환할 때 주도적으로 책임을 가져야 한다. 이런 협동을 통해서 선교사들은 보다 효과적이고 안정적인 사역을 감당하게 될 것이다.

선교 전략 개발의 측면에서 대형교회와 선교단체는 동원과 선교 전략 개발의 측면에서 협동할 수 있다. 21세기 세계 선교의 지형은 급속도로 바뀌고 있다. 대부분의 선교단체는 이런 변화에 민감하며, 국제적으로 협동하기를 원하고 있다. 그러나 지역 교회는 모달리티로서 교회 구성원을 돌보는 것이 일차적인 역할이기 때문에 이런 변화에 대해 선교단체처럼 빨리 반응하기 어렵다.

한국 WEC국제선교회는 미접촉 미전도 종족(UUPG)을 대상으로 복음을 전하고 교회를 개척하는 전략을 갖고 있다. 실제 몇몇 대형교회로부터 컨설팅 요청을 받았고, 선교회의 전략이 어떻게 그 교회들에 적용될 수 있는지 소통하려고 노력하고 있다. 어떤 교회들은 선교회의

     대형교회의 선교 책무

전략을 적극적으로 수용하지만, 어떤 교회는 주저한다.

관찰한 바로는, 교회가 주저하는 이유는 대형교회 구성원들은 다양한 필요를 갖고 있고, 각 구성원들의 필요나 능력이 다르기 때문이다. 나아가 많은 이들이 선교에 보다 적극적으로 참여하기를 원하기 때문에, 대형교회는 이들에게 다양한 기회를 제공해 주어야만 한다. 그래서 어떤 교회는 두 가지 접근법을 사용한다. WEC국제선교회처럼 미접촉 미전도 종족의 전략을 가진 단체와 동역하는 동시에 NGO와 같은 단체들과는 개방된 나라에서 동역을 진행하는 방식이다. 우리의 경험은 보다 효과적이고 전략적 동역이 견고하게 이루어지도록 하기 위해서는 선교단체들이 대형교회의 상황을 더 잘 이해할 필요가 있다는 것이다.

최근에 한국 WEC국제선교회는 지역 교회를 섬기기 위해 '파송자 학교 프로그램'(Sender School Program)을 시작했다. 이 프로그램을 통해서 '나가는 자' 중심의 선교로부터 '보내는 자' 중심으로 패러다임의 변화를 시도하고 있다. 다시 말해, 이 프로그램은 교회의 성도들이 선교사를 돕는 조력자로서만이 아니라 보내는 자로서의 부르심을 확인하도록 격려하는 데 초점이 있다. 이 프로그램은 벌써 소형교회로부터 대형교회에 이르기까지 잘 수용되어 정착되고 있는데, 앞으로도 하나님 나라를 위해 더 귀하게 쓰이기를 기도한다.

결론

지역 교회 없이 타 문화권 사역을 시행하는 것은 불가능하다. 1세기 교회는 모달리티이면서 소달리티였다. 그러나 성령께서는 그리스도의 몸 된 교회가 세 가지 역할로 분화되도록 이끄셨다. 지역 교회(예를 들면, 안디옥 교회), 사도적 팀(예를 들면, 바울과 바나바의 동역 팀), 훈련 기관(예를 들면, 두란노에서의 바울의 강론)이 그것이다.[341] 근본적으로 세 가지 역할은 글로벌 교회의 요소이며, 상호 간에 유기적 관계를 갖고 있다.

우리 시대에도 대형교회와 선교단체는 하나님 나라를 위해 최적의 동역 방법을 찾고, 더 깊은 관계를 구축하도록 노력해야 한다. 그래서 한 성령 안에서 한뜻으로 하나님을 영화롭게 해야 한다. '하나님 나라의 동역'은 21세기 선교의 비결이다.

◇◇◇◇◇◇◇◇◇◇◇◇◇◇◇◇◇◇◇◇◇◇◇◇◇◇

한국 감리교단의 선교

태동화

필자는 기독교대한감리회 총회 본부 안에서 지나온 경험을 바탕으로 이 시대의 선교단체들과 교회들이 교단 선교국과 어떻게 협력해야 하는가를 실천적으로 생각해 보고자 한다.

341　Ibid.

　대형교회의 선교 책무

기독교대한감리회의 특수성

기독교대한감리회는 교단으로서 미국이나 영국의 감리교단과 다른 특성을 가지고 있다. 한마디로 한국 감리교회는 감독제를 수용하고 있으면서도 개 교회의 자율성을 최대한 보장하는 구조를 유지하고 있다고 할 수 있다. 감독제의 특징이라면 모든 임명권과 재산의 소유 및 활용 권한이 감독에게 집중되어 있다는 점을 들 수 있다. 이는 중앙집권적 힘을 형성할 수 있고, 일사불란한 움직임을 만들 수 있다는 특징이 있다.

그러나 기독교대한감리회는 구조적, 법률적으로 교회 재산의 소유권은 감독제의 형태를 따르면서도, 목회자의 청빙과 지역 사역의 운영에 있어서는 개 교회가 좀 더 회중적으로 운영할 수 있도록 허용하고 있다.

이러한 한국 감리교회의 특징은 선교 방법에서도 나타나고 있다. 선교사의 임명, 파송, 관리와 같은 행정적, 법적인 면은 총회선교국이 관할하는 반면에, 실제적으로 선교사를 보내고 선교사가 파송된 국가에서 하는 사역을 운영하는 것은 개 교회의 책임이다. 그러므로 기독교대한감리회에서는 지역 교회와 선교단체의 역할을 정하는 데 주도력을 발휘하는 것과 선교국이 그들과 협력하는 것이 중요하다. 지금까지는 기독교대한감리회 총회선교국과 한국의 지역 감리교회와 선교단체가 동역을 잘 이루어 왔다.

선교국과 다른 선교회와의 협력

이러한 환경 속에서 한국 감리교회의 선교사들은 스스로 후원 교회를 개발하고, 그들과 협력해 자신들의 선교 사역을 수행하고 있다. 예를 들면, 모든 선교사 후보생들은 선교 훈련 비용을 스스로 부담해야한다. 선교사 인준 과정에서는 자신들의 재정 후원 내역과 선교 사역계획을 제출해야 한다. 임명을 받은 후에는 파송 교회와 연합해 선교지에서 선교를 수행해 나간다.

이 과정에서 자연발생적으로 등장한 것이 감리교세계선교협의회(이하 세선협)이다. 세선협은 감리교단 안에서 선교사를 파송하고 후원하는 단체다. 이는 구성 단체 안의 실제적 협력과 감리교단의 향후 선교방향을 기획하는 일을 감당하고, 총회선교국은 세선협의 활동을 행정적, 법적으로 후원한다. 총회선교국은 세선협과 협력해 감리교단의 선교 사역을 촉진하고 현실화시키려고 하며, 대형교회들은 이 프로젝트를 지원하는 데 동참하고 있다.

선교국은 최근에 감리교신학대학교에 부설된 선교학연구소(M-Center)와 같은 선교 전문 연구 기관들과 협력해 세계 선교 상황을 분석하고, 선교학적 틀을 세우며, 새로운 전략들을 모색하고, 그것을 실제화하고있다. 또한 선교국은 감리교 지향적인 NGO인 러브월드(LoveWorld)와 같이 국제적으로 인정받는 선교 NGO들과 협력해 교단 내에서 쉽사리 할수 없는 총체적인 선교 아웃리치 프로젝트에 참여하고 있다.

플랫폼으로서의 선교국

이러한 한국 감리교회의 특수한 상황은 선교국을 중앙집권적 기관으로 이해하기보다는 하나의 플랫폼으로 이해하게 만든다. 제도적으로한국 감리교단은 개 교회와 선교단체 그리고 선교사 모두에게 있어서 웨슬리적 선교 사역이라는 공식 호칭이 필요한 모든 교회나 선교단체들이 상호 교류하고 네트워크하는 플랫폼으로 기능한다. 선교국은 모든 참여 교회와 선교단체들이 '각개 전투적 선교'에서 '총체적 연합 선교'로 전환하도록 도와주는 전략적 플랫폼과 네트워크를 제공하려고 한다.

일단 선교단체와 선교사들이 웨슬리적 선교의 공통 플랫폼에 모이고 네트워크화되면 소위 규모의 경제가 일어나고, 시너지가 형성되며, 선교 활동의 효과가 늘어난다. 흩어졌던 선교 자원들이 재분배될 수 있고, 하나님이 부여하신 달란트들을 나눌 수 있고, 커다란 복의 흐름을 보게 될 것이다. 이렇게 거대한 선교 에코 시스템 안에서 각 단위체가 복음 전도, 제자 훈련, 교회 개척과 성장, 선교사 훈련 및 지원 그리고 하나님 나라의 확장과 진전에 있어서 협력할 수 있을 것이다.

나가는 말

어떤 선교단체든지 각자의 강점과 약점이 있다. 먼저 한국 감리교회의 단점이라면 감독제의 강점인 중앙집권적 힘과 통일성을 구사하지 못한다는 점을 들 수 있다. 그러기에 선교국이 교회와 선교단체를 위한 선교 프로젝트를 기획하고 제안을 해도 교회들과 선교 현장에서 그것이 실천되도록 하기에는 그 영향력이 부족할 때가 있다. 교회들과 선교단체들 사이에 갈등이 발생할 때 선교국의 영향력이 종종 비효과적이고, 해결이 지연되기도 한다. 또한 한 선교지에서 사역이 중첩되는 문제나 선교사 재배치 문제를 해결하는 데도 어려움을 겪고 있다.

반면에 한국 감리교회 선교의 강점이라면 선교국이 작다는 것과 교단이 작은 선교단체들과 네트워크를 맺고 있다는 점이다. 현대의 급변하는 상황적 요구에 신속하고 효과적으로 대처하기 위해서 꼭 필요한 것은 전문화된 소규모 선교 단위체들이다. 교단과 선교국에 대한 재정 지원에 있어서는 대형교회의 역할이 크다.

이와 같이 집중화되지 않은 선교 사역을 하고 있는 기독교대한감리회 총회선교국은 작지만 강점을 가지고 있다. 선교국은 공식적인 플랫폼을 제공하고, 그 안에서 선교 단위체들이 서로 네트워크하고 협력해 사역의 시너지를 창출한다.

◇◇◇◇◇◇◇◇◇◇◇◇◇◇◇◇◇◇◇◇◇◇◇

문 앞까지 다가온 세계 선교

최우성

오늘날 대형교회의 입지는 성공적인 사역의 표시로 간주된다. 목회자들은 모든 교회가 대형교회가 될 수 없다는 사실을 알고 있다. 그럼에도 불구하고 많은 목회자들이 대형교회 담임목사가 되기를 바라기도 한다. 그러나 예수님은 '대형 규모'에는 책무가 따른다고 우리에게 경고하신다.

　　　　　　　　　　　대형교회의 선교 책무

무릇 많이 받은 자에게는 많이 요구할 것이요(눅 12:48).

이러한 책무는 대형교회의 선교 사역에도 마찬가지다. "미국의 대형교회와 세계 선교의 새로운 패턴"(U.S. Mega churches and New Patterns of Global Mission)에 보고된 설문조사에 따르면, 미국의 대형교회들은 세계 선교 사역에 연평균 미화 69만 불을 지출하고 있는데, 이는 일 년 총예산의 10%를 웃도는 수준이라고 한다.[342]

물론 지금까지 대형교회들이 세계 선교에 기여한 바가 크기는 하지만, 이제는 세계 교회의 현실에 비추어 선교를 재조명해 볼 시점이 되었다고 생각되지 않는가? 다시 말해, 그동안의 세계 선교는 주로 먼 나라들과의 교류에 초점을 맞춰 왔다면, 이제는 세계화되어 가는 우리 주변 사회에 눈을 돌려야 할 때가 되었다는 사실을 인지해야 하지 않겠는가?

바로 문 앞까지 왔다!

2세기 전 존 웨슬리(John Wesley)는 열정을 다해 다음과 같이 말했다. "전 세계가 나의 교구다"(I look upon all the world as my parish).

하지만 우리는 이제 그 세계가 바로 우리 집 문 앞에 와 있는 시대를 살고 있다. 세계화의 영향력이 확산되면서 사회 전반에 걸쳐 변화를 일으키고 있으며, 기독교 공동체도 그 영향력에서 벗어나지 않는다. 교회마다 다양한 배경을 가진 성도들에 대해 깨어나고 있으며, 지역 사회도 남반구와 동반구에서 밀려오는 이민자들의 유입으로 더 이

---

342 Robert J. Priest, Douglas Wilson, and Adelle Johnson, "U.S. Megachurches and New Patterns of Global Mission," *International Bulletin of Missionary Research* 34, no. 2 (April 2010): 102.

상 엄격한 동질성을 고집할 수 없는 상황이 되었다.

토드 존슨(Todd Johnson)과 앨버트 히크만(Albert Hickman)은 "종교적 인구 통계와 선교 전략"(Religious Demography and Mission Strategy)[343]이란 글에서 인구 이동에 관한 몇 가지 중요한 관찰을 했다. 그중 하나는 현재 그 어느 때보다 많은 사람들이(최소 7억 2천만 명) 자신의 고국을 떠나 살고 있다는 점이다. 인구 이동률이 높아질수록 세계적으로 종교적, 인종적 다양성은 계속해서 증가할 것이다.

또 다른 관찰은 기독교가 더 이상 서양의 종교로 여겨지지 않는다는 것이다. 선교학자 데이나 로버트(Dana Robert)는 "20세기 후반부터 기독교는 글로벌 사우스에 집중된 비서구 종교가 되었다"[344]고 인정한다. 1910년에는 글로벌 노스에 전 세계 그리스도인들의 80% 이상이 분포되어 있었다. 그런데 2010년에는 글로벌 노스의 비율이 40% 미만으로 감소했다. 특히 세계 기독교 인구 중 유럽이 차지하는 비중은 1910년 66%에서 한 세기 후에 26%로 급감했다.

기독교 선교에서 나타나는 또 하나의 놀라운 추세는 더 많은 그리스도인들이 오늘날 비신자들의 집중도가 더 높은 곳에 살고 있는데도 대부분의 기독교 아웃리치가 비신자들에게 전혀 미치지 않는다는 점이다. 그러한 사실에도 불구하고, 토드 존슨과 앨버트 히크만의 조사 결과는 대부분의 그리스도인이 무슬림, 힌두교도 및 불교도와 제한된 접촉을 하고 있다는 점을 분명히 알려 준다. 무슬림, 힌두교도, 불교도

343　Todd M. Johnson and Albert W. Hickman, "Religious Demography and Mission Strategy," *International Journal of Frontier Missiology* 29, no. 1 (Spring 2012): 14-20.

344　Dana L. Robert, "Missionaries Sent and Received, Worldwide, 1910-2010," in *Atlas of Global Christianity, 1910-2010*, ed. Todd M. Johnson, Kenneth R. Ross, and Sandra S. K. Lee (Edinburgh: Edinburgh Univ. Press, 2009), 259.

　　　　　　　　　　　　　　　　대형교회의 선교 책무

의 86%나 되는 사람들이 개인적으로 한 명의 그리스도인도 만난 적이 없다고 한다.

토드 존슨과 앨버트 히크만은 또한 세계 주요 도시들을 향한 선교의 중요성이 커지고 있다고 강조한다. 그곳에 불교, 힌두교, 이슬람교, 또는 무종교 다수자들이 공존하는 최대의 종교적 다양성이 존재하기 때문이다. 게다가 그 여론조사는 한국의 5대 종교가 각각 전 국민의 10% 이상을 차지하고 있다고 주장하는 데서 진정한 종교적 다양성이 나타난다는 점을 보여 준다.

이러한 추세는 북미뿐 아니라 세계 다른 곳에서도 문화의 변화와 다양성이 불가피함을 암시한다. 더 중요한 것은 이러한 상황 가운데 대형교회들의 위치와 교회가 가진 자원들을 통해 다양성이 커져 가는 지역 사회를 선교지로 인식함과 동시에 글로벌 사회에 걸맞은 증인들을 파송하는 의도적 선교 활동을 통해 세계 선교의 전면에 적극적으로 가담해야 한다는 것이다.

'긍정적인 주변인' 전략

어떤 사람은 다양성을 거부하고, 또 어떤 사람은 단순히 그것을 받아들이지만, 그리스도인은 존중하고 이해하는 가교를 건설해 사람들에게 긍정적인 영향을 미칠 방법을 모색해야 한다. 그리스도인은 점차 다양해지는 지역 사회를 피하거나 단순히 무시하는 대신, 다양한 인종적, 종교적 배경을 가진 사람들과 어울리라는 소명을 받았다.

바로 이 부분에서 대형교회의 역할이 중요해진다. 대형교회들은 긍정적인 주변인 접근법을 통해 교인들과 다른 지역 교회들이 종교적,

인종적으로 다양한 지역 사회에 참여하도록 동원하고 격려하는 전략을 취할 수 있다.

긍정적인 주변인이란 둘 이상의 인종 또는 문화를 포용하고, 의도적인 문화 간 대화에 참여해 다른 집단의 가치와 장점을 백분 활용함으로써 그들과 관계를 수립하고, 이를 통해 복음 안에서 갱신되고, 세련되고, 뿌리를 내린 공동체적 정체성을 구현해 사회에 새로운 비전을 제시할 수 있는 능력을 의미한다.[345]

대형교회는 다양한 회중과 인적자원을 동원하고 훈련해 다양한 지역 사회를 포용하고 참여하도록 부름을 받았다. 외국어 예배를 별도로 드리는 것은 좋은 출발이다. 그러나 그것으로는 충분하지 않다. 교회마다 성도들이 종교와 전통이 다른 사람들과 어울리도록 도와주고, 초문화적 관계를 맺을 수 있도록 권면하는 선교 전략을 수립해야 한다. 이제 모든 그리스도인들을 선교사로 보아야 한다. 지역 교회들과 협력 관계를 맺고, 지역 사회에서 선교적 사역을 수행하는 것은 레슬리 뉴비긴이 표현했듯이, "교회만을 위하지 않고 지역 사회의 문제에 깊이 관여하는 공동체"가 되기 위해 끊임없이 노력하면서 복음을 제시할 수 있는 효과적인 방법 중 하나다.[346]

결론

세계화의 확대로 교회들은 성경적, 신학적, 문화적으로 사회에 참여

---

345 Woosung Calvin Choi, *Preaching to Multiethnic Congregation: Positive Marginality as a Homiletical Paradigm* (New York: Peter Lang, 2015), 32.

346 Lesslie Newbigin, comp. Paul Weston, *Lesslie Newbigin: Missionary Theologian: A Reader* (Grand Rapids: Eerdmans, 2006), 154.

　　　　　　　　　　　대형교회의 선교 책무

할 책임을 지게 되었다. 긍정적인 주변인이라는 개념은 교회가 세계화되어 가는 사회에 참여하고, 변화시키려고 애쓰는 선교 교회로서의 자화상을 갖도록 생각할 수 있는 틀을 제시해 준다.

대형교회 성도들은 그 어느 때보다 다양한 구성을 보이고 있다. 다양한 사회에 속해 살고 있는 다양한 성도들이 주님의 제자가 되고, 훈련을 받아 자신들의 다양한 지역 사회에서 교류한다면 어떤 결과를 불러올 수 있을까? 해외 선교의 기회도 물론 지속적으로 중요한 과제로 남을 것이다. 그렇지만 우리가 잊지 말아야 하는 것은 그보다 더 큰 기회가 바로 우리 집 문 앞에 놓여 있을 수 있다는 사실이다.

대형교회들은 풍부한 자원을 갖추고 있을 뿐 아니라 다양해지는 지역 사회에 효과적인 선교 전략을 세움으로써 더 큰 영향력을 끼칠 수 있는 섭리적 위치에 있다는 사실을 간과해서는 안 된다.

33장

하나님의 선교를 위한 진정한 파트너십

: KGMLF 2015 요약

최형근

KGMLF 2015의 주제인 "대형교회의 선교 책무 : 글로벌 사례 연구를 통한 비판적 평가"는 하나님 나라를 위한 진정한 파트너십을 통한 교회와 선교단체 동역의 중요성에 비추어 볼 때 적절한 주제다. 14개의 포럼 발제문들은 한국(5), 한인 디아스포라(3), 아프리카(2), 미국(2), 호주(1), 브라질(1) 등 전 세계 교회의 사례를 망라하고 있다.

필자는 이 논문들을 주의 깊게 읽으면서 몇몇 저자들이 교회론이나 선교학적 주제, 또는 책무 문제 등을 그 자체에만 국한시켜서 지엽적으로 다루고 있다는 것을 주목했다. 그러나 각 논문은 대형교회의 선교적 역할에 관한 비판적 숙고를 포함하고 있다. 카리스마 있는 교회 지도자가 교회 성장에 미친 영향을 고려하면서 교회 성장 방법에 초점을 맞춘 저자들도 있다. 이 요약문은 논문들이 발제된 순서에 따라 각각의 요점을 정리했다.

스콧 쑤마(Scott Thumma)는 미국 내 종교 지형도의 변화를 설명하며 대형교회들이 선교 사역에 점점 더 직접적으로 참여하고 있다는 사실에 주목한다. 그는 자신이 제기한 "대형교회는 누구에게, 어떤 방식으로 선교 책무를 지고 있는가?"라는 질문에 대답하기 위해 코네티컷 주 이스트하트포드에 소재한 대형교회인 크로스로즈 연합교회의 사례를 제시한다.

스콧 쑤마는 오랫동안 담임목사로 사역해 온 테리 와일스 감독(Terry Wiles)의 비전과 선교 지향적 사역을 알려준다. 그는 교회의 사역이 성장하면서 크로스로즈 연합교회가 개척한 교회들에 대한 책무를 감당했다. 테리 와일스가 설립한 크로스로즈 커뮤니티 인터내셔널 펠로우십(CCIF)은 교회가 해외 선교 현장으로 사역을 확장하는 데 있어서 핵심 역할을 수행했다.

스콧 쑤마는 테리 와일스 목사의 비전과 그 비전을 공유하는 신자들의 헌신을 포함해 대개 교회의 책무 시스템이 교회의 전반적인 선교 사역에서 기인한다는 점을 발견했다. 이러한 선교적 경향은 단기 선교 여행 팀들을 동원하고, 과테말라 '사랑의부엌' 사역을 후원하는 등 교회 문화의 일부가 되었다. 이러한 사역들과 여타 사역들은 미국 내 교회 성도들과 선교사들 그리고 선교지 교회 목회자들과 성도들 간의 관계를 강화한다. 스콧 쑤마가 제기하는 질문들은 선교와 교회의 관계와 리더십에 대한 성경적 이해의 중요성을 상기시켜 준다.

이재훈 목사와 안성호 선교사 그리고 함태경 본부장은 온누리교회와 설립자인 고 하용조 목사를 간략하게 언급한 후 지난 30년에 걸친 온누리교회의 타 문화 선교 사역을 평가한다. 그들은 온누리교회가 그 출발부터 선교적 교회였음을 강조한다. 그들은 인적, 물적 자원들의 활용과 다른 교회들과 선교단체들의 관계를 포함해 온누리교회의 선교 책무의 다양한 양상들을 평가한다. 또한 온누리교회가 내부에 집중해 온 것을 언급하고 선교단체들과의 진정한 파트너십을 확장하려는 새로운 방법을 제시한다.

비록 온누리교회가 효과적인 선교사 선별과 선발, 타 문화 선교사 훈련, 멤버 케어 프로그램들을 확립하고 선교 도구들을 구비했지만, 선교단체들과의 파트너십을 위한 근거를 침해할 수 있는 문제들과 맹점들을 여전히 인정하고 있다는 것은 주목할 만하다. 그들은 온누리교회가 타 선교단체들로부터 기꺼이 배워 온 타 문화 적응 기술과 연관된 전문인 선교와 훈련을 개발하기 위해 힘쓰고 있다는 사실을 언급한다.

온누리교회는 한국을 넘어서 타 문화 사역을 위한 다양한 선교 자원들을 개발하는 데 있어서 매우 효율적으로 기능했다. 그 분야들은 (일본에서 열리는) 러브소나타, CGNTV 그리고 두란노서원을 포함하고 있다. 이 사역들은 다른 많은 교회들과 선교단체들에 지대한 영향을 미쳐 왔다.

이재훈 목사와 안성호 선교사 그리고 함태경 본부장은 세 가지 중대

   대형교회의 선교 책무

한 도전들을 개괄적으로 제시하며 논의의 결론을 맺는다. 첫째, 온누리교회는 지역 교회와 선교단체의 통합(모달리티-소달리티 융합)이라는 독특한 구조를 지속적으로 확장한다. 둘째, 온누리교회는 성공적인 선교적 실천을 넘어서 선교 신학의 발전을 지향한다. 셋째, 온누리교회는 서구와 비서구 신학 교육 기관들과의 파트너십을 통해 자신학화와 자선교학화를 위한 포럼을 개최할 목적으로 선교학 연구소를 설립한다.

브라질의 바르제아 파울리스타 하나님의성회 교회(VPAG)에 관한 팀 캐리커(Tim Carriker)의 사례 연구는 은사주의 지도자의 선교 이해를 분명하게 보여 준다. 이 교회에 대한 팀 캐리커의 연구 조사는 "종교적 경쟁은 한 사회 내에 종교성이 널리 퍼지게 만든다"는 로드니 스타크(Rodney Stark)의 주장을 옹호하는 것처럼 보인다. 이 장은 VPAG에 부임한 후 바로 선교 사역을 시작해 교회의 큰 빚을 갚은 알베르토 헤센지(Alberto Resende) 목사의 강력한 리더십 스타일과 경건한 인격에 주로 초점을 둔다. 팀 캐리커가 언급하는 VPAG의 또 다른 성장 요인은 알베르토 헤센지 목사의 매우 실용적이고 효율성 중심의 행정 능력과 목표 설정 능력이다.

팀 캐리커는 VPAG에 관해 논하면서 브라질의 문화적 관점들에 대해 잘 인식하고 있는 것처럼 보인다. 이러한 관점에서, 경쟁이 성공의 핵심이라는 생각이 개인 구원의 교리와 소위 개교회주의와 밀접하게 연관되지는 않는지 물어야 할 것이다. 만일 그렇다면, (전 세계적인) 하나님 나라와 제자들에 대한 예수님의 가르침(마 6:33, 요 10:16 참조)이 그러한 주장과 어떤 연관성이 있는가? 또한 카리스마 있고 권위적인 담임목사의 존재가 경이로운 교회 성장의 핵심 역할을 한다는 주장에 대한 주의가 요청된다.

김진봉 선교사는 디아스포라 상황에서 선교적 교회의 훌륭한 예로 서 홍콩한국선교교회(Hong Kong Korean Exodus Mission Church)의 역사, 사역 그리고 다문화, 다언어적 상황을 소개한다. 하나님의 선교에 헌신적으로 참여하고 지상 대위임령에 순종하는 홍콩한국선교교회로 인해 생명길선교회(Life Road Mission)가 설립되었다. 생명길선교회는 생명길선교 훈련센터를 통해 60명의 타 문화 선교사들을 훈련해 파송했다. 김진봉 선교사는 생명길선교회가 선교사 모집, 훈련 그리고 선교사 멤버 케어를 위한 적절하고 사려 깊은 선교 정책들과 전략들을 갖고 있다고 말한다. 또한 생명길선교회는 매 2년마다 다른 교회들이 함께 참여하는 실크로드 선교 전략 포럼(Silk Road Mission Strategic Forum)을 후원한다. 향후 고려할 만한 한 가지 요점은 다른 교회와 선교단체의 지속적인 파트너십 개발이다.

김진봉 선교사는 두 번째 발제문에서 한 중형교회와 또 하나의 소형교회의 선교 사역을 제시한다. 급격하게 추락하고 있는 한국 개신교의 대사회적 공신력을 논의한 후 그는 긍정적인 이야기를 만들어 내는 두 지역 교회를 소개한다. 먼저 강원도 태백시에 있는 황지교회는 의료 사역, 상담 사역, 교육과 복음 전도에 이르기까지 총체적으로 공동체의 긴박한 필요들을 채우는 사역에 중점을 두어 왔다. 한편 서울의 주향한교회는 비록 작은 교회이지만 불어권 아프리카 국가들을 위

 대형교회의 선교 책무

한 선교 사역에 그 역량을 쏟아부었다. 주향한교회의 담임목사는 불어권 선교에 온전히 헌신했고 불어권선교회(Communauté Coréenne des Missions pour la Francophonie)를 설립했다. 이 두 교회의 긍정적인 사례들은 교회 지도자의 선교에 대한 이해와 선교에 대한 헌신이 효과적인 선교 사역의 수행에 있어 핵심임을 보여 준다.

마크 쇼(Mark Shaw)와 완지루 M. 기타우(Wanjiru M. Gitau)는 문화적으로 적절한 리더십 개발 전략과 잘 훈련되고 적절하게 돌봄을 받은 교회 개척 팀들을 통해 케냐와 다른 나라들에서 도시 교회 개척 사역을 효과적으로 수행해 온 아프리카의 대형교회인 마부노(Mavuno) 교회의 흥미로운 사례를 다룬다. 마크 쇼와 완지루 M. 기타우는 새롭게 개척된 교회들과 그들의 사역에 대한 파송 교회의 책무에 관한 이슈를 진지하게 다룬다.

마부노 교회의 비전은 잘 개발된 제자훈련 모델을 통해 '관문도시들 안에 문화-정의적 교회를 세우는 것'으로서, 교회에 나오지 않는 도시의 젊은 세대들에게 복음을 전하려는 강한 열망을 가진 새로운 교회들을 세우는 것이다. '평범한 사람들을 사회의 담대하고 영향력 있는 사람들로 바꾸는 것'으로 요약되는 마부노 교회의 '마부노 마라톤' 제자훈련 과정은 매우 인상적이다. 마부노 교회의 제자훈련이 의도하는 바는 온 교회가 공적 영역에서 변화의 주역이 되는 것으로서, 전인적 선교 개념과 부합한다.

교회 개척 방법은 10주간의 미지지(뿌리) 클래스의 조직을 포함하는데, 미지지 과정은 주로 젊은이들을 중심으로 구축되는 관계에 기초한다. 마크 쇼와 완지루 M. 기타우는 다양한 그룹들 안에서 이루어지는 교회 개척 사역의 과정을 소개하고, 진정한 관계에 기초한 사역자들과 사역자 가족들에 대한 효과적인 책무를 실천하는 다양한 방법들, 정기적인 감독과 보고, 재정 후원 그리고 도덕적 청렴을 유지하는 규범들을 설명한다. 그들은 양적인 성장 중심의 접근과 대형교회 지도자들의 감정적, 도덕적인 문제들과 같은 오늘날 대형교회들이 직면하는 도전과 문제들을 정확하게 지적한다.

박필훈 목사는 자신의 발제문에서 서울에 소재한 사랑의교회가 어떻게 선교단체들과 효과적으로 협력하고 있는지를 보여 준다. 박필훈 목사는 레슬리 뉴비긴(Lesslie Newbigin)의 주장을 인용하며 사랑의교회가 선교단체들과 맺는 관계는 진정한 협력 관계라고 소개한다. 후원하는 선교사 수와 연관해, 사랑의교회가 46개의 선교단체에 소속되어 있는 211개 선교사 단위를 후원하고 있는 것은 매우 인상적이다. 전체적으로 94개 선교단체들이 사랑의교회로부터 재정적인 후원을 받고 있다.

그는 교회와 선교단체 양측에게 유익한 실제 사례로서 네 개의 선교단체를 예로 든다. 협력 분야는 대형교회가 선교단체들의 성장을 촉진할 수 있는 여러 방법들을 통해 관찰된다. 그는 대형교회와 선교단체 간의 협력을 통해 얻을 수 있는 주요 유익들은 대형교회에 의해 제공되는 플랫폼으로서 인프라 구조, 대형교회가 제공할 수 있는 다양한 자원들, 멤버 케어를 위한 협력 그리고 다른 교회들을 위한 선교적 역할 모델 제공이라고 주장한다.

박필훈 목사는 대형교회들이 실현 가능한 협력 관계를 구축하기 위

　대형교회의 선교 책무

해 자신의 강점들과 약점들을 파악하고 선교단체들과 보다 깊은 의사 소통을 지속적으로 해 나가야 하며, 선교단체들의 실제적이고 재정적 인 필요들에 주목해야 한다고 지적한다.

힐송 교회 네트워크에 대한 발제문에서 미란다 클라버(Miranda Klaver) 는 힐송과 같은 글로벌 네트워크들이 전 세계 도시들에서 새롭게 부 상하는 세대들에게 효과적으로 접근하는 경향을 강조한다. 미란다 클 라버는 선교학적 관점에서 힐송 교회와 그 네트워크들로 인해 많은 질 문들이 제기되는데, 그것들은 대개 전 세계적인 대형 도시에서 오순절 글로벌 네트워크의 확장과 연관된다는 것을 인식한다. 이 네트워크들 은 지역의 상황들에 민감하지 않은 것처럼 보이며, 오히려 단일 교회 의 가치와 실제적 사역들을 확장하는 글로벌 경향들을 따라가고 있다.

이 점에서 미란다 클라버는 이 네트워크들의 강점과 약점을 다음과 같이 지적한다. "힐송 교회는 '소비주의적이며 상품화된 기독교'로 간 주될 수 있지만, 실제로는 현대의 글로벌 도시들에서 만나게 되는 특 정 '종족'에게 사역한다고 볼 수 있다."

상황화의 측면에서 힐송 교회 네트워크는 복음의 의미를 유지하려 고 애쓰지만, 글로벌 대형 도시의 문화적 형태들을 채택하기 위해 애 쓰고 있는 교회로 비칠 수 있다. 그러나 어느 정도 위험한 현상으로 간 주되는, 복음을 '희석시키는' 경향이 힐송 네트워크에서 매주 선포되 는 메시지와 전반적인 사역들에서 나타난다. 미란다 클라버는 "문화와 민족성 개념의 상황 적절성과 의미를 평가해야" 할 필요성을 지적한 다. 또한 우리는 성경적 세계관에 기초한 교회론이 혼합주의의 함정들을 피하도록 도움을 준다는 사실을 잊지 말아야 한다.

안교성 교수는 자신의 발제문에서 오늘날 한국 개신교회들의 '대형교회선교 신드롬'(megamission syndrome)을 개관한다. 안교성 교수는 1970년대부터 오늘에 이르기까지 3단계의 대규모 선교 사역의 발전을 분석한 후에 한국의 대형교회선교의 네 가지 특성들을 논의한다. (1) 현대 복음주의 선교 운동에 뿌리를 두고 있다, (2) 북미에 기원을 두고 있으며 세계화의 상황에서 이루어진다, (3) 주로 크기와 수를 강조하는 교회 중심의 선교에 초점을 둔다, (4) 대형교회만의 선교와 선교 사역에 대한 진전된 이해를 갖고 있다.

그는 교회와 선교가 불가분의 관계라는 점에서 대형교회의 선교 책무를 논한다. 그가 제기하는 요점들 가운데 하나는 대형교회선교가 어떻게 하나님의 선교(*Missio Dei*)를 축소하고 왜곡하는 위험을 피할 수 있는가를 묻는 것이다. 이 점에서 우리는 대개 한국 교회들이 대형교회가 되기를 원하고, 그러한 목적으로 항상 대형교회의 예배 형태, 프로그램 그리고 사역을 모방하려고 애쓴다는 사실을 유념해야 한다.

따라서 이 장은 교회의 본질과 하나님과 하나님 백성의 선교를 재고하도록 우리에게 도전을 준다. 다른 말로 하면, 대형교회들이 하나님의 백성과 그리스도의 몸으로서 하나님과 세상을 섬기고 하나님의 선교를 위해 존재한다는 사실을 깨닫지 못한다면 그들은 항상 자기의에 빠지는 유혹에 직면하게 될 것이다.

오포쿠 오니나(Opoku Onyinah)는 가나의 아크라에 있는 중형교회인 카네시 교회의 선교 사역에 관한 사례 연구를 제시한다. 이 교회는 오순절교회에 속해 있다. 카네시 교회의 선교는 에큐메니칼 운동(세계교회협의회의 세계선교와전도위원회)의 선교 정의와 그 자신의 선교 정의에 근거한다. 그는 카네시 교회의 역사, 구조, 예배 형태와 함께 교회의 빠른 성장에 관한 설명으로 이 장을 시작한다.

오포쿠 오니나는 카네시 교회의 성장에 중대한 영향을 미친 11개의 요인들을 명시하고, 주로 지역 교회의 선교적 노력으로서 복음 전도와 교회 개척 그리고 오순절 교단에 대한 재정적 후원에 초점을 둔 선교 사역을 설명한다. 비록 그가 중형교회의 선교 사역을 언급할지라도, 이 장의 주 내용은 카네시 교회의 교회 성장 패턴에 대한 자세한 설명에 할애되어 있다. '선교'를 정의함에 있어 그는 복음 전도, 말씀(*kerygma*), 행위(*diakonia*), 기도와 예배(*leiturgia*), 기독교적 일상생활의 증거(*martyria*) 등을 통해 복음을 나누어 결과적으로 한 개인이 하나님과 인간 이웃과 피조물과의 관계를 회복하고 강화하도록 하는 것이라고 강조한다.

또한 그는 이 세상에서 하나님의 선교와 하나님 백성의 선교의 보다 넓은 차원을 다루었다. 이러한 측면은 공적 영역에 대한 교회의 참여와 연관된다. 여기서 오포쿠 오니나는 대형교회들의 '신학적 피상성'(*superficiality*)과 지나치게 의도적으로 교회 성장에 초점을 맞춤으로써 기독교 제자도의 의무를 쉽게 무시하는 경향에 대한 비판적 질문들을 정확하게 제기한다.

김창주 선교사는 선교사들과 파송 교회들 간의 관계를 설명하며 이

장을 시작한다. 서울에 있는 한 지역 교회 목회자로 사역 경험을 갖고 있는 그는 현재 마다가스카르 선교사로서, 일반적으로는 한국 교회와, 특별하게는 대형교회들과 그들의 선교 사역에 대한 비판적 문제점들을 논한다. 그가 제시하는 세 가지 질문들(숫자에 대한 자부심, 성급하게 선교 사역의 열매들을 보려는 열망, 은퇴자들을 선교사로 활용하려는 경향)과 그가 확인하는 두 가지 관심 분야들(단기 선교와 권위적이고 지배적인 담임목사)을 대형교회 지도자들과 선교단체 지도자들이 직면하기란 쉽지 않을 것이다.

그는 먼저 파송 교회들과 선교사들 그리고 선교단체들 간의 보다 깊은 이해와 협력을 촉구한다. 그는 선교사 후보생 선발과 훈련 그리고 선교사 파송과 멤버 케어와 연관된 대형교회 선교 사역의 전반적인 문제점들을 솔직하게 지적한다. 그가 제기하는 쟁점들은 해외 선교나 국내 선교에 참여해 온 한국 교회들에게 매우 밀접한 관련이 있는 문제점들이다. 실제로 이런 문제점들은 1990년대 이래 한국 선교사들과 선교학자들에 의해 비판적으로 검토되어 왔다.

교회 성장 운동에 대한 무비판적인 수용과 교회와 선교에 대한 부적절한 이해가 한국 교회에 부정적인 영향을 미쳤고, 한국 선교 운동을 암울하게 만든 것에 대해 동의한다. 그가 주목하는 것처럼, 우리는 가시적인 결과들에 대한 지나친 강조와 해외 선교 현장에 파송된 선교사들의 숫자에 대해 자랑하는 모습을 목격해 왔다. 김창주 선교사가 제기한 '숙고를 위한 질문들'은 교회와 선교의 목적이나 본질과 연관되었다는 점에서 중요하다.

크리스토퍼 드웰트(Christopher DeWelt)는 우선 대형교회 현상의 부상과 현재의 경향들을 조사했다. 미국의 대형교회들은 선교사 훈련과 파송, 후원과 멤버 케어를 포함해 선교단체들의 사역에 전반적인 영향을 미쳤다. 실로 대형교회의 역할은 교단과 신학교의 역할을 대체한다. 주로 선교단체 사역자들과 대형교회 선교부 스태프들을 대상으로 한 인터뷰에 기초한 리서치를 통해 크리스토퍼 드웰트는 여섯 가지 영역에서 결론을 이끌어 낸다.

예를 들어, 그는 대형교회들의 해외 교회들과의 네트워크 형성에 대한 관심이 증가하고 있는 것에 주목한다. 또한 그는 대형교회들이 선교 사역의 전 과정을 이해하려고 선교단체에게 기꺼이 배우고 있다는 사실을 발견한다. 이런 태도는 대형교회와 선교단체 간에 보다 긴밀한 협력을 촉진할 수 있게 만든다. 파송 선교사들의 관점에서, 만일 대형교회와 선교단체가 신실하게 주님을 섬긴다면 이들 상호 간에 공생적 관계를 구축할 수 있고, 기존의 긴장에도 불구하고 상호 후원 관계를 발전시킬 수 있다는 것을 크리스토퍼 드웰트의 리서치는 보여 준다.

김선만 목사는 자신의 발제문에서 하나님의 비전의 성취를 위해 기꺼이 선교 자원들을 동원해 온 한인 디아스포라 교회인 하트포드 제일장로교회(First Korean Presbyterian Church of Greater Hartford)를 소개한다. 그는 선교 동원을 위한 교회의 방법뿐 아니라 선교를 위한 기도를 강조하면서 이 교회의 선교적 동기를 설명한다.

하트포드 제일장로교회의 단기 선교 사역의 실제에 대한 김선만 목사의 사례 보고에서, 특히 교회 신자들이 선교 현장에서의 사역을 수

행하기 위해 준비되어 왔고, 그들이 어떻게 동역과 연합을 통해 선교
사들과 선교단체들과의 관계 구축의 중요성을 이해했는지를 살펴본
면에서 긍정적이다. 이 사례 연구는 선교 사역을 위해 적절하게 준비
되고자 하는 한인 디아스포라 교회들에게 도전을 줄 것이다.

이원상 목사는 현재 미국 내 한인 대형교회의 선교 동향을 설명한
다. 그는 한국에 대한 서구의 선교 사역과 북미에 대한 한국 이민자들
의 사역에 대해 간략히 설명함으로 이 장을 시작한다. 그는 북미의 젊
은이들이 교회에서 '조용한 탈출'을 하는 이유들을 논하며, 한인교회
들이 다음 세대들에게 선교적으로 접근해야 할 필요성과 인식을 촉구
한다.

이원상 목사는 700개 이상의 미접촉 미전도 종족 집단들의 목록을
언급하는데, 그들 가운데 3분의 1이 미국에 살고 있다. 그는 해외 선
교에 대한 지속적인 노력과 주된 관심을 잃지 않으면서도 선교를 '모
든 곳에서 모든 곳으로 진행이 되며, 모든 신자들을 삼위일체 하나님
에 의해 세상으로 보냄 받은 선교사로' 동참시키는 것이라고 이해한
다. 이원상 목사는 선교단체들을 세우고, 기존의 선교단체들과 협력하
며 단기 선교 운동과 은퇴자 선교 동원을 위해 적극적으로 애쓰는 몇
몇 한인 대형교회들의 시도를 언급하면서, 한인 선교단체들의 발전의
필요성을 역설한다.

KGMLF 2015는 글로벌 관점에서 모든 포럼 참가자들에게 대형교
회와 선교단체의 관계에 대한 지속적인 리서치와 숙고의 과제를 제시

한다. 또한 이 포럼은 우리로 하여금 세계 복음화와 하나님의 선교를 위해 교회가 어떻게 전 세계 모든 교회들과 선교단체들과 진정한 협력 관계를 발전시킬 수 있을 것인가를 깊이 생각하도록 도전을 준다.

하나님이 어두움 가운데서 우리를 불러내시고, 성령의 능력을 통해 그리고 성령의 능력 가운데 예수 그리스도의 복음을 전하도록 온 세상으로 우리를 보내시는 것처럼, 이 포럼은 하나님의 선교에 담대하게 참여하도록 우리를 격려한다.

34장

대형교회, 영웅, 테크놀로지, 선교 그리고 책무

드와이트 P. 베이커

연구나 콘퍼런스는 원래 해결하려던 문제보다 거기서 파생된 숙고를 위한 질문에서 그 진가가 드러날 때가 있다. 그런 정신으로 필자는 이 포럼의 발제와 논평을 다 읽고 난 후 떠오른 몇 가지 질문을 여기에 정리해 보았다. 필자는 주로 소형교회, 심지어 초소형교회 안에서 일생을 보냈다는 사실을 미리 알리는 것이 도움이 될 것이다. 필자는 대형교회에 관해 듣고 읽기만 했지, 실제로 참여해 본 적이 없기 때문에 독자들이 잠재적 가치를 분별할 수 있는 부분은 넓은 마음으로 식별함으로써 필자가 말하려는 내용을 정정하고 수정할 필요가 있을지도 모르겠다.

선교사는 영웅인가?

각 시대에는 그에 걸맞은 선교사 영웅이 있는가? 영웅시되는 선교사는 자기 시대의 영적 기질을 대변하고 어느 정도 투영하는가? 그 영웅의 삶과 사역은 특정 시대의 선교에 대한 사상과 관행을 축약해서 보여 주는가?

개척 시대와 환경 가운데 사역했던 고독한 영적 선구자로서, 신경증에 걸릴 정도로 자기를 성찰했던 데이비드 브레이너드(David Brainerd, 1718-1747)를 생각해 보자. 또는 중상주의 식민주의 시대에 정든 땅을 떠나 아내와 자녀들을 인도로 데려가 평생을 보낸 겸손한 시골 목사인 윌리엄 캐리(William Carey, 1761-1834)를 살펴보자. 유럽 식민주의 시대의 절정기가 시작되던 때에 아프리카 지역의 격차를 줄이기 위해 활동한, 험난한 탐험가이자 아프리카의 노예제를 합법적인 무역으로 이끌었던 선구자인 데이비드 리빙스턴(David Livingstone, 1813-1873)은 어떠한가?

또 선교 목적을 위해 근대적 경영 방식을 채택한 원숙한 이상가이자 행정가인 존 모트(John Mott, 1865-1955)도 있다. 그리고 구속받지 않는 개인의 자기주장이 점점 더 강해지는 시대의 여명기에 매우 개인적인 선교적 인도를 받기 위해 (자신의 영과 경건주의적인 성경에의 몰입과 성령의 권면 사이에서 공조를 추구하는) 내적 탐구를 했던 짐 엘리어트(Jim Elliot, 1927-1956)는 또 어떠한가?

그러면 대형교회는 선교에서 어떤가? 대형교회들은 현대의 영웅인가? 개척자요 유행의 선도자들인가? 그들은 선교의 새 방향과 차원을 탐구하고 표준을 세우는가?

그렇다면 이 포럼의 보고서들은 개인이나 개별 교회로서가 아니라 집단적 의미에서 그렇다는 것을 가리키는 것 같다. 필자의 의도는 누구도 무시하려는 것이 아니다. 만약 어떤 대형교회 지도자 개인이나 특정한 대형교회가 탁월해서 다른 이들은 그저 그 개척자를 따라가고 있을 뿐이라면, 독자들이 필자에게 말해 줄 수 있다. 필자는 이 포럼에 제출된 장들에 담긴 활력에 감동을 받았으며, 순응과 모방보다 개성, 윤리, 접근법, 스타일 및 실천의 다양성으로 인해 감동을 받았다. 이 교회들 안에서뿐만 아니라 교회들 사이에서도, 또한 성령 안에서의 삶도 다양하다. 은사는 다르며 서로 똑같지 않다.

대형교회와 책무

대형교회의 선교 책무는 어떠한가? 고무적인 점은 먼저 그 주제가 명확하게 정해졌고(명칭은 실재를 인정하고 소유권에 대해 접근할 수 있도록 허용해 준다), 책무를 진지하고 확대된 토론의 주제로 끄집어냈다는 것이다. 훨씬 더 중요한 점은 초기에 불확실성으로 가득 찬 토론들 때문에 주저함이 있었지만 대형교회의 선교 책무를 논의하기로 결정을 내렸다는 점이다. "당신이 누구기에 나나 우리나 우리 교회나 우리 조직이나 우리 정책에 대해 의문을 제기하는가? 우리는 당신에게 책무를 지지 않는다"고 하면서 미묘한 쟁점들을 제기할 수도 있고, 예속과 지배의 개념들이 쉽사리 작용할 수도 있다. (그러나 그리스도의 몸의 동료로서 우리는 서로에게 책무를 지지 않는가.)

더구나 우리는 이 포럼에 대형교회 지도자들이 직접 참석하고 참여한 것에 대해 기뻐한다. 이 포럼은 그들의 참여 때문에 더 풍성하고 정직성을 갖추게 되었다. 이것은 학자들과 외부 연구자들, 혹은 순간적인 호기심을 가진 사람들이 모여 의견을 표현하고 평가하는 모임에 그치지 않았다. 교회의 건강과 활력에 중요한 대형교회 지도자들이 참여함으로써 토론의 토대가 제공되었고, 잘못된 선입견을 바로잡는 데 기여했다.

한편으로 우리는, 적어도 필자는 대형교회의 지도자들 덕분에 대형교회의 방대한 선교 사역의 규모와 복잡성에 대한 이해를 넓힐 수 있었다. 그들은 필자가 알고 있었던 것보다 훨씬 더 많은 장소에서, 더 많은 단체들과 협력하며, 기술적으로도 더 큰 범위의 전문 현장에서 사역하고 있었다. 이러한 다양성에는 복합적인 행정과 책무가 수반된다.

누가, 어떻게 그리고 누구에게 결산 보고를 하는가? 누가 보고서와 기록을 열람할 수 있는가? 어떤 정보가 비밀에 부쳐지는가? 무엇이 공개되는가? 공개된다면 어떻게 공개되고, 얼마나 광범위하게 공개되는가? 연구자들이 입수할 수 있고, 현장 전체에 대한 이해를 넓혀 주는 심층적이고 믿을 만한 지식 기반을 구축할 수 있는 정보는 무엇인가? 책무와 정보 배포는 능동적으로 이뤄지는가? 아니면 그것들은 질문이 제기될 때에만 맥없이 수동적으로 반응하는가? 이러한 영역에서 최선의 실천에 대한 어떤 기준과 형식이 개발되었거나 개발되고 있는가? 그러한 쟁점들에 대해 주의를 기울이는가?

특별히 이번 KGMLF의 주제는 자국 기반의 대형교회 구조와 리더십의 책무가 아니라 "대형교회의 선교 책무"였다. 그런데 교회와 선교는 진정으로 분리될 수 있는가? 어떤 이들은 소달리티와 모달리티라는 언어를 이용해 양자가 서로 분리될 수 있고, 분리되어야 한다고 말하기까지 한다. 그런 식으로 생각하는 이들은 선교가 아래층이나 아래 구역이나 국경 너머에서 일어나는 일이라고 주장하고, 그것이 모교회의 영적 건강과 정직성 또는 정직성의 결핍과 별도로 유지될 수 있다고 느낄지도 모른다.

그러나 필자는 그러한 분리가 가능한 것인지, 가능하더라도 좋은 것인지 의심스럽다. 선교에서 모교회의 영적 건강은 현장 선교사와 그곳에 세워진 교회의 영적 건강과 사역만큼이나 중요한 관심사다. 이 주제가 이번 포럼의 중심적인 내용은 아니었지만, 발제문들 중 몇 개는 모교회의 책무에 관련된 쟁점들과 책무에 관한 리더십 형성의 실제 과정을 다루었다. 마부노 교회, 카네시 교회, 바르제아 파울리스타 하나님의성회 교회가 시행하는, 리더십 책무를 형성하는 토대인 리더십 형성을 위한 노력들은 이 핵심 쟁점에 주의를 기울인다는 점에서 모범적인 것 같다. 물론 다른 교회들도 마찬가지다.

대형교회와 테크놀로지

대형교회와 선교 책무 문제를 고려하면서 "대형교회와 테크놀로지"라는 주제를 제기하는 것을 과장으로 여길 수도 있겠다. 그러나 이 주제를 너무 성급하게 배제시키지는 말자. 숫자와 그에 수반된 권력, 테크놀로지 사용 방식, 테크놀로지의 추정된 역할 그리고 재생산성에 관련된 쟁점들도 중요한 숙고 대상이다. 요약하면, 그것들을 다루는 것도 책무의 문제다.

대형교회들은 (1) 테크놀로지에 힘입어 가능해진 것인가? (2) 전적으로 테크놀로지의 산물인가? (3) 대형교회는 그 등장을 위해 필수 테크놀로지의 출현을 요구했거나, 요구하고 있는 일종의 사회적 형태인가? 세 번째 질문은 대형교회 자체가 테크놀로지에 의해 발생한 것인지, 기술의 혁신을 추진하는 것인지를 묻는 것이다.

대형교회가 테크놀로지에 힘입어 가능해졌다는 것은 의심할 나위가 없다. 즉 테크놀로지의 막강한 힘이 없었다면 정해진 일정에 따라 규칙적인 간격으로, 수천 명으로 늘어난 예배자들이 한 장소나 여러 연결된 장소에서 정기적으로 함께 모이기란 어려울 것이다. 대형교회의 출현과 운영에 있어서 필수 조건으로 존재하는 테크놀로지 시스템에는 (많은 사람이 모일 수 있게 하는) 운송 시스템과 (그와 더불어 예배자들을 이끌어 들이고 대형교회의 예배, 찬양, 교훈을 광범위하게 방출하는) 통신 시스템도 포함된다. 또한 (신자들이 모일 수 있는 거대한 건물과 집회실을 건축하기 위한) 건축 기술과 인구가 밀집된 도시화를 가능케 한 (정치에서부터 음식 조달, 송전 시설, 공중위생까지 해당하는) 테크놀로지도 필수적이다.

그러면 대형교회가 테크놀로지 의존적이라면 테크놀로지의 전적인 피조물이나 산물인가? 필자가 보기엔, 이 포럼에 참여한 어느 누구도 그 입장을 지지하거나 인정할 사람이 없을 것 같다. 그 질문에 긍정적으로 답변하는 것은 사회학자 에밀 뒤르깽(Emile Durkheim)의 입장을 약간 변형해 수용하는 입장이 될 것이다.[347] 즉 종교란 사회가 다른 가면을 쓰고서 자기를 숭배하는 것이라고 말한 에밀 뒤르깽의 사상과 달리, 이 입장은 교회가 테크놀로지를 삶과 신앙의 중심적인 것으로 신성시하는 문제가 될 것이다.

우리는 "할 수 있는 것은 하게 될 것이다"라는 기술적 강박관념에

---

347 《종교 생활의 기본 형식들》(The Elementary Forms of the Religious Life, 1912).

대해 언급할 수 있다. 방사능 찌꺼기로 오염된 땅에서 살고 싶다고 말할 사람은 아무도 없을 것이다. 그러나 우리는 핵폭탄의 제조 이론이 이해되고, 그것을 제작할 수 있는 전문 기술이 개발된 이상 그것이 만들어질 것이라는 사실을 알고 있다. 실제로 상상할 수 없이 많은 핵폭탄이 이미 제작되었다.

그렇다고 테크놀로지를 무조건 혐오할 필요는 없다. 그것은 유용하고, 심지어 친절한 것이 될 수 있으며, 실제로 그러하다. 의료 기술의 발달로 심장 이식을 통해 생명을 살리고, 절단된 손과 팔을 다시 접합하며, 화상 환자의 얼굴 조직을 재생시킬 수 있다. 그러나 테크놀로지의 힘은 강박적일 수 있다. 현대인은 테크놀로지에 대해 거부하지 못하는 것 같다.

그렇다면 일련의 필수 테크놀로지가 집적되자 그 준(準)필연적으로 새로운 형태의 사회조직으로 대형교회가 출현한 것인가? 대형교회는 그보다 더 깊이 다가가는 선교를 위한 영적 의미와 중요성을 구현한 것인가? 그렇지 않다면, 그 전체가 정반대로 작용하는가? 대형교회 자체는 어느 정도까지가 독창적인 선인가? 말하자면, 대형교회들은 (일단 파악되기만 하면) 그들의 응집과 번창이 가능하게끔 기술적인 지원이 조성, 조립, 혹은 배열된다고 볼 수밖에 없도록 만드는 가치인가? 대형교회들은 단순히 우리 시대의 산물 이상인가? 즉 대형교회들은 우리가 살고 있는 시대를 창출하는 데 기여했는가?

대형교회와 테크놀로지의 결합이 대형교회의 구성 부분이라고 본다면, 그것은 대형교회 시대의 시간 간격에 관해 무어라고 말하는가? 에이코 타카미자와(Eiko Takamizawa)의 탁월한 성경 연구는 현대 대형교회의 핵심 성격을 여느 교회처럼 초대교회를 살펴서 발견하려는 연구의 가치를 우리에게 환기시켜 주었다.

대형교회는 우리 시대의 새로운 사실(규모와 양과 테크놀로지의 혼합)임에도 불구하고, 우리는 대형교회가 교회의 시작 때부터 진리였던 모든 실제적, 영적 주제들에 대해 책임질 뿐만 아니라 대형교회에 의해 나타난 책무의 새로운 수준과 국면에 대해서도 역시 책임져 주기를 바라는 정당한 기대감을 가지고 있다. 처음부터 진리였던 것은 새로운 것에 의해 대체되거나 제거되지 않을 것이다. 그렇지만 언제나 존재했던 책무 문제는 새로운 형태를 취할 수 있다.

대형교회, 선교 및 테크놀로지

테크놀로지가 매력이 있다면 (확실히 매력이 있긴 하다) 그러한 현상은 대형교회의 선교 참여에 어떤 영향을 미치는가? 테크놀로지의 혁신, 숙련 및 활용은 대형교회가 실천하는 선교의 질을 어느 정도로 결정하는가, 혹은 결정해야 하는가?

이것은 하찮은 문제가 아니다. 테크놀로지는 단순한 하드웨어와 소프트웨어, 쟁기, 공구, 기계보다 더 많은 것에 관한 것이기 때문이다. 테크놀로지는 또한 인간관계의 형성, 교육과 개인과 선교사 양성(학교나 교사뿐만 아니라 교육 시스템도 포함) 그리고 사람들을 (고용인이든 동료든 탄원자든) 평가하고, 대우하고, '관리하는' 방식에 관한 것이기도 하다.

테크놀로지는 시스템을 지향하는 경향이 있으며, 결과에 비추어 평가된다. 그것은 계산과 계측이 가능한 업적과 성취를 우대한다. 그것은 표식을 남기고 기록한다. 계산하는 것은 유용한 도구일 수 있다. 하지만 그것은 복합적 실재의 한 면만을 조명하고, 다른 고찰 대상에 대해서는 소홀히 하도록 권장함으로써 사고를 특정한 방향으로 치우치게 만들 수도 있다.

테크놀로지는 쓸모 있는 일꾼이면서 비인간적인 작업 감독이다. 그것은 인간의 만남과 교류를 위한 기회의 창을 열 수도 있지만, 친밀감과 신뢰를 구축하는 데 필요한 시간과 사회적 공간을 선점해 버릴 수도 있다. 그것은 소통의 수단으로서 선교 감독자와 현장 선교사 사이의 후원 연락을 향상시킬 수도 있고, 현장 선교사들이 위기를 맞았을 때 멤버 케어를 제공하는 사람들이 실질적으로 그들과 함께하도록 만들어 줄 수도 있다. 테크놀로지는 의료 및 영양 지식으로 선교사들을 건강하게 유지시켜 줄 수도 있고, 운송 기술로서 선교사들의 왕래를 용이하게 해 줄 수도 있다.

동시에 테크놀로지는 선교사들이 고향에 돌아온 것처럼 가족, 친구, 교인들과 쉽게 접촉하게 해 줌으로써 그들이 거주하는 곳에서 섬기기 원하는 대상으로부터 멀어지게 만들 수도 있다. 테크놀로지는 선교사들이 사역 현장에서의 삶과 공동체와 환경에 깊이 관여해야 한다는 절박성을 다소 제거함으로써 선교사의 정체성에 장애를 가져다줄 수 있다. 선교사나 선교사 가정은 어느 쪽에서 일차적인 관계를 추구하는가? 어떤 이들은 (유감스럽게도 그중의 일부 선교사들은) 특히 테크놀로지 덕분에 감정적, 사교적으로, 혹은 일차적 관계에서 고향을 떠나지 않은 채 수년 동안 외국에서 살아갈 수 있다.

바울과 바나바는 소아시아 중부 지방에서의 선교 여행을 마친 후 주님이 그 지역에서 하시는 일을 안디옥 교회에 보고했다. 보고회는

　　　　　　　　　　　　　　　　　　대형교회의 선교 책무

유쾌한 시간이었다. 그러나 그 소식으로 촉발된 논쟁은 예루살렘 총회를 소집하게 만들었다. 그런데 오늘날에는 테크놀로지로 인해 훨씬 더 상세하고, 더 개인적으로 검토된 보고가 훨씬 더 짧은 간격으로 이루어진다. 그리고 (아마 가장 번거로운 부분이겠지만) 보고를 기대하고, 요구하고, 심지어 강요할 수 있게 되었다.

그 가능성은 선교사의 보고의 전반적인 특성을 왜곡하는가? 그것은 선교사와 선교 행정가의 관계나 선교사와 모교회의 관계에 어떤 영향을 미치는가? 미국 주식시장에 비유하면, 테크놀로지는 초점을 장기 비전(하나님이 하고 계시는 일)에서 단기 성취(선교 활동의 세부 목록)로 옮기는가? 즉각적인 소통을 가능케 하는 테크놀로지는 영적 온도 측정에 적극 활용되는가?

이러한 문제들은 모든 교회와 선교단체에 존재한다. 그러나 그 문제들은 자원봉사자와 유급 직원을 통한 가용 인력과 자신들의 기대치를 과감하게 이행할 수 있는 재정적 영향력을 모두 보유하고 있는 대형교회가 숙고해야 할 만큼 긴박한 것들인가? 보고서에 대한 압박감이 쌓일 때 인격적인 만남과 성령의 임재에 대한 열린 마음은 어떻게 유지되는가? 앤드류 월스(Andrew Walls)는 복음이 문화의 포로이자 해방자라고 썼다. 대형교회는 테크놀로지가 결정하는 수준을 넘어설 수 있는 길이 있는가? 대형교회는 테크놀로지가 넌지시 내비치는 더 인간적인 용도와 목적을 자제력을 통해 구현할 수 있는가?

유행을 선도하는 대형교회

호르게 로페스(Jorge López)의 보고서가 우리에게 상기시켜 주었듯이,

자신의 문을 결코 나서지 못하는 그리스도인 회중과 공동체들에게 대형교회들은 여러 면에서 (예배 방식, 예배 중 테크놀로지 사용, 음악, 예배 의상, 전도와 설교, 신학 그리고 기독교적 구조 면에서) 유행의 선도자들이다. 그들은 의심할 나위 없는 문화적 혁신자들이다. 사실 대형교회들은 새로운 양식의 교회 생활과 교회 공동체성을 위해 연습하고 있는 살아 있는 실험일 수 있다. 대형교회들이 육성하는 새로운 선교 방법은 어떤가? 그들도 유사한 가치를 지니고 있는가?

한 예로, 이제는 흔해진 단기 선교의 실재를 살펴보자. 선교 사역에 단기선교주의가 부상하는 데 대형교회가 어떤 역할을 했는가? 우리가 지난 반세기가량 미국에서 목격한, 좋든 나쁘든 단기 아웃리치가 융성하게 된 배경에는 특히 (소득 수준이 향상된 것과 더불어) 운송과 통신 분야 테크놀로지의 변화가 자리 잡고 있다.

대형교회 궤도 안에서는 더 현저하게 나타날 수 있지만 대형교회에만 국한되지 않는 이러한 현상이 유행하게 된 것은 대형교회들이 결정한 것인가? 평생 선교의 헌신에서 프로젝트와 단기 선교 사역으로, 또 선교 관광으로 전환된 것은 (적어도 미국에서는) 대형교회의 부상을 예측한 것인가, 그것에 수반된 것인가, 아니면 그것에 따라오는 현상인가? 그 해답을 안다면 흥미로울 것이다.

시간적, 인과적 순서야 어떻든 대형교회는 어떤 방식으로 단기 선교 사역의 아젠다를 채택하고 결정했는가? 장기 선교 사역과 단기 선교 사역 사이에서 대형교회의 선교적 초점의 비율은 어떻게 정해지는가? 이 질문에 대한 답변은 나라별로, 지역별로 달라지는가?

   대형교회의 선교 책무

지역별 차이와 엘리트

발제한 사례 연구들에서 제안되었으나 그 안에서 충분히 답변되지 않은 흥미로운 질문 하나를 예로 들면 다음과 같다. 즉 한국, 아프리카, 남미, 북미, 호주 등에서 나타난 대형교회 유형의 지역별 차이의 정도다.

각 지역의 대형교회는 구조적, 신학적, 교회론적, 조직적으로 또한 의도 면에서 타 지역의 대형교회와 어떻게 다른가? 아니면 모든 대형교회는 어느 정도 지역 문화의 산물이라기보다 도시 엘리트 사이에 만연한 세계화된 초민족적 문화의 산물인가? 대형교회들은 자기 지역에 있는 평범한 교회들과 공감하는 민족적 유사성보다 초문화적으로 다른 대형교회들을 닮는 경향이 더 강한가?

대형교회들은 자기 지역에서 주로 도시적이고 엘리트적인 현상으로 보일 수 있다. 그런데 그들의 선교 아웃리치는 주로 어디를 그리고 누구를 지향하는가? 로버트 프리스트(Robert Priest), 더글러스 윌슨(Douglas Wilson) 그리고 아델 존슨(Adelle Johnson)의 연구에 따르면 미국의 경우는 다음과 같다.

첫째, 미국 대형교회들의 선교 아웃리치에서 예산 지출 면에서 단기 선교가 우위를 차지하고 있다. 둘째, 미국 대형교회들은 단기 선교 사역 팀의 포부 가운데 전도를 높이 두는 것 같지만, 그들의 실제 활동은 그렇지 않은 것 같다. 셋째, "[미국의] 대형교회 단기 선교 팀은 기독교가 있는 곳에서 없는 곳으로 가기보다, 상대적으로 물질적 부를 보유한 기독교권에서 상대적으로 물질이 부족한 기독교권으로 가고 있다."[348] 그들은 부유한 지역에서 빈곤한 지역으로 가고 있지만, 기독교 진영 안에 머무르고 있다.

세계 다른 지역에 있는 대형교회에도 해당되는 것은 무엇인가? 그들의 아웃리치는 주로 단기 선교인가? 그것은 누구를 지향하는가? 이 문제에 관해 세계의 다른 곳에 있는 대형교회들은 어떻게 비교되는가? 최근의 세계화가 주로 미국에서 세계의 다른 지역으로의 흐름이라면, 미국의 대형교회들이 세계 다른 곳의 자매 대형교회들에게서 배울 교훈이 있는가? 다른 지역들에서 나타나는 선교적 우선순위는 미국에서 나타난 것과 다른가?

결론

연구 프로젝트의 다소 좁은 관점에서 질문해 보자. 교회들을 '대형 규모'의 범주로 나누는 경계선을 어디에 두느냐에 따라 이와 같은 질문들에 대한 답변이 어떤 영향을 받을까? 어떤 지역적 차이들이 나타나는가? 교단 소속에 따른 차이가 있는가? 독립된 대형교회들은 선교적 실천의 유형에서, 또한 책무의 실천에서 교단 소속의 자매 대형교회들과 어떻게 다른가? 교단과 관련된 대형교회들은 책무 기준이 더 높거나 엄격한가? 대형교회의 규모는 이 질문에 대한 답변에 어떻게 영향을 미치는가? 마지막으로, 우리 모두가 각자 재량에 맡겨진 달란트(자원)에 근거해 결산하게 될 것이라면, 엄청난 자원을 가진 대형교회는 책무에 대해서 어떤 추가적인 조치들을 이행하려고 노력해야 하는가?

---

348 Robert J. Priest, Douglas Wilson, and Adelle Johnson, "U.S. Megachurches and New Patterns of Global Ministry," *International Bulletin of Missionary Research* 34, no. 2 (2010): 99.

필자의 친구가 보다 광범위한 관점에서 제안한 다음 질문들을 결론부에서 인용하게 된 것에 대해 필자는 감사하게 여긴다.

놀라운 규모와 능력, 자원, 혁신을 감안할 때, 대형교회들은 신약성경의 교회와 하나님 나라의 가치에 대한 순종을 어떻게 분명히 할 수 있는가? 대형교회들이 기도와 토론 가운데 다음과 같은 글로벌 문제들에 관한 세계적인 포럼을 제안할 때가 되지 않았는가?

· 글로벌한 사랑을 그리스도인들에게 촉구하는 방법(요 13:34-35, 살전 4:9-10)

· 빈곤에 접근하는 방법

· 정부에 복종하고 유익을 끼치는 법

· 타 종교에 대처하는 법[예를 들면, 모든 사람이 염두에 두는 테러 조직인 대쉬(ISIS)][349]

---

349 필자가 맡은 이 장에 대해 유익한 설명을 해 준 크레이그 놀(Craig A. Noll)에게 감사한다.

참고 문헌

김용훈. Church Directory. 버지니아 헤른돈: 열린문장로교회, 2014.

김종언. "The History of Hwangji Church and the Philosophy of Ministry of Jong Eon Kim." [In Korean.] Responses by e-mail to written interview questions from Jin bong Kim, November 20, 2014.

노창수. Annual Congregational Report. Anaheim, Calif.: Sa-Rang Community Church, October, 2014년 10월.

도육환. "Between Two Hours." [In Korean.] In Tyrannus International Mission, edited by Yong Jo Ha, 6-8. Seoul: Tyrannus Press, 2015.

문상철. "포스트모던 세계관의 위기와 선교적 기회들". 〈선교와 신학〉 12호, 93-95.

문성모. 《하용조 목사 이야기》. 서울: 두란노서원, 2010.

박상배. "Mission as a Realization of the Kingdom of God." Mission mobilization revival meeting of the Korean Presbyterian Church of Greater Hartford, January, 2012년 1월.

백낙준. 《한국개신교사, 1832-1910》. 서울: 연세대출판부, 1998.

안교성. "총회 100주년 맞은 오늘날 한국 교회의 명암". 기독공보, 2012년 2월 28일자. www.pckworld.com/news/articleView.html?idxno=52945.

안성호. "Historical Background of the Emergence and Development of Self-Theologizing and Self-Missiologizing." [In Korean.] Korea Mission Quarterly 14, no. 1 (2014, 가을), 38-48.

______. "세계 선교의 현황과 전망: 세계 기독교학을 중심으로(Prospect of the Global Evangelical Mission Movement with special reference of the Emergence of World Christianity)". Korea Mission

Quarterly, vol. 13, no. 4 (summer, 2014), 59-70.

______. "Historical Transition of the Church-Mission Relationship(선교와 교회의 역사적 변천)." The Reformed Mission Theology (June, 2013).

______. "자신학화와 자선교학화의 발전 배경과 현황(Historical Background of the Emergence and Development of Self-Theologizing and Self-Missiologizing)". Korea Mission Quarterly, vol. 14, no. 1 (Fall, 2014), 38-48.

______. "세계 자선교학의 현황과 전망: 인도차이나반도를 중심으로(The Prospect of Self-Theologizing with special reference of Indochina)". 제1차 권역별선교전략회의(the Proceedings of the RCOWE I 2014: Regional Consultation of World Evangelization), 153-160, 한국세계선교협의회(Korea World Mission Association, KWMA) on July 16th-18th, 2014 in ACTS 29 Village, South Korea.

______. "세계 자신학화의 현황과 전망(The Current Trend and the Prospect of Self-Theologizing)". 제6차 세계선교전략회의(the Proceedings of the NCOWE VI 2014: National Consultation of World Evangelization), 47-53, 한국세계선교협의회(Korea World Mission Association, KWMA) on July 14th-16th, 2014 in ACTS 29 Village, South Korea.

여의도순복음교회. 《여의도순복음교회 50년사》. 서울: 여의도순복음교회, 2008.

오상철. 〈크리스챤 타임스〉, 2012년 5월 17일.

______. 《이민 신학》. 서울: 쿰란출판사, 2008.

온누리교회. 《Talk & Talk 온누리교회 25년》. 서울: 온누리교회, 2010.

이원상. "Mission Mobilization Initiative of the Korean Central Presbyterian Church of Washington." Responses to interview questions from Sun Man Kim, September 29, 2014.

이희열. "Prayer Symphony on Mission." Seminar handout, First Korean Presbyterian Church of

Greater Hartford, January 2008.

임종표. "21세기를 도전하는 한인 선교사의 대처".《한국 선교의 반성과 그 준비》, 임종표 편, 167-195. 서울: 한인선교사지도력개발회의, 1999.

임희국 외 편.《한국 기독교: 개신교회의 역사적 운동들》. 서울: 한국교회협의회, 2013.

"재외동포재단". www.okf.or.kr/portal/OkfMainView.do.

조명순. "2013 선교사 파송 현황". KWMA 문서, p. 2. www.kwma.org.

최윤식.《2020-2040 한국교회 미래지도》. 서울: 생명의말씀사, 2013.

"태백시 인구 5만 명 붕괴". 2012년 3월 7일. http://blog.daum.net/pm21234/15862358.

패트릭 존스톤.《교회는 당신의 생각보다 큽니다》. 6판. WEC출판부, 2010.

"폐광의 아픔을 관광과 문화산업 육성으로 극복하는 탄광촌과 광산 도시들(The Government Tries to Revitalize the Economy of Taebaek by Introducing Leisure Industry)". 민족문화연구원, 2011년 8월호 4호. http://rikszine.korea.ac.kr/front/article/humanList.minyeon?selectArticle_id=74.

하용조.《나는 선교에 목숨을 걸었다》. 서울: 두란노, 2008.

한국기윤실(Christian Ethics Movement Korea). "Data of Opinion Research on Social Credibility of Korean Protestant Church 2013." [In Korean.] http://cemk.org/2008/bbs/board.php?bo_table=2007_data_cemk&wr_id=347.

______. [Documents for download; in Korean.] http://trusti.tistory.com/938.

"한국불어권선교회 불한성경 봉헌 예배 드려". GoodtvNews, 2013년 7월 8일. www.c3tv.com/newsmission/news_view.asp?seq=54646.

한국선교연구원(KRIM). "자신학화". 〈현대 선교〉 Vol. 15, 2014, 7-8.

한국일. Mission Embracing the World. Seoul: PCTS Press, 2004.

홍콩한인회(Korean Residents Association H.K.). "Korean Residents Association (H.K.) LTD." [In

 대형교회의 선교 책무

Korean.] http://kra.hk/new/home/kra/index.php.

"2014 주요 교단 총회 결산". 국민일보, 2014년 9월 29일. http://news.kmib.co.kr/article/view.asp?arcid=0922799465&.

"Gangwon Land [a casino] Has Tenth Anniversary." [In Korean.] Monthly Chosun, April 2010. http://monthly.chosun.com/client/news/print.asp?ctcd=C&nNewsNumb=201004100052.

"Korean American Churches [in the United States], 4150." [In Korean.] Korean Christian Press, August 26, 2015. www.chpress.net/detail.asp?id=8667&cate=search.

Agyinasare, Charles. Ambassadors of Heaven. Accra: Charles Agyinasare, 2013.

Ahn, Kyo Seong. "Mission in Unity: An Investigation into the Question of Unity as It Has Arisen in the Presbyterian Church of Korea and Its World Mission." Ph.D. diss., Cambridge: Univ. of Cambridge, 2008.

Allen, Roland. The Spontaneous Expansion of the Church and the Causes Which Hinder It. Cambridge: Lutterworth, 2006; orig. 1927.

Ammerman, Nancy Tatom. Sacred Stories, Spiritual Tribes: Finding Religion in Everyday Life. Oxford: Oxford Univ. Press, 2013.

Anderson, Allan. An Introduction to Pentecostalism: Global Charismatic Christianity. Cambridge: Cambridge Univ. Press, 2004.

Asamoah-Gyadu, J. Kwabena. "Doing Greater Things: Mega Church as an African Phenomenon." In A Moving Faith: Mega Churches Go South. edited by Jonathan D. James, 43-61. New Delhi: Sage, 2015.

______. "Megachurches and Their Implications for Christian Mission." Lausanne Global Analysis 3, no. 5 (September 2014). www.lausanne.org/docs/LGA/Lausanne-Global-

Analysis-2014-09.pdf.

"Assembleias de Deus." http://en.wikipedia.org/wiki/Assembleias_de_Deus.

Assemblies of God: World Missions. "Latin America." http://worldmissions.ag.org/regions/
latinamcab/overview.cfm.

Australian Christian Churches. www.acc.org.au/about-us.

Bakker, Jim. I Was Wrong: The Untold Story of the Shocking Journey from PTL Power to
Prison and Beyond. Nashville: Thomas Nelson, 1996.

Bays, Daniel H., and Grant Wacker, eds. The Foreign Missionary Enterprise at Home:
Explorations in North American Cultural History. Tuscaloosa: Univ. of Alabama Press,
2003.

Bevans, Stephen B. Models of Contextual Theology. Maryknoll, N.Y.: Orbis Books, 2002.

Bird, Warren. "The World's Largest Churches." www.leadnet.org/world/.

Bonk, Jonathan J. Missions and Money: Affluence as a Western Missionary Problem.
Maryknoll, N.Y.: Orbis Books, 1991.

______. Missions and Money: Affluence as a Missionary Problem... Revisited. Maryknoll, N.Y.:
Orbis Books, 2006.

Bonk, Jonathan J., ed. Accountability in Missions: Korean and Western Case Studies. Eugene,
Ore.: Wipf & Stock, 2011.

Bon-Rin, Ro, and Marlin L. Nelson. Korean Church Growth Explosion: Centennial of the
Protestant Church (1884-1984). Seoul: Word of Life Press; Taichung, Taiwan: Asia
Theological Association, 1983.

Bosch, David Jacobus. Transforming Mission Paradigm Shifts in Theology of Mission.
Maryknoll, N.Y.: Orbis Books, 1991; repr., 2001.

Bowers, Paul. "Church and Mission in Paul." Journal for the Study of the New Testament 14,

no. 44 (1991): 89-111.

Bowler, Kate. Blessed: A History of the American Prosperity Gospel. Oxford: Oxford Univ.

Press, 2013.

Brafman, Ori, and Rod A. Beckstrom. The Starfish and the Spider: The Unstoppable Power of

Leaderless Organizations. New York: Portfolio, 2006.

Breidenthal, Thomas E. "Formation for Mission." Anglican Theological Review 96, no. 1 (Winter,

2014): 147-54.

Brouwer, Steve, Paul Gifford, and Susan D. Rose. Exporting the American Gospel: Global

Christian Fundamentalism. New York: Routledge, 1996.

Bunting, Madeleine. "Capital Ideas." The Guardian, July 2007. http://society.guardian.co.uk/

communities/story/0,,2128343,00.html.

Business Dictionary. www.businessdictionary.com/definition/globalization.html.

Byassee, Jason. "Purpose-Driven in Brazil: Perspectives on Church Growth." Christian Century,

April 4, 2006, p. 8.

Called to Awaken the Laity Seminar. www.disciples.co.kr/english/seminar/cal/intro.asp.

Campbell, Heidi A. "Understanding the Relationship between Religion Online and Offline in

a Networked Society." Journal of the American Academy of Religion 80, no. 1 (2012):

64-93.

Cannistraci, David. Apostles and the Emerging Apostolic Movement. Ventura, Calif.: Renew

Books, 1996.

Carriker, C. Timothy. "As contribuicoes do Messianismo para uma hermeneutica missiologica."

In Evangelho e cultura: Leituras para a antropologia missionaria. Lulu.com (2008), 177-

99.

Carter, Warren. Matthew and the Margins: A Sociopolitical and Religious Reading. Maryknoll, N.Y.: Orbis Books, 2000.

Casino, Tereso. "Mission beyond the Diaspora." Paper presented at the Lausanne Global Diaspora Forum, Manila, March 24-27, 2015.

Chambers, Oswald. My Utmost for His Highest. Grand Rapids: Discovery House Publishers, 1992.

Christian Today Weekly, January 1, 2015.

Church of England. Mission-Shaped Church: Church Planting and Fresh Expressions of Church in a Changing Context. London: Church House, 2004.

The Church of Pentecost. www.thecophq.org.

Church of Pentecost Information Management Department. Summary Statistics. Accra: Church of Pentecost, June, 2014.

Church of Pentecost International Mission Directorate. Financial Report. Accra: Church of Pentecost, January-June, 2014.

Clifton, Shane. "Ecumenism from the Bottom Up: A Pentecostal Perspective." Journal of Ecumenical Studies 47 (2012): 576-592.

Commission on World Mission and Evangelism. "Preparatory Paper No. 3: Theme, Thematic Area, and Signposts on the Journey towards the Athens Conference." World Council of Churches, May 10, 2005. www.oikoumene.org/en/resources/documents/other-meetings/mission-and-evangelism/preparatory-paper-03-theme-thematic-area-and-signposts.

Communaute Coreenne des Missions pour la Francophonie. www.iccmf.com.

Conn, Harvie M., Manuel Ortiz, and Susan S. Baker, eds. The Urban Face of Mission: Ministering the Gospel in a Diverse and Changing World. Philipsburg, N.J.: P&R Publishing, 2002.

Connor, Phillip. "Six Facts about South Korea's Growing Christian Population." Pew Research Center, Fact Tank, August 12, 2014. www.pewresearch.org/fact-tank/2014/08/12/6-facts-about-christianity-in-south-korea.

Corbett, Steve, and Brian Fikkert. When Helping Hurts: Alleviating Poverty without Hurting the Poor and Yourself. Chicago: Moody Publishers, 2009.

Corwin, Gary R. "The Church's Primary Role in Training for the Frontiers," International Journal of Frontier Missions 11 (July-August 1994): 170. www.ijfm.org/PDFs_IJFM/11_3_PDFs/12%20Corwin.pdf.

______. "Training for the Frontiers: Who Does What?" International Journal of Frontier Missions 11 (January 1994): 1-6. www.ijfm.org/PDFs_IJFM/11_1_PDFs/Corwin.pdf.

Cunningham, Loren. "People of Destiny," in The Sixth Korean World Mission Conference Manual (2008), 4-13.

Curtis, Susan. A Consuming Faith: The Social Gospel and Modern American Culture. Baltimore: Johns Hopkins Univ. Press, 1991.

Decol, Rene D. "Mudanca religiosa no Brasil: Uma visao demografica." Revista Brasileira de Estudos de Populacao 16, nos. 1/2 (1999): 121-137. www.abep.nepo.unicamp.br/docs/rev_inf/vol16_n1e2_1999/vol16_n1e2_1999_8artigo_121_137.pdf.

Donaldson, Terence L. Paul and the Gentiles: Remapping the Apostle's Convictional World. Minneapolis: Fortress Press, 1997.

Driscoll, Mark. "A Pastoral Perspective on the Emergent Church." Criswell Theological Review, n.s., 3, no. 2 (Spring 2006): 87-93. www.christianitytoday.com/assets/10362.pdf.

Drucker, Peter. "Management's New Paradigm." Forbes. www.forbes.com/global/1998/1005/0113052a.html.

Fiedler, Klaus. The Story of Faith Missions. Oxford: Regnum Books International, 1994.

Fillinger, Kent. "Megachurches: A Year in Review." Christian Standard 145, no. 15 (April 2010): 280-281.

Finishing the Task. www.finishingthetask.com.

Finke, Roger, and Rodney Stark. The Churching of America, 1776-2005: Winners and Losers in Our Religious Economy. New Brunswick, N.J.: Rutgers Univ. Press, 2005.

Florida, Richard L. The Rise of the Creative Class: Revisited. Philadelphia: Basic Books, 2012.

Ghana Evangelism Committee. National Church Survey: Facing the Unfinished Task of the Church in Ghana. Accra: Ghana Evangelism Committee, 1989.

Global Missions Podcast. "002: Standards of Excellence for Short Term Missions." http://globalmissionspodcast.com/002.

"Gods and Men in Greek Religion." http://faculty.gvsu.edu/websterm/gods&men.htm.

Graf, Jonathan. "Passionate Prayer for Missions Is Biblical." In Church Prayer Leaders Network, edited by Jonathan Graf. www.prayerleader.com/resources/prayer-leader-central/missions-prayer/prayer-for-missions.

Greenway, Roger S., and Timothy M. Monsma. Cities: Mission's New Frontier. Grand Rapids: Baker Books, 1989.

Guder, Darrell L., ed. Missional Church: A Vision for the Sending of the Church in North America. Grand Rapids: Eerdmans, 1998.

Haesler, Alfred A., ed. Gott ohne Kirche?. Olten, Freiburg im Breisgau: Walter-Verlag, 1975.

대형교회의 선교 책무

Hanciles, Jehu J. "Migration, Diaspora Communities, and the New Missionary Encounter with Western Society." Lausanne World Pulse, July 2008, www.lausanneworldpulse.com/themedarticles.php/975?pg=all.

Harrison, Ernest. A Church without God. Philadelphia: Lippincott, 1967.

Hartford Institute for Religion Research. "Fast Facts about American Religion." http://hirr.hartsem.edu/research/fastfacts/fast_facts.html.

______. "Megachurch Definition." http://hirr.hartsem.edu/megachurch/definition.html.

______. "Megachurches." http://hirr.hartsem.edu/megachurch/megachurches.html.

Heartstream Resources. http://heartstreamresources.org.

Hiebert, Paul G. Anthropological Insights for Missionaries. Grand Rapids: Baker Books, 1985.

Hiebert, Paul G., and Eloise Hiebert Meneses. Incarnational Ministry: Planting Churches in Band, Tribal, Peasant, and Urban Societies. Grand Rapids: Baker Books, 1995.

Hillsong. "Vision." http://hillsong.com/vision.

Hoedemaker, Bert. "The Legacy of J. C. Hoekendijk." International Bulletin of Missionary Research 19, no. 4 (October 1995): 166-170.

Hollenweger, Walter J. The Pentecostals. London: SCM Press, 1972.

"Hong Kong." http://en.wikipedia.org/wiki/Hong_Kong.

Howe, Neil, and William Strauss. Millennials Rising: The Next Great Generation. New York: Vintage Books, 2000.

Hultgren, Arland J. Paul's Gospel and Mission. Philadelphia: Fortress Press, 1985.

Hunt, Robert A., Kam Hing Lee, and John Roxborogh, eds. Christianity in Malaysia: A Denominational History. Petaling Jaya, Selangor Darul Ehsan, Malaysia: Pelanduk Publications, 1992.

Huntington, Samuel. The Clash of Civilizations and the Remaking of World Order. London: Simon & Schuster, 1997.

Hutchinson, Mark, and John Wolffe. A Short History of Global Evangelicalism. Cambridge: Cambridge Univ. Press, 2012.

Ihejirika, Walter C., and Godwin B. Okon. "Mega Churches and Megaphones: Nigerian Church Leaders and Their Media Ministries." In A Moving Faith: Mega Churches Go South, edited by Jonathan D. James, 62–82. Thousand Oaks, Calif.: Sage Publications, 2015.

Im, Chadler H. "The Korean Diaspora Churches in the USA: Their Concerns and Strengths." In Global Diasporas and Mission, edited by Chandler H. Im and Amos Yong, 130–147. Eugene, Ore.: Wipf & Stock, 2014.

Instituto Brasileiro de Geografia e Estatistica. "Censo Demografico 2010: Caracteristicas gerais da populacao, religiao e pessoas com deficiencia." www.ibge.gov.br/home/estatistica/populacao/censo2010/caracteristicas_religiao_deficiencia/caracteristicas_religiao_deficiencia_tab_pdf.shtm.

James, Jonathan D., ed. A Moving Faith: Mega Churches Go South. New Delhi: Sage, 2015.

Jenkins, Philip. The Next Christendom: The Coming of Global Christianity. Oxford: Oxford Univ. Press, 2002.

Jervell, Jacob. The Theology of the Acts of the Apostles. Cambridge: Cambridge Univ. Press, 1996.

John, Stanley. "Missiology." Unpublished lecture on missiology, Alliance Theological Seminary, Nyack, N.Y., 2014.

Johnson, Todd M., and Albert W. Hickman. "Religious Demography and Mission Strategy."

International Journal of Frontier Missiology 29, no. 1 (Spring 2012): 14-20.

Johnstone, Patrick. The Church Is Bigger Than You Think. Pasadena, Calif.: William Carey Library, 1998.

______. The Church Is Bigger Than You Think: The Unfinished Work of World Evangelism. 6th edition. (Korean ed.; WEC Korea, 2010), 232-235.

Keller, Timothy J. Center Church: Doing Balanced, Gospel-Centered Ministry in Your City. Grand Rapids: Zondervan, 2012.

Kim, Jin Bong. "Korean Missionary Retirement Survey." In Family Accountability in Missions: Korean and Western Case Studies, edited by Jonathan J. Bonk, 259-273. New Haven, Conn.: OMSC Publications, 2013.

Kim, S. Hun, and Wonsuk Ma, eds. Korean Diaspora and Christian Mission. Oxford: Regnum Books International, 2011.

Kirk, J. Andrew. What Is Mission? Theological Explorations. London: Darton, Longman & Todd, 1999.

Klaver, Miranda. "Worship Music as Aesthetic Domain of Meaning and Bonding: The Glocal Context of a Dutch Pentecostal Church." In The Spirit of Praise: Music and Worship in Pentecostal-Charismatic Christianity, edited by Monique Marie Ingalls and Amos Yong, 97-113. University Park: Pennsylvania State Univ. Press, 2015.

Koduah, Alfred. "The Church of Pentecost in a Post Modern Society." In James McKeown Memorial Lectures: Fifty Years of the Church of Pentecost, edited by Opoku Onyinah, 106-35. Accra: Church of Pentecost, 2004.

"Korean Christians in Hong Kong." https://en.wikipedia.org/wiki/Korean_Christians_in_ Hong_Kong.

Larbi, Emmanuel Kingsley. "The Nature of Continuity and Discontinuity of Ghanaian Pentecostal Concept of Salvation in African Cosmology." Cyberjournal for Pentecostal-Charismatic Research. www.pctii.org/cyberj/cyberj10/larbi.html.

Larkin, William J., Jr. Acts. Downers Grove, Ill.: InterVarsity Press, 1995.

Latourette, Kenneth Scott. A History of Christianity. 2 vols. Peabody, Mass.: Prince Press, 1999.

Lausanne Committee for World Evangelization. Cooperating in World Evangelization: A Handbook on Church/Para-Church Relationships. Lausanne Occasional Papers, no. 24. Wheaton, Ill.: Lausanne Committee for World Evangelization, 1983.

______. Scattered to Gather: Embracing the Global Trend of Diaspora. Manila: LifeChange Publishing, 2010.

Leage, Philip James. "The Mission Agency and the Local Church." B.A. diss., Univ. of Gloucestershire, 2011. www.ywamkb.net/kb/The_Mission_Agency_and_the_Local_Church.

Lee, Helen. "Silent Exodus: Can the East Asian Church in America Reverse the Flight of Its Next Generation?." Christianity Today 40, no. 12 (August 12, 1996). www.christianitytoday.com/ct/1996/august12/6t9050.html.

Lee, Jaehwan. "Mission Possible." In "Missiological Strategy for Pastors." syllabus, Summit Lake Camp, Emmitsburg, Md., 2004.

Lee, See-Young. "Mobilizing Senior Christians in Korea and among the Korean Diaspora for Mission." In Korean Diaspora and Christian Mission, edited by Sŭng-hun Kim and Wonsuk Ma, 260-263. Eugene, Ore.: Wipf & Stock, 2014.

Lee, Young-hoon. The Holy Spirit Movement in Korea: Its Historical and Theological

 대형교회의 선교 책무

Development. Oxford: Regnum Books International, 2009.

Lipka, Michael. "Five Facts about Prayer." Pew Research Center, Fact Tank, May 6, 2015. www.
pewresearch.org/fact-tank/2015/05/06/5-facts-about-prayer.

Marti, Geraldo. Hollywood Faith: Holiness, Prosperity, and Ambition in a Los Angeles Church.
New Brunswick, N.J.: Rutgers Univ. Press, 2008.

Mavuno Church. "Our Mission." www.mavunochurch.org/new/content.php?id=50.

Mavuno Leader's Day Bulletin, 2010.

"Megachurches." Christianity Today. www.christianitytoday.com/ct/topics/m/megachurches.

"Mega Church Made in Manhattan." CNN, June 2, 2014. http://edition.cnn.com/videos/
living/2014/06/02/ac-harlow-pastor-carl-lentz-long.cnn.

Monteiro, Duglas T. "Um confronto entre Juazeiro, Canudos e Contestado." In Historia geral
da civilizacao brasileira, vol. 3/2, edited by Boris Fausto. Rio de Janeiro: Difel, 1978.

Moon, Steve Sang-Cheol. "The Protestant Missionary Movement in Korea: Current Growth
and Development." International Bulletin of Missionary Research 32, no. 2 (2008): 59–
64.

______. "Missions from Korea 2014: Missionary Children." International Bulletin of Missionary
Research 38, no. 2 (April 2014): 84–85.

______, Hee-Joo Yoo, and Eun-Mi Kim. "Missions from Korea 2015: Missionaries Unable to
Continue Ministry in Their Country of Service." International Bulletin of Missionary
Research 39, no. 2 (April 2015): 84–85.

Moore, J. Stanley. "Strategies for Music in Missions." In Missiology: An Introduction to the
Foundations, History, and Strategies of World Missions, edited by John Mark Terry,
Ebbie Smith, and Justice Anderson, 559–571. Nashville: Broadman & Holman, 1998.

Negrao, Lisias Nogueira, and Josildeth Gomes Consorte. O messianismo no Brasil contemporaneo. Sao Paulo: FFLCH-USP/CER, 1984.

Newbigin, Lesslie. The Household of God: Lectures on the Nature of the Church. New York: Friendship Press, 1954.

______. Lesslie Newbigin: Missionary Theologian; A Reader. Compiled by Paul Weston. Grand Rapids: Eerdmans, 2006.

______. The Open Secret: An Introduction to the Theology of Mission. Grand Rapids: Eerdmans, 1995.

Ng, Peter Tze Ming. "'Globalization' as a Key to the Interplay between Christianity and Asian Cultures: The Vision of Francis Wei in Early Twentieth-Century China." International Journal of Public Theology 1 (2007): 104-115.

Nyquist, John W. "Parachurch Agencies and Mission." In Evangelical Dictionary of World Missions, edited by A. Scott Moreau, 727. Grand Rapids: Baker Books, 2000; Korean ed., 2014.

Oak, John H. Called to Awaken the Laity. London: Christian Focus, 2006.

O'Brien, Peter T. Gospel and Mission in the Writings of Paul: An Exegetical and Theological Analysis. Grand Rapids: Baker Books, 2000.

Oke, Ruth O. "Paradigm Shift in Mission from Biblical Perspectives." Ogbomoso Journal of Theology 15, no. 1 (2010): 147-157.

Oldenburg, Ray. The Great Good Place: Cafes, Coffee Shops, Community Centers, Beauty Parlors, General Stores, Bars, Hangouts, and How They Get You through the Day. New York: Paragon House, 1989.

Onyinah, Opoku. 2013 State of the Church Address, Given at Fourteenth Extraordinary

Council Meetings of the Church of Pentecost. Accra: Pentecost Press, 2014.

Oxbrow, Mark, and Tim Grass, eds. The Mission of God: Studies in Orthodox and Evangelical Mission. Oxford: Regnum Books International, 2015.

Park, Kiho (Timothy). "The Big Picture: Accountability from a Korean Missiologist's Perspective." In Accountability in Missions: Korean and Western Case Studies, edited by Jonathan J. Bonk, 53–65. Eugene, Ore.: Wipf & Stock, 2011.

______. Lecture. Overseas Ministries Study Center, New Haven, Conn., January 2012.

Pearson, Emily. "Church 'Embraces' Unreached People Group at Home and Abroad." http://stories.imb.org/americas/stories/view/church-embraces-unreached-people-group-at-home-and-abroad.

Pew Research Center: Religion and Public Life. "Historical Overview of Pentecostalism in Brazil: Origins and Growth." www.pewforum.org/2006/10/05/historical-overview-of-pentecostalism-in-brazil.

Piatt, Christian. "Five Reasons We Still Need Intentional Community (Regardless of Your Faith)." Patheos: Hosting the Conversation of Faith. July 16, 2015. www.patheos.com/blogs/christianpiatt/2015/07/five-reasons-we-still-need-intentional-community-regardless-of-your-faith.

Piper, John. Desiring God. Portland, Ore.: Multnomah Press, 1986.

Poewe, Karla, ed. Charismatic Christianity as a Global Culture. Columbia: Univ. of South Carolina Press, 1994.

Pond, Allison, Gregory Smith, and Scott Clement. "Religion among the Millennials." Pew Research Center, Religion and Public Life, February 17, 2010. www.pewforum.org/2010/02/17/religion-among-the-millennials.

Price, Stella. Chosen for Choson (Korea). Essex, Mass.: Emmaus Road Ministries, 2010.

Priest, Robert J., Douglas Wilson, and Adelle Johnson. "U.S. Megachurches and New Patterns of Global Mission." International Bulletin of Missionary Research 34, no. 2 (2010): 97–104.

Putnam, Robert. Bowling Alone: The Collapse and Revival of American Community. New York: Simon & Schuster, 2000.

Rambo, Lewis R. Understanding Religious Conversion. New Haven: Yale Univ. Press, 1993.

Ribeiro, Rene. "Brazilian Messianic Movements." In Millennial Dreams in Action: Studies in Revolutionary Religious Movements, edited by Sylvia L. Thrupp, 55–69. 2nd edition. New York: Schocken Books, 1970.

Richardson, Rick. "Emerging Missional Movements: An Overview and Assessment of Some Implications for Mission(s)." International Bulletin of Missionary Research 37, no. 3 (2013): 131–136.

Riesner, Rainer. Paul's Early Period: Chronology, Mission Strategy, Theology. Grand Rapids: Eerdmans, 1998.

Robert, Dana L. "Cross-Cultural Friendship in the Creation of Twentieth-Century World Christianity." International Bulletin of Missionary Research 35, no. 2 (2011): 100–107.

______. "Global Friendship as Incarnational Missional Practice." International Bulletin of Missionary Research 39, no. 4 (2015): 180–184.

______. "Missionaries Sent and Received, Worldwide, 1910–2010." In Atlas of Global Christianity, 1910–2010, edited by Todd M. Johnson, Kenneth R. Ross, and Sandra S. K. Lee, 259. Edinburgh: Edinburgh Univ. Press, 2009.

Rodriguez, Augusto. Paradigms of the Church in Mission: A Historical Survey of the Church's

Self-Understanding of Being the Church and of Mission. Eugene, Ore.: Wipf & Stock, 2012.

Rynkiewich, Michael. Soul, Self, and Society: A Postmodern Anthropology for Mission in a Postcolonial World. Eugene, Ore.: Cascade Books, 2011.

Sanneh, Lamin. Translating the Message: The Missionary Impact on Culture. Maryknoll, N.Y.: Orbis Books, 1997.

Schapiro, Jeff. "America Is One of the Fastest Growing Mission Fields in the World." Christian Post, October 10, 2012. www.christianpost.com/news/america-is-one-of-the-fastest-growing-mission-fields-in-the-world-82985.

Schwartz, Glenn. "Short-Term Mission Trips: Maximizing the Benefits." Mission Frontiers 26, no. 2 (2004): 12-13.

Simpson, A. B. "New Testament Missionary Types." In Missionary Messages, by A. B. Simpson, chap. 3. www.swartzentrover.com/cotor/e-books/holiness/Simpson/Missionary/Missionary%20Messages.pdf.

Snell, Jeffrey T. "Beyond the Individual and into the World." PNEUMA: Journal of the Society for Pentecostal Studies 14 (1992): 43-57.

Song, Minho. "Constructing a Local Theology for the Second Generation Korean Ministry." Urban Mission 15, no. 2 (December 1997): 23-34. www.torontoyoungnak.com/bbs.php?table=board_67&home=song_en&query=view&uid=3.

Spindler, Marc R. "The Biblical Grounding and Orientation of Mission." In Missiology: An Ecumenical Introduction, edited by Arnulf Camps, L. A. Hoedemaker, and Marc R. Spindler, 123-43. Grand Rapids: Eerdmans, 1995.

Spurgeon's College. www.spurgeons.ac.uk.

Stanley, Brian. The Global Diffusion of Evangelicalism: The Age of Billy Graham and John Stott. Nottingham: IVP Academic, 2013.

Stark, Rodney. The Triumph of Christianity: How the Jesus Movement Became the World's Largest Religion. New York: HarperCollins, 2011.

Stark, Rodney, and William Sims Bainbridge. A Theory of Religion. New York: Lang, 1987.

Stark, Rodney, and Roger Finke. Acts of Faith: Explaining the Human Side of Religion. Berkeley: Univ. of California Press, 2000.

Stendahl, Krister. Paul among Jews and Gentiles. Philadelphia: Fortress Press, 1976.

Stott, John. The Living Church. Downers Grove, Ill.: IVP, 2007.

______. "The Living God Is a Missionary God." In Perspectives on the World Christian Movement, ed. Ralph D. Winter and Steven C. Hawthorne, 17-18. Pasadena, Calif.: William Carey Library, 1981.

Sunquist, Scott W. "Asian Mission to Asians." In Christian Mission in the Third Millennium, edited by Charles E. Cole, 21-43. New York: General Board of Global Ministries, the United Methodist Church, 2004.

"Tabela 1.4.1." ftp://ftp.ibge.gov.br/Censos/Censo_Demografico_2010/Caracteristicas_Gerais_ Religiao_Deficiencia/tab1_4.pdf.

Taylor, Paul, and Scott Keeter, eds. Millennials: A Portrait of Generation Next. Pew Research Center, February 2010. www.pewsocialtrends.org/files/2010/10/millennials- confident-connected-open-to-change.pdf.

Tennent, Timothy C. Invitation to World Missions: A Trinitarian Missiology for the Twenty- First Century. Grand Rapids: Kregel Academic, 2010.

Thacker, Justin. "Opening Address at the World Evangelical Alliance." Journal of Latin

 대형교회의 선교 책무

American Theology 5, no. 2 (2010): 8.

Thomas, Norman E. "The Church at Antioch: Crossing Racial, Cultural, and Class Barriers."
In Mission in Acts: Ancient Narratives in Contemporary Context, edited by Robert L.
Gallagher and Paul Herting, 144-56. Maryknoll, N.Y.: Orbis Books, 2004.

Thomas, Norman E., ed. Classic Texts in Mission and World Christianity: A Reader's
Companion to David Bosch's "Transforming Mission." Maryknoll, N.Y.: Orbis Books,
1995.

Thumma, Scott. "Megachurches." Hartford Institute for Religion Research. http://hirr.hartsem.
edu/megachurch/megachurches.html.

Thumma, Scott, and Warren Bird. Changes in American Megachurches: Tracing Eight Years of
Growth and Innovation in the Nation's Largest-Attendance Congregations. Hartford,
Conn.: Hartford Institute for Religion Research, 2008.

Thumma, Scott, and Dave Travis. Beyond Megachurch Myths: What We Can Learn from
America's Largest Churches. San Francisco: Jossey-Bass, 2007.

Towns, Elmer. "The World's Ten Largest Churches." Christian Life, January 1983, pp. 60-66.

2011 Population Census Office, Census and Statistics Department. "Thematic Report:
Ethnic Minorities." Hong Kong: HKSAR Government Printing Office, 2011. www.
census2011.gov.hk/pdf/EM.pdf.

U.N. Department of Economic and Social Affairs, Population Division. "International
Migration." www.un.org/en/development/desa/population/migration/publications/
wallchart/index.shtml.

U.S. Department of State. "Archive." http://2001-2009.state.gov/p/eap/rls/ot/16606.htm.

Van Engen, Charles E. God's Missionary People: Rethinking the Purpose of the Local Church.

Grand Rapids: Baker Books, 1991.

Van Gelder, Craig, and Dwight J. Zscheile, The Missional Church in Perspective: Mapping Trends and Shaping the Conversation. Grand Rapids: Baker Academic, 2010.

Wagner, Tom. "Branding, Music, and Religion: Standardization and Adaptation in the Experience of the 'Hillsong Sound.'" In Religion as Brands: New Perspectives on the Marketization of Religion and Spirituality, edited by Jean-Claude Usunier and Jorg Stolz, 59-73. London: Ashgate, 2014.

Walls, Andrew F. The Missionary Movement in Christian History: Studies in the Transmission of Faith. Maryknoll, N.Y.: Orbis Books, 1996.

Wan, Enoch. "Korean Diaspora: From Hermit Kingdom to Kingdom Ministry." In Korean Diaspora and Christian Mission, edited by Sūng-hun Kim and Wonsuk Ma, 101-116. Eugene, Ore.: Wipf & Stock, 2011.

______. "Mission among the Chinese Diaspora: A Case Study of Migration and Mission." http://missiology.org/missionchina/ChineseDiaspora-Missiology.pdf.

Warren, Max. I Believe in the Great Commission. London: Hodder & Stoughton, 1976.

Wei, Francis C. M. The Spirit of Chinese Culture. New York: Scribner's Sons, 1947.

Winter, Ralph D. "Editorial Comment," Mission Frontiers 26, no. 2 (2004): 4-5.

______. The Twenty-Five Unbelievable Years. 2nd ed. Pasadena, Calif.: William Carey Library, 2005; Korean ed., 2012, pp. 266-283.

______. "The Two Structures of God's Redemptive Mission." Missiology: An International Review 2, no. 1 (1974): 121-139.

______. "The Two Structures of God's Redemptive Mission." In Perspectives on the World Christian Movement, edited by Ralph D. Winter and Steven C. Hawthorne, 244-253.

대형교회의 선교 책무

Pasadena, Calif.: William Carey Library, 2009.

______. "The Two Structures of God's Redemptive Mission." In Perspectives on the World Christian Movement: A Reader, rev. ed., edited by Ralph D. Winter and Steven C. Hawthorne, 45-57. Pasadena, Calif.: William Carey Library, 1992.

______. "When Jesus Said..." Mission Frontiers 17, no. 11-12 (1995): 56.

Winter, Ralph D., and Steven C. Hawthorne, eds. Perspectives on the World Christian Movement. 4th ed. Pasadena, Calif.: William Carey Library, 1981, 2009.

Wright, Christopher J. H. "Confronting Idols." Lausanne Cape Town 2010, Plenary Session 2. www.youtube.com/watch?v=gZ57kCNQ6oQ.

______. The Mission of God. Downers Grove, Ill.: IVP Academic, 2006.

______. The Mission of God's People. Grand Rapids: Zondervan, 2010.

Wuthnow, Robert. Boundless Faith: The Global Outreach of American Churches. Berkeley: Univ. of California Press, 2009.

Yamaguchi, Noboru. "Shitono Hataraki" [Acts of the apostles]. In Shin Seisho Chukai [New Bible commentary], vol. 2, Acts to Ephesians, edited by Yoshio Masuda et al. Tokyo: Inochino Kotobasha, 1986.

Yang, Daniel Taichoul. Called Out for Witness. Oxford: Regnum Books International, 2014.

Yoo, Seung Kwan (David). "Accountability in a Local Church's Ministry of World Mission: SaRang Community Church as a Case Study." In Accountability in Missions: Korean and Western Case Studies, edited by Jonathan J. Bonk, 88-139. Eugene, Ore.: Wipf & Stock, 2011.

Yoon, Hyung Joong. "A Diaspora Story of a Missional Church: The Hong Kong Korea Mission Church Story." Korean pastors luncheon, Overseas Ministries Study Center, September

22, 2014.

Young, Haw. "Mission Trends in the Twenty-First Century." In Fiftieth Anniversary of Korean Mission Work in Malaysia. Kuala Lumpur: n.p., 2015.

Young-gi, Hong. "The Backgrounds and Characteristics of the Charismatic Mega-Churches in Korea." Asian Journal of Pentecostal Studies 3, no. 1 (2000): 99-118.

대형교회의 선교 책무

참가자

존스 주니어 아즈라(Jones Junior Adzrah)

Personal Assistant to the Presiding Bishop

Perez Chapel International

Accra, Ghana

찰스 아기나사레(Charles Agyinasare)

Founder and Presiding Bishop

Perez Chapel International

Accra, Ghana

안교성(Kyo Seong Ahn)

교회사/역사신학 교수

장로회신학대학교 신학대학원(PUTS)

대한민국 서울

안성호(Daniel S. H. Ahn)

문화교류학 및 실천 사역 교수

틴데일 신학대학교

Badhoevedorp, Netherlands

J. 콰베나 아사모아-기아두(J. Kwabena Asamoah-Gyadu)

Baeta-Grau Professor of Contemporary African Christianity and Pentecostal/Charismatic

Theology Trinity Theological Seminary

Accra, Ghana

드와이트 P. 베이커(Dwight P. Baker)

Former Associate Director

Overseas Ministries Study Center

New Haven, Connecticut, USA

진 봉크(Jean Bonk)

Former missionary in Ethiopia

Winnipeg, Canada

조나단 봉크(Jonathan Bonk)

Executive Director Emeritus/Mission Consultant

Overseas Ministries Study Center

Winnipeg, Canada

찰스 티모시 캐리커(Charles Timothy Carriker)

Missiological Consultant

Igreja Presbiteriana Independente do Brasil

Florianopolis, Brazil

스티브 차(Stephen S. Cha)

온누리교회 영어 예배 담당 목사

대한민국 서울

진재혁(Peter JaeHyeok Chin)

담임목사

지구촌교회

대한민국 경기도 성남시

조학현(Hak Hyun Cho)

선교사

OMF국제선교회

Phnom Penh, Cambodia

최형근(Hyung Keun Paul Choi)

선교학 교수

서울신학대학교

대한민국 서울

최우성(Woosung Calvin Choi)

담임목사

워터타운 복음주의 교회(Watertown Evangelical Church)

Watertown, Massachusetts, USA

정재철(Jae Chul Chung)

아시안 미션 대표

대한민국 서울

정재륜(Jae Ryun Chung)

온누리교회 부목사

대한민국 서울

오벧 베야민 크루스(Obed Benjamin Cruz)

Regional Coordinator of Mobilization

Serving in Mission (SIM) in Latin America

Guatemala City, Guatemala

크리스토퍼 드웰트(Christopher DeWelt)

Director of Intercultural Studies

Ozark Christian College

Joplin, Missouri, USA

도육환(Yook Hwan Do)

양지 온누리교회 담당 목사

두란노해외선교회(TIM)

대한민국 서울

키이스 이텔(Keith Eitel)

Dean, Professor of Missions and World Christian Studies

Southwestern Baptist Theological Seminary

Fort Worth, Texas, USA

완지루 M. 기타우(Wanjiru M. Gitau)

Teaching Fellow, Africa International University

Nairobi, Kenya

웨슬리 그랜버그-마이클슨(Wesley Granberg-Michaelson)

Facilitation Team

Global Christian Forum, USA

Santa Fe, New Mexico, USA

함태경(Tae Kyung Ham)

CGNTV 경영본부장

온누리교회

대한민국 서울

대럴 R. 잭슨(Darrell R. Jackson)

Senior Lecturer in Missiology

Morling College

Sydney, Australia

J. 넬슨 제닝스(J. Nelson Jennings)

온누리교회 선교 목사

대한민국 서울

자 노 주니어(Ja Naw Jr.)

Associate Pastor of Yangon Kachin Baptist Church

Director of Evangelism and Mission Department

Yangon, Myanmar

정대서(Dae Su Jung)

선교위원장 장로

온누리교회

대한민국 서울

정순욱(Soon uk Jung)

최고경영자

천마그룹

대한민국 서울

김창주(Chang Ju Kim)

선교사, 교수

Ambatonakanga Faculte de Theologie

Antananarivo, Madagascar

김홍주(Hong Joo Kim)

온누리교회 선교 본부장

대한민국 서울

김진봉(Jin bong Kim)

국제교회관계 대표

KGMLF 코디네이터

해외사역연구센터

New Haven, Connecticut, USA

김종언(Jong Eon Kim)

황지교회 담임목사

대한민국 강원도 태백시

김경술(Joshua Kyungsool Kim)

한국 SIM국제선교회 대표

SIM국제선교회

대한민국 경기도 성남시

김선만(Sun man Kim)

담임목사

하트포드 제일장로교회

Hartford, Connecticut, USA

김경중(Timothy KyungJoong Kim)

Vice Director of Southeast Asia Islam Region

Global Mission Society Missionary

Kuala Lumpur, Malaysia

김연수(Yon Soo Kim)

Associate General Secretary

World Mission Association

대한민국 서울

미란다 클라버(Miranda Klaver)

Assistant Professor

VU University Amsterdam

Amsterdam, Netherlands

조나단 코피(Jonathan Kofie)

District Pastor

The Church of Pentecost

Accra, Ghana

고구경(Abe Kugyong Koh)

디트로이트 비전 교회 담임목사

Detroit, Michigan, USA

조지 입 코보어(George Iype Kovoor)

Rector

St. John's Episcopal Church

New Haven, Connecticut, USA

이대영(David Young Lee)

Associate Director of World Mission Center

사우스웨스턴 침례신학교

Fort Worth, Texas, USA

이한영(Han Young Lee)

아세아연합신학대학교 구약학 교수

아세아연합신학대학교 국제대학원 학장

대한민국 경기도 양평군

이재훈(Jae Hoon Lee)

온누리교회 담임목사

대한민국 서울

이몽식(Mong Sik Lee)

주향한교회 담임목사

한국불어권선교회 대표

대한민국 서울

이상준(Sang Joon Lee)

온누리교회 양재 캠퍼스 담당 목사

대한민국 서울

이원상(Won Sang Lee)

와싱톤 중앙장로교회 원로목사

SEED국제선교회 대표

Centreville, Virginia, USA

이다 수엣 융 륭(Ida Suet Yeung Leung)

Lecturer in Chinese Christianity

China Victory Theological Seminary

Hong Kong, China

호르게 H. 로페스(Jorge H. López)

Senior Pastor, Pastor General

Iglesia Fraternidad Cristiana of Guatemala

Guatemala City, Guatemala

엘시 로페스(Elsy López)

Director of "Champions Zone," Praise/Worship Team

Iglesia Fraternidad Cristiana of Guatemala

Guatemala City, Guatemala

칼빈 마(Calvin Ma)

International Director for East Asia North Area

OMF International Headquarters

Singapore

카를로스 L. 말라베(Carlos L. Malavé)

Executive Director

Christian Churches Together

Indianapolis, Indiana, USA

문상철(Steve Sang-Cheol Moon)

한국선교연구원 원장

대한민국 서울

데니스 탁 윙 응(Dennis Tak Wing Ng)

Adjunct Professor

Shanghai East China Theological Seminary

Hong Kong, China

피터 쩌 밍 응(Peter Tze Ming Ng)

Department Chair and Professor of Chinese Christianity

China Victory Theological Seminary

Hong Kong, China

다니엘 J. 니콜라스(Daniel J. Nicholas)

Director of Communications, Publications, and Church Relations

Overseas Ministries Study Center

New Haven, Connecticut, USA

스티븐 윌리엄 오푸트(Stephen William Offutt)

Assistant Professor of Development Studies

Asbury Theological Seminary

Wilmore, Kentucky, USA

오포쿠 오니나(Opoku Onyinah)

Chairman of Church of Pentecost

President, Ghana Pentecostal and Charismatic Council

Accra, Ghana

마크 옥스브로우(Mark Oxbrow)

International Director, Faith2Share

Oxford, UK

박경남(Kyung Nam Park)

한국 WEC국제선교회 대표

WEC국제선교회

대한민국 서울

박명수(Myung Soo Park)

교회사 교수

서울신학대학교

대한민국 서울

박필훈(Pil-Hun Park)

사랑의교회 선교 목사

대한민국 서울

박시경(Stephen Si kyong Park)

Professor of Intercultural Studies

Grace Theological Seminary

Winona Lake, Indiana, USA

박용규(Yong Kyu Park)

교회사 교수

총신대학교

대한민국 서울

삼손(Samson)

Associate General Secretary

Myanmar Baptist Convention

Yangon, Myanmar

조셉 샤오(Joseph Shao)

Chair of SIM, Metro Manila, Philippines

Board President, Biblical Seminary

Manila, Philippines

마크 쇼(Mark Shaw)

Professor of World Christianity

Africa International University

Nairobi, Kenya

성남용(Nam Yong Sung)

삼광교회 담임목사

대한민국 서울

태동화(Dong Hwa Tae)

선교국 부총무

기독교대한감리회

대한민국 서울

에이코 타카미자와(Eiko Takamizawa)

선교학/문화간연구 교수

횃불트리니티신학대학원대학교

대한민국 서울

스콧 쑤마(Scott Lee Thumma)

Professor of Sociology of Religion

Hartford Seminary

Hartford, Connecticut, USA

벤 토레이(Ben Torrey)

예수원 원장

'네 번째 강 프로젝트' 대표

대한민국 강원도 태백시

엄태욱(Tae Wook Um)

선교국장

여의도순복음교회

대한민국 서울

대럴 L. 화이트만(Darrell L. Whiteman)

Interim Executive Director

Overseas Ministries Study Center

New Haven, Connecticut, USA

우영석(Young Suk Woo)

지구촌교회 해외선교부 담당 목사

대한민국 경기도 성남시

치 웡 용(Chee Weng Yong)

Mission Pastor

Calvary Church Kuala Lumpur Assemblies of God

Kuala Lumpur, Malaysia

윤형중(Hyung Joong Yoon)

홍콩한국선교교회 담임목사

생명길선교회 대표

Hong Kong, China

찰스 아기나사레(Charles Agyinasare)는 가나의 목사이며 국제적인 연사이자 TV 부흥사요 50권 이상의 책을 쓴 저자다. 가나에서 가장 빨리 성장하는 오순절 은사주의 교단들 중 하나인 페레즈 채플 인터내셔널(Perez Chapel International)의 창립자다. 그는 페레즈 돔(Perez Dome)의 담임목사다. 1만 4천 명을 수용할 수 있는 그 예배당은 가나 최대의 실내 강당 중 하나다. 그의 세계적 사역은 신유, 이적, 표적 및 기사를 일으킴으로 그의 설교와 말씀에 대한 가르침을 확증한다.

찰스 아기나사레는 어린 시절 방탕하고 난폭했으며 고등학교를 중퇴했지만, 18세 때인 1980년에 회심했고, 삶에 극적인 변화를 경험했다. 현재 그는 선교사 대변인, 기독교 학자, 독학자, 국내 및 해외 지도자, 박애주의자, 성경 학교와 TV 방송국 등을 포함한 많은 기관의 창립자이며 성공적인 가장이기도 하다. 그와 그의 아내 비비안 세나 아기나사레(Vivian Sena Agyinasare) 목사 사이에는 세 명의 자녀와 한 명의 입양한 딸과 한 명의 손녀가 있다.

안성호(Daniel S. H. Ahn)는 암스테르담의 틴데일 신학대학교(Tyndale Theological Seminary)에서 문화교류학 및 실천 사역 조교수로 있다. 그는 세계 기독교와 문화교류학에 전문적인 선교학자이며, 북미, 영국, 아시아를 포함한 다양한 지역에서 선교학을 가르쳤다. 그는 또한 OMF 선교사로서 동아시아, 중앙아시아, 유럽에서 초문화적 선교 경험을 많이 쌓았다. 또한 안수 받은 장로교 목사로서 북미주, 유럽, 아시아에서 지역 교회들을 섬겼다. 그가 현재 연구하고 있는 주제는 소위 세계 기독교, 즉 기독교를 현지 언어와 문화로 번역하는 것에 관한 것이다. 그가 쓴 장들은 다음 저서들에 포함되어 있다. 《Religious Transformation in Modern Asia》(Brill, 2015), 《Korean Church, God's Mission, Global Christianity》(Regnum, 2015), 《Testing the Boundaries》(Cambridge Scholars, 2011). 논문으로는 "Johan H. Bavinck's Reformed Theology of Non-Christian Religions," Bavinck Review(2012)가 있다.

안교성(Kyo Seong Ahn)은 서울에 소재한 장로회신학대학교 신학대학원의 교회사 부교수다. 그는 대한예수교장로회(통합)의 파송을 받아 몽골에서 선교사로 사역했다(1992-2000). 2000년부터 2002년까지 대한예수교장로회(통합)의 선교부 상임 총무였다.

J. 콰베나 아사모아-기아두(J. Kwabena Asamoah-Gyadu)는 가나 아크라에 소재한 트리니티 신학대학원(Trinity Theological Seminary)의 현대 아프리카 기독교와 오순절/은사주의 신학 바에타-그라우(Baëta-Grau) 석좌 교수다. 그는 또한 동 신학대학원의 대학원 디렉터로 봉사하고 있으며, 신학대학원 부설 아프리카기독교연구센터(Center for the Study of Christianity in Africa)의 창립 디렉터이기도 하다. 매사추세츠 주 하버드 대학(2004), 미네소타 주 세인트폴에 소재한 루터 신학대학원(2007), 코네티컷 주 뉴헤이븐에 소재한 OMSC(2012) 그리고 켄터키 윌모어에 소재한 애즈베리 신학대학원(2015)에서 객원 교수로 섬기기도 했다. J. 콰베나 아사모아-기아

두는 옥스퍼드선교학센터(Oxford Centre for Mission Studies)의 이사이며 로잔운동신학사역그룹(Lausanne Movement Theology Working Group)의 회원이기도 하다. 그는 아프리카의 오순절 운동과 비서구 종교로서의 기독교에 관한 많은 논문을 국제적인 학술지에 발표했다. 2014년 12월에 가나예술및과학아카데미(Ghana Academy of Arts and Sciences) 회원으로 선출되었다. 아내 테오도라(Theodora)와 함께 테오필(Theophil), 그리젤다(Griselda), 엠마누엘(Emmanuel) 세 자녀를 두고 있다.

드와이트 P. 베이커(Dwight P. Baker)는 13년 동안(2002-2015) 〈국제선교학저널〉(International Bulletin of Missionary Research)의 부편집장으로 섬겼다. 그는 또한 코네티컷 주 뉴헤이븐에 소재한 OMSC에서 2011년에 은퇴하기 전까지 프로그램 디렉터로 있었고, 그다음에는 부디렉터가 되었다. 이전에는 캘리포니아 패서디나에 소재한 미국세계선교센터(U.S. Center for World Mission)에서 세계기독교재단(World Christian Foundations) 연구 프로그램의 디렉터였다. 더글라스 헤이워드(Douglas Hayward)와 《Serving Jesus with Integrity: Ethics and Accountability in Mission》(2010)을 공동 편집했고, 로버트 프리스트(Robert J. Priest)와 《The Missionary Family: Witness, Concerns, Care》(2014)를 공동 편집했다.

티모시 캐리커(Timothy Carriker)는 미국장로교단(PCUSA)의 선교 동역자, 선교학 컨설턴트, 브라질 독립장로교단의 교육자다. 그는 브라질의 여러 신학대학원에서 선교학과 성경을 가르쳤다. 그는 복음주의선교센터(Evangelical Mission Center), 남장로교신학교(Presbyterian Seminary

of the South), 매켄지 대학(MacKenzie University) 그리고 포르탈레자 신학교
(Fortaleza Theological Seminary)의 대학원 학과 디렉터로 섬겼으며, 브라질
전역의 다른 여러 신학교들에서 교수로 봉사했다. 6권의 저서와 100
개 이상의 논문을 썼으며, 7권을 편집했다. 그중에서 브라질성경공회
가 발행한 《Mission Study Bible》(2014)의 총편집자를 맡기도 했다. 현재
《Mission Study Bible》의 스페인어판과 영어판도 준비하고 있다.

최형근(Hyung Keun Choi)은 기독교대한성결교회의 목사다. 로잔운동
의 동아시아 국제 담당 부디렉터로 7년 동안(2004-2011) 섬겼으며, 현재
서울신학대학교의 선교학 교수다. 그는 한국로잔위원회 총무로 섬기
고 있으며, 로잔운동신학사역그룹의 회원이기도 하다.

최우성(Woosung Calvin Choi)은 세계 여러 곳에서 성장해 독특한 문화
적 배경을 갖고 있다. 한국, 이란, 터키, 인도, 미국에서 생활한 그는 영
어, 한국어, 페르시아어, 터키어에 능통하다. 현재 그는 보스턴에 거
주하고 있으며 매사추세츠 주 워터타운에 소재한 워터타운 복음주
의 교회(Watertown Evangelical Church)를 섬기고 있다. 한국의 사랑의교회
와 캘리포니아 애너하임의 사랑의교회에서 부목사로 사역했다. 그는
《Preaching to Multiethnic Congregation》(Peter Lang, 2015)의 저자이며, 스
콧 깁슨이 쓴 《Preaching with a Plan》(Zondervan, 2012)을 한국어로 번역했
다(《주일 강단을 제자훈련의 기회로 활용하라》).

크리스토퍼 드웰트(Christopher DeWelt)는 1999년부터 미주리 주 조플

린에 소재한 오자크 크리스천 칼리지(Ozark Christian College)에서 문화교류학 디렉터로 섬기고 있다. 그전에는 8년 동안(1974-1983) 칠레의 산티아고에서 교회 개척 선교사로 사역했고, 8개국 이상을 다니면서 다양한 선교 사역들을 대표했다. 그는 또한 칼리지 프레스 출판사(College Press Publishing Company)의 대표로 섬겼고, 1990년에는 전 세계 기독교 지도자들에게 마음의 언어로 리더십 자료를 제공하는 데 헌신한 비영리 단체인 리터레이처 앤 티칭 미니스트리(Literature and Teaching Ministries)를 창립했다. 최근에는 선교학적 통찰력을 가진 양질의 연구 조사를 제공하는 데 헌신한 단체인 글로벌 리서치 팀(Global Research Team)을 공동 창립했다.

완지루 M. 기타우(Wanjiru M. Gitau)는 켄터키 주 윌모어에 소재한 애즈베리 신학교(Asbury Theological Seminary)에서 일 년(2015-2016) 간 박사 후 연수 과정에 있는 연구원이다. 케냐에서 태어나고 자란 완지루 M. 기타우는 15년간 나이로비 채플(Nairobi Chapel) 대형교회 그룹의, 나이로비 중국인 이민자 그리고 포커스-케냐(FOCUS-Kenya)의 국제복음주의 학생회(IFES) 관련 사역 등으로 목회 리더십을 경험했다. 또한 틴데일 하우스(Tyndale House)의 아프리카 리더십 서베이(Africa Leadership Survey), 아프리카 국제대학(Africa International University)의 세계 기독교를 위한 센터(Center for World Christianity), 그리고 애즈베리 신학교의 세계기독교활성화운동센터(Center for World Christian Revitalization Movements)에 소속된 연구원이다. 그녀의 선교 사역과 연구의 관심은 아프리카는 물론이고 유럽, 아시아, 북미주까지 포함한다. 그 가르침과 연구는 현대 대형교회, 선교 사역, 교회사, 목회 신학 등을 아우른다. 그녀가 공동 집필한 세계 기독교에 관한 책이 곧 출판될 예정이다.

웨슬리 그랜버그-마이클슨(Wesley Granberg-Michaelson)은 1994년부터 2011년까지 17년 동안 미국개혁교단(RCA)의 총무로 섬겼다. 그전에는 제네바에서 WCC 교회와사회분과위원회의 디렉터로 섬겼고 미국 상원의원 마크 해트필드(Mark O. Hatfield)의 법률 자문 조수로 섬겼다. 몇 번의 에큐메니칼 이니셔티브에서 활동했고, 미국기독교회연대(Christian Churches Together in the United States)의 창립자들 중 한 사람이며, 글로벌 크리스천 포럼(Global Christian Forum)의 국제위원회에서 섬기고 있다. 최근 저서로는 《From Times Square to Timbuktu: The Post-Christian West Meets the Non-Western Church》(Eerdmans, 2013)가 있다.

함태경(Tae Kyung Ham)은 한국 CGNTV의 경영본부장이며, 한반도국제대학원대학교와 한국뉴욕주립대학교의 객원 교수다. 경희대학교에서 조경학을 공부했으며, 성균관대학교, 서강대학교, 대만정치대학교, 서울신학교에서 경제학, 정치학, 공산주의, 외교학, 중국 선교학을 공부했으며, 중국 북경대학에서 중국 정부와 정치 전공으로 박사 학위를 받았다. 국민일보 종교부 차장으로 섬겼으며, 또 차이나 네트워크 연구소(China Network Study Center) 소장, 둘로스 네트워크(Dulos Network) 상임 이사, 한중기독교교류협회(Korea-China Christianity Exchange Association) 상임 이사 등으로 섬기고 있다. 《알았던 선교, 몰랐던 중국》(두란노, 2015)의 저자다.

한규삼(Kyu sam Han)은 뉴저지 노우드에 소재한 초대교회의 담임목사다. 학자요 교육가의 마음으로 그는 하나님이 의도하신 말씀의 참뜻을 발견하기 위해 쉼 없이 연구한다. 또한 헌신된 목사로서 그는 자신의 사역을 그리스도의 긍휼의 마음으로 대한다.

대럴 잭슨(Darrell R. Jackson)은 영국 침례교회 목사다. 목회 사역 후에 그는 영국침례교연맹(Baptist Union of Great Britain)의 국가 선교 고문으로, 유럽교회협의회(Conference of European Churches)의 상임 연구원으로, 그 다음엔 영국 레드클리프 칼리지(Redcliffe College)의 노바 리서치 연구소(Nova Research Centre)의 창립 디렉터로 섬겼다. 2012년부터 호주 시드니의 몰링 칼리지(Morling College)와 오스트레일리언 신학교(Australian College of Theology)의 선임 강사로 일하고 있다. 정규적인 콘퍼런스 강사이자 저자이며, 세계복음주의연맹(World Evangelical Alliance) 선교 파송 회원이며, 로잔 인터내셔널 리서쳐스 네트워크(Lausanne International Researchers' Network)의 의장을 맡고 있으며, Lausanne Global Analysis의 편집진에 속해 있으며, 유럽선교회(European Christian Mission International)의 이사이며, 호주의 선교 연결을 위한 국제 리더십 팀(National Leadership Team of Missions Interlink)을 섬기고 있고, 호주 글로벌 인터랙션(Global Interaction)의 신학 컨설턴트다. 침례교 목사인 아내 베스(Beth)와의 사이에 두 자녀 카이(Kai)와 캐리스(Karys)를 두고 있다.

J. 넬슨 제닝스(J. Nelson Jennings)는 온누리교회의 선교 목사 및 컨설턴트로 섬기고 있다. 1986년부터 1999년까지 일본 선교사로 섬겼

다. 처음에는 나고야에서 교회 개척 사역을, 나중에는 치바에서 신학 교육 사역을 했다. 그는 12년 동안(1999-2011) 미국 미주리 주 세인트루이스에 소재한 언약신학교(Covenant Theological Seminary)에서 세계 선교를 가르쳤다. 또한 〈Missiology: An International Review〉(1997-2011)의 편집자로 봉사했다. 2011년부터 2015년까지 미국 코네티컷 주 뉴헤이븐에 소재한 OMSC의 부디렉터였다가 상임 디렉터가 되었으며, 또한 〈국제선교학저널〉(International Bulletin of Missionary Research)의 부편집자였다가 편집자가 되었다. 저서로는 《Theology in Japan: Takakura Tokutaro 1885-1934》(2005)와 《God the Real Superpower: Rethinking Our Role in Missions》(2007)가 있으며, 히사카주 이나가키(Hisakazu Inagaki)와 《Philosophical Theology and East-West Dialogue》(2000)를 공동 저술했다.

김창주(Chang Ju Kim)는 목사이자 마다가스카르 선교사다. 1987년 한국기독교장로회에서 안수를 받았다. 한국에서 육군 군목(1987-1990)으로 봉사했고, 서울에 소재한 예닮교회에서 부목사로 섬기다가 담임목사가 되었다(1996-2007). 2008년부터 마다가스카르의 안타나나리보에 소재한 Ambatonakanga Faculte de Theologie에서 강의를 하고 있다.

김진봉(Jinbong Kim)은 2008년부터 코네티컷 주 뉴헤이븐에 소재한 OMSC에서 스태프로 일하고 있으며, 2012년부터는 국제교회관계 디렉터로 섬기고 있다. 그는 1990년 코트디부아르 단기 선교사로 헌신한 후 총신대신학대학원과 총신세계선교대학원에서 공부했으며, 그의 아내 정순영(Soon Young Jung)과 함께 1994년 총회세계선교회(GMS)에서 파송 받았다. 1998년에는 WEC국제선교회에도 가입했다. 그들은 영국에 있는 열방신학교(All Nations Christian College)에서 선교학을, 프랑스 알베르빌에서 언어학을 공부했다. 1998년에 그는 프랑스 뮬루즈에 있는 현지교회에서 인턴십으로 봉사하기도 했다. 그 후 그들은 기니의 풀라니 무슬림 사역을 두 임기(term) 동안 섬긴 뒤 2006년에 OMSC로 오게 되었다. 김진봉은 2008년 한국글로벌선교지도자포럼(KGMLF)을 제안했으며 현재 코디네이터로 봉사하고 있다. 또 2016년에 인디애나 주에 소재한 그레이스 신학대학원(Grace Theological Seminary)에서 문화교류학 박사 학위를 받았다.

김경술(Kyung sool Joshua Kim)과 그의 가족은 1999년부터 2012년까지 시에라리온, 감비아, 가나, 서부 아프리카에 있는 미전도 종족 그룹의 교회 개척, 제자훈련, 리더십 훈련, 선교 훈련에 참여했다. 하나님의 은혜로 지난 3년간 한국 SIM국제선교회의 디렉터로서 그의 아내와 함께 한국을 섬기면서 한국 교회에 도전을 주고 있으며, 새로운 선교사들을 모집하고 훈련하며, SIM 한국 소속 선교사들을 위한 멤버 케어를 하고 있다.

김선만(Sun Man Kim)은 코네티컷 주 맨체스터에 소재한 하트포드 제일장로교회의 담임목사다. 그는 또한 라틴아메리카선교프로젝트 소사이어티(Latin America Mission Project Society)의 이사장으로 섬기고 있으며, 2002년부터 2015년까지 OMSC 이사로 섬겼다. 그는 2014년에 코네티컷 한인교회협의회 회장이었다. 뉴욕 나약에 소재한 나약 칼리지(Nyack

College)를 졸업했으며, 펜실베이니아 주 해트필드에 소재한 성경신학
대학(Biblical Theological Seminary)의 졸업생이다(M.A.R., M.Div., Th.M.). 그는
《요한계시록 강해설교》(CLC, 2014)를 저술했다.

김경중(Timothy KyungJoong Kim)은 2004년 이후로 말레이시아에서 가
장 오래된 장로교회 중 하나를 섬기고 있다. 1851년에 영국의 노회가
영국인 회중을 위해 개척했던 그 교회는 1967년에 리더십을 중국계
말레이시아인 회중에게 양도했다. 그때 이후로 교회는 유럽계 교회에
서 중국인 중심의 교회로 탈바꿈했다. 하나님은 당신의 때에 맞게 김
경중을 이 교회로 인도하시고 특별한 종족 그룹을 전도하는 대신 이
교회를 섬길 수 있게 하셨다. 그가 이 교회를 섬길 때 하나님이 어떤
종류의 선교 사역이 필요한지를 깨닫게 하셨다. 하나님은 그를 도전하
시어 전통과 구태의연한 신학적 틀에 가로막혀 있었던 오래된 교회를
부흥시키라고 하셨다. 교회는 선교적, 성육신적 교회로 변화되고 있으
며, 특별히 동남아시아 선교를 위한 플랫폼으로서 역할을 감당하고 있
다. 지금 교회는 아시아의 화교 교회들의 네트워크를 결성하려고 계획
중이다.

미란다 클라버(Miranda Klaver)는 암스테르담 자유대학(Vrije Universiteit
Amsterdam)의 신학종교학부의 종교와 미디어 부교수(및 M.A. 프로그램 코디
네이터)다. 문화인류학자요 신학자로 훈련을 받은 그녀는 상황 신학, 초
문화 사역, 종교 인류학 분야에서 폭넓은 교수 경험을 쌓았다. 네덜란
드의 복음주의자들과 오순절주의자들에 관련된 방대한 연구 실적을

                                          대형교회의 선교 책무

쌓았으며, 최근에는 미국에 대해서도 연구했다. 복음주의와 오순절/은사주의 기독교에 관한 권위자이며, 국가교회들과 대중매체들에 조언하기도 한다. 현재 그녀의 연구는 암스테르담과 뉴욕 시에서 힐송교회의 확산에 새로운 미디어가 미친 영향에 초점을 두고 있다.

이한영(Han Young Lee)은 서울 근교에 소재한 아세아연합신학대학교의 구약학 교수이자 아세아연합신학대학교 국제대학원의 학장이다. 그는 브라질에서 자란 후 미국에서 의사로 일하다가 교회 사역으로 부름을 받았다. 그러나 그의 마음은 선교에 있다. 현재 그는 한국의 이민 노동자들과 아세아연합신학대학교의 국제 학생들을 섬기고 있다. 많은 학술 출판물의 저자이며, 현재 윤리학에 관한 책을 집필하고 있다.

이재훈(Jae Hoon Lee)은 2011년부터 서울 온누리교회의 담임목사로 시무하고 있다. 그는 또한 서울에 있는 횃불트리니티신학대학원(Torch Trinity Graduate School of Theology)의 겸임 교수다. 합동신학대학원에서 신학 석사학위(M. Div.)를, 트리니티복음주의신학대학원(Trinity Evangelical Divinity School)에서 목회학 석사학위(Th. M.)를 받았으며, 고든콘웰신학교(Gordon-Conwell Theological Seminary)의 목회학 박사학위(D. Min.) 과정을 이수했다. 미국에서 뉴저지 주 노우드에 소재한 초대교회에서 4년간 목회했다. 전도자인 그는 한국에서 가장 창의적인 대형교회 중 하나로 간주되는 온누리교회를 인도하고 있다. 그는 소셜 미디어, 예술, 출판을 혁신적으로 사용함으로써 한국 내 기독교 진영과 비기독교 진영 모두에게 영향력을 발휘하고 있다.

이원상(Won Sang Lee)은 SEED국제선교회(SEED International)의 대표이며 버지니아 주 센터빌에 소재한 와싱톤 중앙장로교회(Korean Central Presbyterian Church)의 원로목사다. 《Pastoral Leadership: A Case Study, Including Reference to John Chrysostom》(Wipf & Stock, 2015)을 저술했다. 2015년에 펜실베이니아 주 필라델피아에 소재한 웨스트민스터 신학교(Westminster Theological Seminary)로부터 명예교역학 박사 학위를 받았다.

호르게 H. 로페스(Jorge H. López)는 1950년에 출생했고 15세 때부터 설교를 시작했다. 성경 학교를 졸업한 후 자신이 자란 교회에서 협동목사가 되었다. 그는 또한 과테말라 복음주의목회자연합회(Evangelical Pastors Association of Guatemala)의 대표직을 맡았고 다양한 교단 조직에 관여했다. 1979년에 과테말라 그리스도 형제애(Fraternidad Cristiana de Guatemala) 교회를 설립했다. 20명이었던 교인이 1만 5천 명으로 성장했다. 교인들은 "베푸는 삶"을 살라는 가르침을 받으며, 교회의 모든 사역을 빚 없이 진행하는 게 특징이다. 모든 프로젝트는 외부의 도움 없이 교인들이 스스로 부담한다. 교회는 1만 2천 명 이상이 앉을 수 있는 성전을 포함하여 캠퍼스를 건축했다. 이 성전은 도시의 기념비적인 건물이 되었다. 캠퍼스에는 교회의 사립 기독교 학교(Liceo Frater)가 세워졌다. 교회는 매일 TBN 인레이스 인터내셔널(TBN Enlace International), TV 아즈테카(TV Azteca), 채널 7(Channel 7)을 통해 설교를 방송한다. 호르게 H. 로페스의 설교는 다양한 상업 라디오 방송국을 통해서도 방송된다. 그는 스페인어로 6권의 책을 저술했다.

카를로스 L. 말라베(Carlos L. Malavé)는 기독연대(Christian Churches Together, CCT)의 상임 디렉터다. CCT는 미국에서 교회 연합을 위해 일하는 가장 광범위한 조직이다. 전에는 10년 동안 미국장로교(PCUSA) 총회 사무실에서 총회 부서기로 섬겼다. 캘리포니아 주 패서디나에 소재한 풀러 신학교와 로마 린다에 소재한 로마 린다 대학교(Loma Linda University)에서 대학원 학위를 받았다.

피터 쩌 밍 응(Peter Tze Ming Ng)은 홍콩 중문대학교(the Chinese University of Hong Kong)에서 23년간 종교교육학 교수로 있었으며, 현재는 홍콩의 차이나 빅토리 신학교(China Victory Theological Seminary)의 중국기독교학과 교수이자 학과장이다. 동시에 캘리포니아 주 패서디나에 소재한 풀러 신학교와 상하이 대학교(Shanghai University)의 종교와중국사회연구센터(the Center for the Study of Religion and Chinese Society)에서 겸임 교수로 섬기고 있다. 저서는《Chinese Christianity: An Interplay between Global and Local Perspectives》(Brill, 2012)다.

오포쿠 오니나(Opoku Onyinah)는 가나 아크라에 소재한 오순절 대학교 칼리지(Pentecost University College)의 총장이며, 전 세계 가나 오순절 교단의 의장으로 섬기고 있다. 세계교회협의회(WCC)의 세계선교와전도위원회의 위원이며 임파워드 21 아프리카(Empowered 21 Africa)의 공동 의장이고, 가나 오순절-은사주의협회(Ghana Pentecostal and Charismatic Council)의 총재다. 저서로《Pentecostal Exorcism: Witchcraft and Exorcism in Ghana》(Deo Publishing, 2012)와《Spiritual Warfare》(CPT Press, 2012)가 있다.

마크 옥스브로우(Mark Oxbrow)는 제자도, 협력, 신흥 선교 운동에 초점을 맞춘 선교단체들의 글로벌 네트워크인 페이스 투 셰어(Faith2Share)의 국제 디렉터다. 그는 또한 복음주의-정교회 관계를 위한 촉진자로서 로잔운동을 섬기고 있다. 이전에는 성공회 선교단체인 CMS의 부총무로 섬긴 적도 있다. 그는 글로벌 문맹 퇴치 자선 단체인 피드 더 마인즈(Feed the Minds)의 회장이며, 세계복음주의연맹(World Evangelical Alliance)의 선교 위원이고, 옥스퍼드에 소재한 지역 성공회 교회의 사역팀의 일원이다. 그가 연구하고자 하는 주제는 다수세계 선교 운동과 정교회 선교학이다. 또한 그는 최근에《The Mission of God: Studies in Orthodox and Evangelical Mission》(Regnum Press, 2015)을 공동 편집했다.

박경남(Kyung Nam Park)은 한국 WEC국제선교회(WEC International)의 디렉터로서 한국 WEC국제선교회의 400명 이상의 사역자들을 감독하고 있다. 그는 한국에서 의료 선교와 다양한 선교 강의와 퍼스펙티브스 연구 프로그램(Perspectives Study Program)을 가르치고 있다. 종합 외과 의사였던 그는 이전에 서아시아의 한 나라에서 선교 의료 사역자로 섬기기도 했다.

박명수(Myung Soo Park)는 서울신학대학교의 교회사 교수이며, 현대기독교연구소의 창립자이자 디렉터다. 그의 연구는 미국과 한국의 성결-오순절 운동과 미국 복음주의와 한국 기독교 사이의 관계에 광범위하게 초점을 맞추고 있다. 한국 기독교에 관한 그의 논문들은 영어 학술지 〈Wesleyan Theological Journal and Journal of Pentecostal Studies〉

에 출판되었다. 2005-2006년에는 코네티컷 주 뉴헤이븐에 소재한 OMSC에서 안식년을 보냈으며, 그 결실로《근대사회의 변화와 기독교》(킹덤북스, 2013)를 출판했다. 이 책은 존 로크(John Locke), 아담 스미스(Adam Smith), 알렉시스 토크빌(Alexis Tocqueville)의 저술을 복음주의적 관점에서 탐구한다. 그는 2015년에도 한국의 민족 형성과 한국 기독교의 관계에 관해《건국투쟁》(백년동안)과《조만식과 해방 후 한국 정치》(북코리아)를 출판했다.

박필훈(Pil Hun Park)은 현재 사랑의교회 선교 목사로 섬기고 있다. 1994년 고려대학교를 졸업하고 MV 로고스 II호에 합류해 귀중한 초문화 사역의 경험을 쌓았다. 2년 반을 배에서 보낸 뒤 그는 서울로 돌아와 도시 외국인 노동자 사역인 미얀마 펠로우십(Myanmar Fellowship)을 목양하면서 총신대학교 신학대학원에서 신학 석사학위(M. Div.)를 받았다. 2000년에 사랑의교회 선교 목사로 임명되었고, 그곳에서 2005년까지 가족과 함께 섬기다가 MV 둘로스 호의 부름을 받았다. 그는 MV 둘로스 호를 타고 협력 사역 관리자, 훈련 코디네이터, 부디렉터로 2010년 1월까지 사역했다. 지금은 사랑의교회 세계선교부의 선교 목사이며 기획 팀 관리자다. 그와 그의 아내 미애 사이에는 두 자녀, 은철과 지윤이 있다.

박시경(Stephen Sikyong Park)은 2010년부터 인디애나 주 위노나 레이크에 소재한 그레이스 신학대학원(Grace Theological Seminary)의 교수로 재직 중이다. 문화교류학 교수이며 한국어 프로그램의 디렉터다.

2001-2006년까지 총회세계선교회(Global Mission Society) 선교사훈련센터(Missionary Training Institute)의 디렉터였다. 러시아 모스크바에서 선교사로 섬긴 적이 있으며(1988-2001) 그레이스 신학대학원(Grace Theological Seminary)에서 선교학 박사학위(D. Miss.)를, 풀러 신학교에서 신학석사학위(Th. M.)를, 총신대학교에서 목회학 석사학위(M. Div.)를 그리고 경북대학교 공과대학에서 전자공학 이학사학위(B.S.)를 받았다.

박기호(Timothy Kiho Park)는 캘리포니아 패서디나에 소재한 풀러 신학교의 글로벌 커넥션(Global Connections) 디렉터이자 문화교류학과의 아시아 선교학 교수다. 그는 또한 동서선교연구개발원(East-West Center for Missions Research and Development)의 원장이다. 그는 대한예수교장로회 합동 선교 기관인 총회세계선교회(Global Mission Society, GMS) 소속 선교사로 필리핀에서 15년간 사역했다. 총신대학교에서 학사학위(B. A.)를, 동 대학교 신학대학원에서 목회학 석사학위(M. Div.)를, 풀러 신학교에서 석사학위(M. A.)와 박사학위(Ph. D.)를 받았다.

조셉 샤오(Joseph Shao)는 신학 교육과 선교 분야에서 활동 중이며 필리핀 성경신학교(Biblical Seminary of the Philippines)의 총장이다. 또한 34개국 285개 회원 단체들이 가입되어 있는 아시아신학연맹(Asia Theological Association)의 총무다. 히브리어 학자로서 아시아, 북미, 호주, 유럽 등 무수한 신학대학원에서 객원 교수로 섬기고 있다. 2014년에는 홍콩에서 원로 학자(Qianbei) 상을 수상했다.

마크 쇼(Mark Shaw)는 케냐 나이로비에 소재한 아프리카 국제대학교 (Africa International University)의 역사학 교수이자 부설 기관인 세계기독교 센터(Centre for World Christianity)의 디렉터다. 그와 그의 아내는 1980년부터 케냐에서 사역했다. 그는 많은 책들을 저술했다.《Work, Play, Love: A Visual Guide to Calling, Career, and the Mission of God》(InterVarsity Press, 2014),《Global Awakening: How Twentieth-Century Revivals Triggered a Christian Revolution》(IVP Academic, 2010),《Ten Great Ideas from Church History》(InterVarsity Press, 1997) 그리고《The Kingdom of God in Africa: A Short History of African Christianity》(Baker, 1996) 등이 있다.

성남용(NamYong Sung)은 서울에 있는 삼광교회의 담임목사다. 이전에는 나이지리아 선교사였으며 현재는 총신대학교의 목회신학대학원 교수다. 계간지 〈한국선교〉(KMQ)의 편집인이며, 여러 책과 많은 논문을 집필했다.《연구방법론》(첨탑, 2012),《365일 기도로 세계 품기》(첨탑, 2011),《선교 현장 리포트》(생명의말씀사, 2006)를 저술했다. 그와 그의 아내 레이첼(Rachel)은 장성한 두 자녀를 두고 있다.

태동화(Dong-Hwa Tae)는 서울에 소재한 기독교대한감리회 총회선교국의 부총무다.

에이코 타카미자와(Eiko Takamizawa)는 아시아 최초의 일본인 여성 선교학 교수다. 그녀는 서울에 소재한 횃불트리니티신학대학원대학교의 교수이자 교목이며 학장이다. 동남아, 중동, 유럽, 미국, 일본, 한국 등에서 개최되는 다양한 콘퍼런스와 세미나의 저명한 연사이자 강사이며, 아시아선교협회(Asian Society of Missiology)의 부총재이며, 로잔 동아시아위원회의 고문이며, 〈Journal of the Japan Missiological Society〉의 편집진으로 섬기고 있다. 분당시에 소재한 할렐루야교회의 일본어 예배를 인도하고 있으며, 재한일본인목회자연합회(Japanese Ministries Association in Korea)의 자문 코디네이터로 섬기고 있다. 출판물에는《Confess Your Sins to One Another, and Forgive One Another》의 번역판과《Wherever He Leads Me》(기독교 선교에 관한 논문 시리즈)와 다양한 학술지에 실린 일본 기독교에 관한 논문들이 있다. 그중에서 가장 최근 논문은 "A Vision to Transform Society by Empowering Women in Japan"이다.

스콧 쑤마(Scott Thumma)는 코네티컷 주 하트포드에 소재한 하트포드 신학교(Hartford Seminary)의 종교사회학 교수이며, 목회학 박사 프로그램을 맡고 있다. 그는 또한 하트포드 종교연구소(Hartford Institute for Religion Research)의 디렉터이며, 몇몇 리서치 웹사이트의 매니저이자 "Faith Communities Today" 리서치 프로젝트의 공동 대표다. 그는 많은 리서치 보고서, 논문 및 책을 출판했으며, 세 권의 책《The Other 80 Percent》(Jossey-Bass, 2011),《Beyond Megachurch Myths》(Jossey-Bass, 2007),《Gay Religion》(AltaMira Press, 2005)을 공동 저술했다. 그의 지속적인 조사 주제는 대형교회, 비교단주의의 출현, 인터넷이 교회 역동성에 미치는 영향 등이다. 스콧 쑤마는 성장과 영적 활력에 대해 교회들, 교단들, 선교단체들에게 자주 조언을 제공한다.

  대형교회의 선교 책무

벤 토레이(Ben Torrey)는 '네 번째 강 프로젝트'(www.thefourthriver.org)와 삼수령센터(www.threeseas.co.kr)의 디렉터다. 그는 한국에서 자랐으며, 그의 부모인 루벤 아처와 제인 토레이(Archer and Jane Torrey)가 강원도 태백산 고지에 위치한 기도 공동체인 예수원(www.jabbey.org) 개척 당시 십 대였다. 그는 현재 예수원 원장이다. 1969년에 고향인 미국으로 돌아가 1979-2005년까지 컴퓨터 시스템 개발과 지식 관리 분야에서 일하면서 텐트메이커(bivocational minister)로 섬겼다. 또한 코네티컷 주 볼튼에 소재한 기독교 중고등학교인 킹스 스쿨(King's School)의 학과장이자 행정가로 섬겼다. 2003년부터 그와 그의 아내 리즈(Liz)는 북한의 개방을 준비하면서 예수원의 삼수령센터와 '네 번째 강 프로젝트'를 개발 중에 있다. 통일 세대를 준비하기 위해 그들은 기독교 중고등학교인 생명의강 학교를 설립했다.

엄태욱(Tae Wook Um)은 2014년부터 여의도순복음교회의 선교 디렉터로 시무하고 있다. 이전에는 여의도에서 대학생을 대상으로 청년 사역자로 섬겼고(1994-1997), 말레이시아 보르네오의 이반족 가운데서 선교사로 사역했다(1997-2014).

크리스토퍼 라이트(Christopher J. H. Wright)는 2001년에 랭햄파트너십인터내셔널(Langham Partnership International)의 국제 디렉터가 되었다. 그는 또한 로잔운동신학사역그룹(Lausanne Movement's Theology Working Group)의 의장으로 섬겼으며(2005-2011), 2001년 이후로 티어 펀드(TEAR Fund)의 신학 자원 패널(Theological Resource Panel)의 의장으로 섬기고 있다. 1983년

에 아내 리즈(Liz)와 네 자녀와 함께 인도로 가서 푸네에 소재한 유니온 성경신학교(Union Biblical Seminary)에서 5년간 가르쳤다. 당시 그와 리즈는 복음주의 성공회 선교단체인 크로스링크(Crosslinks)의 선교 동역자였다. 1988년에 그는 영국으로 돌아가 잉글랜드 하트포드셔, 웨어에 소재한 국제적인 초문화 선교 훈련 센터인 올 네이션스 크리스천 칼리지(All Nations Christian College)의 학장(1988-1993)으로 섬기다가 나중에 총장이 되었다(1993-2001). 1977년에 영국성공회에서 안수를 받은 그는 잉글랜드 켄트 지방의 톤브리지에 소재한 성 베드로와 성 바울 교구 교회에서 부목사로 사역했다. 그가 저술한 여러 책 중에 《하나님의 선교》(The Mission of God)와 《하나님 백성의 선교》(The Mission of God's People)가 포함되어 있다.

생명길선교훈련원 124, 135

서울충현교회 122, 373

선교 리더십 포럼 409

선교사상담센터 188

선교한국 78, 188

성경연장교육원 75

세계교회협의회(WCC) 95, 281, 297, 406

세계선교와전도위원회 94, 453

세계인터넷선교학회 75

세계전문인선교회(PGM) 395

소달리티 70, 71, 88, 131, 202, 431, 433, 447, 461

소셜 미디어 44, 237

수자노 100, 102, 104

순복음호스피스 425

스탠리 무어 253

스탠리 존 362, 363

스티븐 베반스 232

스펄전 신학교 258

승리주의 275

신반포교회 152

신사도 교회 204, 208, 209

신사도 네트워크 419

신오순절주의 233, 419

실크로드 선교 전략 포럼 127, 448

10/40 창 322

ㅇ

아델 존슨 332, 336, 469

아우구스토 로드리게스 204, 209

아이다 스쿠더 91

아프리카민족이니셔티브운동 302

아프리카 제자훈련 전략 회의 193

안디옥 교회 220, 222, 227, 228, 355, 365, 377, 395, 434, 466

안토니 키그위 응조로게 169, 170, 173

알베르토 헤센지 100-104, 106-108, 114, 115, 447

앤드류 월스 467

앤드류 커크 273

앨버트 히크만 440, 441

야마토 갈보리 채플 52

야콥 예르벨 220, 221

어바나 학생 선교 콘퍼런스 393, 394

에밀 뒤르깽 463

에클레시아 64, 65, 69, 179

엘머 타운스 344

여의도순복음교회 156, 260, 267, 274, 291, 347, 348, 420, 421, 423-427

여호수아 프로젝트 59

열린문장로교회 395

영어성경학교 147, 158

예루살렘 총회 467

오순절 교단 230, 278, 297, 298, 453

오순절주의 108, 231, 233, 235, 241, 242, 262, 345, 409, 419

오스왈드 챔버스 366

옥인영 192

옥한흠 190

온누리M센터 80

온누리교회 70-93, 95, 97, 412, 446, 447

와싱톤 중앙장로교회 367, 374, 391, 394, 395

와이 미션 76

우정 38, 160, 161, 171, 191, 204, 205, 232, 323

원심성 80, 89

윌리엄 캐리 459

유니온신학교 137

은퇴자들 310, 311, 323, 454

은혜의 빵 423

은혜한인교회 394

이명석 373

이몽식 148, 150, 152-154, 159

이민 교회 272, 363, 374, 375, 390

이민법 388

이엘리사벳 371

이원규 139

이재환 370

이정규 142, 157

2000선교본부 71, 74, 76

인터버시티 393

인터서브국제선교회 193, 194

인터콥선교회 393

ㅈ

자선교학화 85, 86, 447

자신학화 85, 86, 447

자유시민교육센터 426

전문인 선교사 307, 310, 311, 316, 321, 322

전문인 해외 선교사 321, 322

제임스 맥키운 282, 283, 287

제임스 무차이 172

제자훈련 169, 190, 192, 193, 222, 299, 449

조미수호통상조약 387, 401

조엘 휴스턴 238

조용기 260, 267, 274

존 맥스웰 390

존 모트 459

존 스토트 369

존 웨슬리 439

주향한교회 140, 148-154, 157-161, 448,

SIM국제선교회 190, 192, 193, 206, 207

T

TP(Turning Point) 76, 79

W

W. C. 이헤지리키 208

WEC국제선교회 191, 192, 372, 428,

430-433